DX 数字化转型 国际数字化转型与创新管理最佳实践丛书

数字化转型与创新管理
——VeriSM 揭秘与应用

【英】克莱尔·阿格特 (Claire Agutter)
【南非】约翰·博塔 (Johann Botha) 著
【美】苏珊娜·D. 范霍夫 (Suzanne D.Van Hove)

高 彬 周 昕 方华明 高建芳 许安琪 邓 宏 译

清华大学出版社
北京

北京市版权局著作权合同登记号　图字：01-2020-5559

VeriSM ™ : Unwrapped and applied, Copyright © Van Haren Publishing, 2018
A publication of: IFDC (International Foundation for Digital Competences)
Lead Authors: Claire Agutter, Suzanne Van Hove, Johann Botha
ISBN Hard copy: 978 94 018 0335 9

本书中文简体字版由 Van Haren Publishing 授权清华大学出版社。未经出版者书面许可，不得以任何方式复制或抄袭本书内容。

本书封面贴有清华大学出版社防伪标签，无标签者不得销售。

版权所有，侵权必究。举报：010-62782989，beiqinquan@tup.tsinghua.edu.cn。

图书在版编目(CIP)数据

数字化转型与创新管理：VeriSM 揭秘与应用 /（英）克莱尔•阿格特（Claire Agutter），（南非）约翰•博塔（Johann Botha），（美）苏珊娜•D. 范霍夫（Suzanne D.Van Hove）著；高彬等译 . 一北京：清华大学出版社，2020.12 (2022.11重印)

（国际数字化转型与创新管理最佳实践丛书）

书名原文：VeriSM: Unwrapped and Applied

ISBN 978-7-302-56886-5

Ⅰ.①数… Ⅱ.①克… ②约… ③苏… ④高… Ⅲ.①数字技术－应用－服务业－企业管理 Ⅳ.① F719.1-39

中国版本图书馆 CIP 数据核字 (2020) 第 226826 号

责任编辑：张立红
封面设计：梁　洁
版式设计：方加青
责任校对：郭熙凤
责任印制：杨　艳

出版发行：清华大学出版社
　　　　网　　址：http://www.tup.com.cn, http://www.wqbook.com
　　　　地　　址：北京清华大学学研大厦 A 座　　邮　编：100084
　　　　社 总 机：010-83470000　　邮　购：010-62786544
　　　　投稿与读者服务：010-62776969, c-service@tup.tsinghua.edu.cn
　　　　质 量 反 馈：010-62772015, zhiliang@tup.tsinghua.edu.cn
印 装 者：涿州市般润文化传播有限公司
经　　销：全国新华书店
开　　本：185mm×260mm　　印　张：24.5　　字　数：615 千字
版　　次：2020 年 12 月第 1 版　　印　次：2022 年 11 月第 5 次印刷
定　　价：98.00 元

产品编号：088902-01

作者和全球贡献者

姓名	机构
Claire Agutter	Scopism Limited
Suzanne van Hove	SED-IT
Johann Botha	getITright
Abbey Wiltse	SMV Inc & Ahead Technology Inc
Aleksandr Zhuk	Independent
Alexander Guilherme Couceiro	LOGICALIS
Alison Cartlidge	Sopra Steria UK
Alistair Doran	Architecting Solutions Ltd
Allen Dixon	Independent Consultant
Andrea Kis	Deloitte
Andrew Humphrey	Auto Trader UK
Anna Leyland	Sopra Steria
Aprill Allen	Knowledge Bird
Aureo Antunes	Citsmart Corporation
Catherine Chalmers	CTC Management Services (UK) Ltd.
Chris Pope	ServiceNow
Chris Taylor-Cutter	CTC Management Services (UK) Ltd.
Clare McAleese	VocaLink (a Mastercard Company)
Daniel Breston	Virtual Clarity
David Bentley	Cranford Group
David Johnston	Two Rivers Meet
Doug Tedder	Tedder Consulting
Dragos Malihin	CWSI
Eppo Lupes	Octopus Learning
George Nawara	Nawara & Assoc ITSM/Governance Consultancy
Gerry Sweeney	Hornbill
Helen Morris	Helix SMS
Ian Aitchison	Ivanti
James Gander	Gander Service Management Ltd

续表

姓名	机构
James Harvey	DevOpsGroup
Jan Bouman	Sogeti Netherlands
Jon Hall	BMC
Karen Ferris	Macanta Consulting
Krzysztof Politowicz	BEI Krzysztof Politowicz i Partnerzy
Kylie Fowler	ITAM Intelligence
Leo van Selm	Vaseom b.v.
Liz Gallacher	Helix SMS
Luis Anderson	Independent
Luke Koichiro Toda	Strategic Staff Services Corporation
Maarten Bordewijk	Bordewijk Training & Advies
Marcos Weiss, PhD	Independent Consultant
Mark Flynn	Felix Maldo Ltd
Mark Smalley	Smalley.IT
Marlon Molina	Computerworld
Martijn Adams	4me, Inc.
Mathias Traugott	Punctdavista AG
Michelle Major-Goldsmith	Kinetic IT
Nikola Gaydarov	NiganiConsulting
Patrick Bolger	Hornbill
Penny Emmett	Cranford Group
Peter Brooks	Independent
Randy Steinberg	Concurrency
Reni Friis	Valcon Consulting
Richard de Kock	Microsoft
Richard Sharp	NashTech Limited
Rob Akershoek	Fruition Partners, DXC technology company
Robert den Broeder	Trigono BV
Rory Canavan	SAM Charter
Sachin Bhatnagar	South32
Sandra Whittleston	University of Northampton
Satya Misra	HCL Technologies
Simon Dorst	Kinetic IT
Simon Kent	Sollertis
Simone Jo Moore	SJM
Stephen Thair	DevOpsGuys and Microsoft
Steve Matthews	DorLind Solutions
Vincent Douhairie	Amettis
Neil M Forshaw	Fujitsu

续表

姓名	机构
Rita Pilon	EXIN
Case studies/Extra bits Authors	
Liz Whitefield	Hippo Digital
Rob England	Two Hills Ltd
Jannis de Visser	QNH Consulting
Caspar Miller	Westergaard A/S
Rachel Watson	Sky Betting and Gaming
Steve Chambers	Cloudsoft Corporation
Steve Leach	6point6 Cloud Gateway
Maryvonne Hassall	Aylesbury Vale DC
Don Page	Marval
Jack D. Bischof	Technology Business Management Council
Dave Snowden	Cognitive Edge
Suzanne Galletly	IFDC
Rachel McElroy	Social Revolution Marketing
Rogier Kuijpers	ASML
David Krieg	Kinetic IT
Song Xiang	CITIC Technology Co., Ltd.
Hong Deng	Beijing Trendsetting Consulting Co.,Ltd.
Xing Jie	WuXi AppTec

译者简介

高彬

对外经济贸易大学教授，博士生导师，欧盟认证同声传译译员，2012年入选"教育部新世纪优秀人才支持计划"。现兼任中国比较文学学会翻译研究会理事，中国翻译协会口译委员会委员。主要研究领域为翻译理论与教学，曾在《中国翻译》《中国外语》《外语界》等CSSCI及核心期刊上发表学术论文20余篇，出版学术专著两部，译著一部。已主持完成国家社会科学基金一般项目一项，教育部人文社会科学研究青年项目一项，获北京市优秀高等教育科研成果三等奖。

邓宏

北京趋势引领信息咨询有限公司创始人，国家开发银行专家库成员，NIISA联盟专家委员会副主任。参与过多项国家标准、行业标准、社团标准的编写。曾荣获2015年度人民银行颁发的"数据中心服务能力成熟度研究银行科技发展一等奖"。目前致力于组织数字化转型、业务创新管理等领域的理论研究和探索实践。

周昕

趋势引领副总经理，IT行业专家，资深讲师。擅长集团IT管理、IT服务管理、信息安全管理等领域的咨询，参与了《应急管理在银行数据中心的策略与实践》《数据中心智能运维规范》的编写。

方华明

趋势引领华东区咨询总监，IT服务管理资深人士，专注于IT服务管理的理论研究和实践20余年，目前致力于服务管理在数字化时代的实践探索。

高建芳

趋势引领华北区咨询总监，为20余家银行、证券、资产公司提供过IT服务管理和信息安全咨询，参与了《数据中心智能运维规范》的编写。

许安琪

趋势引领咨询顾问，擅长金融行业数据中心成熟度管理、运维数字化等领域。

前言

今天我们所处世界的变化速度比我们大多数人意识到的仍然要快。新的和极具颠覆性的技术，如人工智能和先进机器人学，正在加速发展。这些和其他（已经存在的）数字技术不仅有可能改变商业世界和全球经济，而且有可能改变整个社会以及我们的日常生活方式。

在爱沙尼亚我们深知这一点。在过去 20 年里，我们一直在建设数字政府和社会。我们的国家甚至有时被称为"电子爱沙尼亚"，这标志着数字技术在很大程度上渗透并改善着爱沙尼亚人的生活（如今也影响了全球的电子居民）。

以技术为驱动力的解决方案已经无处不在，从城市的重新设计和开车的方式，到我们个人支付方式和与身边人的沟通方式。最好的政府正在采用技术来数字化为公民提供的服务，而公司也在采用数字化技术来为客户提供服务。技术可用于降低成本，创造新的价值产品，从根本上改善生活。

那么，这个新世界意味着什么呢？从管理的角度来看它很简单。公共部门和私营企业能够及时适应这一新现实并拥抱新技术的可能性已经不再是可有可无。如果它们想与时俱进，改变是至关重要的，因此最终它是一个重要的甚至是关乎生存的问题。

组织没有适应数字时代，并付出了最终代价的例子不胜枚举。然而，使这一现实变得更加复杂的是，变化的不仅仅是技术。数字化时代向组织和专业人员提出了新的需求，这些需求远远超出了理解新技术的含义和如何应用这些新技术。要在这个新的世界里立足成长，就需要改变行为，采用不同的组织结构、新的合作方式，以及我们对所服务的最终消费者的全新态度。简而言之，我们需要培养正确的思维方式。

这就是为什么服务管理的新方法是必不可少的。新方法要我们认识到所处的数字化时代的挑战和机遇，认可信息技术部门不能再作为一个独立在业务之外运作的实体，并聚焦于行为和态度以成功实现数字化转型。

VeriSM™试图拥抱所有这些元素，这就是为什么我希望这本实用指南能有助于您开始或继续您的组织（无论是在政府、企业还是其他领域）的数字化旅程。

西姆·锡库特（Siim Sikkut）
爱沙尼亚共和国，政府首席信息官

作者序

如果有人告诉您，只要采用一种简单的新的方式，或者是一项惊人的新技术，就能让您的组织变得更好，您会怎么做？您会做的，是吗？

但是，如果第二天那人带着另一个窍门回来找您，然后一个又一个；并且有些窍门是相互矛盾的呢？

在当今的商业环境中，我们大多数人都面临着这样的情形。我们被新的工作方式、技术变革和信息轰炸所淹没。我们该如何应对？在数字化时代，我们如何通过产品和服务交付价值？

苏珊娜、约翰和我都是 2018 年第一本 VeriSM 著作的撰稿人。在 IFDC 的赞助下，我们与一个大型的全球作者团体合作，提出了一种面向数字时代的服务管理方法。我们收到的反馈是积极的，但我们一次又一次地被问道："我如何才能在我的组织里'实施'VeriSM？"

在这本书中，我们努力为您带来解答这个问题的工具。您会发现更多关于应用 VeriSM 模型的细节，鼓舞人心的案例研究、故事、访谈以及来自世界各地的 VeriSM 早期采用者的案例。我们知道没有一个答案可以完美适配于每个组织，所以我们在这里所做的就是为您提供工具，帮助您找到适合您的答案。我们分享的故事并不是要您毫无质疑地照搬，也不是没有批判性思维地应用，而是我们希望能给您一些例子，说明您可以如何以不同的方式做事。

好好阅读这本书，我们祝您在数字之旅中取得成功。

克莱尔·阿格特（Claire Agutter）
苏珊娜·D. 范霍夫（Suzanne D. Van Hove）
约翰·博塔（Johann Botha）

译者序 1

随着数字化浪潮袭来，现实世界逐渐在数字世界重构，人们的生活环境和工作环境在一步步向数字世界投影。人们感受到这个虚拟世界的存在，受益于这个数字孪生世界为现实世界带来的各种便利、惊喜和超出想象的突破解决传统问题的能力。我们一步步地走向一个数据驱动的时代，不管你愿不愿意，数据已经成了我们的眼和耳，是我们在投影世界里的感知器官；数据是我们的大脑和知识，是组织运筹帷幄的支撑；数据是我们的神经系统，传递着指令和信号，指挥着组织的各个机体协同工作。人们纷纷利用云、大、物、链、智、移等数字化前沿技术，赋能组织，这种态势也逐渐在整个供应链上传播，逐渐形成了现实与虚拟孪生的业务生态系统，万物互联的业务生态群落。

不曾预料的是通往美好未来世界的路途并不平坦。大量调查数据显示，在数字化转型尝试中，失败率竟高达 70%。一头是为了数字化转型伟大梦想滚滚向前的探索大军，一头是前仆后继、铩羽而归的创新团队，两股流量都呼唤着数字化转型方法论和最佳实践的到来。VeriSM 的诞生顺应时代，它是国际数字化能力基金会（IFDC, International Foundation for Digital Competences）打造的数字化转型与创新管理的国际最佳实践知识体系。本书同时也是国际权威认证机构国际信息科学考试学会（EXIN, Exam Institute for Information Science）"数字化转型官"国际资格认证培训的官方教材。作为《数字化转型与创新管理—VeriSM 揭秘与应用》这本书的核心译者，在我看来，VeriSM 就是一本组织数字化转型之旅的必备书，它为组织的数字化转型提供理论框架、指导原则、管理模型和最佳实践，在您数字化之旅的各个阶段和关键节点协助您做出正确的选择。

后疫情时代，面对数字化，我们已别无选择。数字化时代给我们的生活、工作带来什么改变？数字化时代的商业逻辑是什么？如何做到成功的数字化创新与转型？无论您现在是否已经加入数字化转型的大军，VeriSM 都是我们适配当今商业环境的必修课。请跟随 VeriSM 一起走进数字化世界，让我们共同探寻数字化时代的商业奥秘！

邓宏

北京趋势引领信息咨询有限公司总经理

译者序 2

近年来,以云计算、大数据、物联网、人工智能、区块链等技术为代表的新兴科技的快速发展推动着数字化转型大浪潮。目前超过 50% 的央企已将实施数字化转型计划作为未来工作的重点。全面的数字化转型成为企业参与数字化时代市场竞争的"入场券"。科技正在从业务支撑的定位转化为创新先导,驱动着企业数字化变革和战略转型。产业互联网升级的基本出发点是"连接",数字化转型的基本出发点是"虚实融合"。物理世界与信息世界的数字化融合正在改变制造、零售、金融、交通、医疗、教育等行业,新制造、新零售、新金融、新服务等数字化的新产业生态正在加速形成。

VeriSM 是顺应数字化时代发展,由国际数字化能力基金会(IFDC)精心打造的,围绕数字化转型和创新管理开发的知识体系和最佳实践。《数字化转型与创新管理—VeriSM 揭秘与应用》一书是数字化转型实践的前沿探索。书中涉及数字化转型实践中大家都会面临的话题:数字化愿景与新的价值主张、数字化服务治理与管理原则、运作模式的解耦与重构、业务与新兴技术的融合、业务需求与数字化能力的匹配,结合精细化管理、最佳实践和管理标准在数字化转型中的应用,等等。VeriSM 所着力探索的就是如何跳出传统发展路径,指导读者以新思维、新理念、新要素、新范式、新生态,寻找新的发展模式和经营空间;指导数字化实践者在数字孪生的世界寻求对传统企业管理理念的突破,在数字世界里探索现实业务价值的创新方法,并在现实世界的实践中日臻完善。

高彬

对外经济贸易大学教授

目录

1 如何使用本书 001
    1.1 VeriSM 方法概述 001
    1.2 A 部分：1～18 章 002
    1.3 B 部分：19～29 章 003
    1.4 2018 年数字化转型情况调查 003

PART A

2 数字化转型的情境 009
    2.1 VeriSM 与数字化转型 011
    2.2 定义数字化时代 011

3 数字化时代和数字化组织 013
    3.1 什么是数字化组织？ 013
    3.2 数字化转型和数字化组织 015
    3.3 人与数字化时代 018
    3.4 数字化产品和服务 022
    3.5 数字化优化与转型的方法 023
    3.6 从传统服务到数字化服务 024
    3.7 成功的数字化项目的要求 025
    3.8 数字化转型的方式 027
    3.9 数字化转型对工作方式的影响 031
    3.10 数字化转型对结构的影响 034

4 数字化领导者 036

4.1 谁是数字化组织的领导者？ 036
4.2 数字化思维 037
4.3 数字化领导者需要什么技能？ 037
4.4 引领文化转型 040
4.5 启动阶段的领导力 040
4.6 持续领导力 041
4.7 传达"为什么" 041
4.8 数字化可持续性：数字化领导者指南 042

5 适应持续的变化 045

5.1 取消层级 046
5.2 分散决策权 048
5.3 提供自主权 050
5.4 员工所有权 053
5.5 领导者需要做什么？ 055
5.6 建立互信 061
5.7 建立信赖他人的网络 063

6 协作 065

6.1 什么是协作？ 066
6.2 协作行为 067
6.3 为什么协作很重要？ 069
6.4 组织协作的动力关系 069
6.5 培养协作文化的收益 073
6.6 协作实践 075
6.7 衡量成功 078

7 知识管理 079

7.1 知识管理定义 079
7.2 数字化时代的知识管理 080
7.3 知识管理行为 081

7.4 数字化组织中知识管理的目的 081

7.5 知识管理角色和能力 082

8 成果 085

8.1 成果是什么？ 085

8.2 产品与服务的不同之处 086

8.3 如何定义成果？ 087

8.4 衡量成果 090

9 转型技术 092

9.1 识别转型的机会 092

9.2 VUCA 的世界观 096

9.3 创新者的困境 097

9.4 精益创业 100

9.5 商业创新闭环 (BICs) 103

9.6 其他工具和技术 108

10 治理和战略 126

10.1 设置场景 126

10.2 领导力在治理中的重要性 127

10.3 组织组合 128

10.4 组织组合与其他 VeriSM 的组件和活动的关系 129

10.5 治理和战略概述 130

10.6 治理问题 133

11 VeriSM 描述 149

11.1 概览 149

11.2 VeriSM 揭秘：全视图 151

11.3 VeriSM 应用：FireCloud Health 案例研究 152

12 管理网格 154

12.1 管理网格是什么？ 154

12.2 如何使用管理网格？ 155

12.3 创建管理网格的当前视图：什么是可用的？ 157

12.4　VeriSM 揭秘：组织网格 166
12.5　VeriSM 应用：FCH 组织网格 167

13　定义：批准

13.1　选择空间 169
13.2　机会组合 172
13.3　运行—增长—变革 173
13.4　VeriSM 揭秘：审批决策的工具 174
13.5　VeriSM 应用：FCH 可穿戴健康项目审批 175

14　定义：需求

14.1　牢记消费者的重要性 178
14.2　需求介绍 178
14.3　收集需求 182
14.4　需求分析与协定 185
14.5　选择管理实践和技术 190
14.6　结论：管理需求 193
14.7　VeriSM 揭秘：需求 195
14.8　VeriSM 应用：FCH 需求 196

15　定义：分析差距

15.1　执行差距分析 198
15.2　执行差距分析的步骤 199
15.3　分析和管理差距的技术 200
15.4　结论：差距分析 203
15.5　VeriSM 揭秘：解释差距 203
15.6　VeriSM 应用：FCH 差距 204

16　定义：弥补差距

16.1　采购选项 208
16.2　VeriSM 揭秘：采购协议 210
16.3　VeriSM 应用：FCH 采购 210

17 VeriSM 生产、提供和响应阶段ㅤ211

ㅤ17.1 生产ㅤ212

ㅤ17.2 提供ㅤ215

ㅤ17.3 响应ㅤ217

18 创建一个 VeriSM 案例ㅤ218

PART B

19 VeriSM 的早期采用者ㅤ225

ㅤ19.1 6point6 云网关ㅤ225

ㅤ19.2 中信科技：利用 VeriSM 支持数字化转型ㅤ228

ㅤ19.3 KABU.COM 证券股份有限公司ㅤ233

20 案例研究：数字化转型——药明康德和 ANONCORPㅤ240

ㅤ20.1 药明康德ㅤ240

ㅤ20.2 ANONCORPㅤ242

21 案例研究：公共部门数字化转型——艾尔斯伯里谷区议会ㅤ245

ㅤ21.1 引言ㅤ245

ㅤ21.2 历史和情境ㅤ245

ㅤ21.3 转型ㅤ245

ㅤ21.4 组织与人员转型ㅤ248

ㅤ21.5 未来计划ㅤ250

22 案例研究：数字化组织——Sky Betting and Gamingㅤ251

23 现实观点：对杰克·比施关于技术业务管理的专访ㅤ254

24 现实观点：对 OCM 专家凯伦·费里斯的专访ㅤ260

25 现实观点：数字化转型和就业市场ㅤ266

ㅤ25.1 就业市场概况ㅤ266

25.2 数字化策略 267
25.3 首席数字官 / 首席技术官 / 首席信息官的期望薪酬 268
25.4 数字化转型所需的领导力和技能 268
25.5 员工需要什么？ 269
25.6 首席数字官和团队的角色 269
25.7 数字化转型及其对就业市场的影响 269
25.8 总结 270

26 现实观点：Ivanti, ServiceNow 与 Marval 271

26.1 Ivanti 271
26.2 ServiceNow 273
26.3 Marval 276

27 现实案例：数字化优化——Hippo Digital/Kidz Klub Leeds 278

27.1 要解决的问题 278
27.2 设计冲刺准备 278
27.3 设计冲刺社区方法 280
27.4 与 Kidz Klub 的合作 281

28 现实案例：数字化设计——Hippo Digital 282

28.1 Hippo Digital: 打造正确的东西 282
28.2 什么是数字化设计？ 282
28.3 什么是设计思维？ 282
28.4 关于用户和满足他们的需求 283
28.5 什么是用户旅程？ 284
28.6 交付设计思维 284
28.7 设计技术 285
28.8 关于团队 285
28.9 工具 286
28.10 在整个组织中应用设计思维 287

29 现实案例：自动化管理网格——Sollertis Convergence 288

29.1 什么是 Sollertis Convergence？ 288
29.2 成果和组织组合 289

29.3 当前状态的管理网格 289

29.4 理念和转型的管理网格 291

29.5 链接到项目组合、项目和开发 292

附录 294

附录 A　VeriSM 的准备工作 294

附录 B　FCH 案例研究 295

附录 C　管理实践是如何演进的 300

  C.1　精益在制造业之外的应用 300

  C.2　Kinetic IT 的企业服务管理 302

附录 D　管理实践信息 306

  D.1　管理实践 306

  D.2　知识管理具体实践 312

  D.3　转换技术 313

附录 E　敏捷需求 319

  E.1　敏捷需求概述 319

  E.2　总体需求文档 322

附录 F　战略性采购步骤 323

附录 G　术语表 325

附录 H　EXIN VeriSM 专业级认证考试大纲和样题及答案解析 334

1 如何使用本书

《数字化转型与创新管理—VeriSM 揭秘与应用》是继首部 VeriSM 论著《数字化转型与创新管理—VeriSM 导论》之后的进阶之作。本书沿用了《数字化转型与创新管理—VeriSM 导论》提出的概念。为了便于初学者理解,本书在 1.1 节中对这些概念进行了简要总结。

1.1 VeriSM 方法概述

VeriSM 为数字化时代的服务管理提供了一套价值驱动、持续演进、及时响应和集成整合的方法。VeriSM 关键概念的基础是将整个组织视作服务提供者,而非像 IT 部门这样的单个部门。对于数字化组织来说,将服务管理扩展到单个部门(通常是 IT 部门)之外,以囊括组织的其余部分是很重要的。这就意味着组织的所有资源和能力都致力于通过产品或服务为消费者提供价值。

这也支持一个 VeriSM 关键概念:无论服务提供者提供什么产品或服务,都无关紧要。重要的是,消费者(一个比客户更广泛、更具包容性的术语)的需求驱动着服务提供者的交付。除了"客户"是通用术语(例如在谈论客户服务时)外,"消费者"也是本书的一个术语。VeriSM 还要求产品和服务与企业治理及支撑的服务管理原则保持一致。

VeriSM 专注于服务管理的人员和文化层面,其中包括领导力和组织文化,以及职业持续发展的需要。这些概念贯穿于后续章节。组织的领导者为成功定下了基调,他们的角色至关重要,本书将对此详细阐述。

VeriSM 模型是一个组织的服务管理运营模型,包括:

- 治理;
- 服务管理原则;
- 管理网格,允许灵活的和多种管理实践的综合应用;
- 支持交付消费者产品或服务的四个阶段(定义、生产、提供、响应);
- 消费者驱动服务提供者的工作,并就交付内容提供反馈。

组织的战略和服务管理运营模型之间存在双向关系。一方面,运营模型的设计是从战略派生出来的;另一方面,组织的战略可能会受到运营模型改进和变化的影响,或者受到消费者反馈信号的影响。这些信号引起领导层产生共鸣,从而引发整体运营模型发生变化(如图 1 所示)。

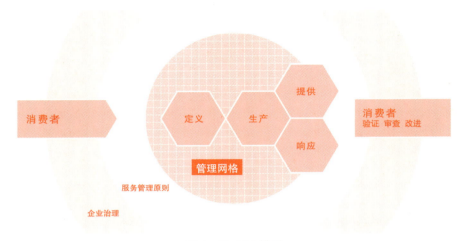

图 1　VeriSM 模型

《数字化转型与创新管理—VeriSM 导论》中有下述内容的完整描述。简而言之，每个领域的定义如下。

- 治理：领导和控制组织活动的基础支撑体系；
- 消费者：对于产品和服务提出需求，体验产品和服务并提供反馈，进一步参与验证、审查、改进活动；
- 服务管理原则：基于组织治理原则，为交付的产品和服务提供"护栏"，例如解决质量和风险问题；
- 管理网格：定义组织如何将其资源、环境和新兴技术与不同的管理实践相结合，以创造和交付产品或服务；
- 定义：基于约定的需求设计一个（产品或服务）解决方案；
- 生产：通过创建解决方案（建设、测试、部署），确保产品或服务满足消费者的需求；
- 提供：新的或变更的解决方案是可用的；
- 响应：在消费者遇到性能问题、突发事件、疑问或有任何其他要求时给予支持，读懂消费者发出的信号并采取相应行动。

在 VeriSM 模型中，治理和服务管理原则是相对稳定的元素，只有当组织的需求或消费者的需求发生变化时才会变化。管理网格是灵活的，根据产品和服务的需要进行调整，例如在整合新的管理实践或新技术时。定义、生产、提供、响应四个阶段反映了已定义的组织管理实践。

1.2　A 部分：1～18 章

这本书分为两部分。A 部分讨论数字化转型对组织和人员的影响。它提供了如何用技术、方法和 VeriSM 模型应对这些影响的实践指导。

1.3　B 部分：19～29 章

B 部分以 A 部分为基础，结合实例、案例研究、访谈和行业观点来讲述 VeriSM 应用。它包含了来自世界各地的各种资料，这些资料将会成为你的数字化之旅的灵感和建议的源泉。

1.4　2018 年数字化转型情况调查

2018 年，在准备本书内容的同时，IFDC 对 1200 多人进行了一项调查，询问他们对数字化转型的看法以及数字化转型对他们工作场所的影响。本书使用该调查的节选以阐述相关概念。

2018 年数字化转型调查

许多国家都对问卷进行了回复，如图 2 所示。

	您所在的国家				
1	印度	10%	11	尼日利亚	2%
2	美国	8%	12	法国	2%
3	荷兰	7%	13	澳大利亚	2%
4	巴西	7%	14	日本	2%
5	西班牙	4%	15	哥伦比亚	2%
6	英国	3%	16	印度尼西亚	2%
7	加拿大	3%	17	新加坡	2%
8	秘鲁	3%	18	墨西哥	2%
9	南非	3%	19	德国	1%
10	意大利	3%	20	其他	32%

图 2　2018 年受访者的所在国家

行业类型和组织规模，如图 3 和图 4 所示。

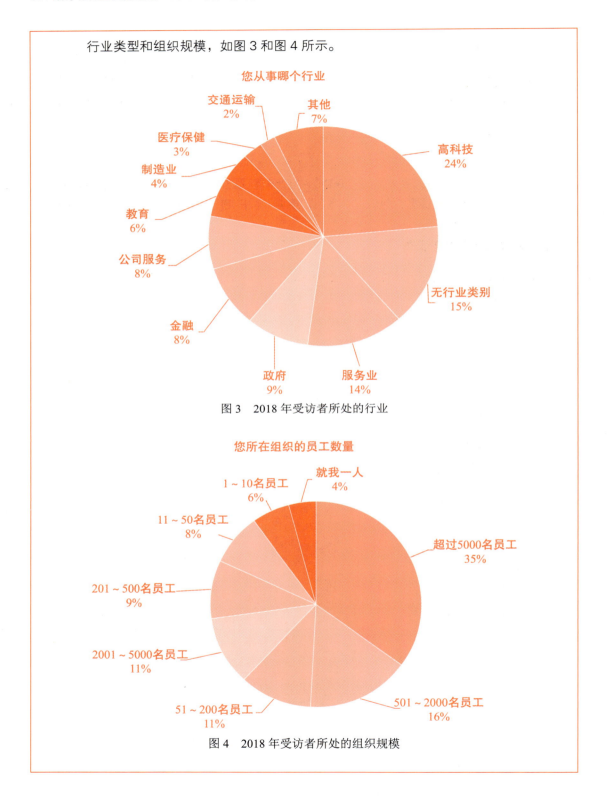

图 3　2018 年受访者所处的行业

图 4　2018 年受访者所处的组织规模

调查显示，在过去的几年里，数字化转型的轨迹显著增加，91% 的受访者声称他们以前听过"数字化转型"这个词；81% 的受访者表示，他们的组织已将数字化转型作为其战略的一部分；61% 的受访者表示，他们的组织经常评估新兴技术对产品和服务的影响；85% 的受访者声称他们的竞争对手/同业组织在采用技术来改进各自的产品或服务，毫无疑问的是其组织会由此更加重视数字化转型。数字化转型已不再是"最好去做"，而是企业为了保持竞争力必须追求的事情。除了这些结果，受访者还声称，他们的组织正试图通过这些数字化转型努力实现多重效益。如图 5 所示。

图 5　2018 年调查中通过数字化转型实现的效益

47% 的受访者表示，在过去 5 年中，本组织依靠技术的产品和服务的数量显著增加。图 6 说明了大多数组织采取的数字化举措达 10 或 10 项以上，或介于 3~5 项之间：

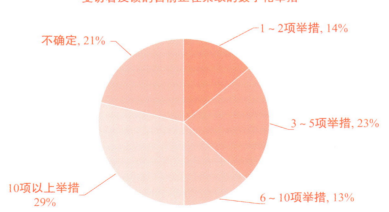

图 6　2018 年调查数字化举措的数量

可以理解的是，73% 的受访者声称，在他们工作中与技术互动的时间增加了。90% 的受访者认为，高级管理人员需要新的技能来利用数字化技术。受访者还表示，他们的组织开展了如图 7 所示的与新兴技术相关的活动。

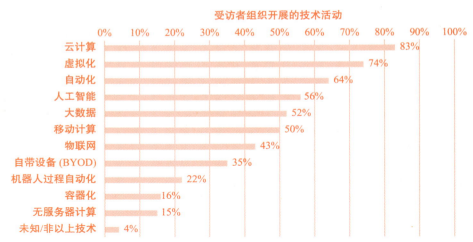

图 7　2018 年调查中受访者组织开展的技术活动

只有 49% 的受访者表示，他们的组织经常在数字化转型过程中评估新的或变更的管理实践、标准和框架。这很有趣，因为新兴技术需要新的管理实践、标准和基线来有效地交付、管理或支持服务。没有评估新的管理实践、标准和框架以补充其数字化转型举措的组织，很可能难以实现其预期的效益。这包括提高效率、快速有效地创造或改进产品的能力，以及在降低成本的同时改进服务。

PART A

本部分讨论了数字化转型对组织和人员的影响。它提供了如何用技术、方法和 VeriSM 模型应对这些影响的实践指导。

2 数字化转型的情境

引言

为什么组织领导要关心 VeriSM？ VeriSM 对组织、数字化转型和数字化优化意味着什么？本章评估了 VeriSM 如何帮助组织在数字世界中蓬勃发展。

不论组织属于什么行业，也不论他们做什么或销售什么，都能通过拥抱数字世界来获得成长。而那些不这么做的组织则可能会变得无足轻重。那些没有预见到数字化转型带来的变化或者认为自己不会受到影响的知名品牌，现在只存在于那些怀念"美好旧时光"的老年消费者的遥远记忆中。

Blockbuster、Kodak、Borders Books 和一长串其他公司已不复存在——他们要么看不见、听不见，要么不理解世界正在发生变化，并为此付出了惨重的代价。然而，也有一些其他组织处于相同或更糟的位置，进行了自我改造，现在已成为那些有意愿且有准备组织的光辉榜样。这并非易事。这些先驱者可以作为榜样。

> **现实案例**
>
> 《华尔街日报》于 1889 年 7 月 8 日首次出版。当互联网摧毁了它的商业模式时，它的反应具有典型性——让我们保持低调，让我们沉淀一下。他们做了传统商业理论所说的他们必须做的一切，但这种"失血"现象一直持续，直到 21 世纪初他们真正地重塑了自己。如今，它的发行量为 227.7 万份，其中 127 万份是数字订阅。
>
> Barnes and Noble（B&N）书店创立于 1873 年——他们必须像 Borders 书店一样与亚马逊打交道。B&N 无疑是最成功的网上书店之一，而在 2011 年，Borders 书店被清算了，11 000 名员工失业。
>
> 2009 年，黄页行业的法国市场领导者 Pages Jaunes 陷入困境。由于互联网的广泛使用，印刷品市场逐渐萎缩。该组织必须适应新的数字世界，否则，一旦失败就会退出业务并不复存在。董事会制定了一项战略，通过重新定义其使命来保护组织。声明 Pages Jaunes 从未从事过大量印刷书籍的生产。它的业务是（并且一直是）连接小企业和本地客户。还有什么比使用新的数字技术能更好地完成这项工作呢？ 5 年内，凭借

> 强大、简单和吸引人的愿景,以及领导者的坚持不懈和模范行为①,使得超过75%的收入来自数字化业务。

重要的是思考一些组织是如何生存的,而其他组织却没有生存下来。更有趣的是探索有好主意的人是如何因为世界发生改变而未能实现其主张的。

即使是最传统的"砖瓦加水泥"组织也可以学习如何以实际和务实的方式拥抱数字世界,从而超越竞争对手。一些观察家说,在数字化转型方面,"一些行业可以,而其他行业不行",并援引政府组织的例子予以说明。然而,爱沙尼亚政府部门,以及波士顿、纽约、芝加哥和西雅图等公共部门组织已经发生了变化。他们现在能够为市民提供更好的服务,关系也更为密切,通过接受数字技术带来的变化创造了一种社区意识。他们确实使城市成为市民更美好的家园②。

> **案例研究:艾尔斯伯里谷区议会(AVDC)**
>
> 　　有关地方政府组织数字化转型的更多信息,请参阅第21章,了解艾尔斯伯里谷(Aylesbury Vale)区议会,以及它如何在面临严重预算削减时改变其服务。
> 　　AVDC是一个有着强大文化的雄心勃勃的理事会,并以明确定义的价值观和新的商业行为框架为基础。
>
> 　　　　　　　　　　——安德鲁·格兰特(Andrew Grant),AVDC首席执行官

> **2018 数字化转型调查**
>
> 　　如图8所示,受访者认为其组织76%~100%的产品和服务严重依赖技术。
>
>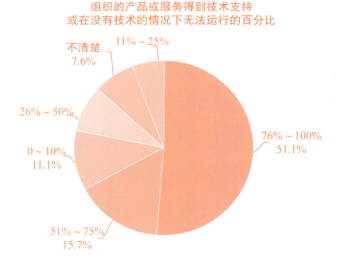
>
> 　　　　　　图8　2018年调查中技术支持的产品和服务

---

① 邦内特,D.(Bonnet, D.),韦斯特曼,G.(Westerman, G.),迈克菲,A.(McAfee, A.),2014年,导引数字化:将科技融入企业变革,波士顿:哈佛商业评论。
② (2016年3月23日),城市如何计分(互联网信息),https://www.economist.com/special-report/2016/03/23/[2018年1月]。

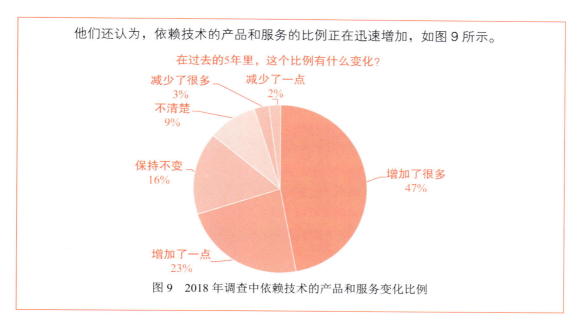

图9 2018年调查中依赖技术的产品和服务变化比例

2.1 VeriSM 与数字化转型

VeriSM 使组织能够作为单一实体向消费者提供产品和服务。它使组织中的每个人都能理解他们对服务消费者和实现组织目的与目标的贡献。VeriSM 给 C 级高管带来的关键利益是组织及其组成部分如何作为一个集体进行整体的行动和思考，确保整个组织集中精力实现既定目标。

VeriSM 是一种进化而不是彻底变革的方法。一个组织可以始于足下，并迈向它独特的数字化未来。重要的是要记住，领导力的作用是实现数字化转型，并确保管理者有资源、方向和权力按照给定的方向行动并使之成为现实。没有领导力的支持和投入，管理者的努力将毫无价值。

2.2 定义数字化时代

VeriSM 并不认可数字化时代的单一定义。数字化时代的定义因人们的位置、背景、行业、角色和年龄而有所不同。一些现象和概念可以补充到定义和解释里，例如：

- 数字化；
- 数字化转型；
- 自动化；
- 物联网（IoT）；
- 社会技术进步；
- 世代；
- 大数据；
- 自带设备（BYOD）；
- 互联网的普及；

- 知识管理、学习和教育；
- 人工智能（AI）；
- 社交媒体的影响；
- 新的沟通方式；
- 交易、支付和独特的价值观，尤其是在数字化时代的背景下，所有这些都在不断发展。

随着技术的迅速变化，术语也随之而变。今天的定义可能与明天的定义有所不同。请确保每个组织中理解的一致性——定义术语并传达定义。如果不这样做（有很多没有明确理解就贸然行事的例子），利益相关者的决策和行动就会变得出乎意料，并可能相互矛盾。为了说明这一点，请考虑这样一个事实，"数字化转型"没有一个公认的单一定义。

任何与数字化转型有关的组织都需要考虑：
- "数字化时代"的含义——它如何影响组织、影响的背景以及如何接受和管理这种影响；
- 治理和领导者角色在帮助组织变革中发挥的作用，以及领导力如何能够促成和促进组织变革；
- 组织生存所需的应对方式；
- 领导者在数字化时代行之有效的技能、能力和行动；
- 知识和数据以及组织如何在数字化时代理解和利用它们。

每个组织对"数字化时代"的看法会各不相同。这一观点将对治理、战略、服务和产品组合、组织管理和实现产品和服务的方式、以及将这些转化为管理活动的方式产生重大影响。这些管理活动包括服务管理的创建、管理网格的定义、管理流程、程序、能力以及技术的使用。

> **现实观点**
>
> 在写这本书的时候，作者团队听到人们和组织表达了这样不同的观点："自 20 世纪 50 年代以来，我们一直在做数字化转型，那么有什么大不了的？""数字化转型是一种社会经济或社会技术现象，不仅影响产品和服务，而且影响整个市场和社会"。
>
> 组织对数字化时代的认知程度将影响其数字化转型或其产品的优化、服务和工作的方式。

数字化时代，像其他任何一个时代一样，被定义为一个"时代"，因为它代表了一种根本的社会经济和行为转变。数字化时代是信息时代的一个演变，在信息时代，技术是创造一个由高科技全球经济包围的知识型社会的催化剂。

数字化时代还意味着实现一个商业化社会，允许个人探索他们的个性化需求，简化决策和与全球范围内的同行交易。航空旅行使世界变小了，数字化时代更进一步，使它适合手持设备或台式电脑。数字化时代的成果是一种全新的交易、学习和社会化方式——需要组织对如何运营进行根本性的反思。没有一个业务部门是不受影响的，包括以前被视为开展非核心活动的传统支持部门（如人力资源、财务、IT、市场营销等）。

3 数字化时代和数字化组织

引言

数字化时代对组织意味着什么？本章探讨"数字化组织"的含义，数字化转型对记录系统、交互系统、人员和数字化时代，以及数字化产品和服务的影响。

本章还介绍了数字化转型的方法和途径。

3.1 什么是数字化组织？

"数字化组织"不仅仅是使用技术或数字化现有的做事方式。数字化组织可以赋能现有的商业模式或引发新的商业模式，以及催生由消费者、合作伙伴（还包括可能的竞争对手）组成的生态系统。数字化组织需要定义明确、高效的数据驱动流程。此外，组织必须能够根据消费者的需求和商业模式的变化对其生态系统内的变化做出快速反应。

昔日的组织和数字化组织之间的显著区别是更灵活的文化，涉及持续改进、实验和学习新的工作方式，包括技术的灵活性和设计的灵活性。数字化组织必须采取措施在这些领域取得进展。并非所有方面都需要在组织中完全实现，如下面所列 3[①]。每个组织所追求的水平将取决于具体的市场条件、企业治理以及相关的产品和服务。每个组织，可以基于这些方面进行差距分析，以对比理想和当前实际的情况。

1. 以消费者为中心：数字化组织应完全了解其消费者（如习惯、偏好、需求、要求等），而不是等待这些需求被消费者提出。组织必须了解什么将有助于实现消费者的目标，然后在其产品和服务中进行交付。创造个性化的产品和服务，同时保护消费者的隐私，有助于实现消费者的数字"幸福感"。

2. 一切源自设计：数字化组织设计消费者价值和结果（例如，表达消费者的追求、品位、感受、关注点）而不是产品和服务，设计可持续的体验，创造持久的附加值。

3. 通过实验学习：现代世界的变化比传统的培训要快，工作方式也可以开发和交付。因此，数字化组织必须经历尝试、失败、成功，最重要的是，通过实践来学习。在处理反馈的过程中，通过试错来学习是成功的数字化组织的关键。这种"通过实验学习"经常会创造新的产品或服

---

① 博曼，J.F.（Bouman, J.F.），特尼森，W.（Teunissen, W.），尤斯特布鲁克，T.（Eusterbrock, T.），范·斯坦伯格，M.（van Steenbergen, M.），菲克沃德，J.（Flikweert, J.），（2017年9月30日），数字化企业的必要条件（互联网信息），https://bouman.home.xs4all.nl/Artikelen/20170930_Sogeti_ua_udigital_uenterprise.pdf。

务，当然也会影响工作实践和原则。

4. 自动化：消费者需求不断变化，因此耗时的设计、开发和生产周期可能不适合。数字化组织从需求到交付的活动自动化了，减少了等待时间和错误。然而，也存在需要注意的风险，在产品和服务的交付中彻底地应用自动化可能会导致服务提供者和消费者脱节，因为这并未以消费者为中心。

5. 持续更新：今天的消费者明天会有不同的需求，因此开发和交付满足这些需求的新产品和服务是一个持续的过程。数字化组织将坚持学习，以确保其与消费群体保持联系。

6. 即时性（现在）：世界掌握在消费者手中。连通性和即时性是消费者所期望的，他们通常时间不多，期望得到即时的响应和满足。数字化组织必须能够立即交付要求的产品和服务。而且，如果消费者改变主意，数字化组织将立即进行调整——所有这些都是通过手指的滑动来实现的。在数字化时代，消费者忠诚度是不可靠的。

7. 开放式网络玩家：数字化组织拥抱网络的开放性。数字化消除了距离感的存在。工厂和办公室消失了。共同创建是一种新常态，允许组织创建不受地域限制的商业模式，并且可以包括多个供应商和合作伙伴。

> 技术不能，也从来没有（除了产品中的技术）为企业提供价值。相反，技术的价值来自以不同的方式开展业务，因为技术使之成为可能。
> ——乔治·韦斯特曼（George Westerman），麻省理工学院斯隆数字经济计划的首席研究科学家

接受数字化组织的概念会推动产品或服务交付的"方式"。甚至实体产品在其生命周期中也涉及数字化方面。数字化组织确保在产品和服务的创建和支持过程中各方面有效运作。

但数字化组织面临挑战。通常，远程和分布式的员工工作模式会使交流和流程标准化变得困难。团队依赖的订阅服务生态系统通常存在未开发的集成机会和重复的服务产品。

组织必须将以下数字化能力有效地建立和嵌入到其所有的组织能力（销售、营销、人力资源等）中：

- 以消费者为中心和聚焦客户；
- 注重卓越运营；
- 以数字化术语定义的总体战略；
- 参与并自上而下推动组织的领导力；
- 支持新方法的治理模型和结构[①]。

这些能力及其相关实践将确保组织足够灵活地利用机会并获得持续的竞争优势。颠覆性技术可能被竞争对手复制，但数字化能力却难以复制。

---

① 德·科克，R.（De Kock, R.），2017年，数字化转型实施：将IT服务管理的作为一种支持的评估，英国北安普敦郡，北安普顿大学，未发表硕士论文。

> **现实观点**
>
> 史蒂夫·钱伯斯（Steve Chambers）是 CloudSoft 公司的首席运营官。史蒂夫在 20 多年的职业生涯中与数十个组织合作，他根据自己的经验提出，具有以下特征的组织将会转型艰难：
> - 认为"IT"不是其业务的核心，并将其外包；
> - 期望供应商代表他们"创新"；
> - 不奖励IT员工的敏捷性、弹性和创新性，反而惩罚他们的改变、中断和实验；
> - 倾向于维持现状而非革新；
> - 将"敏捷和创新"留给一个不了解全局、不受监督的"特别小组"；
> - 对于消费者他们总是夸夸其谈，但没有证据表明在执行过程中消费者对其感兴趣。

> **现实观点：技术业务管理**
>
> 在第 23 章中，来自 TBM 理事会的杰克·比肖夫（Jack Bischof）分享了他对世界如何变化、需要的新技能以及企业如何适应的观点。
>
> "如果不考虑按消费者、运营或法律实体划分对资源、服务、产品和供应商的成本、风险、价值、数量、需求和消耗进行分析，就无法做出明智的选择。"

3.2 数字化转型和数字化组织

VeriSM 将数字化转型定义为"数字化技术应用对全组织各个层面带来的变革，包括从销售到市场、产品、服务乃至新商业模式"。

对于许多业务人员来说，"数字"和"系统"等词意味着他们可以"漠不关心"并让 IT 部门去解决问题。在数字化时代远非如此——数字化系统、产品和服务只是组织所做工作的不同表现。实际上，它们是一切业务的推动者。

3.2.1 系统和数字化转型

数字化转型（或优化）影响组织的系统。要理解其意义就要厘清什么是系统。

人们经常谈论铁路系统或政府系统。"不要违反制度！"这句话有多少次出现在工作场合？这些术语和短语说明一个系统不仅仅停留在 IT、应用或技术中。"系统"一词来自希腊的 sun（与）和 histania（建立），形成 sustema（拉丁语 systema）。系统描述了如何在特定的情境下设置一组"事物"，以使其具有意义。

> **系统**
>
> 系统通常有两种解释：
> （1）一个机制或相互连通的网络中有机联系的组成部分，更具操作性的复杂的整体。
> （2）一组原则或程序，人们基于此完成某项工作；一个有条理的计划或方法。

无论领导者、执行者和经理的职责范围或专业领域如何，对于他们而言，对组织的系统进行了解和掌握都很重要。组织本身就是一个系统，实际上是一个生态系统，由此形成术语"组织"。要完全拥抱数字化组织，了解系统对于理解如何"做"业务至关重要。

3.2.2 记录式系统和交互式系统

要了解数字化转型对组织"系统"的影响，先学习杰弗里·摩尔（Geoffrey Moore）在《跨越鸿沟》一书中记录式系统（SoR）和交互式系统（SoE）[1]的定义。

记录式系统

传统的 IT 系统（在商业环境下的术语）是记录式系统。它们表示如何"完成"业务交易。业务交易是业务系统及其流程和程序的数字化表示。使用 IT 系统促进业务系统的主要优势在于有助于管理大量数据，并在某种程度上通过分析将数据转换为知识来做出更好的决策。

记录式系统是组织数字化的主要组成部分，自从计算机面世以来就已经出现。它们已经从支持非常特定的业务程序或流程的应用和 IT 基础设施发展到支持业务生态系统的应用和相关基础设施，如制造业中的物料需求计划（MRP）系统或企业资源规划（ERP）系统。这种类型的 IT 系统可以自动地将组织中的每个流程数字化。记录式系统非常有效，但依赖于预先存在的规则、流程和程序。[2]

如果记录式系统所代表的业务系统是清晰的，那么就相对容易理解。它们给组织带来了实实在在的收益，主要是通过提高效率，有时还因为它们凸显和暴露了系统性问题，促使组织改进了工作方式（流程改进、流程再造等）。理解和使用记录式系统的另一个潜在收益是，随着新的和更复杂的技术变得可用，它们将成为未来自动化的推动者。自动化是一个几乎所有组织都能获得收益的领域。它支持更快更好（增加一致性和减少差异性）的产品和服务，同时释放出以前不可能实现的可扩展性。

交互式系统

交互式系统（SoE）代表了一种与消费者、用户、客户或社区互动的新方式。当以完全不同于预期的方式使用某交互式系统时，就会出现这种新的、通常意想不到的互动。即使最初的系统是精心规划和设计的，这种影响通常也是完全未知的，并有不可预知的结果。当引入一个新的 SoE 时，设计者不知道它将如何影响社会经济环境，换句话说，他们通过消费者来实验并了解它的影响。[3]

---

[1] 摩尔，G.A.（Moore，G.A.），2011年，交互式系统和企业信息技术的未来：企业信息技术的一个巨大变化（互联网信息），http://info.aiim.org/systems-of-engagement-and-the-future-of-enterprise-it[2018年3月]。

[2] 摩尔，G.A.（Moore，G.A.），1991年，跨越鸿沟（第3版），纽约：哈珀柯林斯。

[3] FidoNet 是一个由全球爱好者运营、私人资助的用于存储和转发的拨号网络。到20世纪90年代中期，已经有近40000个 FidoNet 系统在运行，并且可以与全世界数百万用户进行通信。只有 UUCPNET 在广度和数量上与之接近；FidoNet 的用户群远远超过了其他网络，如 BITNET（我们今天所知的互联网前身）。

现实案例：交互系统——电子邮件

电子邮件最初不是作为商业工具设计的，而是作为不同大学校园的科学家在美国国防高级研究计划局（DARPA）资助的项目中进行交流的一种方式。在商务领域，电子邮件最初是用来取代办公环境中的信件和备忘录。后来发展成包括日程安排、分析工具（调查）、社交方式、除文本之外共享数据的方式（包含非常复杂的数据），作为产品和服务的交付渠道、政治工具、营销和销售工具以及许多其他的使用方式和应用。

如果问最初的设计人员电子邮件能做什么、未来能做什么，他们的回答将仅限于设计说明书。

事后看来，我们很容易认为电子邮件可以完成所有提到的事情，因为我们已经经历了电子邮件扩大的社会影响。现在看来，以这种方式使用电子邮件似乎相当自然、合乎逻辑。

当电子邮件以许多不同的方式使用时，组织会经历所谓的"电子邮件污染"。电子邮件污染了工作环境，侵占了个人生活。

一些组织采取措施扭转这一趋势，并努力不使用电子邮件（见第6章协作）

对于20世纪80年代初在FidoNet7上就使用电子邮件的人来说，电子邮件既具有创新性，又具有实用性。对于电子爱好者和计算机爱好者而言，FidoNet成了新的业余无线电网络（这已经是一个意想不到的用途）。即使在早期，电子邮件也已演变成一种交互式系统。

今天，大多数人可能会说电子邮件是业务结构的一部分，没有它，组织就无法运作。有些人甚至会说电子邮件是一种人权。

对于财务应用程序或ERP系统，从来没有人说过同样的话。交互式系统成为社会或社区结构的一部分，并不断演变为新的、有趣的应用领域。考虑一下手机、互联网、电子邮件和社交媒体平台的引入所带来的影响——它们的重要性不可否认。

SoE/SoR 案例

考虑购买汽车保险：
- 汽车保险销售人员使用应用程序，通过电话或面对面的会议从客户那里收集信息，这是记录式系统的一个例子；
- 允许客户自己挑选保险单、特征和完成交易的在线门户网站是一个交互式系统（尤其是当用户在系统上创建用户ID用于未来建立关系或销售时）。

就在10年前，大多数静态的消费者数据存储在SoR（如数据库和电子表格）中。如今，同样的信息存储在SoE中，如同消费者、提供者和其他利益相关者使用的协作系统，并与社交媒体或其他大数据源直接相连。这些系统可能使用人工智能和学习算法来优化消费者参与度。

然而，这并不意味着交互式系统比记录式系统更重要，也不意味服务提供者就只关注交互式系统。记录式系统数字化和自动化所带来的收益同样令人震惊,而且往往是数字化转型计划的起点。组织可以构建其当前组织能力的"数字孪生",作为创新的平台,进而识别并强调创造交互式系统的机会。数字孪生是一个实体对象的副本,可以通过操纵它来找到不同的使用或管理方法。

理想情况下,各组织应关注记录式系统和交互式系统,因为两者都在数字化转型中发挥着至关重要的作用。建立交互式系统几乎总是一个试验过程,包括实验、经验和观察。在组织进入数字化时代的旅程中,VeriSM 第一本书介绍的新兴实践可以成为组织管理网格中管理实践的一部分。

> **⊕ 高德纳(Gartner)的系统观**
>
> 高德纳受到摩尔思想的影响,观点稍有不同。高德纳专注于三个应用类别或"层"。基于系统的"速度分层视图",业务应用可以根据其解决问题的性质、变化率和解决方案的独特性进行分类,帮助组织在各方面制定更合适的策略8[①]:
> - 记录式系统:已构建的支持核心交易处理和管理组织关键主数据的打包应用程序或遗留系统;
> - 差异化系统:实现独特组织流程或行业特定能力的应用程序;
> - 创新系统:临时构建的新应用,以满足新的业务需求或机遇。
>
> 这三层并不是固定的,会随着时间的推移而改变。SoRs 可能会随着改造或现代化而萎缩,变成 SoD 或 SoI。当 SoD 和 SoI 变得稳定和可预测时,它们可能会成为 SoRs。

3.3 人与数字化时代

一个组织要想在数字化时代生存下来,其领导者和管理层就必须应对技术的变化,以及消费者、员工的态度和行为的变化。直到最近,X—代的态度和行为主导了商业:个人和个人的进步(在很大程度上)推动了工作场所的态度和消费者的选择。(更多有关 X—代、Y—代和 Z—代的信息,请参阅《数字化转型与创新管理—VeriSM 导论》。)

X—代人对个人进步的关注不再是主流。来自 X—代的经理可能会很难与千禧一代(Y—代)和 Z—代的员工和消费者打交道[②]。虽然财务的稳定仍然是 Y—代和 Z—代的主要关注点之一,但他们更加强调工作的意义和创造性。这几代的员工希望教师、家长、管理者和主管能即时反馈。因此,领导者和管理者需要调整他们的工作实践,以创造、促进和维护能调动这些特征的环境。

---

① 高德纳(Gartner)(2012年2月14日),高德纳表示,采用速度分层的应用可以加速创新(互联网信息),https://www.gartner.com/newsroom/id/1923014[2018年2月]。
② 后两代人之间有一些细微的差别,但他们确实有许多共同之处。

> **现实观点**
>
> 尽管数据逐年变化，但上述归纳的情况仍在重复。
> 每年回顾德勤千禧年调查结果[①]以不断跟踪趋势。

从产品和服务的角度来看，这些需求和理念必须融入产品和服务设计以及消费者的参与中。服务现在需要提供近乎即时的结果和满足感。

> 要想随着时间的推移而蓬勃发展，每家公司不仅要提供财务业绩，还要展示它如何为社会做出积极的贡献。
>
> ——BlackRock 首席执行官拉里·芬克（Larry Fink）

3.3.1 Y一代和Z一代的消费者

Y一代和Z一代的消费者表现出相似的行为和态度，给产品或服务提供者造成了困难。产品和服务需要有灵活性，可以让消费者能够以他们当时认为有意义的新方式重新配置产品、服务或工作流程，并且能够在第二天再次对其做出改变。这使得服务提供者必须提供更加动态的，但同时也不容易被预测的服务。对数字化产品或服务的消费应具有更高的社会情境，或许可以与社交平台相结合，以提供丰富而无缝的体验。

从市场营销的角度来看，Y一代和Z一代消费者青睐于即时服务。他们不太可能把更多的钱花在他们认为不实用（传统身份象征）的物品上，并且敏锐地意识到他们的消费习惯对环境的影响。数字化产品和服务的提供者需要敏锐察觉这些产品和服务的推广、销售和营销方式。如果产品或服务满足社会及环境需求，消费者可以成为产品或服务推销和销售的自愿参与者。这是在不期望任何补偿的情况下实现的，或者可能只是获得一种简单形式上的社会认同，例如数字徽章。

> **现实案例：Tribesports**
>
> Tribesports 是一个用数字技术吸引 Y一代和 Z一代群体品牌的范例。
> Tribesports 于 2013 年 8 月在 Kickstarter 平台上发布了其产品，旨在利用真实消费者的反馈打造高品质的运动服品牌形象。
> 现在，作为一个全球性品牌，它与客户群保持着牢固的关系，需要有产品和特征方面的信息输入和对产品的反馈来持续改进产品。

3.3.2 Y一代和Z一代的员工

为了有效地与 Y一代和 Z一代共事，经理或主管需要采用新的管理技巧来确保工作的有效运行。这些经理和主管需要专注于指导和领导，减少微观管理。此外，组织需要考虑更扁平的

---

① 德勤（2018年5月15日），2018德勤千禧年调查 （互联网信息），https://www2.deloitte.com/global/en/pages/about-deloitte/articles/millennialsurvey.html [2018年5月]。

层次结构。事实证明,对Y—代和Z—代员工来说,"指挥和控制"的管理组织方式效率较低(见第 5.1 节取消层级)。

Y—代或Z—代员工使用社交媒体的普遍性增强了协作技能,并创建了以团队为导向或(至少)在特定(社会)群体中工作的能力需求。另一个重要的转变是需要频繁的反馈,反过来,他们做事时不要打扰。这两代人都受过高等教育,因此,他们对重复的非知识性工作或微观管理的容忍度很低。

Y—代和Z—代的一个主要的共性是他们都是数字化原住民——技术与获取技术是他们的职业和社会结构中的一部分。他们对不具备持续关联性的教育和工作实践感到非常沮丧。此外,他们不认为有必要采取不人道的工作实践(如加班),相对于传统的工作模式更倾向于工作与生活的平衡。然而他们也希望能够在他们选择的时间联系、接收服务和工作。

> **2018 数字化转型调查**
>
> 如图 10 所示,大多数受访者认为他们花在与技术互动上的时间在增加。
>
>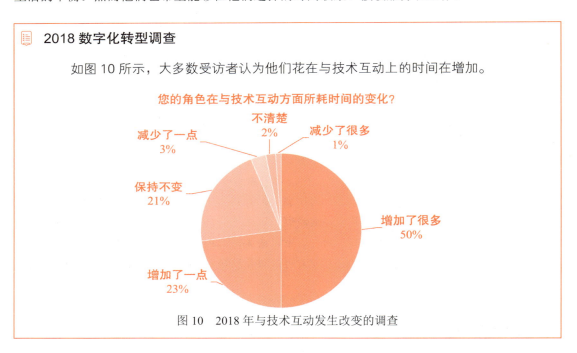
>
> 图 10　2018 年与技术互动发生改变的调查

按照婴儿潮这一代和X—代成见行事的人被误解并被视为数字化原住民世界中的移民和入侵者,他们充其量只能被容忍。这意味着"传统"的方法和价值观受到了质疑。例如,用一个闪亮的移动界面来装饰一个旧服务可能会令人猜疑并被弃用。例如,优步(Uber)推出后,许多传统出租车公司推出了"移动支付"应用来吸引消费者。这一变化并没有引起优步消费群体的共鸣,因为它只涉及界面,而不是支持优步服务的社会企业元素:个人与其他人联系以乘坐一辆车(而不是传统的出租车公司结构)。

> **现实观点**
>
> 除了世代主题之外,领导者和管理者时刻需要认识到独特的文化和地理差异,不应低估或忽视文化动力。

> 通过格特·霍夫斯泰德（Gert Hofstede）[①]的作品可以很好地理解文化差异。《文化维度理论》是一个跨文化交流的框架，描述了一个社会文化对其成员价值观的影响，以及这些价值观与行为的关系。
>
> 这对那些数字化原住民来说也是如此。在某些环境中，社会经济环境可能会否定一代人的观察。例如，如果你不是"有线"的，就不可能成为数字化原住民，因此在数字化普及程度低的社会，上述许多观察结果可能与现实不符。

一般来说，数字化原住民不喜欢控制。他们喜欢分享，但也明白有些事情不应该分享。他们在政治上是非常正确的，他们的观点通常是自由的，更有可能在公共部门或以慈善为宗旨的组织工作。他们会接受与其他相比收入少很多的工作，只要他们认为这份工作能为社会做出贡献，并且让世界有所不同。这也为组织创造了机会，让员工参与到他们的企业社会责任项目中来。

> **现实案例：德勤大学出版社**
>
> 数字化时代对组织提出了新的要求，要求组织跟上变革的步伐，挖掘数字创新的机遇。这也对在组织内部工作的专业人员提出了新的要求。当今数字世界的专业运营仍需要专业知识，但也需要比以往更广泛的能力。这就引出了所谓的T型人才。图11说明了数字化时代所需的技能。

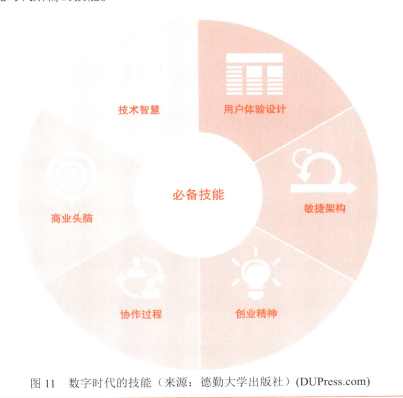

图11 数字时代的技能（来源：德勤大学出版社）(DUPress.com)

---

① https://www.hofstede-insights.com/models/organisational-culture/.

技术化的 IT 知识比以往任何时候都更有价值。这类知识对于确保有效开发和管理新技术至关重要。然而，技术头脑只是更大的难题中的一个部分；现在对专业人士的要求更多，其中包括与行为转变相关的能力，例如转向更具协作性的工作方式（见第 6 章 协作），采用敏捷的思维方式以提高灵活性和响应能力，以及用户体验（UX）设计技能，确保以消费者为中心的产品和服务设计。它还包括对业务的理解和企业精神，以便专业人员能够评估组织风险并应用他们的知识寻找能够增加真正价值的创新解决方案。拥有如此全面的技能似乎让人望而生畏，但在业务和 IT 密不可分的当今世界中，这一点变得越来越必要。

数字化时代的快速变化也意味着能力需求将持续改变和进化。终身学习变得比以往任何时候都更重要，因为专业人员需要不断提升他们的技能以响应新的发展，组织也同样需要定期更新他们的管理网格和工作方式。在数字化时代，成功的专业人士能够适应这个瞬息万变的世界，并认识到昨天学到的东西未必在明天仍然有用。

3.4 数字化产品和服务

尽管有些人将数字化产品或服务定义为"完全自动化的产品或服务，并由服务的客户通过交互进行控制"[①]，但这种观点可能有些过于简单化。在讨论数字化服务时排除非自动化或部分自动化产品是错误的。VeriSM 将数字化产品或服务定义为"由技术进步所推动或仅因技术进步而可能实现"的产品或服务，并且该定义似乎更具包容性和适用性。

数字化产品和服务通常是在线的，或者至少具有重要的在线元素，例如，它们是在线营销、在线销售和在线支持。这些交互式系统可能会从记录式系统中获取信息，这一操作对消费者完全不可见。在线功能是由日益增长的移动和无线连接的客户端设备的可用性驱动的。

> **现实案例**
>
> 在线比价网站，如 Trivago、Booking.com 和 Expedia，都扮演着交互式系统的角色，从消费者看不见或无法访问的多个记录式系统中提取信息。

数字化服务消除了服务提供者和服务消费者之间存在的许多障碍。数字化服务几乎总是在线、可用、可访问和可交易的。然而，它们也可能通过消除服务提供者和消费者之间直接面对面的关系而制造障碍。请参阅第 8 章成果，了解更多关于可能带来的挑战的信息。

一些组织选择将重点放在记录式系统的数字化上，确保界面变得对用户更加友好，产品或服务提供更好的用户体验——这被定义为数字化优化。其他组织关注消费者如何与他们互动，并寻求新的更好的方式来服务、沟通、营销、销售和与消费者交易——这被定义为数字化转型。最佳方法通常包括这两个要素。

专注于数字化优化似乎"更容易"。组织可能会落入陷阱，在这里花费太多时间和精力，

[①] 奥切尔，E.A.（Otchere，E.A.）（日期不详），数字化服务，获取价值（互联网信息），http://carrier.huawei.com/en/technical- topics/service/softwareservice/Helping%20Telcos%20Digitalize%20Services%20%20Emma。

而很少或根本不关注积极转型的项目，这样甚至可能会侵占现有的盈利服务。第 3.6 节就创新空间应如何与组织的正常运营相分离进行了探讨。很难证明创新及其生产产品会扼杀组织现有的盈利产品和服务。

大多数专家都意识到产品或服务的"数字化优化"与"数字化转型"之间存在差异。一种是更好地使用技术，另一种则是对新产品或服务进行改造，其价值主张发生了根本性的改变，甚至完全不同。这种区别对在数字化情境中思考其产品或服务的组织来说很重要。

3.5 数字化优化与转型的方法

数字化优化和数字化转型都是组织实现数字化的方法。没有一种标准的方法可以实现这两个目标。然而，随着越来越多的组织创造和分享想法，将会出现标准化的方法。

> **优化不是转型**
>
> 数字化优化描述了组织使用创新的技术和方法来增强现有的业务流程、产品和服务。优化并不是什么新鲜事物，事实上，自从商用计算机面世以来，每一项数字化的工作都有着完全相同的目标。毫无疑问，多年来，组织和行业已经开发出利用技术来优化组织的有效方法。今天唯一不同的是，技术创新水平更高，许多经过尝试和检验的方法不再适用。也许出于这个原因，许多技术驱动的组织转向敏捷和开发运维一体化（DevOps），以确保更快更好地交付数字化能力。
>
> 优化可能会释放效率，但它不是差异化或长期竞争优势的来源。无论组织的目标是优化还是转型，都将是一个重要的战略决策。
>
> 有些组织可能同时致力于优化和转型的项目或计划，例如用于优化遗留基础设施和商品服务的项目，以及转型战略资产的计划。
>
> 第 27 章提供了一个现实案例，说明如何使用数字化设计技术来优化儿童慈善机构 KidzKlub 的志愿者入职培训。

有许多不同的方法来帮助组织支持其数字化转型。数字化转型的关键在于已确立的概念，如全面质量管理（TQM）、客户体验管理和战略规划等。非常值得一提的是，这就导致与之相关的定义常常模仿适用于其他学科的现有定义。图 12 展示了三种可能的优化或转型方法。每个方法都有不同的重点或视角，并且适合具有不同目标和成熟度级别的组织。

图 12 概述了数字化转型和优化的三种主流方法：

- 聚焦运营的方法——侧重于流程数字化，以提升流程效率和降低成本。
- 聚焦客户的方法——专注于更好地满足已知客户的需求和新显现出来（观察到）的行为。结果是客户忠诚度更高，满意度更高。
- 聚焦未来的方法——寻求创新和颠覆市场，以确保长期在市场细分领域的领导地位，并使组织得以生存和繁荣。

数字化转型不仅仅是技术，还包括文化、人员、行为、组织和市场。因此，数字化转型涵盖了组织内的所有领域。在定义数字化转型工作时，组织必须包括所有组织能力（如人力资源、财务、销售等）所涉及的语言和期望，以确保每个能力都理解并支持这一过程。任何数字化转型工作都必须考虑到组织的法律、监管和财务要求。产品和服务必须在既定的法律和监管约束下运营，不得使消费者或组织本身受到潜在的罚款和处罚。

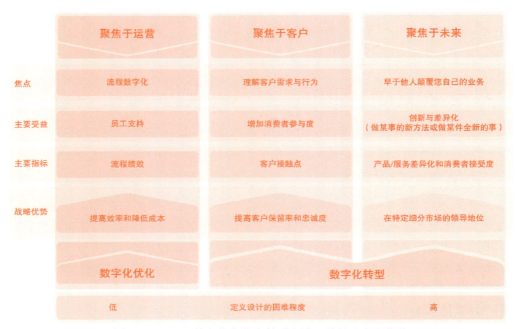

图 12　VeriSM 数字化优化和转型方法及其关注点和优势

（来源：数字化转型的原始想法：十亿美元组织的路线图，2011 年麻省理工学院数字化商务中心和凯捷咨询）

有些组织可能采取组合的方法。使用一种方法并不排除使用另一种方法；有时业务的不同部分将使用不同的方法。例如，一个组织可以选择优化方法，接着使用聚焦客户或聚焦未来的方法解决问题。

所有数字化转型工作都需要有专门的领导，以确保这些工作能够持续、保持正确的方向并实现商定的战略。高层的指导是关键。适当的治理提供了所需的结构、透明度和指导方针，以确保有效地监控和指导行为。这种方法还可以让组织证明其实现了愿景和满足了行业规范要求（见第 10 章治理和战略）。

3.6　从传统服务到数字化服务

传统（非数字化）服务能否成为数字化服务？简短的回答是："可以"；稍微长一点的回答是："可以——但是这种性质的项目经常失败"。其主要原因是，大多数利益相关者没有意识到数字化并不能保证在使用性、实用性、可接受性或价值方面取得成功。支持消费者的方法需要完全不同的实践，包括产品或服务的设计和更新以及运营、自动化、交付和共同创造。

许多组织通过积极的自动化手段开始他们的数字化之旅。这包括寻找自动化现有流程的机会，使记录式系统线上化和改进用户体验（UX）。许多纯粹主义者会争辩：这不是数字化转型，因为它不是社会性的，只是技术性、经济性或交易性的。

一些组织构建其物理环境的数字孪生，以便更好地理解传统服务在数字情境中的行为。例如，西门子在德国的一家工厂使用一个数字孪生来测试自动化制造流程的变化结果。构建一个数字孪生可能是将服务数字化的起点（数字化优化/聚焦运营见图13中的"聚焦于运营"），但其真正的价值则是将其用于实验和学习而实现创新的能力。

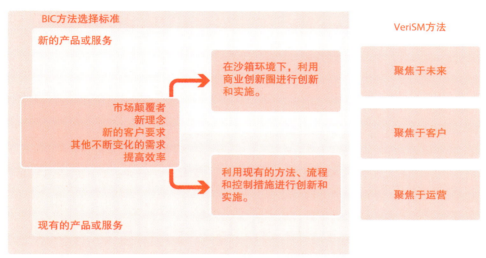

图 13　VeriSM 方法与商业创新闭环™ 的优化和转型方法的映射

对聚焦客户或者聚焦未来的转型方法的创新最好在"创新空间"（图13左上方区域）中进行。在这里，数字孪生可以暴露在严格的实验和假设测试环境中。在真实的商业环境中，这是不现实的。这些创新空间应该与商业环境和控制措施彼此隔离。它们最初被称为"臭鼬工厂®[①]"，但现在有不同的名称，可以称为"沙箱环境"。第9章提供了一个创新技术——商业创新闭环[②] 如何运作的例子。

组织通常在从头开始设计和构建数字化产品或服务时收获最大。然而，成功的数字化转型仍然依赖于现有的知识和经验，而这些知识和经验则发展自市场、其消费者和组织内部。

3.7　成功的数字化项目的要求

是什么让一个数字化方案与众不同？以下主题通常出现在成功的数字化方案中。
- **数字化转型是一项组织范围内确定的战略计划**。

  鉴于转型举措的复杂性，需要将其作为一项工作计划加以管理，以确保所有工作得到有效协调。至关重要的是，数字化转型不能作为一个单独的方案或项目来实施。转型应该策划为几年的时间，通过一系列小型的增量式项目迭代进行，以期对文化带来永久性的变革。

---

① 臭鼬工厂®是Lockheed Martin公司的注册商标。
② ©2016，BIC 商业创新闭环™是getITright®Skills Development的商标和版权 www.get-it-right.com，文档中提供的内容以文本中包含的通知为准。

- **将IT（技术）作为业务的一部分是关键。**
  仅将数字化转型作为IT项目进行尝试是不会获得成功的。在整个组织中，需要有一个强大的、综合的纽带，在技术和业务知识之间建立信任和持续的协作。没有协作，技术将无法有效地用于增强业务能力和消费者体验。必须认识到，数字化转型是一项由技术支持的业务方案，而不是"IT项目"。"IT"的定义需要明确，它是使组织（而不仅仅是部门）能够实现转型和发展的技术。
- **个性化的实时反馈是必不可少的。**
  为了保持较高的动力和势头，在整个转型计划期，向所有利益相关者提供个性化的实时反馈是至关重要的。它可以是一个关于进度或成功案例分享的单页的看板。必须让所有利益相关者都参与进来，让他们有一种主人翁意识和相互连接的感觉。
- **为数字化转型提供治理。**
  使用卓越中心或指导委员会将有助于沟通、参与和成功。这些组织结构应聚焦于识别和强调转型的商业机会和用于创新的可选技术。还需要制定治理准则和服务管理原则，以便于通过可控但不受限制的方式试验新技术，以促进创新。这些原则培养了一种安全、隐私、共享和所有权的文化，使消费者的数据能够得到有效的保护和管理。
- **聚焦市场领导力，通过使用新的技术建立竞争力。**
  成功的组织需要能够持续快速地做到这一点。虽然任何组织都可以使用新技术，但是只有技术和数字化能力的结合，才能开启对市场或行业的掌控。
- **建立和完善数字化能力。**
  真正的数字化转型涉及关键能力的建立和成熟，如以消费者为中心、卓越运营和战略创新，以及领导力与治理。如图14所示，如果没有这些能力，仅凭持续的转型来保持竞争优势是不可能的。

作为数字化转型的一部分，应该开发新的组织资源，而现有组织流程则是非必需的。使用组织流程可能会扼杀创新。最好创建一个安全的环境，在那里进行实验，而不受现有控制措施的限制。有关商业创新闭环这一创新技术的介绍详见第9章。

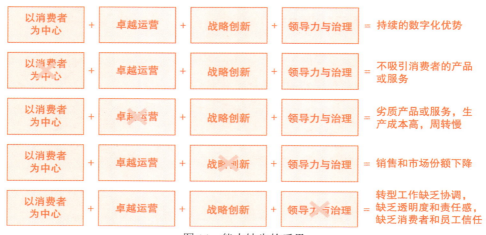

图14 能力缺失的后果

3.8 数字化转型的方式

组织需要实验并确定哪种数字化转型的方法最适合他们的需求。各组织还需要考虑如何实施选择的方法。第3.5节描述了三种方法，可以使用以下实施方式之一：

- 组织主导的实施方式；
- 顾问或供应商主导的实施方式；
- 混合实施方式。

大多数数字化转型方案都是横跨多年的长期方案。必须采用适当的实施方法，以便能够经常进行回顾、学习和更新。必要时，可以采取措施，重新调整偏离轨道的方案。

> 70%的战略失败是由于执行不力……很少是因为缺乏智慧或愿景。
> ——拉姆·查兰（Ram Charan）《执行：做事的原则》

3.8.1 组织主导的实施方式

如果一个组织想要以创新的方式嵌入数字化能力来实现其产品和服务的转换，并且它拥有执行转换本身所必需的知识、技能、资源以及强烈的愿望，那么采用组织主导的方式是合适的。

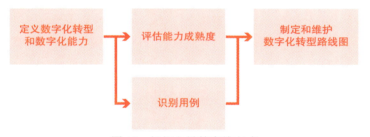

图15 组织主导的实施方式

> 🌐 **现实案例：药明康德和ANONCORP**
>
> 第20章介绍了一家中国医药行业的组织药明康德的数字化转型。
>
> "整个采购团队一直在通过手工方式维护供应商、报价信息和执行订单跟踪，颇为吃力。由于成本压力和交互协作中显示出低效率，仅仅是增加更多的雇员都变得越来越困难。"
>
> 第20章还包括了ANONCORP的案例介绍，ANONCORP是一个向外部客户和供应商提供数字化服务的组织。
>
> "根据商业信息计划书设置优先级，并通过业务和IT部门都参与的投资组合治理委员会安排资源，以在规定的时间和提供的有限资源内实现所需的能力。"

定义数字化转型和数字化能力

清晰的沟通和理解是任何重大举措取得成功的关键因素。沟通始于数字化转型对组织的意义以及它如何与组织的战略目标相关的定义。对于数字化转型的定义，组织必须与相关人员达成共识，这一点至关重要。除此之外，将数字化转型计划与组织愿景和使命宣言相结合，将为组织的数字化之旅提供清晰的信息。治理和服务管理原则必须到位，起到护栏的作用并提供指导。

组织需要定义所需的数字化能力，同时定义每个能力的含义。数字化能力需要在所有组织能力中进行资源配置、开发并使其成熟，包括：

- 以消费者为中心和聚焦客户；
- 注重卓越运营；
- 以数字化术语定义的总体战略；
- 参与并自上而下推动组织的领导力；
- 支持新方法的治理模型和结构。

评估数字化能力成熟度

如果一个组织想要完全拥抱整体的数字化转型，那么可以使用数字化成熟度模型来衡量其能力建设的进度。有许多数字化能力评估模型可用于评估技能、流程和工具。评估结果将被用来定义组织需要遵循的已排定优先顺序的方案路线图，以提高数字化的成熟度和能力。

> **数字化能力评估**
>
> 基于数字化能力的差距分析（见第 3.1 节什么是数字化组织？）已经被证明是一个非常有用的评估实践。可以确定每个方面需要达到的水平与当前实际情况之间的差距，然后可以通过在技能、流程和工具等方面的投入来弥补这些差距。

数字化转型是组织的一项战略决策，绝不应局限于单个项目或方案。能力还应聚焦于对整个企业的赋能，而不是单一的产品或服务。每个能力所需的成熟度水平将由组织的目标确定。尽管许多组织将数字化转型视为一个项目或计划，但在战略层面上拥抱数字化转型的组织始终优于不接受数字化转型的组织[1]。

识别数字化用例

用例是一种建模技术，通过视觉或叙述来描述用户对于如何与各种系统交互以实现特定目标的观点。在数字化转型的情境下，用例提供了展示技术和数字化能力如何提供竞争优势的场景。它们被用于定义、设计、测试或验证转型方案。

数字化用例可以在构建和培养能力的同时进行确认和构建。然而，在一个组织的数字化能力得到明确的定义、认同和沟通之前，不能使用用例。组织应在所有产品和服务中寻找数字化用例，以识别提升的机会。应该不断地重新评估用例。获得新的信息和确定新的转型方案后，应对用例进行更新或增补。例如，为消费者交流引入新的数字渠道，为识别新的消费者见解引入机器学习，将端到端流程自动化，或通过调配实现卓越运营。

---

[1] 邦内特，D.（Bonnet，D.），韦斯特曼，G.（Westerman，G.），迈克菲，A.（McAfee，A.）（2014），数字化转型的九要素，麻省理工学院斯隆管理评论，1月1日至6日（互联网信息），可从以下网址获得：http://sloanreview.mit.edu/article/the-nine- elements-of-digital-transformation/。

> **数字通道**
>
> 数字通道是一个组织可以使用的任何与消费者围绕其产品和服务进行互动的方式。数字通道包括互联网、移动网络、邮件等,但通道也可以进一步细化,包括推特、脸书、谷歌广告、电子邮件、短信等平台。

以下技巧可用于识别可能的用例(见表1)。

表1 发现用例的技巧

技巧	描述
与供应商/合作伙伴合作	技术供应商或合作伙伴是一个很好的资源,可以用来为数字化能力提出新的创新想法和案例研究。他们可以评审你的业务,为最新的技术创新等提供建议。
骇客松	许多组织利用骇客松——组织范围内的竞赛,鼓励员工思考创新的做事的方式。同时,组织可能会制定一些标准,以确保员工的创意满足创新的需求,例如专注于以消费者为中心或在一定预算范围内实现。员工将设计用例、原型和相关的商业论证来支持这些想法。通过评审,确定最优秀的候选人,并在活动中颁发奖励,以促进创新的热情。通常,这些活动是定期举行的,每六个月至一年举行一次。如果保持此类活动,他们将慢慢培养一种创新文化,同时员工将更有可能不断地寻求和提出新的想法。
创新中心	另一种方法是创建创新中心:一支专注于评审组织和识别数字化转型用例的团队。创新中心有助于协调数字化转型的工作。他们可以利用供应商的参与、骇客松和其他方法来产生进一步的创新想法和概念。
创新和创意管理工具	其他的技巧可能包括使用创新和创意管理工具。这些工具可以提供协作和更广泛的支持,从而在组织内或跨部门范围内进一步发展创新理念。
数字化卓越中心	组织可以建立一个数字化卓越中心,将一些最具创新精神的人聚集起来,评审商业机会,并建立结合新兴技术和数字能力的用例。这些数字化卓越中心可以设在一个房间或封闭的空间。可以邀请商务人士参加"构思"会议,在那里构思创新的想法。数字化卓越中心需要看到创意和最终用例转化为项目或计划,并能完成运行。
解决方案实验室	解决方案实验室展示了该组织提供的最新服务和产品。在这里展示的是一种持续不断的业务创新,为战略思想提供输入。

表1中的技巧不应被视为唯一的方式。作为构建管理网格的一部分,组织需要不断评估新的管理实践,以识别可能增加价值的技巧。

开发和维护路线图

评估数字化能力成熟度和创建数字化用例将有助于将一系列方案排定优先顺序,形成路线图,为数字化转型计划奠定基础。评估数字化能力可以识别现有的差距,以及建立有效转型所需的技能、知识、流程和能力所需做的工作。应首先确定数字化转型的定义,以便组织在数字化转型过程中的意图始终保持清晰。通过愿景驱动能力和成熟度目标的设定与度量。而仅仅为了拥有路线图而制定的路线图必将不会反馈期望的结果。

> 数字化能力的发展是所有数字化方案建立的基础。例如，一个组织实施一个新的客户管理解决方案（CMS）时，如果没有围绕客户旅程图分析和体验管理确立技能、理解和经验，那么即使作为一个为客户提供多个接触点的创新数字化解决方案，也不会有太大价值。数字化方案很重要，但如果必要的数字化能力不到位，就无法实现其价值。

组织的转型路线图需要包括产品和服务创新计划，以及支持创新数字化方案的新能力开发计划。在制定总体路线图时，组织需要评审所有数字化创新和能力建设方案，确定其优先顺序，并确保与计划保持一致。顺序的排定方案必须是最佳的，以确保所有活动能够相互支持。排定优先顺序的标准需要考虑以下要素：

- 预算；
- 资源可用性；
- 依赖性（如，在建立技术方案前的技能建立/组织的准备）；
- 重要的竞争对手相关产品或服务发布日期。

如果不仔细权衡这些标准，并结合实际加以考虑，就有可能使整个转型受到预算或资源限制的严重影响。还有一种风险：在未具备能力或在组织中还未达到适当的成熟度水平之前部署转型技术，会导致转型方案变得毫无价值。

3.8.2 顾问/供应商主导的实施方式

顾问/供应商主导的方式适用于希望开始数字化转型，但技能、知识或资源有限，或不能有效地运行项目的组织（基于其以前所有大型项目的成功率）。

这个方式有一些优点和缺点，运用的组织需要仔细考虑（见表2）。

表 2　顾问/供应商主导实施的优缺点

优点	顾问/供应商可以分享已经显现的且在许多其他组织中已经成熟运用的专业知识和技能。 顾问/供应商也可能有更高的成功率，因为他们对已签署的合同中的指定交付物负有责任。
缺点	顾问/供应商对组织的了解不深。如果这些变化不是基于准确的观察和事实，那么数字化转型可能会产生负面影响。 供应商经常使用专有产品或框架，这可能不适合组织。 仅使用一家咨询公司或供应商可能会使组织对其产生过度依赖，并使供应商永远参与其中。 从供应商这里获取专业知识的便捷性会导致组织在开发内部数字化专业知识时产生自满情绪，这会阻碍未来的创新。

如果一个组织选择使用顾问或供应商，那么必须清楚地了解其希望供应商在哪里以及如何参与和支持数字化转型。至少需要严格地定义和管理参与模式、角色和责任、技能转移、才能和能力建设以及退出标准（见第16章采购）。

3.8.3 混合实施方式

许多组织为数字化转型选择了一个混合方式。组织可以利用一家咨询公司来帮助开始转型，加快他们的步伐，或者获得前沿的洞察力和竞争优势。企业在创造新产品或服务的整个创新周期中都可能使用咨询公司和供应商。在数字化转型过程中，作为拥有成功案例和经验的专家，顾问可以帮助定义和嵌入新的工作方式。如果一个组织选择"混合实施"的方式，将需要有一个计划来防止对外部资源的依赖，建立内部技能以避免"供应商锁定"。管理网格可用于确定外部资源正在执行哪些管理实践，并识别组织可能需要在哪些方面培养内部技能。

3.9 数字化转型对工作方式的影响

数字化转型是全组织的（不仅仅是一个技术项目），因此，会对整个组织的工作方式产生影响。数字化产品和服务的引入给人们做事的方式带来了无法避免的变化。大多数转型项目并不是因为技术原因而失败，而是失败于文化和行为。后面的章节将详细讨论运营的变化，包括：

- 知识管理（第7章）；
- 协作（第6章）；
- 组织变革管理/持续变化（第5章和第24章）。

许多组织发现，仅仅是单个领域的创新或改进能够带来的价值是有限的，因为这种创新会与其他领域的工作方式产生冲突。例如，许多采用敏捷软件开发的组织发现他们的预算、商业论证或采购流程与敏捷不一致。管理网格是一个有用的工具，用于集成和管理新的工作方式和新技术，评估如何将它们合并并识别它们对整个组织的影响。这种集成的方法确保任何新的东西都能提供其最大的价值，而不是让组织追求最新的和"亮点"的东西。

3.9.1 以消费者为中心

以消费者为中心是一种重要的数字化能力，是数字化转型的核心。这种能力植根于客户体验和营销管理，也是精益中定义的主要原则。

以消费者为中心推动新的工作方式，将消费者置于每个决策的核心，包括：

- 使组织适应其消费者的需求和行为，而不是依靠组织的内部驱动因素，例如短期利润或成本削减；
- 组织的指标（如员工奖励和认可）、流程和聚焦消费者这三项之间的一致性；
- 为消费者创造新的价值，同时也为服务提供者创造价值，如创造需求的产品和服务的开发。

> **现实观点：工作方式——项目管理**
>
> VeriSM 提出了一种全组织的服务管理方法。为了在数字世界中有效运作，组织需要评审其业务流程（不仅仅是 IT 或技术流程），并评估它们是否适用。融资模型、预算周期、审批流程、投资组合管理、产品管理和项目管理都是可能需要改进或适应的领域，以支持组织获得更好的成果和更敏捷、迭代的工作方式。
>
> 本部分由罗伯·英格兰德（Rob England）（以 IT 怀疑论闻名）提供。他观察到了一个这样的案例：传统的项目管理思想如何不再适用于管理软件开发。

项目有什么问题？[①]

传统的项目管理方法在数字化产品或服务环境中面临着一些挑战：

- 当资金受到限制（即通常）时，项目需要照常工作的员工，而他们却没有时间去执行项目任务；
- 数字化产品和服务不断发展——在产品或服务下线之前，不存在标志着项目结束的"完成"时刻；
- 在商定和确定时间、资金和可交付成果时，只有一个领域可以有所不同：产出的质量；
- 项目组往往在项目结束时解散。这将会让团队难以逾越"组建期、激荡期和规范期"，且关键知识会流失或被流散出去。

敏捷的工作方式颠覆了传统的项目管理

以下十条敏捷原则不适合传统的项目管理方法：

1. "无已知缺陷"，这意味着优先解决缺陷而不是新功能；
2. 考虑"产品"而不是"项目"；
3. 将工作交给团队，停止解散和改造团队；
4. 创建一个单一的工作流；停止让人们在多个所有者之间划分优先级；
5. 团队工作要加快速度，不要使系统负担过重，限制正在进行的工作，不要以100%的利用率使用人员；
6. 尽可能晚地做这项工作；
7. 最大化未完成的工作；
8. 以尽可能小的增量进行交付；
9. 实验和失败是正常的，我们不知道最终的状态；
10. 除非你既是构建者又是实施者，否则永远不会得到其真正的质量。

需要改变什么？

新出现的趋势是：组织将重点从项目转移到产品和服务。员工致力于他们工作的产品和服务，使团队能够团结和改进，并随着时间的推移获得知识和经验。这将改变以往一旦宣布项目完成，团队就被拆分的项目结构。

组织可以聚焦于质量，而不是时间。敏捷引入了零已知缺陷的概念。敏捷提高速度的方式是通过提高质量，而不是通过牺牲质量。如果新的或变更的产品和服务是高质量的，这就减少了对如常使用和支持它们的员工以及修复和改进它们的构建人员的影响。随着花在计划外工作上的时间减少（因为质量提高了），员工有更多的时间用于增值活动，包括进一步提高质量。

当一个组织使用项目管理时，应关注"最小化可行"的方法。挑战过度仪式化的项目管理，包括：

- 数百页的要求，每个人都知道这些要求不会或不能被交付；

[①] 英格兰德，R.（England, R.）（2017年12月5日），项目管理是IT身上发生过的最糟糕的事情（互联网信息），http://www.itskeptic.org/content/project-management-was-worst-thing-ever-happened-it [2018年2月]。

- 分阶段实施的方法；
- 复杂的阶段入口；
- 专业化的功能；
- 确保风险、合规性和质量的外部组织。

许多组织会承认他们不衡量预期结果或跟踪项目结果。通过聚焦"刚好足够"的项目管理，组织可以在减少浪费的同时获得所需的结果。

项目是波浪①

众多的项目是穿过产品结构的短暂波浪。一个项目是工作的激增，交付一个清晰的结果或是一个或多个产品的重大升级。因此，为了交付项目的一个变更波，组织所需的团队中人员数量和团队数量会产生一个激增。

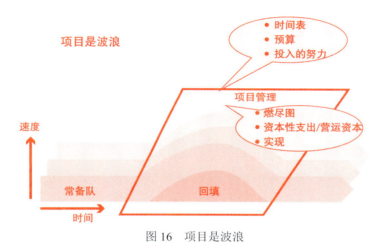

图 16　项目是波浪

在这种工作方式中，项目经理作为支持角色，帮助产品团队交付组织的结果（组织的项目）。项目经理仍将协调、跟踪和监测：
- 投入的努力、金钱、时间安排、进度；
- 项目燃尽图；
- 资本支出/运营成本。

他们不做的是：
- 雇用和解雇；
- 负责或管理（大多数）人员；
- 负责客户或所有者的关系维护；
- 做出有关设计或质量的决策；
- 做出有关时间的决策。

同样，他们对这些事情也不承担责任。

---

① 英格兰德，R.（England, R.）(2017年9月18日)，项目是产品结构中的一个波浪(互联网信息)，http://www.itskeptic.org/content/project-wave-product-structure [2018年3月]。

3.10 数字化转型对结构的影响

数字化转型也会对组织结构产生影响。数字化转型所需的文化和行为的变化可能会引发结构性的变化，这包括评估外部供应商是否能更有效地开展某些活动。在以下的现实案例中，4meEMEA 的马丁·亚当斯（Martijn Adams）分享了他在没有 IT 部门的组织中的经验。

> **现实观点：每个组织都需要一个 IT 部门吗？**
>
> 4me EMEA 的总经理马丁·亚当斯谈论有关数字化转型是如何影响组织结构和挑战做事方式的。
>
> 每个组织都有一个 IT 部门，或者是……
>
> 较小的组织和初创企业通常没有 IT 部门。这可能是因为他们太小，无法负担专门的 IT 人员，或者他们还没有充分地组织起来，比如那些专注于自己"有史以来最伟大想法"的初创企业。
>
> 在过去的几年里，我看到了这些组织的成长，企业从新建到规模扩大并超越，他们中的许多组织仍然没有一个 IT 部门……那么，在过去的几年里发生了什么变化？
>
> 如今的用户更精通技术，他们成长在一个数字化的世界里，在这个世界里，一切都是可以唾手可得的，而且非常专注于以客户为中心。这些用户通常更有能力组织自己的 IT 工作场所。但更重要的是，我们多年来一直在讨论的 IT 与业务的整合终于实现了。实际上，这不是整合，而是融合。IT（技术）在当今是任何业务功能和服务中不可或缺的重要组成部分，这一点改变了传统的 IT 方法和 IT 战略。
>
> 过去，组织定义他们的业务战略，然后创建 IT 战略来支持业务战略。如今，IT（技术）是业务战略设计的一部分，通常由特定业务职能部门的员工而不是 IT 部门的成员来处理。它之所以成为可能，是因为一个组织的所有部门都有精通技术的员工，而不仅仅是 IT 部门。
>
> 这并不意味着这些人会真正执行 IT 工作。它通常意味着他们知道去哪个网站或在哪个市场能够订购或签约一项特定的服务。IT 部门有一个名字叫"影子 IT"，它通常有负面的含义，但这也许会成为未来的一个标志。它将嵌入到每一个业务职能中，不再是一个单独的部门，也不再是一个混合模式，如 IT 部门负责基础设施和全球服务，但所有特定业务的 IT 服务都由业务职能部门自己处理，供应商管理由财务部门负责。
>
> 我目前在一个正处于扩张阶段的软件组织工作。大约有 30 人为我们工作，另外还活跃着来自合作伙伴渠道的 60～70 人。我们有产品管理、开发和运营、销售、市场营销、人力资源、财务等部门。公司允许员工自行配置自己的笔记本电脑，包括生产软件、电话和其他工作需要的任何东西。
>
> 所有 IT 业务的应用程序都基于云，并以服务的方式交付给我们。各部门已经选择了他们希望使用的服务，诸如电子邮件、存储、CRM、web 会议、DevOps 工具、服务管理（当然是我们自己的）、记账、发票等。
>
> 所有这些应用程序的供应商管理都由财务部门负责，但一般来说，财务部门只不过

是支付账单而已。而应用程序的运营管理，例如"服务是否按约定交付？"，由消费这项服务的部门负责。

市场营销负责 CRM 和网络研讨会工具的管理，开发与运营部负责 DevOps 工具和数据中心的管理，财务部门负责发票工具和供应商的管理等。

我们确实有一个（兼职）首席技术官（CTO）负责安全和不同服务的集成，以尽可能多地自动化我们的流程。在安全问题上，首席技术官拥有绝对否决权。当涉及集成时，他可以与想订购服务的部门展开关于"该服务是否会导致与其他现有服务的集成问题"的讨论，以查看是否有其他的选项。

随着公司的不断发展，我们希望首席技术官有一个负责安全和服务集成与管理（SIAM）的小团队，但我们没有拥有自己的 IT 部门的计划，因为当前的组织结构工作得非常好，而且仍然具有很强的可扩展性。IT 部门最终可能会消失，或者得到一个完全不同的角色，但这仅仅是因为它已经成为每个业务职能不可或缺的一部分。欢迎来到数字化转型的世界！

数字化转型及其对组织结构的影响将在本出版物的其他部分进行更详细的讨论。第 5 章讨论了向扁平化结构的转变，第 21 章艾尔斯伯里谷区议会案例涵盖了创建"数字化"团队。

4 数字化领导者

🔑 引言

数字化时代的基本技能和能力是什么？本部分将介绍谁是数字化组织的领导者、数字化思维，以及所需技能在转型中如何变化。

乐天株式会社创始人三木谷浩史（Hiroshi Mikitani）说："授权并不意味着让每个人都随心所欲。"

在项目的初期和后期，可能需要不同的技能。了解这一点是防止项目成熟时出现不必要问题的关键[①]。

4.1 谁是数字化组织的领导者？

> 我们做的每件事都必须代表我们最佳的理解，但我们的最佳理解并非完美的，我们要经常让人尽快地提出批评和找出错误并纠正。丰田有一个不断实验的科学家群体。通常我们认为科学和知识是精英（在美国受教育）的领域，但如果你管理得当，你可以利用每个人的实验性和探索性的本能，不管他们的出身如何。当你和你所有的人一起做到这一点，而竞争对手只有5%的人一起做到这一点时，你将拥有一个更大、更好的团队，因此，你将会一直赢得胜利！
>
> ——史蒂文·斯比尔（Steven Spear）博士[②]

归根结底，领导力是由本组织的治理机构提供的。必须任命一位平日可以见到的首席管理者（可能是C级高管）担任转型项目的领导。这个领导者必须对项目有业务和技术上的认识，这样才能创建可行、可扩展和可支持的服务。"技术"的变化可能很快，但"技术实践"的变化不那么频繁，而"好的原则"的演变要慢得多。VeriSM旨在为领导者和专业人士提供一种新的思维方式，即对组织、服务和产品、不断变化的人口统计数据、市场的行为转变以及新技

---

① 西耶夫，G.（Sieff，G.）和卡斯滕斯，L.（Carstens，L.）（2006年），人格类型与领导力焦点的关系，SA人力资源管理杂志，4（1）：52-62。
② 德克，S.（Dekker，S.），斯比尔，S.（Spear，S.），库克，R.（Cook，R.），金，G.（Kim，G.）（2017年11月15日），DevOps企业研讨会：精益、安全和DevOps（互联网信息），https://www.youtube.com/watch?v=gtxtb9z_4FY。

术带来的不确定性进行思考。

> VeriSM 不是规定，我们的目的是为读者提供一个高度灵活的转型模型，一些伟大的想法，一些工具和技术。看看你如何用当前流行的思想把自己调整得更好，快速采用新思维，成为不断发展的新想法的一部分，有时甚至成为革命性思想的发起者。

4.2 数字化思维

"数字化思维"是一种能够为所有服务的利益相关者带来更多价值的思维方式，如何将其关联到企业文化和技术之中是个问题。数字化思维方式包括领导者具有探索性思维和拥抱多样性的协同方法。领导者必须能够适应模糊性，才能有更广阔的视野。这使得我们能够专注于丰富性、增长性和敏捷性。数字化领导力具有以下特点：

- 领导力不仅仅是拥有头衔或权威，协作的风格更受欢迎；
- 对有效授权的理解是：通过培养承担责任的能力来赋予员工自主权；
- 实验的开放性；
- 对风险采取适当的态度，实现"快速试错"的方法。

数字化领导者需要具备数字意识。

> **数字意识**
>
> "数字意识"描述了人们对技术创新的好奇心和开放性思维。"数字意识"并不意味着拥有使用创新方法或技术构建新服务的技术知识，而是意味着人们可以对"如何应用创新来增加服务的价值"进行描述。

一个拥有"数字意识"的个人将能够帮助撰写商业论证中管理概要部分的内容，但不一定能够对后面的实施部分进行详细描述。数字意识并不等同于部署时髦术语的能力，而是解释时髦术语在组织、服务和利益相关者情境中的实际意义的能力。这是一个数字化领导者在绘制组织当前的管理网格图，以及了解网格需要何时和如何发展时的基本技能。

第 25 章介绍了一个行政采购组织克兰福德集团（Cranford Group）的现实观点，展示了他们如何看待数字化转型对 C 级高管的职位类型的影响。

4.3 数字化领导者需要什么技能？

知道可能性！一切皆有可能，但参数是什么呢？数字化领导者拥有你所期望领导者都拥有的核心技能。而且你会发现数字化领导者能够将这些技能扩展到数字环境中。他们具有不同的观念和思维模式，超越了现存的标准化实践。他们清楚地认识到组织的可能性范围，并将它们带入"可能的艺术"之中。

这个技能的集合不仅仅是访谈或绩效评估会议期间要检查的清单。它们具有共同作用的可操作的特性。一个总是推或拉另一个，所以当它们被应用于某个特定的情况和环境时，它们之间的平衡会对成果和绩效产生不同的消极或积极的影响。

数字化领导者的技能包括：

- 适应和应对挑战的方法；
- 有效授权，避免微观管理的能力；
- 处理复杂问题的能力。Cynefin框架（见第9.1.1节）可以对此提供帮助；
- 有能力为各级员工提供自主、自我管理的空间；
- 沟通价值观和处理冲突的能力；
- 数字意识，包括了解所涉及的技术的好处和属性，如果没有，必要的技术细节是"如何？"；
- 关于转型的共同愿景；
- 跨多个渠道的良好的沟通技能，能够适应分布式团队；
- 有能力为变革建立正确的文化和其他条件，同时有能力在文化变革的困难中激励员工；
- 知道何时接受新事物的能力，避免过早采用和过于谨慎采用带来的危险；
- 有能力在迅速变化的环境中管理预算，使资源适应眼前的需求，同时对预算的计划能够确保出现瓶颈和其他延误时不会导致对转型产生不可接受的约束；
- 了解标准流程和程序何时适用，以及何时必须将某个情况作为特例来对待；
- 在组织行为和事态中识别模式的能力，可能应用一些技术去理解如何识别模式——价值流映射和其他精益技术，诸如现场考察和传接球。

所有这些都需要高情商。不仅衡量个人意识，还衡量社会意识。情商在领导力角色（以及整个组织）中的需求越来越大。布拉德伯里（Bradberry）和格里夫斯（Greaves）（2009年）在报告说，在实现人生目标[①]时，情商的重要性是智商的两倍。

4.3.1 领导能力

在数字化时代，成功地转型和维护价值流，需要同时实践多项领导能力。本节可作为帮助定义数字化时代领导能力的实用指南，包括以下几项。

愿景：

- 领导者拥有一个每个人都清楚的、有方向性的、令人信服的、变革性的数字化愿景；
- 领导者对数字化转型有明确的雄心
  - 替代，以数字化方式提供一切常规服务；
  - 优化，基于现有的价值流提供更好或更多的服务；
  - 转型，提供数字技术支持的其他的和新的服务。
- 在转型过程中，领导者的愿景不断地发展。

治理：

- 组织在首席高管中设有"数字化"的角色模型；

---

① 布拉德伯里，T.（Bradberry, T.）和格里夫斯，J.（Greaves, J.）（2009年），情商2.0，加利福尼亚州圣地亚哥：TalentSmart。

- 领导者为数字化转型过程确定了明确的目标和结果；
- 领导筹备委员会指导和协调所有数字化和创新举措，并分配领导角色，以推动变革和协助协调；
- 领导者赋予价值流所有权；领导者优先考虑数字化和创新举措并提供方向；
- 领导者同步数字化和创新举措，使之连贯一致。

文化：

- 领导者创造了"消费者至上"的文化；
- 领导者创造协作文化；
- 领导者允许员工去冒风险，倡导实验文化，同时不惩罚失败；
- 领导者支持分散的授权和决策的制定。

参与：

- 组织的所有领导人员都表现出积极的行为；
- 领导者通过开放的和有组织的参与（例如内部众包）与员工协作；
- 领导者提供一个平台，使每个员工都能获得知识、技能、资源和结果；
- 领导者为每位员工指派与数字化转型或数字化价值流相关的角色。

知识和技能：

- 领导者具有数字化和技术意识；
- 领导者确保组织员工具备一流的数字化技能；
- 领导者认识到消费者组织中由于旧的技术而存在的瓶颈和限制；
- 领导者组织并有效分享知识、技能、资源和结果。

2018 年数字化转型调查

如图 17 所示，大多数受访者认为，一些或所有高级管理人员需要掌握新技能才能利用数字技术。

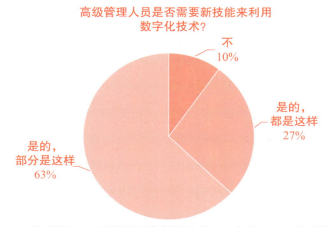

图 17 高级管理人员是否需要掌握新技术？（来源：2018 年调查）

4.4 引领文化转型

引领大规模的文化转型可以从"仆人式领导"的方法中受益。仆人式领导是罗伯特·K.格林利夫（Robert K. Greenleaf）在《仆人式领导》[1]一文中提出的一个术语。

> **仆人式领导**
>
> 仆人式领导首先是做仆人……这源自如果想去服务就先从服务做起的自然想法。有意识的选择会继而鼓舞他们去领导。这与领导为先截然不同，或许是为了缓和不寻常的权力驱动或获取物质财富……领导为先和服务为先是两种极端类型，两者之间是各种人性类别的杂糅……
>
> ……区别体现在仆人为先首要注意确保他人的需求优先得到满足。最好的但难以开展的测试是：那些接受服务的人会变得成熟吗？他们在得到服务的同时，是否变得更健康、更聪明、更自由、更自主，更有可能成为服务者？对社会上的弱势群体有什么影响呢？他们会受益还是至少不会更加贫穷？
>
> ——罗伯特·K. 格林利夫（Robert K. Greenleaf）

仆人式领导需要了解组织或项目/计划的愿景、目的和范围，并确保所有员工都能理解。他们帮助员工做决策，而不是自己做决定，使工作人员能够自我组织，找到自己的方式，在目标和范围所定的准则范围内完成可交付成果。仆人式领导将确保清除团队可能遇到的影响其交付预期价值能力的障碍。

为了在一个组织中培养良好的领导力和管理能力，应该有一个积极的项目来识别文化差异。这包括他们如何理解企业文化与沟通，如何利用知识管理对其进行封装，以及持续的培训和意识改变计划，以确保知识是组织工作方式的一部分。

4.5 启动阶段的领导力

在启动数字化转型时，需要一个受到高层重视的有号召力的支持者。他应具备最基本的说服董事会接受、支持和资助转型项目的能力。这需要：

- 对"数字化转型"是什么有清晰的理解，以及它与"货物崇拜"的区别——即实现真正的变革，而不仅仅是外观上的变革，这需要对实现转型所需要的东西有一个实际的理解；
- 清楚地了解所有利益相关者需要进行什么样的变革，以及激励这些利益相关者接受和拥抱变革的能力；
- 引起高级管理层和董事会或治理机构倾听的能力；
- 良好的沟通技巧，向董事会传达信息，并使董事会相信投资是值得的；

---

[1] 格林利夫，R.K.（Greenleaf, R.K.）（1970年），仆人式领导，亚特兰大：罗伯特·K.格林利夫（Robert K. Greenleaf）。

- 从说服足够多的人到获得对商业论证和实施计划的支持的能力；
- 识别成果的能力，然后与包括跨供应链和组织外部的所有利益相关者沟通的能力。

建议由组织中的最高领导层中的一位负责转型方案。他们将作为发起人，积极参与（并被视为参与）该方案。许多组织创建了新的角色，如首席数字官（CDO）或将该角色分配给首席信息官（CIO）（见第18章），但他们并不是唯一的候选人。这实际上取决于组织中的可用人员，以及他们完成事情和影响决策的能力。

4.6 持续领导力

计划一旦准备就绪，领导者就要密切关注细节，克服困难，找到解决办法。他们必须确保成为转型团队其他成员的推动者或促进者。他们还要很好地使用其沟通技巧和影响他人的能力。良好的沟通者推动文化和思维方式的改善，这包括在所有层面（战略、战术或运营）的商业意识。如果能够得到持续的知识、信息共享以及适当的反馈的支持，则成功的可能性更大。

> **现实观点：不再有英雄**
>
> 数字化时代的领导者是什么样的？你想到的是谁？史蒂夫·乔布斯（Steve Jobs）？特拉维斯·卡兰尼克（Travis Kalanick）？有很多文章赞扬有魅力的企业家，并建议如何效仿他们。
>
> 这就是"创始人神话"所认为的——"伟大的组织因为一个人而存在"。实际上，这些"英雄"并不是什么都是自己干的。事实上，他们可能导致单点失败，他们独特的方法并不总是带来成功。
>
> 组织领导者需要与优秀的员工在一起，给予他们自主权。一个组织不应该围着一个人转。

4.7 传达"为什么"

必须在整个组织内传达愿景。数字化领导者需要明白传达愿景背后的"为什么"，以及愿景自身的内容。然而，愿景有时候确实是从"为什么"开始的，可能是因为：

- 这不是必要的。员工只需要这么做，不需要担心"为什么"。
- 管理层也不知道为什么。命令是从上面发布的，他们和其他人一样困惑，但不愿意承认。
- 这是"很明显的"。在讨论和学习了这个新的想法之后，很容易忘记为什么一开始它是一个好主意，而且并不明显。一个有教学思维的领导者会明白，因为有些事情对他们来说是显而易见的，而对于第一次听说这些事情的人来说未必清楚。
- 解释"为什么？"打开了对反对意见进行讨论的大门。如果不是为了沟通，而只是为了下达命令，那么这种讨论就被视为消极的，反对意见仅仅是需要"被处理"的事情。实际上，反对意见是有价值的。他们可能会指出以前不明显的缺陷，并在缺陷造成严重的价值损失之前打上补丁。

- 解释会耗费过长的时间或者解释会将机密信息泄露。这些通常只是上述原因的借口之一。通常，由于保密性而限制信息会促使人们自己推算出影响。为了避免落入这些陷阱，请确保在传达愿景之前，人们已经很好地理解"为什么"了。

为了避免落入这些陷阱，数字化领导者必须确保在采取行动或传达计划之前，充分理解愿景的"为什么"。

4.8 数字化可持续性：数字化领导者指南

可持续性是指以一种可保持一定的速度或水平的方式做某事的能力，同时避免资源消耗并保持一定水平的平衡。这对于数字化领导者来说是一个重要的领域，因为数字化转型可以被视为一个学习、成长和改进的过程，而且永远不会结束。

在规划和测量可持续性时，需要制订短期、中期及长期计划。这样，可持续发展计划就可以纳入持续改进计划。这里使用的"环境"一词包括一个组织运营的经济和人文情境，包括对任何利益相关者可能产生的任何积极或消极的影响，以及纯物理环境。

技术会发生变化，但在编写计划时纳入规划的技术，应包括但不限于可持续能源、3D打印、无人机和区块链应用。数字化思维会在新技术被普遍应用之前考虑其可能的适用性，因此，现有的计划需要包括当新技术足够成熟时应用这项技术的措施。这些成为组织的管理网格的一部分。

> **可持续发展**
>
> 经济发展要有长期可持续性。为了子孙后代，对生态的利用和自然资源的开发要符合资源保护和环境保护的要求。[①]

组织及其领导人需要为数字化可持续性制订计划。这包括：
- 使用适当的技术减少组织的长期遗留问题；
- 确保在设计或更新服务时对其进行分析，以确定在哪些方面可以将对人、经济或环境的任何负面影响降至最低；
- 对所有资源包括经济、环境和人力的消耗进行规划，以确保当前的做法能够在不消耗大量资源或对资源本身产生负面影响的前提下长期持续下去；
- 在所有商业论证或审批中包含一个关于可持续性的章节，在这些案例或审批中，技术的创新应用可以将组织的影响降低到长期可持续的水平；
- 在组织的年度综合治理报告中包含可持续发展计划、实践、创新、取得的成功和差距。

4.8.1 规划与测量—短期

短期内，组织应集中精力摆脱不可持续的做法，特别是环境方面的。这包括：
- 选择可持续的供应商和材料；

---

① （2009年），《牛津英语词典（第二版）》[CD-ROM v4.0]，北卡罗来纳州卡里市：牛津大学。

- 在进行采购与制定合同时能够确保投标和其他采购决策包含了可持续性的标准；
- 可持续的自动化：
  - 工作人员的再培训和调配的规划；
  - 确保将提前退休或裁员的成本，以及新服务可能减少的人工成本纳入自动化业务计划；
  - 计划逐步淘汰陈旧的、过时的、危险的或不可持续的技术；
  - 计划必须包含安全保障，任何易受勒索软件、间谍软件、病毒攻击的东西都是不可持续的；
  - 计划消除代码冗余（"计划淘汰"），因为这是不可持续的，在某些地方（例如法国）它是非法的。

4.8.2　规划和测量—中期

中期包括提高效率和持续改进，以减少材料、能源、废物和商誉的消耗。

- 转向可持续能源和环保材料（例如员工的咖啡杯用竹杯）；
- 缩短原材料、成品和其他运输的距离（运输是不可再生能源的主要消费者）；
- 在可能的情况下，使用消耗可再生能源的运输方式；
- 在消费者和原材料附近建厂，在消费者和原材料之间提供智能物流：
  - 非常大的组织可能会考虑投资于可持续的数字技术，例如用于交付的无人机和用于大件货物的帆船；
  - 较小的组织可以计划采用可持续的运输组织，将其作为相互竞争的托运人之中的选择标准。
- 3D打印和区块链等技术提供了更大的灵活性，降低了成本，同时增加了服务的完整性。

中期的问题包括：

- 任何产品或服务必须使用当前技术和运输方式？
- 能否找到一种数字化且资源密集度较低的方法？
- 所有软件和通信是否可持续？
- 是否足够安全？
- 数据完整性能否得到保证？
- 新的安全技术，如区块链，是否被认为可以改善现有系统？这可以通过组织的管理网格来实现；
- 作为一个负责任的数字化组织，未来的技术研发是否有足够的投资？

4.8.3　规划和测量—长期

长期包括对当前和未来员工的教育和培训投资，用更可持续的、满足未来预期需求的服务来替代现有的服务以及从衰落的技术中全身而退的计划。从长远来看，激进的设计思维可以包括以下内容。

- 制定长期替代/改进路线图，以推动短期和中期决策。

- 数字化组织应该为未来所需的开源技术的开发买单,为自己的未来投资。对开源开发的投资是对可持续的和安全的未来的直接支持。依靠开发者的随机性的商誉是不可持续的。
- 开源开发应包括硬件和软件的开源开发。
- 创新型组织可制订计划,在其开源开发项目中雇用退休或冗余员工。
- 可持续发展计划必须包括:
  - 保留企业的知识;
  - 建设数字化的未来;
  - 对所有利益相关者负责;
  - 对环境负责。

5 适应持续的变化

🔑 引言

本章通过观察不断变化的世界,继续讨论数字化转型对组织的影响。本章包括组织为适应变化而可以采取的实用策略,与第4章中讨论的数字化领导者密切相关。

数字化转型并不是什么新鲜事。第一台计算机是在20世纪30年代引进的,但人类早在那之前就已经找到了更快、更自动化的做事方式。洗碗机发明于1886年,1901年引进了第一台电动吸尘器。这种影响与其说来自数字化转型,不如说来自当今组织所感受到的颠覆,因为变化的速度越来越快,变得不那么可预测和可管理。那些能够在颠覆中生存和发展的组织,是那些真正接受变革且持续不断变化的组织。这些组织拥抱一个世界,在这个世界中,变化的易变性、不确定性、复杂性和模糊性(VUCA)不断增加。这些组织并不把变革看作是一个"项目",而在这个项目中,变革是由高层决定的,并通过组织结构层层下达。在这些组织中,变革是一个平台,每个人都可以在这个平台上发起和执行变革。

> 在一个组织中产生重大变革,不仅仅是雇用一位有魅力的领导人。你需要一个团队来推动变革。一个人,即使是一个非常有魅力的领袖,也永远不足以使这一切发生。
> ——约翰·科特(John Kotter),《领导变革》

那么,组织如何才能做到让变革事关每个人呢?组织及其领导人需要做出根本性的转变。组织需要为变革搭建一个平台,在这个平台上,每个人都可以发起和推动变革,每个人都可以基于变革快速做出决策。员工必须对自己、同事和组织的成果拥有所有权。

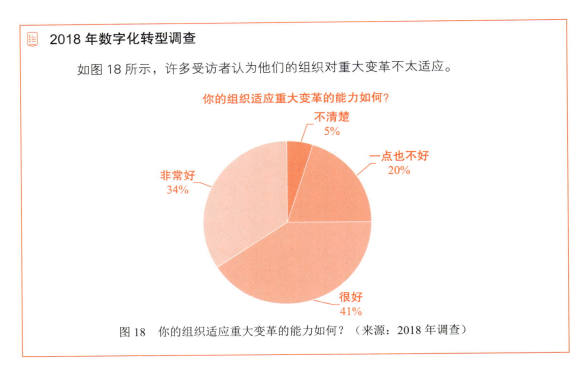

图 18　你的组织适应重大变革的能力如何？（来源：2018 年调查）

5.1 取消层级

对于一个在不断变化和不确定的世界中生存和发展的组织来说，领导力很重要，但更重要的是一个协作的工作场所，在这个工作场所中，透明度和自由创造碾压着层级界限（见第 6 章 协作）。这种类型的组织能够实现创新、创造力、实验、快速决策、敏捷性和员工所有权、参与度和影响力。广泛的自主权，让每个人都是领导者。

5.1.1 迁移到扁平结构

一个能够对不断变化做出"更快"反应的组织得以实现的唯一途径是使其结构扁平化。组织需要从层级控制模式转向扁平化结构，消除拖累组织的官僚作风。这并不是完全没有结构，也不是没有层级——很可能在组织中永远都会存在层级。

一些组织，如领先的视频游戏开发商和数字分销系统维尔福软件公司（Valve），以及领先的食品加工商晨星公司（Morning Star），已经决定转向一个完全的扁平结构。还有一些组织已经转向了"扁平化"结构，比如戈尔公司（W.L.Gore）——一个国际工业产品企业，其组织结构层级分为三个层次——首席执行官（以民主选举方式当选）、少数职能负责人和其他人。脸书（Facebook）、皮克斯（Pixar）和丰田（Toyota）也是扁平结构组织的榜样。

无论组织是转向一个完全的扁平结构还是一个更扁平的结构，非正式的层级都会出现，就像它们自然存在一样。然而，这种层级制度与以"保持控制"为唯一目的的社会结构截然不同。扁平化组织不一定要真正的"扁平化"，只是比"高大"的金字塔式组织更扁平。塔式结构将责任转移到管理层，而扁平结构允许员工做出决策，并对组织的成功负责。

扁平结构组织的特征包括：
- 员工和管理层之间更高的沟通水平；
- 更多的民主；
- 更高水平的创新。

扁平结构的沟通通常比高层结构更快、更可靠、更有效。员工的直接投入会给决策带来更多的支持，并减少幕后权力斗争和分歧。

> **现实案例：让结构更扁平**
>
> 戈尔公司是一个成功的创新型组织，拥有10 000多名员工。组织的所有决策都是通过8～12人的自我管理团队完成的。戈尔公司在其网站上声明：
> "戈尔没有传统的层级，但我们不是一个完全扁平的组织。我们的点阵结构指导我们如何运营和沟通；伙伴们通过这种结构与完成我们工作所需的任何人进行合作。
> 我们也有领导力结构，领导者通常是基于技能、能力和追随力（或者是他们随着时间的推移建立追随力的潜力）而产生的。这样的领导力结构能够帮助我们理解期望和范围，并帮助我们每个人履行自己的承诺。"[1]
> 在晨星公司，专业知识不是被推向高层，而是被推向基层。在许多组织中，受过科学的商业分析培训的高级管理者负责做出关键性决策。他们拥有大量的数据处理和分析能力，但他们缺乏情境，即对实际工作层面和实际情况的理解。这就是为什么那些被高层管理者视为绝对聪明的决策，却被那些工作在一线的人视为愚蠢的原因。晨星公司大约一半的员工已经完成了财务分析和如何与供应商谈判的课程，这使得实干家和思考者能够保持一致，使得各项决策更快、更明智地做出。
> 维尔福软件公司被认为是其行业内最成功的组织之一，它拥有约250名员工，估值达到30亿～40亿美元。维尔福软件公司没有指定长期的管理人员，而是根据每个团队和项目的情况对领导者进行轮换。维尔福软件公司也没有设置永久性的部门，而是允许员工选择他们想做的工作类型。

5.1.2 为什么拥抱扁平结构？

澳大利亚昆士兰大学的副教授蒂姆·卡斯特尔（Tim Kastelle）表示，对于那些希望创新、需要应对快速变化的环境并有共同目标的组织来说，这种扁平化的方法非常好。在如今这个充满易变性、不确定性、复杂性和模糊性（VUCA）的世界中，组织除了响应这种不断出现的、不可预测的变化以外，别无选择。当员工有了对决策的影响力并能够积极地参与到决策中时，他们就会拥有主人翁意识。

扁平的结构为员工提供了自主权。随着他们在组织中扮演更重要的角色，他们越来越有动力获得成功。减少中层管理意味着最高层和一线员工之间的层级更少，从而使得沟通与变革的推动变得更为容易。

---

[1] 戈尔公司（Gore）（日期不详），在戈尔工作（互联网信息），https://www.gore.com/about/working-at-gore [2018年2月]。

> 正如晨星公司在文章《什么是自我管理？》[①]中写道：
> - 人们通常在能够控制自己的生活/工作时变得更加快乐；
> - 把决策权交给离实际工作最远的人是没有多大意义的；
> - 当你赋予好人更多的责任时，他们往往会快速成长；
> - 传统的组织层级模式是不可扩展的，事实上，它只是一张让人慢慢痛苦死去的处方；
> - 在世界各国的自由与经济繁荣之间存在着不可否认的联系，同时，在国家层面缺乏自由与腐败之间也存在着不可否认的联系。一般来说，人类组织也是如此。

5.1.3 准备开始

通过持续的变化来管理人员和组织的成功转型，包括：消除官僚主义、扁平化层级结构、加快决策制定、赋权并让员工参与，将控制权交给那些实际工作的员工。

5.2 分散决策权

一个能够应对快速变化的组织必须是一个能够由组织中最合适的人员制定决策的组织，这与扁平化层级有关，因为该模型通过去中心化的决策过程促进了员工的参与。当员工承担更多的责任，而不必要的中层管理被取消时，决策就会更快地被制定出来。

5.2.1 最佳位置

正如彼得·F. 德鲁克（Peter F.Drucker）所写的那样："知识型的员工他们自己就是最适合就如何执行工作做出决策的人。"[②]

吉恩·金（Gene Kim）补充道："决策与完成工作之间的距离越大，结果就越糟糕。"[③]

要想提高竞争力就意味着组织必须在尽可能短的时间内交付价值。这就需要去中心化决策，必须沿着命令链执行的决策将导致延迟，并且交付质量也会由于缺乏对本地情境的了解而降低。除此之外，任何变化都可能会在延迟的时间里随时发生，从而可能导致原来的决策变得毫无意义。

并非所有的决策都是分散的。具有战略性质、可能产生深远影响的决策必须属于和被视为中央领导者的职责范围。他们具有市场、财务和商业方面的知识，能够领导组织朝着正确的方向前进。除此之外，其他一切决策都可以去中心化。当员工参与到与他们切身相关的决策过程中时，员工的参与度和生产率会提高，同时组织应对变化的能力也会提高。

---

① （日期不详），什么是自我管理（互联网信息），http://www.self-managementinstitute.org/about/what-is-self-management [2018年4月]。
② 德鲁克，P.（Drucker, P.）（1996），明日的里程碑：关于新事物的报告，新泽西州皮斯卡塔韦：业务出版社。
③ 吉恩，G.（Kim, G.）（2015年2月25日），通过DevOps掌握性能和协作（互联网信息），https://www.youtube.com/watch？v=cWpPmO6l064 [2018年3月]。

> **🌐 现实案例：跟着你的直觉走！**
>
> 巴西塞氏（Semco）集团的首席执行官里卡多·塞姆勒（Ricardo Semler）敦促员工在决策时"跟着你的直觉走！"。
>
> 塞氏集团没有任务说明、书面政策、职务或组织结构图。决策权在员工手中。塞姆勒总结了他的立场：
>
> "我们会把我们的儿子送到世界上任何地方去为民主而死，但似乎不会把这个概念应用到工作中。"①
>
> 1982年，当年仅24岁的塞姆勒成为塞氏集团的首席执行官时，他开始逐渐地将这个组织从专制转变为民主的企业。
>
> 他将官僚体系从12层削减到仅仅4层，并设计了一种基于同心圆的新结构，以取代传统的、限制性的企业金字塔结构。中心圈由前五名管理人员组成，他们被称为顾问；第二个圈由合伙人组成，他们负责低一层的业务单元；协调员的职责是监督，代表第三个圈；其余的都被称为伙伴们。
>
> 塞姆勒分配并下放权力。公司的收入、利润率和薪水对于所有员工都是完全透明的。员工们依据工作时段内的责任和绩效来为自己定工资，自行设定工作时间，自己选择他们的管理者，并每年对他们进行两次评估。这里没有接待员、秘书或私人助理，他们要做的都是"你的"工作。
>
> 塞氏集团的核心价值观是：
> - 民主——让员工管控自己的工作；
> - 利益分享——给员工一个更好地工作的理由；
> - 信息——告诉员工哪些可行、哪些不可行。

塞姆勒谈到没有管理者的管理时，说道：

"管理者以及他们享受的地位和金钱，即层级，是参与式管理的最大障碍。我们必须让管理者们不妨碍民主决策，我们的圆环体系在这方面做得很好。我们坚持共同做出重要的决策，甚至某些决策是由全公司投票做出的。"②

在塞姆勒的领导下，塞氏企业的收入在大约20年内从400万美元增长到超过1.6亿美元。

5.2.2 准备开始

去中心化的决策激发了员工的动力和创造力。它能让很多人同时思考同一个问题，充分顾及了灵活性和个性化。它允许更多的人参与决策过程，增加了对解决方案和创新想法的投入，在合适的层面处理决策，可以加快决策速度。权力直接放在组织较低的区域，因为他们最适合来做出决策。高层管理人员不参与其中，可以使响应变得更快。不必要的管理升级只是不必要

---

① 塞姆勒，R.（Semler, R.）（1989年），没有管理者的管理（互联网信息），https://hbr.org/1989/09/management-without-经理[2018年2月]。
② 塞姆勒，R.（Semler, R.）（1989年），没有管理者的管理（互联网信息），https://hbr.org/1989/09/management-without-经理[2018年2月]。

的延迟。如果决策不顾及本地的实际情境，则决策质量也会降低。

5.3 提供自主权

对待他人时保持尊重，在组织中给予自主权，用小团队替代复杂的层级，这些在专业上都是有合理的解释的。当组织中有尽可能多的人拥有足够的自主权和授权，并能够始终如一地做好工作时，组织就会变得更加灵活，能够更好地应对变化，员工也会拥有满足感，其工作也会更加富有成效。

> 特雷西·梅利特（Tracy Maylett）在为创业者（Entrepreneur）论坛写的文章中，对没有员工自主权的组织进行了总结：
> "没有它，你的劳动力可能会成为'工作死亡之地'，以僵尸般的方式无休止地漫游，等待别人告诉你下一步该怎么做。无论如何，这对员工或管理者来说都不是一个愉快的工作场所。" ①

5.3.1 什么是自主权？

自主权就是赋予员工做自己想做的、决定如何去做，以及什么时候去做工作的权利。这是一个关于管理层让路，让员工继续自己工作的问题。自主权可以是选择从事哪些项目、选择合作的人、选择工作的时间以及选择完成工作的方法。在一个拥有员工自主权的组织中，重点是完成什么（成果），而不是如何完成（更多信息请参见第8章成果）。自主权与员工的敬业度及积极性直接相关，它能够增强员工的主人翁意识和忠诚度。这意味着人才能够被吸引和保留。员工敬业度的提高也将会提高生产力和利润率。

自主权也可以应用于团队。一个拥有自主权的团队是一个自我管理的团队，很少或者根本没有管理者的指导。当团队成员合作良好时，他们可以利用彼此的优势，并可以弥补对方的弱点。这种环境对于提高工作满意度有直接影响。

5.3.2 护栏

自主权并不意味着完全的无政府状态。组织有原则或护栏（通过治理和服务管理原则在VeriSM模型中定义）。护栏可以和道路上有助于保证司机安全的标识线相媲美。护栏可以使每个人都与组织的目的与目标保持一致。它们是员工在工作过程中避免不必要干扰的决定因素。美国军方称之为"信条"——一种管理战争迷雾、使决策更接地气，同时为决策和行动提供指导的机制。

> 🌐 **现实案例：Gumroad**
> 在Gumroad，有一个让创造者能够直接向消费者销售产品的成功平台，它特别关

---

① 梅利特，T.（Maylett，T.）（2016年3月4日），6种鼓励员工自主的方法（互联网信息），https://www.entrepreneur.com/article/254300[2018年4月]。

注于将行动、所有权和扁平化组织融入每一个核心的价值观/原则中。

第一轮评审列出了这些价值观：

快速行动

快速行动，不要落后。一旦做出决策，就尽快执行。少说多做，关注实施和衡量。完美是优秀的敌人。

变化

要习惯于由于变化带来的不适。没有什么是神圣不可改变的，一切都在变化之中。我们应该每天保持学习，让自己的状态变得更好。

调整自己

经常告诉自己：对你而言最好的事物，同样也是其他任何你正在合作或为之工作的人们眼中最好的事物。

公开透明

简化你们之间的关系，扔掉你们之间的过滤器。公开谈论你关心的事情和你正在处理的问题，获取反馈以获得更好的效果。

保持专注

你现在正在做的事情是你能做的最有价值的事情吗？由此推论：相信别人能实现他们的目标，这样你就能专注于自己的目标。

微笑吧！

玩得高兴，不要后悔，不要想得太多，保持乐观。假设是最好的，事情终会得到解决的——事情怎么会解决不了呢？

如果 Gumroad 的所有员工都能遵循以上原则，组织就得到了很好的管理！[①]

现实案例

目前，全球约有 20% 的网站都在 WordPress 平台上，它已成为最重要的互联网公司之一。WordPress 背后的 Automatic 公司拥有高度自主权的扁平化管理结构，其所雇用的几百名员工全部都是远程办公。

GitHub 在被微软收购之前，是另一个成功的开发平台，也是另一个结构类似的非常成功的公司。公司没有中层管理，员工拥有自主权，不受任何人的约束，并鼓励员工以对自己有意义的方式来定义自己的角色。在本书出版前不久，GitHub 被微软收购。看看这两个组织是如何协同工作的，以及在多大程度上进行了集成，将是一件有趣的事情。

在美国跨国制造组织戈尔公司，所有的决策都是通过由 8～12 人组成的自我管理团队来实现的：招聘、薪酬、要处理的项目，甚至所有事情。戈尔公司拥有 10000 多名员工，他们的组织结构基本上分为三级。

在世界领先的番茄原料加工商晨星公司，对赋权的理解是：权力是自上向下赋予的。

---

① 一个为数百万人服务的扁平化组织的内部观察（互联网信息），http://firstround.com/review/An-Inside-Look-at-a-Flat-Organization-That-Serves-Millions/ [2018年4月]。

也就是说，在当权者认为合适的时候，向下授予权力。而在一个建立在自我管理和自主原则基础上的组织中，员工并没有被上级赋予权力，他们只是拥有权力。

丽思卡尔顿（Ritz-Carlton）酒店，一个以员工自主权为基础的组织，因以其卓越的客户服务获得极高的客户满意度而闻名。

多年来，丽思卡尔顿酒店为每位员工针对每位客人提供2000美元的自主处置经费，可用于员工在解决任何的客户投诉时所采用的自认为合适的方式，不需要向上级申请审批。

丽思卡尔顿酒店的员工，被称为丽思的女士们和先生们，他们有自主权做出决定，为客户精心安排一些特殊时刻，并解决客户的问题。

维尔福（Valve）软件公司是领先的视频游戏开发商和数字分销系统，是一个作为大型组织在扁平结构上运作的最著名的范例。维尔福软件公司没有指定长期的管理人员，而是根据每个团队和项目的情况对领导者进行轮换。维尔福软件公司也没有设置永久性的部门，但允许员工在他们想要的地方、想获得的东西和想要的时间进行工作。维尔福软件公司估值20亿～40亿美元，被认为是业内最成功的组织之一。首席执行官加布·纽维尔（Gabe Newell）称，该组织的每一位员工的利润都高于谷歌（Google）或苹果（Apple）公司。

谷歌有一个雄心勃勃的使命宣言（我们称之为"愿景"）：

"整合全球信息，使每个人都可访问和使用。"

谷歌有一个目标：

"开发能使得尽可能多的人的生活得到改善的服务。这不是为了一些人，而是为了所有人。"

谷歌认为员工是可信赖的，被赋予自我管理的自主权来实现使命和目标。其原则是（包括护栏）：

- 创新无处不在；
- 聚焦用户（消费者）；
- 目标是比现在好十倍；
- 靠技术洞见放手一搏；
- 交付和迭代；
- 给员工20%的自由时间；
- 默认开放流程；
- 迎接失败；
- 要有使命感。

把"聚焦用户""交付和迭代"和"迎接失败"作为护栏。对于谷歌来说，提前交付好过等待事情变得完美。只要你专注于用户，他们会通过反馈帮助你做得更好。员工不需要因为失败而感到耻辱，事实上，谷歌将失败视为一种荣誉的象征。谷歌认为如果员工没有得到足够多的失败，说明他们还没有付出足够多的努力。

5.3.3 准备开始

本章节提到的这些组织如果没有给员工赋予自主权，就不会取得成功。

以下这个公式可以指导组织在自主权方面的努力：

自主权＝更多的选择、更多的参与、更多的人才保留率、更多的动力、更多的创新、更高的生产力、更多的利润率＝更多的成功。

5.4 员工所有权

所有权发生在组织内部，当整个企业都认同一个共同的目标时。主人翁意识要求每个人对自己的行为和决策负责。

> **现实案例**
>
> 作为戈尔公司的首席执行官，泰瑞·凯莉（Terri Kelly）说："为了组织整体的成功，最好以所有拥有共同价值观和主人翁意识的个人和领导者为基础。这些负责且有权力的个体与任何单一的、占主导地位的领导人或官僚机构相比，更适合做监察人员。这些负责任和有权力的个人将比任何一个单一的、占主导地位的领导人或官僚结构更好地发挥监督作用。"[1]
>
> 戈尔公司以其扁平结构而闻名。虽然有一个架构（部门、业务单元等），但没有组织结构图，没有层级，因而也没有老板。
>
> 戈尔公司的哲学理念是：员工不需要被密切地监督，他们需要的是指导和支持。
>
> 戈尔公司是世界上最成功的公司之一，拥有10 000多名员工。戈尔最著名的是它的Gore-Tex面料，但实际上它有一个庞大的多样化的产品组合，包括了真空过滤器、微波电缆组件、吉他弦、牙线和医疗设备。自1998年以来，戈尔公司每年都在《财富》100强公司的列表[2]中占据一席之地，并在2018年名列第52位。
>
> 戈尔公司网站上的基本信念[3]集中体现了有关员工所有权的原则。
>
> "我们相信我们都在同一条船上。作为合伙人，我们对公司的成功有着既得利益，我们分担戈尔公司的风险和回报，同时也有额外的激励，这使得我们继续致力于企业的长远利益。因此，我们觉得我们大家都在一起努力，并认为我们在做决策时应该始终考虑什么是对整个企业最有利的"。
>
> 在戈尔公司，"伙伴们"可以做出决定，选择他们所做的工作，向同事们承诺他们将取得的成果，并会被鼓励进行尝试。因此，他们与组织的成功和主人翁意识是息息相关的。

5.4.1 益处

那么，当员工拥有主人翁意识时，组织会有什么收益吗？

---

[1] 凯莉，T.（Kelly，T.）（2010年4月8日），不再有英雄：分布式领导（互联网信息），https://www.managementexchange.com/blog/no-more-heroes [2018年5月]。

[2] http://fortune.com/best-companies/.

[3] 戈尔（日期不详），我们的信念和原则（互联网信息），https://www.gore.com/about/our-beliefs-and-principles [2018年2月]。

当员工被领导者赋予责任意识和主人翁意识时，将会促进在工作中的合作，以最大限度地提高生产力。当员工对自己的工作有主人翁意识时，他们往往会有更杰出的表现。《福布斯》2014 年的一篇文章引用了一项数据狂的研究，该研究揭示了无论员工是否拥有组织本身的所有权，组织如何通过简单地增加员工的主人翁意识来提高员工敬业度、降低离职率和增加绩效并从中获益。

更高的员工敬业度不仅能提高生产力和利润率，还能增强员工的积极性、创新性和创造力。较低的离职率降低了人员流失的成本，留住了人才。敬业度和低离职率也会吸引人才，因为组织会因此被视为一个绝佳的工作地。

高绩效的组织有着"拥有"成果的员工，有一种责任感、信任和相互尊重的文化。员工们把企业当成自己的家，他们以应有的谨慎和注意力处理着每一项活动和决策。所有权是指以积极主动的态势为企业做正确的事。当拥有主人翁意识时，员工会与组织的价值观和文化保持一致，并认同组织的目标和宗旨。在戈尔公司的实例中，有一种"我们都在一起"的感觉。[①]

5.4.2 实现主人翁意识

戈尔公司的实例和其他拥有主人翁意识员工的组织有一些基本的共同点：

- 积极鼓励员工参与业务的各个方面；
- 鼓励跨团队协作；
- 让员工了解组织的完整运作过程以支持协作；
- 提供具有奖励和认可文化的支持性框架；
- 只要员工是在为组织谋福利，当他们出错时，不仅不责备，还要鼓励创新和实验；
- 建立共同的价值观，让每个人都能认同并基于此共事；
- 创建一种目标意识；
- 建立信任和相互尊重；
- 让每个人负起责任；
- 允许员工做出决策、发起和推动变革；
- 使每个人都能挑战现状，并使每个人都能对关于替代方法的讨论做出贡献；
- 通过不断的学习和开发，在组织内创建全方位的持续的反馈环；
- 赋予员工灵活性和选择权；
- 告诉员工他们不是被授权了，而是他们已经拥有了权力；
- 确保你有领导者和管理者；
- 最后，取消层级以消除官僚作风，否则上述内容将无法实施。

这些举措大多不会很快执行，但组织可以开始朝着正确的方向努力。看看那些挑战现状以获得员工所有权的组织。确保对文化而不仅仅是技术的关注，这是数字化转型的一部分。计划在本书中介绍一些，即使不是全部，至少包括戈尔、维尔福软件公司、塞氏、通用电气（General Electric）、卡特彼勒（Caterpillar）、晨星和皮克斯已经在其组织中取得的显著收益的方案。

---

① 数据狂（2014年9月25日），激励员工与他们的主人翁精神息息相关（互联网信息），https://www.forbes.com/sites/datafreaks/2014/09/25/motivating-employees-has-almost-nothing-to-do-with-their-attitude-and-almost-everything-to-do-with-feelings-of- ownership/#102957531140[2018年5月]。

大多数领导者都知道"虚拟团队"和地域分布式劳动力的概念。这种"松散耦合"的劳动力恰恰是另一个影响到许多数字化原住民及其管理者的挑战。这种模式的员工可能没有长期合同，可能也在为不止一个组织工作着，并且对"终身职业"没有期望。为本组织非长期雇用的工作人员创造主人翁意识是需要直接解决的问题。[①]

> **现实案例：联邦快递（FedEx）**
>
> 联邦快递在2018年《财富》杂志的最佳雇主公司的评选排名中位列第99位。
>
> 联邦快递赋予司机所有权，这意味着他们负责用最有效的方式找出为客户服务的最佳路线。没有人告诉他们如何做他们的工作，他们只是需要实现他们的目标：把他们的快件迅速地交到正确的人手中。
>
> 管理大师汤姆·彼得斯（Tom Peters）将一位联邦快递员工和直升机的故事改编为一个传奇故事，其中展示了当员工感受到"所有权"后所发生的事。
>
> 故事可以追溯到20世纪80年代，加州的一场暴风雪摧毁了位于山区的一座电话塔，这座塔是联邦快递主要的呼叫中心服务，电话公司的员工无法爬到山顶去修理它，一位联邦快递的普通员工发现他有能力修复故障。他租了一架直升机，用他自己的信用卡付账，然后飞到山顶，在那里他修好了电话塔。就这样，联邦快递的呼叫中心恢复了正常。
>
> 这个故事的核心在于：联邦快递的员工觉得自己对问题和成果都有拥有"所有权"。同样重要的是，要注意到这位员工被赋予了权力，认为他可以在不必通过相关管控层级的情况下做出决策。否则，必将给恢复呼叫中心运营的过程带来相当大且不必要的延迟。

5.4.3 准备开始

使员工拥有主人翁意识将有助于确保他们保持积极性、创新性和创造力。员工敬业度的提高，会推动生产力的提升，进而对利润产生积极的影响，最终带来利润率的提升。

使用以上所列的通用特性来为每个组织启程吧。

5.5 领导者需要做什么？

为了在不断变化的环境中茁壮成长，领导者需要在思维方式和方法上做出重大改变。首先，他们需要真正接受这样一个事实：当前世界的变化将是持续发生的，而且变化的步伐不会放慢。他们需要能够迅速地适应并调整方向，不断地提升自己和团队以适应这种变化。领导者需要承认，他们所知道的和他们所拥有的技能可能不足以持续支撑答案的正确性。在这个瞬息万变、变幻莫测的世界中，领导者必须汲取和利用新的信息，并对其产生感悟。

> 悲观者抱怨风向；乐观者盼望风向改变；务实者调整风帆。
>
> ——约翰·麦斯威尔（John Maxwell）

---

① http://fortune.com/best-companies/fedex-corporation/.

5.5.1 成为适应型领导者

生活在一个波动的、不确定的、复杂的且变化无常的世界中,领导者在无法预测他们的决策结果的情况下如何规划前进的路线?在数字世界中,每个组织都是一个信息组织。各级领导者都需要能够读懂正确的信号,并根据这些信号采取行动。适应型领导者不会盲目地听从指示,而是通过实验来学习,从而培育出多样化的观点,以产生多种选择。他们的管理饱含着同理心,他们奖励员工自主工作得到的成就,并为所有利益相关者寻求获取成功的解决方案。

> 当我们认为自己什么也学不到的时候,失败就在眼前。
> ——沙仑·威尔(Sharon Whale),奥利弗公司(英)(Oliver UK[①]),首席执行官

> 🌐 **现实案例:阿波罗 13 号**
>
> 阿波罗 13 号的故事就是关于适应型领导力和适应性的一个很好的例子。当所有的训练和知识都不足以应付眼前的情况,而他们必须处理未知的事情时,领导者会怎么做?
> 如 Fire Fighter Nation[②] 社交网站上所述:
> "休斯敦,我们有一个问题。"这是阿波罗 13 号机组人员在登月途中用无线电发回地球的著名台词(即使不太准确)。这句著名的(低调的)台词开启了一系列解决问题的努力。这些努力是美国宇航局在执行任务期间从未接触过的。机组人员很快就清楚阿波罗 13 号不能在月球上着陆,这导致地面人员评估了"如果–怎么办"的中止登月的场景。其中一个场景即利用月球的引力将飞船送回地球被选中,但即便如此,船员们仍面临着与之前任何一个模型都不相符的巨大挑战,即食物和水的短缺,还有最重要的电力(这又限制了与地面人员的通信)都需要被节省下来,另外去除二氧化碳的资源也是不足的。
> 最终,阿波罗 13 号机组人员与地面工程师合作,克服了这些挑战,安全返回了家园。但他们的成功不是训练、模拟或标准操作程序的结果,而是对未知变化进行适应后的结果。任务控制主管吉恩·克兰茨(Gene Krantz)意识到了这一点:"我们正在放弃飞行计划。我不在乎(太空)飞行器的设计目的,我只在乎它能做什么。"

适应型领导者能够在缺乏政策、流程或程序、已知的实践或解决方案指导的情况下适应并有效地应对未知的情况。他们知道在自己不清楚该做什么的时候应该去做些什么。想要了解有关策略的更多信息,请参阅第 9.1.1 节 Cynefin。

适应型领导者的能力包括:

- 自我意识;
- 情商;

[①] 威尔,S.(Whale, S.)(2017年8月2日),特朗普和广告的适应型领导力课程,https:// www.campaignlive.co.uk/article/adaptive-leadership-lessons-trump-advertising/1441056 [2108年3月]。
[②] (2011年5月24日),适应型领导力:处理未知(互联网信息),http://www.firefighternation.com/articles/2011/05/adaptive-leadership-dealing-with-the-unknowns.html [2018年1月]。

- 建立关系的能力；
- 透明度和"告诉它是怎么回事"的能力；
- 公平地对待他人，并保持尊重；
- 诚实守信，信守承诺，以赢得他人的尊重；
- 保持开放与信息的共享；
- 不回避坏消息或忽视信息，使信息提供者感到被重视和尊重；
- 知道他们总有东西要学；
- 知道他们对他人的发展负责。

培养这些技能的领导者必将在不断变化的世界中茁壮成长。

5.5.2 适应型领导力团队

适应型领导建立适应型团队。尽管面临着持续的动荡，这些团队仍需要继续成长。适应型团队中的每个人都能领导这个团队。团队成员来自不同的职能部门，但有着一个共同的目标。他们相互信任，相互尊重。告诉他们预期成果，然后由他们自主决定如何实现这些成果。在此过程中，他们不仅得到允许，而且受到鼓励去实验、创新和创造。

> **现实观点：波士顿咨询公司**
>
> 波士顿咨询公司（BCG）早在 2011 年就进行了研究。他们在一篇题为《高度适应型团队的五个特征》[①] 的文章中报告了他们的发现。
>
> BCG 对精心挑选的公司样本进行了研究，以发现最具适应性的管理团队与那些提供平均或不达标结果的团队相比，做得有什么不同或更好。
>
> "无论行业、规模、位置和公司生命周期如何，这些拥有适应型领导力团队的公司的表现都要比同行出色。有些只是略微好一些，有些则有很大的优势。通过分析在各种环境中的业务表现，所有都证明了敏捷性和适应性在某种程度上或多或少是公司 DNA 的一部分。"
>
> BCG 发现的五个关键特征是：
> - 一个声音：团队有一个共同的目标，指导他们的工作。目标与整个组织的目标一致。
> - 感知和响应能力：团队擅长于读取外部信号，识别趋势并做出相应的响应。
> - 信息处理：他们利用集体智慧，综合复杂的见解，迅速做出高质量的决策。
> - 框架内的自由：他们有一个支撑实验的框架。他们可以在护栏内进行冒险，只要吸取教训，失败就是可接受的。
> - 边界流动性：团队成员可以随时扮演不同的角色。这建立了一种纽带，他们觉得每个人都有其他团队成员作为自己的坚实后盾。
>
> 适应型领导力团队拥抱着不断的变化。

---

① 托雷斯，R.（Torres, R.）和里默，N.（Rimmer, N.）（2011年12月21日），高度适应型领导力团队的五个特点（互联网信息），https://www.bcg.com/en-au/publications/2011/people-organization-five-traits-highly-adaptive-leadership-teams.aspx [2108年4月]。

5.5.3 让路

领导者必须给员工让路，让员工自行完成手头的工作。领导者必须从"指挥和控制"转向"授权和信任"的模式。在当今这个瞬息万变的世界，领导者必须明白，他们需要放弃控制才能获得控制。事实上，失去控制的最好方法就是试图掌控一切，因为"指挥和控制"扼杀了创新、实验和创造力。

> **现实案例：CSC**
>
> 哈佛商业评论[①] 中谈及 CSC 从提高控制和效率到放松控制所取得的巨大成功。
>
> "为了应对 2007 年糟糕的业绩，CSC 德国公司，作为市值 170 亿美元的全球 IT 咨询和服务公司的一个分部，首先采取了提高控制和效率的常规做法，结果却是业绩进一步下降。而当该部门的领导者采取相反的放松控制的方式，让员工们自由地去做他们认为合适的事情后，却获得了巨大的成功。
>
> 作为对其母公司提出的反思管理实践的一项方案反馈，CSC 德国公司在 60 名员工的企业内容管理（ECM）部门中尝试了一种无控制的方法为鼓励知识文化发展，该公司开始采用同组监督，并依靠内部教练在各级进行一对一和小组的辅导。结果令人印象深刻，以至于 CSC 德国公司将此方法引入到由 34 名员工构成的 IT 架构咨询部门。
>
> 2009 年 4 月，企业内容管理部门的收入在自 2008 年 12 月下降后大幅上升并继续保持上升。而一直表现不佳的 IT 架构咨询部门在放松控制后的几个月里，其在某项称为利用率的生产率衡量指标上显示出显著的提升。"

许多已经学习了让路的领导者所面临的挑战是：在危机发生时他们仍站在原地。这些领导者告诉他们的员工，他们可以实验、创新、创造、自我管理，他们有自主权做自己认为合适的工作。但当危机发生时，自然而然地又复原了"指挥和控制"的领导力风格。这只会让危机变得更加严重。员工们由此感到困惑和无所事事，因为领导者先给了他们自由，而现在又把他们重新关了起来。

当危机发生时，员工必须能够当家做主，做出决策，创新和实验，承担风险，成为自己的领导者。没有这一点，组织将无法有效应对危机。

5.5.4 远离"赋权"

根据 dictionary.com[②]，赋权的意思是：赋予力量或权力；授权。

赋权意味着它是基于特定行为在特定的时间点被给予的东西。赋权不是一个领导者可以"给"员工的东西——它应该是他们一直拥有的东西。赋权意味着权力会渗透进组织中，当权者认为合适时，权力就会自上而下地被授予员工。

领导者需要避免成为管理者，并像对待成年人一样对待员工，通过信任和尊重让他们去做

---

① 阿玛，A. D.（Amar, A. D.），亨特里希，C.（Hentrich, C.），卢皮奇，V.（Hlupic, V.）（2009年），为了成为一个好的领导，放弃权力（互联网信息），https://hbr.org/2009/12/to-be-a-better-leader-give-up-authority [2018年2月]。

② http://www.dictionary.com/browse/empowerment.

正确的事情。一般赋权过程的对话听起来都像是："你做得很好，所以我现在授权你下次不用我的帮助就可以做了"。这听起来像是大人和小孩之间的对话。领导者需要给予员工真正的自主权，并以结果驱动的立场出发进行引导。领导者需要让那些真正最了解工作的人以他们认为合适的方式继续工作。

清晰度

面对不断复杂的变化，领导者需要采取的最重要的行动之一就是制定明确的目标。"指挥和控制"管理确保命令和工作要求通过计划和指示执行。领导层设定明确的目标，提供自主权，放弃控制权，给员工让路。

明确的目标（或共同的目标）是巨大的动力。关于这一点，1961年5月25日约翰·肯尼迪（John F. Kennedy）提出的目标就是一个很好的范例。他制定并宣布了将在20世纪60年代末将一个人安全送上月球的目标。大多数人认为这是不可能的。令所有人惊讶的是，1969年7月20日尼尔·阿姆斯特朗（Neil Armstrong）登上了月球表面，实现了这个目标。肯尼迪明确的目标为所有相关的人员提供了实现这一目标的激励和动力。

贝新（Bersin）[①]的研究发现，目标明确的员工占业务绩效前25%的可能性要比一般员工高出了4倍。

明确度是通过目标的清晰和明确来实现的。持续、定期地明确目标，让目标对于员工有意义。员工还需要清楚地认识到，变化是持续的、波动的、不确定的、复杂的和模糊的。每个人都必须认清这一事实，变化的速度不会放慢，这可能会对他们目前的目标产生影响。目标可能必须经常地适应变化，以应对持续而无情的变化。

权力

当领导者以尊重的态度对待员工，并给予他们工作的自主权和权力时，员工更具生产力、创新性、创造性和敬业精神，组织也将变得更加灵活，能够更好地应对变化。领导者赋予员工权力和自主权，是因为他们拥抱这样一个事实：并非所有事情都会一次奏效，把失败当作学习的机会。只有在无责备的文化中，员工才会敢于尝试和创新。失败不属于一个人，应该在团队（包括领导者）中得以分担。在招聘时，领导者应该寻找那些能够自我激发，并展现出权威和自主权的人。领导者必须通过指导和服务管理原则为员工提供护栏。

员工需要对自己的工作有一种主人翁意识，领导者通过让他们以自己的方式交付特定的结果来培养这种意识。领导者需要问："如果这是你的事，你会怎么做？"把组织的场所当作自己的工作场所来思考，会培养员工的主人翁意识。有了这个前提，员工必须能够自己做决定，而不必求助于不必要的管理层。

通过允许员工参与整个组织，也可以建立一种主人翁意识。如果他们在开发产品，让他们坐在呼叫中心，了解客户在说什么。如果他们在呼叫中心，让他们坐在设计师身旁，了解设计过程。将人员分配到组织的不同部分，以便他们了解这些部分的总和。最终，让员工能够将他们正在做的一切都与最终的业务成果联系起来。

---

① 加尔，S（Garr, S.）（2014年12月18日），明确度是礼物（用作提供的目标）（互联网信息），https://blog.bersin.com/the-gift-of-clarity-and-using-goals-to-provide-it/ [2018年4月]。

> **现实案例：声田 Spotify**
>
> 在声田，人们的信念是：结盟可以实现员工的自主权。2018 年，声田是一家成立 10 年的集音乐、视频和播客流媒体业务于一身的组织，拥有 3000 万付费用户，收入约 30 亿美元。
>
> 哈佛商业评论文章[①]描述了声田如何提供员工自主权。声田的 2000 名员工被组织成敏捷团队，称为小组（squads），它们是自组织、跨职能的，且位于同一地点。
>
> 形成声田模型的核心组织特征是"松散耦合、严格保持一致的小组"。这里的关键信念是"保持一致，使自主权成为可能"——更好地保持一致带来更多的自主权。这就是为什么公司在开始工作之前要花那么多时间在校准各种目标和目的的一致性上。声田的领导力模式加强了这个一致性。领导者的工作是发现问题所在并就此沟通，这样小组就可以协作找到最佳的解决方案。协调是通过情境和对公司优先事项、产品战略和总体使命的深入理解来实现的。发布过程将每个元素分解给功能小组、基础架构小组和客户应用小组，小组可以在所有功能都完全可用之前发布一些功能，并可以打开或关闭该功能。在这里，文化也是一种支撑力。声田的口号是"自主，但不能只顾局部优化——在声田生态系统中做一个好公民"。该公司的一个常用的比喻是爵士乐队：每个小组演奏自己的乐器，但每个小组也倾听其他小组的演奏，并专注于整首曲子，以创造出美妙的音乐。
>
> 另一个员工授权和自主性的范例是丽思卡尔顿酒店。它已经成为大家在讨论员工自主权时广泛引用的案例。丽思卡尔顿酒店给每位员工每天针对每个客户 2000 美元的支配权，作为解决客户的问题或者给予客户一个"惊喜"时刻的经费开支。

5.5.5 准备开始

领导者需要让路，让员工到想去的地方、在想去的时候、与想合作的人一起工作。这将提高员工敬业度，并降低损耗，进而使得组织成为一个有吸引力的工作之所。

> **现实案例：维尔福软件公司**
>
> 维尔福软件公司就是一个很好的例子。以下内容摘自维尔福软件公司的新员工手册[②]，总结了如果我们要在一个不断变化的世界中蓬勃发展，所有领导者都应该追求的目标是什么。
>
> "层级结构对于保持可预测性和可重复性非常有用。它简化了计划，更易于从上到下控制一大群人，这就是为什么军事组织如此依赖它。
>
> "但如果你是一家娱乐公司，在过去的十年里一直在不遗余力地招募世界上最聪明、

[①] 曼金斯，M.（Mankins, M.）和加顿，E.（Garton, E.）（2017年2月9日），声田（Spotify）如何平衡员工自主性和责任感（互联网信息）， https://hbr.org/2018/02/how-spotify-balances-employee-autonomy-and-accountability[2018年1月]。

[②] 维尔福软件公司（2012年），维尔福：新员工手册（互联网信息），https://steamcdn.a-kamaihd.net/apps/valve/Valve_NewEmployeeHandbook.pdf [2018年3月]。

最有创新精神、最有才华的人才，让他们坐在办公桌前，按指令去做事，则会抹去他们99%的价值。我们需要创新者，这就意味着要保持一个能让创新者充分发挥其才干的环境。

"维尔福软件公司就是如此做的。简单地说，就是我们没有任何管理层，也没有任何需要向其他人'汇报'的机制。我们确实有一位创始人/总裁，可即便他也不是你的管理者。这家公司是你的，你要把握机遇，远离风险。你有权为你的项目开绿灯。你有权交付产品。"

5.6 建立互信

不断变化需要一个更为扁平化的组织，以便于能够有更快的响应。只有在信任和相互尊重的环境下，一个更扁平层级和管理更少的组织才能取得成功。组织中的每个人都必须信任其他人，并为同事们以及整个组织去做正确的事。

First Round Review[①] 引用了 Gumroad 的联合创始人兼首席执行官萨赫勒·拉文亚（Sahil Lavingia）的话：

"保持公司的扁平化，全部是关于找到在没有官僚主义的情况下实现信任和清晰度的创新之路。一个扁平化的公司所基于的信任不应该只存在于管理者和他们的报告之间，公司里的每个人都应该信任他们的同事。这就是为什么你能行动迅速的原因。"

那么信任是如何建立起来的呢？

5.6.1 对意图的感知

组织必须真正认识到组织的意图——它试图达到什么目的，为什么？什么样的核心价值观能够激励组织中的每个人朝着一个共同的目标努力？

> 🌐 **现实案例：谷歌**
>
> 谷歌有一个使命和一个目标。
> 使命：整合全球信息，使每个人都可访问和使用。
> 目标：开发能使尽可能多的人的生活得到改善的服务。这不是为了一些人，而是为了所有人。
> 谷歌的每个人都有着一个共同的意图——支持这个使命，实现这个目标。
> 他们是统一的，这种统一和对意图的感知激发了组织中每个人之间的信任感。

当所有员工都有一个共同的目标并有一个集体的对意图的感知时，高度的信任必将形成。

---

① （日期不详），一个为数百万人服务的扁平组织的内部观察（互联网信息），http://firstround.com/review/An-Inside-Look-at-a-Flat-Organization-That-Serves-Millions/ [2018年4月]。

如果员工认为其他人有不同的计划，不支持共同的目标，那么不信任和猜疑就会渗透到组织中，每个人都会花时间小心自己的身后。

5.6.2　言行一致

人们通常期望领导者言行一致和以身作则。但实际上，这种期望不应仅仅落在组织中那些担任高级职务的人，每个人都应该言行一致和以身作则，当他们不这样做时，就应该受到质疑。在一个人人都可以"领导"他人的组织中，每个人都有责任为组织的意图服务。领导者信任员工，反之亦然。要获得信任，就必须给予信任。虽然每个人都应该以身作则，但涉及收费的事必须由首席执行官或组织的"所有者"来领导。如果要建立信任，承诺了就必须做到。如果承诺必须进行调整，那么透明度和诚实对于继续保持信任就是至关重要的了。

5.6.3　团队

> 全食超市公司（Whole Food Market Inc.）联合创始人兼首席执行官约翰·麦基（John Mackey）在为 Management Innovation eXchange[①] 撰文时表示：研究表明，我们与家人、朋友和同事保持密切信任关系的能力大约局限于 150 人。
>
> 在全食，我们认识到小型部落群体对于最大限度地提高熟悉度和信任度的重要性。我们把我们的商店和公司组合成各种相互联系的团队。大多数团队都有 6～100 名团队成员，其中，较大的团队会被进一步细分为各种子团队。

一般来说，人们一次能够认识的人数可以超过 150 这个数字。但根据实际经验，很难在如此大的人群中建立起亲密的信任关系。团队需要有正确的规模、结构和动机。

> **现实案例：戈尔公司**
>
> 戈尔公司是一家非常成功的美国跨国制造公司，专门从事氟聚合物产品的生产。戈尔公司在 30 个国家拥有大约 9500 名员工。
>
> Management Innovation eXchange 描述了比尔·戈尔（Bill Gore）对自我管理团队的愿景，以及为什么要保持较小的团队规模。[②]
>
> 戈尔公司致力于保持其业务的小型化和非正式化，这是一个关键。它一般不允许一个工厂发展到 200 人以上。这反映了比尔的另一个信念：一旦一个业务单元达到一定规模，"我们决定"就变成"他们决定"。
>
> 当团队变得太大时，"他们决定"将终止信任。

---

① 麦基·J（Mackey J.）（2010年3月9日），创建高信任度组织，https://www.huffingtonpost.com/john-mackey/creating-the-high-trust-o_b_497589.html？guccounter=1[2018年2月]。

② 哈默尔，G.（Hamel, G.）（2010年9月23日），创新民主：戈尔公司（W.L. Gore）最初的管理模式（互联网信息），https://www.managementexchange.com/story/innovation-democracy-wl-gores-original-management-model [2018年2月]。

5.6.4 启用

当员工能够继续工作时，就会表现出信任。

如第 5.5.4 节所述，许多组织称其为赋权，但赋权意味着权力是从高层授予得来的。然而，在一个扁平化的组织结构中，员工都是与生俱来地拥有这种权力。启用、赋权、许可——不管你怎么称呼——都是危险的。具有"命令和控制"管理方法的层级结构会扼杀信任。员工是在规则和结构的驱使下被强迫履行规则。

5.6.5 透明度

如果不透明，人们之间就没有信任。当然，在一些例外情况下，信息可能无法被共享（例如，机密信息）。当人们意识到自己没有被告知真相时，信任就会迅速消失。记住，一旦信任被破坏，恢复信任将比最初建立信任困难得多。沟通是需要透明和诚实的。如果缺乏了透明和诚实，人们就会看到信任的"急转直下"，如果再发生一次，信任就会彻底丧失。说真话，尽管有时是经历一次艰难的对话，但结果是可以增进信任和相互尊重的。

5.6.6 人人平等

当有人认为某些人比其他人受到更多的优待时，信任很快就会丧失；认为有些人比其他人更平等对待的看法会导致信任迅速减少。透明度的好处是它暴露了不公平，然后就可以迅速采取纠正措施。

这种平等体现在取消了组织内所有人的头衔时，例如晨星公司、戈尔公司，所有人都是伙伴以及采用合伙制的组织，所有人都是合作伙伴。所有这些组织都有一个扁平化的结构。

5.6.7 准备开始

信任是为员工提供自主权的关键，使他们能够自我管理和分配决策。要想促进一个可持续的信任体系的形成，就需要做到：平等对待每一个人；相互间保持诚实而透明；提供一个共同的对目标的感知；言行一致；创建较小的团队以避免"我们决定"变成"他们决定"，将促进一个可持续的信任生态系统。

5.7 建立信赖他人的网络

员工们需要知道他们可以相互依赖。当团队有共同的对目标的感知和联系、相互信任和尊重时，他们就可以面对持续且复杂的变化。他们知道他们可以互相依赖。当有人支持你的时候，你就会具备一种对不断变化的适应能力。

当我们信赖他人时，我们都有一种共同的对目标的感知。为了培养这种信赖他人的能力，我们需要打破孤岛，建立跨职能的团队。变化是流动的，处理这些变化的团队也是如此。为了应对变化，团队的组成和结构也要根据需要进行调整。因此，对他人的信赖需要跨越团队而不仅仅是依靠团队内部解决。

在整个组织内建立一种信任和尊重的文化，使人们能够寻求帮助和建议，而不必害怕受到谴责或批评。员工们可以作为一个集体，信赖他人去解决问题，并对变化做出创新性的反应，而不是孤军作战。

员工间形成的信任网络具有适应性，能够促进员工在面对变化时的创新力。相互支持和归属感让员工感受到了支持，这对于员工敬业度的提升有很大的贡献。员工们会互相帮助、互相依赖，建立信任。当变化不断时，支持对于组织的成功至关重要。当员工可以相互寻求指导或支持时，可以将重点放在所需的总体结果上。如果某个机会或问题是交由单个员工处理，那么这个员工就有可能不知所措，甚至做出不合理的决策。当员工能够与整个组织的资源紧密联系的时候，他们就会感受到支持，并积极参与，从而提高生产力。

> 一篇哈佛商业评论（Harvard Business Review）[1]文章指出：一些公司——其中包括谷歌、黛维达（Davida）、多宝箱（Dropbox）和西南航空（Southwest）——因在工作中培养同志关系而闻名。在工作中建立同志关系取决于各组织的领导者。也就是说，公司可以而且应该创造并重视友情，将其作为招聘优秀员工、留住员工、提高敬业度、创造力和生产力的竞争优势。
>
> 这取决于领导者协作、信任、相互尊重和相互支持的培养。

5.7.1 准备开始

当每个人都可以得到其他人的支持时，协作、创造力和创新就会增加。这将使那些通过不断变化而茁壮成长的组织与那些没有变化的组织区别开来。当员工在彼此支持的环境中一起工作时，他们就更容易迸发出新的想法。

创造性思维对组织的成功至关重要，尤其是在不断变化的情况下。人们可以相互依赖，集思广益，提出新的想法，从不同的角度看待问题和挑战，使组织能够以最有效的方式应对快速的变化。

> **现实观点**
>
> 第24章中有一篇对组织变革管理专家凯伦·费里斯（Karen Ferris）的专访稿，他分享了更多关于组织如何在不断变化的世界中茁壮成长的实用性见解。
>
> 有句名言："组织没有改变，是因为人没有改变"。[2]
>
> 只有让人们接受变革并推动变革向前发展，组织才能变革。许多组织的项目由于缺乏采纳或没有让人们做好变革的准备而失败。
>
> 过去，克服对变革的阻力一直是组织变更管理（OCM）的一项关键活动，将阻力视为需要克服的负面因素。我们需要看到阻力并不一定是坏事，变革本身可能是错误的。

---

[1] 里奥丹，C.M.（Riordan, C.M.）（2013年7月3日），我们都需要工作上的朋友（互联网信息），https://hbr.org/2013/07/we-all-need-friends-at-work [2018年3月]。

[2] 来源未知。

6 协作

> **引言**
>
> 有效的团队注重协作、分享知识和良好的沟通。他们建立了一个对组织来说堪称无价且独一无二的知识体系,这样的组织同样也是独一无二的。更多的挑战则源自虚拟团队、跨时区和供应链协作的需求以及众多可用的协作工具。
>
> 本章将介绍什么是协作,以及如何提高组织内的协作水平。没有了协作,跨职能团队的工作将变得无效,信任度也将降低,而最终的结果会更差。

自20世纪70年代商业计算机问世以来,业务实践一直在不断发展,人们共享信息、交流和完成工作的方式已经焕然一新。在这段时间里,随着组织和所提供的服务建立在专业知识和知识产权的基础之上,知识工作者也在组织中崛起。

在这段时间里,有一样东西没有改变。它如此重要以至于没有它世界就无法运转,它如此普遍地存在以至于超越了任何的最佳实践框架、技术和业务的变化——这就是人和他所拥有的知识。无论系统如何自动化、商品化或精简化,人及其知识始终是组织成功的关键。这在第一次有一群人一起猎杀猛犸象就已经成了事实。协作的实践可以极大地改变一个组织或团队的绩效;提高生产力,提高员工留用率,提高总体意识,减少使员工跟上进度所需的时间和会议次数。

> **2018 年数字化转型调查**
>
> 如图 19 所示，许多受访者认为协作在他们的组织中运行良好，尽管仍有改进的空间。
>
>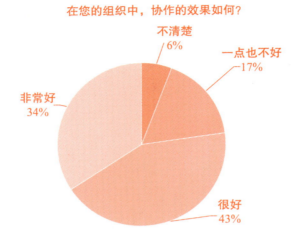
>
> 图 19　在你的组织中，协作的效果如何？（来源：2018 年调查）

6.1　什么是协作？

协作是无形的，对它的最佳描述是：重要活动的"一种行为方式"和"做事的方式"。这些描述表明需要关注的是无形和软技能。《牛津英语词典》将协作定义为"与某人合作以生产某种东西的行为"。为了一起工作并实现共同目标，人们必须协作。

这种对协作的基本定义是如此广泛和开放，以至于人们很容易理解为什么人们总是抓不住协作的本质。该定义将协作描述为"行为"。它是"发生"的东西。它可以通过领导力、指导和工具来提升，但首先且最重要的是，它是一种必须被允许的工作方式，或者说，是一种可以实现的工作方式。

要想理解协作意味着什么，首先要确定它不是什么。

6.1.1　协作不是一种工具

最常见的误解是：协作是"工具"或可以通过"工具"实现。组织认为只要实施了一个协作工具，员工就会开始协作；或者更糟的是，因为已经有了工具，他们必须已经在协作了。工具的存在或缺乏并不保证协作的实现。

> 技术不会自动改善交谈、沟通或行为。
>
> ——西奥多·泽尔丁（Theodore Zeldin）

6.1.2　协作不是在工作场所使用的社交工具

现代的社交媒体工具可能非常适合与朋友保持联系或了解新闻，但它们在工作场所的使用往好的方面说是分散了注意力，从坏的方面说是对公司机密和安全性的一种威胁。尽管社交工具无疑引入了一种更简单、更有效的沟通方式，提供了更丰富的内容，采用了互动式的实时聊天和信息共享的功能，但它们通常是不适合在企业中使用的。因为，企业工具需要安全性和可见性的控制功能，对这些功能的调整是依据组织的需求而不是社会共享的需求。企业中的信息共享一般只限于员工，不像社交网络工具那样扩展到朋友和家人。

6.1.3 协作不是电子邮件

电子邮件是商务沟通的主要工具。电子邮件有许多好处，能促进沟通，并将沟通内容记录下来，但这并不意味着它是企业协作的有效工具。电子邮件在信息交流方面的闭环模式意味着它在支持和培育协作文化上表现欠佳。

6.2 协作行为

企业协作行为分为以下几类：
- 谈话——促进公开的、透明的，且具包容性的一对一和小组式谈话；
- 信息共享——支持和鼓励信息的自由流动；
- 隐性知识——指在有人提出问题之前就是已知的，但却未被思考过的知识；
- 信息可视化——提供可视化数据的多种途径，以鼓励对话、贡献和包容；
- 社区——创造一种拥有"社区"感的文化；
- 治理——系统和流程必须与公司安全、合规和政策保持一致并提供支持。

协作组织在其行动中展现出有形的和可测量的行为特征，这些特征可以在其行动中看到并作为测量其协作水平的主要指标。它们包括：
- 领导力——团队或组织如果缺乏了强大的领导力，就永远不会真正实现协作。在建立和培育合作文化的初期尤其如此。一旦一种协作文化站稳脚跟，随着人们意识到其中的好处，协作行为能够自我延续下去，此时，领导的关注就变得不那么重要了。值得注意的是，任何人都可以发起或领导一个协作倡议，但最终，他们需要得到高层管理人员的支持和赞助，以克服将遇到的不可避免的障碍和异议。
- 支持——除非文化如此，否则人们是不会以真正开放的方式进行协作的。错误总会发生，领导者应该承认并接受这一点。人们从错误中学习，通常他们会发现并解决出现的任何问题。一个支持性的环境能够鼓励人们做出贡献、提出想法和分享信息，而不必担心出错的时候会受到惩罚。值得记住的是："如果你没有犯错，那就代表着你什么也没做。"
- 透明度——在一个不透明、不开放和缺乏沟通的环境中，几乎不可能实现真正的协作（见第5.6.5节）。协作团队使用开放的沟通方式，分享他们所知道的，乐意分享并支持他们的同事。透明度是一个真正的挑战，尤其是在具有复杂的政治和组织文化的组织中。孤岛是组织为处理高度专业化的工作而创建的，虽然它有着重要的作用，但它往往导致组织的总体目标被部门目标、团队目标和局部优化取代。尽管许多组织正在拆除孤岛，但在更多的组织中，孤岛的必要性决定了它依旧会存在。对此，组织应鼓励高度的透明化和公开的沟通,以确保在这些必要的孤岛之间进行协作。
- 贡献——如果信息能够得到良好的流通,那么就应该鼓励人们在想法、思想和评论上做出贡献。协作团队会抛开"不应在这里发明"的心态,广泛征求反馈意见,讨论想法和建议。例如一位财务人员提出了一个伟大的营销想法,协作团队不会因为它不是来自营销团队而放弃。绝佳的想法总能带来成功,这一点是所有经营良好的组织自然都会知晓的。鼓励人们做贡献这一点,也是与VeriSM模型中所有组织能力一起工作,共同支持"组织是服务提供者"这一概念相一致的。

> "孤岛"一词通常包含着一个消极的含义,即它是一个向"指挥和控制"层级时代的倒退。例如,IT部门通常被视为一个孤立运营的孤岛,将"客户"视为其服务的组织内部的人员。公司IT职能部门被组成团队(基础设施、安全、开发等),专注于自身流程的局部优化,导致团队之间进一步的孤立和内部竞争。协作组织则将自己视为组织机器中的关键齿轮,用以将这些孤岛连接起来。他们明白"客户"是外部的,为外部客户提供良好的服务对组织取得成功才是至关重要的。

6.2.1 组织行为特征

协作会鼓励不同的行为。透明度创造了一个使每个人都能更好地洞察组织及其运作方式的信息流,继而能提高组织的对外竞争力的特征和行为,如图20所示。

图20 组织行为特征(来源:Hornbill)

> 协作既不是另一种最佳实践,也不是其他东西的替代品。相反,你可以将协作视为组织的"健康水平",你越健康,就能表现得越好。正如运动员的健康水平直接影响到他们在某项运动中的成绩一样,你的协作水平直接影响到你在职业中可能取得的成绩。

> 另外，协作是一项团队运动，而不是个人运动。任何个人英雄行为和敝帚自珍在协作的环境中是没有用武之地的。协作是通过分享每个人所知道的来提升其他人，最终使整个团体受益。

6.3 为什么协作很重要？

提供产品或服务的成败最终取决于"人"这个元素，以及人们如何合作并消除产品或服务体验中的摩擦，并向客户交付价值。知识是随着时间的推移，在完成工作的过程中，通过经验和学习获得的。

服务中断或产品故障通常是一些重复性的问题所导致的，而这些问题往往可以通过提升质量和易于获取的知识轻松解决；复杂的问题则通常需要多个利益相关者的共同投入才能得到解决。因此，信息必须通过某些渠道得以共享，无论组织是否有正式的结构，比如一线、二线和三线团队，或者如技术吧这样非正式的渠道，甚至只是在咖啡机旁与相关问题的专家的谈话。

协作环境鼓励知识共享，并且支持和承认有效的自由交流的价值。不幸的是，大量的共享知识和自由的信息交流没有被记录下来。而有效的协作环境在理想的情况下，能够在完成工作的过程中，自动捕获和传播知识，以零成本的代价使整个社区受益。当知识在个人、团队和部门之间随着信息流动不断地积累，工作也将得到显著的增强、优化和流线化。

尽管每个组织都不同，但服务管理文化提供了一种通用语言和已验证的实践，使组织能够从其他人的经验中学习。当新的挑战产生新的想法，最佳实践框架也会失效和过时，但组织通常可以适应。协作不是任何最佳实践的替代品，相反，它是一组基础性的文化行为，使得团队能够以一种更好的方式采用、适应和改进。

因为信息的自由流动将鼓励贡献和新想法的诞生，所以，协作团队会更具创新性。当团队成员感觉自己接近他们共同的想法，或者能够对实现共同的想法做出贡献时，他们更倾向于在自己的日程安排中挤出些时间来实施这些想法。你通过鼓励你的团队进行协作来创造一个创新的平台。

6.4 组织协作的动力关系

> **现实观点：Hornbill**
>
> Hornbill 的创始人、集团首席执行官和首席技术官格瑞·斯威尼（Gerry Sweeney）分享了他们对组织中协作动态的看法。Hornbill 是协作实践的领导者，并对本章内容做出了极大的贡献。
>
> "在当前协作（几乎）完全约定俗成的环境中，对协作工作自然是充满了赞赏。然而，人员动力仍然是一个持续的挑战，需要加以控制。在协作中，我们得到了意想不到的行为和结果，有积极的，也是消极的。因而，你建立协作关系的努力也将不断发展，就像一艘船需要适应风和不断变化的海流一样，你需要保持你的手握在方向盘上，并不断地

> 微微转动，以修正航向。
>
> "很难就协作提供通用性的建议，因为大的组织具有多样性和较大的规模，不同的团队可能需要不同的方法。基本原理可能是相同的，但具体情况可能会大不相同，因此最好将其视为两个不同的话题再进行讨论。第一种聚焦团队内部的协作（团队协作），第二种是团队之间的协作（企业协作），两者的行为和活力是不同的。
>
> "团队协作是指在组织内执行特定功能的单个团队，如IT、设施、人力资源、财务、销售、营销等。团队协作是指员工与其团队内的同事之间的协作，而不是与其他团队或部门的协作。
>
> "企业协作是指团队与其他团队之间的协作。对于企业协作，为了限制噪声并确保内容保持相关性，团队间的信息流动渠道需要更多的组织和结构。"

6.4.1 团队协作的动力关系

大多数团队的协作都是自然而然的。团队是为共同目标而一起努力的一群人。在团队内部，共享知识与信息，以及相互支持都是协作的一部分。

然而，团队合作和协作不是一回事。团队合作通常是在一个单一权力的控制下，比如一个负责组织资源、传播信息、为工作排定优先级、支持团队成员和解决冲突的团队领导或管理者。而在协作环境（如大型开源项目）中，没有管理者或单一的权力控制。相反，资历、经验和对项目的贡献最终驱动决策的产生。团队协作包括开放式沟通、知识共享和构思，并使用协作工具作为沟通平台，为任何人创造一个可以通过对工作的贡献而成为耀眼明星的机会。团队协作在对团队的工作方式产生积极影响的方面拥有着明显的优势：

- 解决冲突——这对管理者来说是一项既困难又耗时的工作。在传统的团队合作环境中，冲突通常从电子邮件追踪开始，然后管理者就必须通过会议进行裁定以解决冲突。在一个协作的环境中，电子邮件是用于与外部交流的，冲突一般会发生在一个开放的（团队）论坛中，其他人都可以加入到对话中，而且通常情况下，团队的共识会催生出无摩擦的解决方案。
- 人们会三思而后行——当团队成员受到鼓励将信息发布到一个开放的论坛上，而不是通过电子邮件发送给特定的受众时，他们往往会三思而后行。这将带来更有效的对话、沟通和知识的获取。
- 对想法的拒绝——对于团队成员乐于提出建议和想法的态度应该进行鼓励，但想法可能得不到公平的聆听，或者可能被不合理地拒绝。最后，为了不打消个人或团队的积极性，通常由管理者负责委婉地拒绝想法。而当团队成员受到鼓励在一个开放的论坛上提交想法时，团队的共识很快可以将好的与糟糕的想法区分开。而且，即使是一个最初看起来很糟糕的想法，也可能成为一个伟大的想法的种子，因此，发起人最初提出的建议和想法不会遭到拒绝，而是在其基础上贡献出一个更好的可实现的想法。
- 认可和奖励——当别人利用你提出的想法而受到赞扬时，你可能会心情低落。在一个开放的论坛中，任何新思想的起源是毫无疑问的，因此人们的贡献可以得到认可。一个开放的论坛创造了健康的竞争，为任何人提供了成为明星的机会。然而，如果一个人的想法不断地被拒绝，他可能会对进一步的参与心存顾忌。所以，支持性文化对于确保每个团队成员都参与发言并继续做出贡献是至关重要的。

- 团队意识——当整个团队在一个开放的论坛中协作时，人们彼此真正地了解。这对于远程工作的人员或者因地理位置而分散的团队尤其重要，他们可以继续独立工作，同时参与对话并贡献他们的知识、专业经验和想法。

有些团队是天生的协作团队，几乎不需要鼓励就可以参与其中。软件开发团队就是一个很好的示例。因为团队成员必须共享源代码、知识和诀窍才能有效地工作，只有当软件团队协作时，开源软件的广泛采用才能成为可能。而执行事务性或行政工作的团队通常可以孤立地工作，对协作的需求比较少。

在一个开放和协作的环境中工作，最初给某些人带来的感知是"风险"。如果一个团队成员失败或者没有对目标做出贡献，都会被整个团队注意到。因此，为了在组织内取得成功，团队成员必须做出贡献，因为在这种更加开放的情境下，那些企业政治手段很难发挥作用。错误是显而易见的，因此，良好的领导力和对这些动力关系的深刻理解对创造一个有利于人们学习和成长的环境是至关重要的。

团队是组织机器的重要组成部分。机器内部有许多运动部件，每个部件都必须有效地工作，机器才能运作。一个发生故障的部件可能会损坏整个机器，或者至少对其他运动部件施加不必要的压力，这可能会导致它们也发生故障。当机器运转起来的时候，每个部件必须执行其功能并移交给其他部件来完成该流程。沟通和知识共享是使这些部件有效地协同工作的重要润滑剂。密切关注团队如何互动。当出现异常时，必须及时处理它们，因此团队之间的有效沟通至关重要。

例如，财务团队为能够正确、及时地向客户开出账单，必须确保销售团队遵循特定的流程。在一个协作的环境中，销售团队可以很容易地向财务团队提出改进其计费流程的建议，反之亦然。鼓励这种类型的交互将为整个组织带来价值。

6.4.2 企业协作的动力关系

企业协作是指组织内的不同团队与其他团队或部门之间的协作。许多组织仍然采用传统的"指挥和控制"层级结构，其管理方法依赖于授权和指令。在这些组织中，相当一部分员工可能不需要了解"大局"，就可以按照一定的标准开展工作。在生产线上的工厂工人可能需要每小时组装 2000 个部件，不需要知道他们为什么要组装它们，也不需要知道他们为什么每小时要组装 2000 个。这些参数是由管理系统定义的，工人必须完成他们的工作并达到他们的目标，才能按照生产计划交货。

> 尽管对组织战略的日常投入很少，但优秀的领导者还是认识到，生产线工人可以为提高产量和效率提出宝贵的建议。早期的方案，如设置"建议箱"来鼓励员工提出改进建议，但这个过程仍然受到组织控制的困扰。

本节使用一个虚构的工厂场景来检测组织可能面临的一些协作问题。

一位工人建议，该组织可以通过引入磁绑定功能（这意味着不再需要另外两个组件）来改造手工组装部件的制造流程。由此，可以缩短组装时间，并将产量增加到每小时 2700 个部件。同时，剔除两个组件可以使每个部件的生产成本降低 30 美分；这对业务和"建议箱"方案来说是一个典型的成功案例。然而，不同团队动力关系及糟糕的协作性却会导致：

- 不应在这里发明创造——设计团队可能会不理会这一建议，因为承认这一点就意味着他们最初的设计存在不足。组织给予他们的报酬是请他们设计一个高效且成本效益高的生产流程，而当设计团队外部的人员提出一个更有效的生产流程时，设计团队似乎就有些名不符实了。由此，工人们对提建议失去信心，他们认为这是在浪费时间。
- 一个糟糕的想法——一个看起来非常好的想法被驳回了，因为虽然这是有意义的，但成本的节省在其他地方产生了连锁反应，影响到了某些环节的收益。虽然有充分的理由不执行，但工人不知道为什么，不再有动力提出更多的建议。
- 不平衡的信用/奖励/认可——该建议被直属上级采纳了，员工因其贡献得到上一级管理者的认可。然而，生产主管获得了5万美元的奖金，并因每年为组织节省50万美元的生产成本而获得了奖励。最高管理层（见第18章）不知道这个想法实际上来自生产线上的一位工人。结果是：这个工人得到了口头表扬，而他的上级却得到了一大笔奖金和未来的晋升机会，这必将使得这名工人感到气馁。

尽管这些都是极端的场景，仅用于说明"指挥和控制"层级结构可能遇到的一些问题，但许多组织都存在着类似的情况。"指挥和控制"的层级结构不利于工作的公开、透明、协作。

以上相同场景如果发生在一个协作组织中，又会如何？

在一个协作组织中，沟通是公开和透明的，因此每个人都可以参与到对话和信息流中。该组织有一个基于协作工具的系统来促进开放式对话，在该工具中，任何有权查看已发布信息的人都可以看到对话。从首席执行官到基层员工，都喜欢在开放的论坛上进行交流，而不是通过电子邮件或会议等封闭的渠道。已经创建了一个名为"生产改进想法和建议"的工作区（将其视为一个特定的对话主题），鼓励每个人在该工作区提出想法和建议。

一位女性首席执行官，对生产理念有浓厚的兴趣，因为她在生产创新的基础上建立了组织。尽管她不再参与到日常的生产运营中，但她始终保持着对生产动态的关注，提出自己的想法。她加入了工作区，也参与了谈话，并且她可以看到任何人提出的想法。经理、主管和大多数生产工人都是工作区的成员。

一位工人在工作区提出了一项建议，清晰地表达了自己的想法，其他人也可以在工作区对此发表评论和意见。当组织中采用协作时，前面提到的使人变得消极的结果将不会再出现。

- 不应在这里发明创造——这个建议受到一些员工的拥护，他们也认为这是个好主意。设计团队不能简单地否定这个想法了，他们可能会选择诋毁它，而且可能有充分的理由说明为什么不应该进一步考虑这个建议。但是，设计团队必须解释他们的理由，因为人们都可以看到这些对话。在一个开放的工作空间中，出于政治原因打压一个好主意的能力被消除了。相反，在这种文化中，设计团队被要求承认并检验这些想法。
- 一个糟糕的想法——这个建议似乎是一个好主意，因此接下来会有一些人对这个想法进行评论和延伸。他们认为，虽然它改进了一部分生产过程，但由于连锁效应，可能会导致其他地方出现瓶颈。参与对话的每个人都受到了教育，尽管这个想法看起来不错，但对组织来说并不实用。最终，这名工人会因他的建议而受到赞扬，并理解他的想法无法被采纳的缘由。
- 不平衡的信用/奖励/认可——这个想法的来源从一开始就很清楚，其他任何人都无法剽窃或占有这个想法。于是，这位工人将因为他的好主意得到首席执行官的好评，并受到鼓励，进一步思考对组织生产工艺的改进思路，并被鼓励思考如何进一步提升组织的生产工作。

这些简单的示例阐述了如何打破组织障碍，并解释了协作环境如何为创新和敏捷变革创建一个强大的平台，从而快速地让组织转型。协作可以对一个组织的文化产生深远的影响，打开非协作环境中那些缺少的沟通渠道。

与实现团队协作相比，企业协作的实现要困难得多。建立协作文化需要强有力的自上而下的领导力和明确的承诺。在一个协作的环境中，公司政治和团队的动力关系会被瓦解。有些团队会抵制协作，并难以适应信息自由跨越层级结构和界限的做法。

6.5 培养协作文化的收益

在一个组织内培养一种协作文化能够带来有形或无形的收益。协作通过增强组织知识和员工参与度，提高了组织整体绩效，并创造了一个改善产品和服务的环境。这些收益包括：

- 流程/工作方式的改进——在对操作流程的改进上，没有比让运营流程的人员帮助改进、发展和完善运营流程更好的方法了。当一个流程存在改进的地方时，人们通常会直言不讳，然后通过协作，一些好点子可以很快被付诸实践。
- 智力资本——尽管正规培训至关重要，但大多数组织都是通过"实际操作"来进行学习的。要在竞争中保持领先地位，积累实用知识和技能是必不可少的，而积累知识的最佳方法是不断地、自动地让员工跟上队伍的步伐。同样重要的是，知识资本和实用知识不会随着员工的离职而消失。通过鼓励信息在适当的平台上自由流动，可以以一种很自然的方式保留和构建知识。这使得它可以被搜索以供未来使用，从而使新员工能够快速跟上。
- 人力资本——公司最大的支出几乎毫无例外的是员工。能够被聆听、被及时同步信息，并了解本组织的宗旨和面临挑战的员工们将会形成一支敬业、快乐的劳动队伍。快乐的劳动队伍意味着更低的员工流失率、更低的招聘成本，最终也意味着快乐的客户和消费者。
- 改善沟通——员工始终需要有参与感和信息的同步感。协作环境中出现了两种显著的动力关系，它们改变了组织使用时间和资源的方式。首先，人们在参加会议之前会得到更多、更有效的信息，会议时间通常会因此缩短，会议的频次也会因此而降低。其次，领导力对持续交流进展、新闻和状态信息的需求大大减少，人们不再喊着"我不知道发生了什么"，管理层将拥有更大的能力来完成更有价值的工作。
- 风险偏好——传统的层级组织通常会努力阻止失败的出现，而这么做带来的宣传效果很不好，而且是高成本低效率。然而，在数字化时代，发展是如此之快，通过实验来学习已成为常态。这意味着必须承担风险，失败是值得欢迎的教训。组织的文化应该具有风险偏好，比如员工偶尔的失败应该是可接受的。在真正的协作文化中，组织将受益于对可吸纳风险的偏好。当然，成功和失败之间必须有一个平衡。因此，领导力必须通过提供指导和原则来给予组织关注。

这些好处提高了组织效率，降低了成本，提高了生产力，带来了可衡量的改善，这些改善在最终盈亏上是显而易见的。

> **现实观点：Hornbill**
>
> 协作的陷阱以及如何避免
>
> Hornbill 的创始人、集团首席执行官兼首席技术官格瑞·斯威尼（Gerry Sweeney）分享了他所在组织的一些经验。
>
> "我可以用我的第一手经验告诉你，创造一个协作的环境几乎是一种不可思议的转型。当协作文化制度化后，它带来的收益将是巨大的，令人惊奇的事情就会发生。当然，这个过程并非是一帆风顺的，一路上还会有需要警惕的陷阱。当你到达目的地后，你需要控制一些事情，以防止你的协作文化失败，造成组织问题和管理开销。
>
> 每个组织都是不同的，所以很难列出你可能遇到的所有陷阱。以下是我所看到和经历过的一些事情，虽然这不是一个完整的清单，但至少可以让你对需要注意的事情有一些了解：
>
> 反协作者——不是每个人都喜欢协作。有些人在工作中更喜欢闭环的，诸如电子邮件/密件抄送等方式，使其他人难以感受到他们的贡献。他们只想低头做他们的工作，所以选择不协作。有些人则更喜欢传统的类似会议这样指挥和控制的方式，采用面对面交谈和"线下"模式。他们认为这样做更简单，也更便捷。然而，这样做是要付出代价的。在这种模式中工作，他们关闭了接受他人支持的大门，他们拒绝使用能够展现相关对话信息的交流平台，从而无法创建可复用的知识。反协作者不仅在回避协作，他们还会下意识地阻止其他人参与协作，而把应该在工作区中的对话转移到会议上。毫无疑问，你会在你的组织中发现反协作者，你要知道，这类行为的大量出现会破坏你的协作文化。
>
> - **有毒的对话**——这种情况会真实发生。尽管谈话是大家都能看到的，人们还是会直接表达出自己的观点、不同意见，并对某些形势或结果表示不满。在某种程度上，你必须让这种情况发生，但要准备在适当的时候结束这种对话。由于对话的开放性，大多数时候这是一种自我调节，但激烈的对话还是会不时地出现。你最不想看到的是一个没有结论的有毒的对话，因为解决它的方法和过程都是线下的。所以，将它们置于同一个开放的论坛中解决是最理想的方式。
> - **非协作团队**——正如你会发现某个人是反协作者一样，你也会发现一些团队习惯于以更传统的方式工作，比如会议和电子邮件。这些团队往往不理解向更多的公司受众推广他们带来的价值的重要性。这种行为在不希望任何人干扰其工作实践、活动和想法的团队中很常见。他们可能认为任何建议都是一种批评，或者认为其他人无权告诉他们如何做事。而好消息是，在一个大多数团队都在协作的组织中，那些没有协作的团队很快就会感到孤立。他们缺乏贡献变得非常明显，所以这种情况通常

是自我纠正的。
- **不需要的贡献**——这往往是一种后期效应，只有当协作行为形成惯性，每个人都习惯于公开透明地工作时，这个问题才会出现。人们发布他们的想法，邀请他人发表评论，对他们的反馈和结果的总体贡献非常重视。然而，在对话中过早地邀请评论和反馈可能会造成障碍。产品开发就是一个很好的示例，在此过程中，围绕新的或增强特性的想法可能会收到很多反馈、问题和建议，而对这些反馈、问题和建议的管理可能会是很费时间的，特别是如果人们不知道整个情况的时候。这在企业协作中更为明显，如果过早地将多个团队引入到对话中，可能会适得其反。
- **被"令人兴奋的事情"分散注意力**——除了我们想做的所有有趣的工作之外，还有我们必须做的单调工作。虽然所有的工作都很重要，但人们通常更热衷于新鲜刺激的事物。协作创造了一个机会，让组织正在做的令人兴奋的新事物得以曝光并让更多的人参与其中。你必须注意人们被令人兴奋的事情无意地分散注意力的趋势，甚至于它影响到人们专注于虽然单调但事关组织运作的关键事物的能力的情况。组织可以通过明确的目标，以及表彰和奖励人们在日常业务活动中的良好表现，来控制这种情况的发生。
- **被误认为协作文化的无政府状态**——有效的协作需要治理和指导。在一些商业文化（如中欧）中，对等关系通常被认为比层级关系更有效。这通常非常有效，但也隐藏着一种风险，即没有指导方向的协作会退化为无政府状态。这可以通过强有力的治理和尊重当地商业文化的原则来避免。"

6.6 协作实践

协作是一种文化，一种工作方式，是组织和团队"做"的事情。工具能够提供助力，但不会使团队或组织实现协作。虽然协作不会因为已经实施的工具而产生，但实际上，适当的工具几乎可以强制性地推进协作的实现。为协作专门构建的工具将使你的团队/组织能够使用本地电子邮件、聊天室或即时消息工具中没有实现的功能进行有效协作。任何好的工具都应具备以下基本能力：

- **有组织的对话**——任何协作工具最基本的能力是创建"对话主题"的能力，允许人们共享信息、提问、提出想法和讨论主题。帖子将有一个标题，标题是主题，评论是围绕主题的话题。
- **丰富的多媒体内容**——人们在使用文本、图像、视频和动画的组合进行沟通时，效果往往很好，因此丰富的内容是必需的。协作工具应该能够提供最适合主题的多媒体方式，使交流、分享思想和想法变得更为容易。
- **情感交流**——人们在面对面的交谈中，通过使用肢体语言和声音表达来交流情感元素。文本和图像将肢体语言从交流中移除，因此良好的协作工具应该允许你使用其他媒体，如表情符号、动画图像（Giphy）、静态图像和其他设计用于交流情感的多媒体。
- **成员和可见性**——组织需要控制结构化对话的访问和可见性，以控制隐私和参与。大多数协作工具都会特别关注这一点。
- **联合和通知**——高度协作的团队会生成大量内容，所以需要一个好工具来帮助管理。一个好工具能够帮助用户管理对话，通过良好的可视性帮助识别哪些内容是新的或者是相关的。
- **聊天**——一个好工具将实时地提供即时聊天功能，方便一对一或一对多的"非主题"对话，理想情况下还能够支持文本和视频聊天。

> **协作工具**
>
> 以下虽然不是一个完整的工具列表，但都是一些经典的好工具，供读者借鉴：
> - Atlassian Confluence;
> - Google Hangouts;
> - HipChat;
> - Hornbill Collaboration;
> - Jiven;
> - Slack;
> - Skype;
> - Microsoft Teams;
> - Yammer (part of Office 365);
> - Trello。
>
> 协作解决方案是一种沟通工具。它们的目的是作为个人和团队之间沟通的替代手段。然而，许多已经部署了这些好工具的组织在建立协作行为方面取得的成功非常有限。那么，为什么这些工具在大多数企业都没有发挥期望的作用呢？答案很简单——如果一个组织推出了一个工具，并指示人们进行协作，那么员工只将此视为另一件"要做的事情"——这是一种他们被迫做出的改变。
>
> 独立协作工具不适用的关键问题是它们不是"接收端应用程序"，即不是员工在开始工作时首先打开的应用。对大多数人来说，他们主要的接收端应用程序是电子邮件。你必须考虑：为什么你的员工会使用电子邮件进行外部沟通，而使用不同的工具进行内部对话？这是大多数组织采用工具时遇到的主要障碍。
>
> 对于加强协作的需求正在对支持技术产生巨大影响。许多工具现在正在提供或致力于文档制作、视频、聊天和会议的融合。"文件"的概念正在改变，文档可能会作为"片段"存储在云端，以便允许多人同时进行处理。

一个成功的协作倡议的关键是让你的员工在完成工作的同时进行协作，而不是给他们额外的事情去做，或者给他们另一个应用软件去使用。

> **现实观点：Hornbill**
>
> 协作的陷阱以及如何避免这些陷阱
>
> Hornbill 的创始人、集团首席执行官兼首席技术官格瑞·斯威尼（Gerry Sweeney）分享了他所在组织更进一步的一些经验。
>
> "根据我的经验，为了在组织内实现有效的协作，你需要解决以下三个关键问题：
>
> 1. 领导者承诺是最重要的。如果你的领导者（在团队或组织层面）没有参与进来，你的倡议就不会成功，因为人们被要求从根本上改变他们的工作方式和沟通方式。
>
> 2. 你必须改变文化，把所有内部的对话从电子邮件转移到你选择的协作工具上。让你的员工 / 团队做到这一点是一个真正的挑战。仅仅给予指导是不够的，因为人们会很快恢复旧习惯并使用电子邮件上的回复按钮。每次电子邮件中出现一个话题时，请发起者"发布到适当的工作区"，并提醒每个人使用协作工具继续讨论。根据你团队的规模，这可能需要几周或几个月的时间，但只要坚持下去，这一提醒最终会发挥作用。在这个过渡阶段，你需要领导力和信念来迫使行为的改变。
>
> 3. 你的协作工具必须是一个接收端应用程序，是你的员工每天为了了解事态，并与同事们沟通首先打开的应用程序。最重要的是，它也是员工最常用来完成工作的工具。
>
> 试图同时转型整个组织是一个大错误。选择一个（或多个）团队，让他们首先协作。让他们使用协作平台讨论主题、分享知识和提出想法。人们天生就很好奇，会对发生的事情感兴趣，所以要利用这个优势。如果人们需要使用电子邮件，请他们在电子邮件中附上指向相关工作区 / 帖子的链接。

针对协作的主要竞争

你的电子邮件系统和你的员工就是协作的两个主要竞争对手。更具体地说，你的员工依赖电子邮件进行内部交流。我们需要了解和探讨为什么很难将人们从对电子邮件的依赖中分离出来。让我们将其分解为简单的用例来说明这一点。

- 我需要给某人发送一条信息——这是电子邮件的一个自然选择，是最明显的功能，也是人们在提到电子邮件时想到的首要事情。然而，电子邮件的用途非常广泛，并不局限于这个简单的用例。
- 我需要将图像发送给其他人——几乎与上面一样，但添加了嵌入式图像或附件，这仍然是合理的使用场景。
- 我需要与我的团队共享一份文档——这不是通过电子邮件发送文档，而是与许多同事共享文档。如果是简单的单向交换文件，那还是使用电子邮件的一个合理场景。
- 我需要保存文件并触手可得，以便我需要再次分享它们——当电子邮件被用作个人文档存储系统时，这就是事情开始出错的地方。每个人都设计了自己的文档查询方法，从搜索文档的"已发送邮件"文件夹，到记住上次向谁发送文档。电子邮件并不是按照存档系统的要求进行的设计。
- 我需要有权访问我在工作中发送的每封邮件——这非常常见，尤其集中在邮箱设置容量配额的时候。用户级别越高，反对的意见就越大，因为他们认为自己保留的一切都非常重要。事实是他们只是为了方便。

- 我需要与同事共享大文件——电子邮件不是作为文档或文件共享平台设计的，但对于大多数用户来说，电子邮件是与同事在不同的设备之间共享文档的最快捷和最简单的方式。
- 我需要保留与我有业务往来的每个人的电子邮件地址——可以说这是电子邮件的一种功能，但不如使用CRM系统来正确管理数据那么有效。随着欧洲通用数据保护条例（GDPR）和其他围绕个人数据保护的严格法规的出台，使用电子邮件作为数据存储已成为组织面临的一个现实问题。
- 我需要记住怎么做戴夫（Dave）去年给我看的那件事——电子邮件被用于存储和通过搜索人员或关键字来检索知识。
- 我需要移动终端上查看电子邮件中的所有信息——当邮箱中存储了如此多的数据时，这将对电子邮件系统的性能形成真正的挑战。

一个好的协作工具能够以比电子邮件更简单、更有效和高效的方式满足所有这些需求。理解这些用例非常重要，如果你选择了一个允许你实现这些用例需求的工具，你就在成功实现协作工具的路上起了一个好头。

6.7 衡量成功

衡量协作的成功是很容易的。当员工去协作平台完成工作，并且几乎所有的内部对话都在工具内进行时，每个同事的电脑桌面上都能打开这个工具，人们不会再想回到过去。一旦人们有效地协作，其他神奇的事情就会发生。作为社会性生物，人们会更快乐，然后会进一步协作、更具动力和创造力：

- 有关日常运营的知识将大幅增加；
- 人们不会声称他们"不在圈子内"或"不知道计划是什么"；
- 会议将更少、更短、更有成效；
- 人们将更好地了解组织所做的事情、消费者是谁以及必须做什么来保持他们的快乐；
- 员工将更加投入，并认为他们可以为组织的成功做出贡献。

> **案例研究：Sky Betting and Gaming**
>
> 为了获取更多"数字化优先"组织在工作方式（包括协作）方面的创新例子，我们采访了Sky Betting and Gaming的服务运营主管雷切尔·沃森（Rachel Watson）。你可以阅读第22章的完整访谈记录。
>
> "每周五下午1点起是属于学习、成长和协作的时间。这个时候，一切常规工作都会暂停。这一对员工的投资产生了一些对组织真正有益的想法。"

7 知识管理

引言

数字化组织的运作依赖于知识。组织的很大一部分"价值"（例如，对股东而言）通常来自其知识产权和所创造的知识。或者说，知识可以改善员工和消费者的体验。然而，如何分享、使用和更新知识可能会成为产生分歧的重要根源。

本章探讨了一些关键概念，为组织在数字化时代做出更好的决策奠定了坚实的基础。需要注意的是，本章所提供的信息并非详尽，作为数字化时代的领导者，终身学习是最重要的能力之一。

任何形式的数字化都有一些基础知识和构成要素。这并不一定与组织在考虑战略、治理和服务管理时的传统做法或应该的做法不同。这些元素比以前更加重要。

> 21世纪的文盲，不是不会读、不会写的人，而是不会学、不愿学和不想重新学习的人。
> ——阿尔文·托夫勒（Alvin Toffler[①]）

7.1 知识管理定义

知识管理（KM）是获取、开发、共享和有效利用组织知识的过程。它帮助组织充分利用知识。知识管理是一种工作方式。它需要成为组织文化的一部分，以及指导如何"完成工作"。

数字化思维被描述为：

……一个能够为利益相关者提高所有服务的价值的方法。它如何与企业文化及技术相关联是个问题。数字化思维领导者具有探索性思维和协作精神，拥抱多样性并适应模糊性，从而带来更广阔的视野并聚焦丰富性、增长性和敏捷性所蕴藏的价值。

有人认为，这种思维会自然而然地出现在那些被贴上"数字化原住民"标签的人的脑中。

[①] 托夫勒，A.（Toffler, A.）（1970年），未来的冲击，纽约：班塔姆出版社。

> 数字化原住民是指在广泛采用数字化技术后出生的人。数字化原住民一词不是指一代人。相反，它是一个比较宽泛的类别，覆盖那些使用互联网、计算机和移动设备等技术成长起来的孩子。①

从知识管理的角度来看，是组织内人员拥抱接受协作，并将知识活动纳入其工作流程。他们对知识的搜索、使用和获取几乎是下意识的。人们被发掘出对他们的工作至关重要的知识来源，比如一个快递员知道每天需要递送哪些包裹，以及这些包裹是如何影响自己的路线设定的。

无论知识活动变得多么根深蒂固，都有必要将其提升到文化的自觉领域。数字化思维包含了每个人都要对他们交互的知识及其价值负责的意识。每个人都有责任纠正错误，评论当前的知识，并在必要的环节增补知识，以保持组织知识整体的健康及其持续的、积极的影响。

7.2 数字化时代的知识管理

在数字化时代，知识管理对组织的重要性日益突出。创新和变革的步伐、不断发展的技术和不断变化的业务需求都要求组织在企业范围内捕获并与消费者共享知识。数字化时代给员工施加了压力，要求他们在不具备必要的知识的情况下完成工作。知识工作者（工作人员）必须善于去做而不是知道如何发现知识（已知的已知）、如何应用知识、如何克服已知的未知并发现新的已知。

数字化转型向知识管理提出了一个悖论。新技术应用（如自动化、机器学习和自然语言处理）和协作平台的出现（如 Slack、Zoho Projects、LiquidPlanner、Wrike、Asana 和 Airtable 等）提供了快速收集和共享知识的方法。然而，矛盾的是，技术不会取代人类的思考。相反，它将进一步解锁人们运用判断力和洞察力来驾驭知识的能力，尤其是在面对未知世界的时候。

在许多组织中，知识管理仅限于运营层面，例如像服务台这样的支持部门。在数字化时代，知识管理必须发生在整个企业，甚至延伸到组织之外的消费者。数据采集不再遵循传统的、单线程的方法。

许多组织当前的知识管理方法遵循这样一种模式：由服务台进行数据采集和信息获取，并最终转化为组织可用的知识。在数字化时代，必须由企业负责知识的获取、收集和传播，因为服务提供者是整个企业，而不是组织中的某个部门。

知识必须是组织能力的一个核心和有效决策的基础，因此，它对组织内的所有部门来说都是必要的。在数字化的工作场所中，各项活动存在于一个已连接的在线环境中，这个环境需要集成的工具、数据和信息。另外，对协作工具的使用也迅速地扩展，员工由此可以轻松地联系、交流想法和完成工作（见第 6 章协作）。

自动化已经对知识管理产生了重大影响。获取和管理知识的过程可以自动化，人类的参与模式正在发生改变。其他技术的进步，如由内容和数据管理工具实现的智能信息发现、自然语言处理和高级搜索（如自然搜索）也会对知识管理产生影响。自动化可以为"方便地找到正确的信息并将其传递给需要的人"提供工具。

---

① https://www.techopedia.com/definition/28094/digital-native.

7.3 知识管理行为

为了支持数字化转型，知识管理行为需要根本性的转变。当前对于这种转变还没有规则或简单的答案。情境是必不可少的。领导者和团队需要获取信息并询问："基于我所知道的，我该怎么做？"知识管理必须使知识得以公开和重用。为此，它需要得到适当的资源以及领导的支持。

对于知识工作者来说，他们所知道的以及他们所能建立的人脉就是他们的看家本领。知识可以成为一个组织如何为消费者创造价值的一部分。如果思想和知识是原材料，那么组织必须修改系统和工作流，使它们在组织中流动，并在传递给消费者的过程中尽可能减少摩擦。知识流动中的摩擦是系统的瓶颈。

知识工作是人的一种努力，也就是说，知识的流动易受所有人的情绪和行为的影响。这会使知识管理变得复杂和不合逻辑。工作性质的变化增加了行为的内在复杂性。临时的和分散的劳动力模式正在成为常态。在工作的生态系统中，软件即服务（SaaS）应用程序在激增，其中许多应用程序同时包含了协作和内容管理的功能。除了这些挑战之外，知识管理还可以多种方式在组织内的每一级和每一个职能部门实施。组织如何知道将知识管理工作的重点放在哪里，或者在需要注重知识管理能力的岗位上需要具备哪些技能？

VeriSM 帮助组织定义与知识管理相关的服务管理原则，并创建可操作的策略，将知识管理工作与战略目标联系起来。定义预期的成果并制定策略来支持他们达成，避免了浪费精力，并做出适当的承诺，保持必要的行为改变，以确保成功和持续的知识流动。

> **知识管理原则和策略示例**
>
> 知识管理的通用原则和相关策略包括以下四项。
> - 原则——捕获并创造
>   策略：捕获搜索的内容（根据请求实时地捕获）。"如果问题值得解决，则值得保存"，并创建必要的记录。
> - 原则——按照一套固定结构进行编纂
>   策略：遵循为知识内容定义的模板。通常包括问题、环境、解决方案、原因、选定的元数据 [修改日期、关键字、创建日期、修改历史、使用 / 复用次数]。
> - 原则——共享、利用和再利用
>   策略：搜索和整理。在创建新知识时，搜索相似内容并将其关联在一起。
> - 原则——管理和改进
>   策略：回顾和改进。随着文章的重复使用，提高它们的清晰度和准确性。

7.4 数字化组织中知识管理的目的

知识管理是管理内部和外部的知识，在帮助组织更好更快地做出决策方面具有重要作用。必须认识到知识管理不可能是一个单独的流程，因为知识活动存在于协调组织活动（包括与消费者、合作伙伴和供应商的互动）的所有组织层级和流程之中。从这些关系中获得的知识的直觉性和自发性为所获取的知识提供了更深层的情境。

许多改进知识管理的尝试都聚焦在技术上。然而，这些尝试的成功是有限的，因为技术只是整个战略的一部分。知识管理的一个核心焦点，特别是在数字化组织中，必须是人附加到知识上的价值。人们同步理解、分析和使用知识的能力需要广泛的协作。任何有关系的地方，都需要知识管理。组织必须确保知识管理能够延伸到供应商网络、虚拟团队、家庭工作者和消费者等角色领域。为实现这一目标，领导者应积极促进和鼓励每一位员工的知识管理基本技能和态度。具体管理实践见附录 D2。

如果一个组织确实聚焦于为数字化运营和转型努力创造有价值的成果，它必须确保在其服务和产品中建立持续的知识管理。首先，这包括理解（并提供）消费者所需的知识，但随后延伸视图到各个角色领域。关注内部和外部，审查产品和服务（包括合作伙伴和供应商）之间的所有交互信息，并定义必要的知识获取元素。使用诸如 OBASHI^{TM}[①] 之类的特定方法直观地映射知识关系是很有用的。

大多数组织都不知道从哪里开始。这是一个庞大而复杂的过程，因此需要对收集、提炼、呈现、回顾、分享、改进和处置知识的方法提供真正的指导。大多数组织以非正式的，几乎是临时的方式执行知识管理活动，依赖于通常在组织内部独立工作的优秀人员。这些组织忽视了知识管理战略和明确方法的必要性。

"知识就是力量"的理念深深植根于大多数组织中，多年来它一直是组织内部实施奖励制度的基础。这种思维模式创造了大量具有不同价值的信息（通常是缺乏管理的）。信息获取和知识管理是不同的，其区别在于其使用和适用性。将奖励体系从注重"你所知道的"（不再强调"大脑转储"）改为重视"你所分享的"，以及其促进组织实现战略目标与计划的方法。

归根结底，知识管理是在正确的时间获取并向正确的人或地方传播正确的信息，以便于其制定出明智的决策。

7.5 知识管理角色和能力

有无数的方法来组织和命名必要的知识管理角色。请牢记，每个角色并不一定对应一个人，一个人往往可以担任多个角色。重要的是由角色完成的活动。无论角色名称如何，都要确保组织所需的活动得到分配、接受和衡量，须考虑以下常见的知识管理角色（有关更多信息，请参阅以知识为中心的服务标注框）。

- 首席知识官[②]（CKO）——负责确保组织有可行的知识管理计划，宣传知识的性质和价值，以及知识管理的概念。CKO不是一个更换了身份标签的首席信息官（CIO），因为CIO的主要职责在信息技术（IT）中，而CKO关注整个组织。
  - 通常活动应包括：制订正式的知识管理计划，在业务发展和运营中利用组织知识的

[①] http://obashi.co.uk/.
[②] 厄尔，M. J.（Earl, M. J.），斯科特，I. A.（Scott, I. A.）(1999年1月15日)，什么是首席知识官？（互联网信息），https://sloanreview.mit.edu/article/what-is-a-chief-knowledge-officer/ [2018 年5月]。

价值，提供必要的知识，以便在组织的各个层面都能够做出明智的决策，以及将知识作为组织的经济资源并加以利用。
- 知识管理者——支持知识管理活动，并通常向CKO报告；确保符合知识管理策略；部署和管理已定义的知识管理计划，包括结构、工具、培训、衡量和报告；咨询并拥护组织内部和组织之间能力的协作，以促进知识的管理。
- 社区管理者——支持在线或虚拟知识社区；构建和管理社交网络和用户组，以确保其对用户的价值（例如，定义可接受的行为、内容创建和发布、分析社区创建的信息等）。

与设置什么职位相比，考虑好知识管理所需的能力或许更为重要。Ghosh（2003）[①] 概述了这些知识管理能力：
- 建立知识传播和分享的文化；
- 建立知识管理体系；
- 协助编写最佳实践；
- 促进获取国际上的最佳实践；
- 向项目经理提供支持服务；
- 在组织内推进知识管理；
- 协助开发学习网络；
- 协助组织定期开展学习和知识共享计划。

以知识为中心的服务（KCS）

以知识为中心的服务（KCS）是由服务创新联合会开发和维护的一种知识管理方法，其实施指南在过去25年中得到不断的发展和改进。联合会将KCS描述为"在知识密集型环境中创建和维护知识的一组实践"。与传统的知识工程的附加流程不同，KCS是日常操作不可或缺的一个组成部分。为了获得最佳效果，KCS实践和支持它的工具必须与其他支持工具及业务系统相集成。KCS的基本元素包括：
- 战略框架；
- 沟通计划；
- 衡量框架；
- 工作流程或流程定义；
- 内容标准；
- 适用的路线图；
- 技术要求。

---

① 戈什，M.（Ghosh, M.）(2003年)，数字化时代的知识管理：印度的挑战和机遇（互联网信息），https://www.researchgate.net/publication/264496706_Knowledge_Management_in_the_digital_age_Challenges_and_opportunities_in_India [2018年4月]。

这些元素通常由一个致力于知识管理的小团队管理。支持上述元素开发和管理的角色包括：
- 全球KCS项目经理——KCS拥护者或传播者；
- 项目经理——管理创建知识库的事件的计划和跟踪；
- KCS培训师——为一线经理、支持分析师和教练提供培训；
- KCS教练指导——指导和协调教练，提供培训并协调教练活动；
- KCS架构师/审核员——促进知识库的评估和设计；随着组织的成熟，对系统进行审核，以评估对战略和原则的遵守情况以及所取得的成果；
- 业务分析师——通过确定组织的高价值/高影响领域（哪里会产生最大效益？），提供数据以支持规划和对知识的采用；定义衡量框架，并对数据采集和报告的能力负责；
- 知识工作者——任何利用数据和信息做出决策、判断或采取行动进行智力或认知工作的人。知识工作者中有两种角色：请求者（寻找信息）和响应者（提供信息或解决方案）。

　　其他详细信息请参见 KCS v6 采用指南[1]。

---

[1] https://library.serviceinnovation.org/KCS/KCS_v6/KCS_v6_Adoption_Guide.

8 成果

> 🔑 **引言**
>
> 本章介绍数字化产品或服务的"成果",如何定义和衡量这些成果,以及与之相关的一些具体挑战。
>
> 成果是"消费者与产品或服务交互的最终结果",然而,从历史上看,服务提供者往往不太擅长对成果进行衡量。相比成果,产出通常更容易被衡量,诸如每天生产的部件数量、网站的响应时间、达标的应答呼叫数量等都是有关产出的衡量指标。

8.1 成果是什么?

一般的成果很容易定义。一个组织可能会说它想要:

- 快乐的消费者;
- 快乐的员工;
- 幸福的社区。

然而,这些并不特别容易衡量。为了有助于确定战略方向,成果由一个组织的治理机构定义,以确保能够衡量朝着这一战略方向取得的进展情况。这有助于指导治理中的"监控"活动(见第10.5.4节)。正如广泛被采用的一般成果的用途都比较有限,狭义的、过度定义的成果也是如此。组织可能会陷入关键成功因素和关键绩效指标的泥潭,而这些因素和指标并不能帮助组织实现清晰的目标。

一个组织的领导者负责定义和沟通与他们的团队正在创建和交付的产品和服务相关的成果。不同的利益相关者(供应商、消费者、领导者等)将产生不同的成果。有些成果可能是负面的,因此,组织需要为其潜在后果做好应对的计划。例如,在儿童游戏中实现"应用程序内嵌式"购买可能会导致儿童家长不希望发生的结果。

服务提供者应考虑产品或服务的潜在的正面和负面的结果。

正面的:

- 与竞争对手相比,消费者使用网络渠道可获得最佳的客户旅程体验。

负面的:

- 使用网络渠道的消费者对于所使用的支付流程的安全性产生担忧。

应该始终描述正面的成果,而不仅仅是潜在的负面的成果。正面的描述可以具体化,而负面的描述通常会留下一个问题：这是不可取的。但什么是可取的？换言之，对于成果负面的描述并不具体，因此未必会有用。

成果经常被拿来与产出相比较。作为一个与系统和流程密切相关的术语，产出不是一个新概念。任何流程或系统的产出都被定义和衡量，然后，产出指标被用来检查流程或系统是否正常运转。

对于产品或服务提供者来说，了解和理解其客户对成果的定义至关重要。因为，对于一个产品或服务最为重要的是：它是否能帮助消费者实现他们期望的目标和目的，也就是一个产品或服务是否从消费者的角度实现其预期的成果。图21来自自适应服务模型（Adaptive Service Model）[①]，显示了成果是如何成为服务提供者和消费者之间交互的一部分。

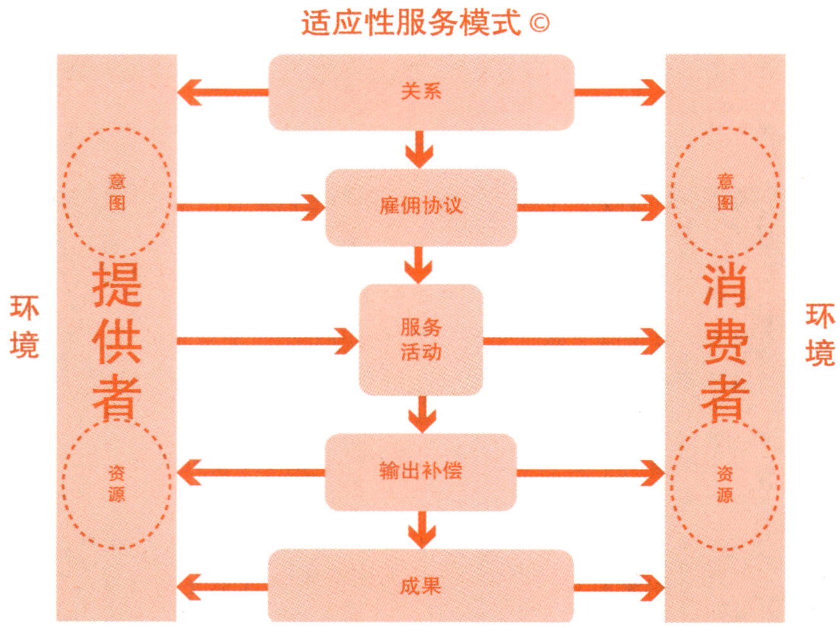

图 21　服务提供者和消费者之间的部分交互的成果（来源：自适应服务模型）

8.2　产品与服务的不同之处

多年来，服务提供者组织一直专注于成果，那么在数字化时代有什么不同呢？这里有几个因素需要考虑：

- 数字化产品和服务的反馈速度更快；
- 服务可以以增量的方式交付，允许早期价值和过程修正；
- 数字化产品和服务的变化更频繁；
- 数字化消费者可能很少/没有与其服务提供者面对面的交流。

---

① 推进服务（2014年），自适应服务模型：架构概念、建模语言和原则（互联网信息），https://docs.google.com/document/d/1TcZqo71wDAzW2qQsAdEBE3WlFTEO34 wSOygo6zGu2xA/edit# [2018年2月]。

8.3 如何定义成果？

图 22 显示了一个组织如何基于战略和原则定义成果和目标，从而通过产品和服务创造价值。

图 22　战略和原则带来价值

成果可能是负面的或者基于一定风险的。这些可以通过评估解决方案施加的风险水平来衡量和监控。负面的成果可能有以下这些：

- 服务中断；
- 返工或浪费；
- 安全漏洞；
- 意外的成本。

> **现实案例：成果定义**
>
> VeriSM 的贡献者彼得·布鲁克斯（Peter Brooks）分享了他对于定义成果的经验。
>
> "根据我的经验，对于成果的定义始于与董事会和高级管理层的研讨会。其目的是产生两份清单：一份清单是所有可能的价值交付方式的集合；另一份清单则包含了那些必须为组织的生存和/或繁荣而交付的最重要的价值，并且排定了优先级。
>
> 然后可以通过协商来完善这两个清单。第一个清单，可以促成面向服务的需求登记；第二个清单，也许可以促成公司的改进登记。
>
> 方式是广泛地宣传第一份清单，并帮助董事会拥有它（和对它的变更），同时努力使第二份清单更接近战略，而不只是一份满含愿望的清单。从愿望清单转移到战略将涉及为清单中的事项创建商业案例，选择解决事项的项目或服务，然后使用商业案例来决定哪些可以转移到第一份清单，哪些是不切实际的，哪些是长远的展望。
>
> 这不是一次性的练习，而将是一个持续不断的迭代过程。"

8.3.1 价值流映射(VSM)

价值流映射是一种可以用来帮助组织理解成果的技术。它有助于组织更好地理解当前所做的事情、组织中的哪些人参与其中，以及是如何参与的。这将推动组织进一步厘清客户的期望究竟是什么，并以此作为分析的结果，用以确定如何可以做得更好甚至与众不同。

价值流映射（VSM）被用于改进跨越组织各职能部门的端到端的价值流。它是一个可用于试着理解组织可以做些什么来改进其流程的适当的工具。VSM 的目的虽是改进运营，但这个工具确实具有战略价值。领导者和管理者可以使用 VSM 来理解组织提供的服务和产品，方法则是回顾用于生产这些服务或产品的流程，并确定如何去改进。

这项技术最重要的价值在于，它完全无视组织和部门的界限，通过评估价值是如何从客户要求到交付的过程中创造出来的。从这个意义上说，价值流就像一个跨职能的流程，与流程的区别在于，它并不是很关注活动，而是关注流程步骤之间的信息和物料的流动。

为了更好地理解 VSM，还需要理解精益的一些核心原则，从精益的五个原则开始。这些是：

- 从最终客户的视角定义价值；
- 确定每个产品或服务的整个（跨职能部门）的价值流，并消除浪费；
- 使创造价值的步骤流动起来；
- 当价值流构建完成后，仅在客户需要时提供客户想要的；
- 追求完美。

这些原则类似于 VeriSM 的许多关键原则，即：

- 从消费者的视角看价值；
- 看看整个组织是如何为提供这种价值做贡献的（以服务和产品的形式）；
- 只按顾客的需要做事，绝不画蛇添足；
- 更加有效和高效地工作。

定义一个价值流还需要考虑它更广泛的情境。首先，定义一个称为 SIPOC（供应商、投入、流程、产出和客户）的情境图，如图 23 所示。SIPOC 图也因为它们不包含太多细节而被称为高级流程图。然而 SIPOC 有助于识别所有角色扮演者，包括那些创造价值的流程中非必要，但却对流程有影响的部分。

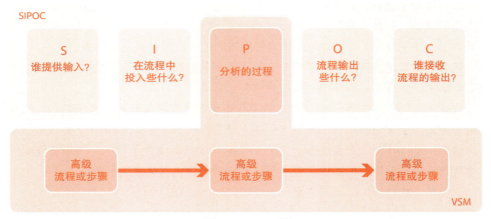

图 23　SIPOC 图

表 3 提供了烘焙面包的 SIPOC 示例。

表 3　烘焙面包的 SIPOC 示例

供应商	投入	流程	产出	客户
杂货店	面粉	混合配料	三明治	家庭
	酵母	倒入锅中	便餐	游客
	盐	发酵	小吃	
	水	进烤箱烘焙		
	烤箱	取出冷却		
	平底锅			

应当指出，这里对这一流程做了概要性的描述，一般不到六个步骤。SIPOC 的目的不是要获得深入的理解，而是要对谁参与其中、他们如何参与，以及客户期望的成果有足够的理解。SIPOCs 有助于识别在制作 VSM 时需要参与的合适人员。

第一步是映射当前状态，不要试图重新设计流程。然后，定义时间线，以确定完成一项任务、获得某事物所需的时间、步骤之间的等待时间以及从客户请求到请求完成的总时间。如图 24 所示，基本信息流也包含在图中。

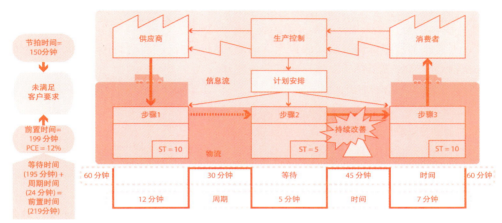

图 24　计算关键指标的典型 VSM（基于丰田物料和信息流映射，© 丰田）

确定客户的预期交货时间。如果流程花费的时间超过此要求，则应该将其作为紧急事项进行改进。

流程中的活动分为以下几类。

- 非增值操作（NVA）：应消除的操作，如等待；
- 必要但非增值（NNVA）：当前浪费但必要的行动，如控制；
- 增值（VA）：原材料的转换（数据也是原材料）并将其转换为客户将支付的东西。

前两类活动显然是需要通过消除浪费来改进的备选活动。精益认为以下是浪费的来源。

- 工作节奏快于必要：在产品环境中生产过多的产品会导致库存，而在服务环境中，则会导致未使用的产能。
- 等待：货物未在运输、加工或服务环境中，却处于等待相关程序或活动提供所需输入的时间。
- 运输：货物运输的过程。应特别注意在机器或角色扮演者之间来回使用的产品或服务活动（双重搬运和过度移动）。
- 过度处理：对于简单程序或正在进行的危险工作而言，是一种将问题复杂化的解决方案。过度处理通常是造成沟通或传输问题的原因。
- 库存过剩：需要储存和回收，并占用资金。在服务环境中，这可能表现为失去的或未使用的能力。解决办法与很多人的直觉相反，不是加大用量，而是减少生产。
- 不必要的运动：人体工程学的浪费，要求员工使用多余的能量，如捡起物体、弯曲或拉伸。

- 纠正错误：与缺陷相关的任何成本或纠正错误所需的资源。

还要注意的是，许多形式的浪费是相互依存的，因此，必须确定浪费的根源而不仅仅是症状。

一旦一个流程被映射，并且记录了正确的时间，在试图改进该流程之前，应该完成一些关键的计算。最重要的两项是：

- 了解前置时间（Lead time——客户获得所需成果的时间）是否与节拍时间（Takt time——以当前流程向客户提供满足其需求的产品或服务所需的时间）相匹配。
- 一个称为流程周期效率（PCE——增值时间/总体前置时间）的比率。比率越大，流程的效率就越高，这也是一个很好的流程基准。

一旦以上这些都被定义和知晓，来自所有职能部门参与映射活动的代表就可以看到如何改进流程，从消除明显的浪费开始，然后通过简化流程。

VSM 在战略情境中有何用处？

- 帮助领导者更好地理解产品和服务；
- 参与使用VSM的改进表明了改进在组织中的重要性；
- 在考虑数字化优化时，在尝试将其自动化和数字化之前，应首先改进流程和工作方式；
- VSM技术可用于解决复杂领域的问题；
- VSM可能是交付产品或服务的新方法的催化剂，使得流程和利益相关者的情况能够得到更好的理解，由此可能诞生一个新的数字化转型的案例；
- SIPOC也可能会对确定与利益相关者互动的新方法带来帮助，从而助力数字化转型的成功。

> 除了在解决问题、消除浪费和为客户创造价值方面的有效用途之外，VSM 也是一款能够在帮助高管和经理们更好地理解业务流程和价值链方面非常有用的工具。由于这个原因，许多组织坚持要求整个组织的领导者都参与 VSM 练习和改进计划，比如 Kaizen（见附录 D3）。

8.4 衡量成果

所有的成果真的都可以衡量吗？或者它们就像现代艺术品，"我一看到就明白了"。

许多组织在衡量产出方面都很优秀，但在衡量真正成果时却都不尽如人意。为了有效地做到对成果的衡量，重要的是从所需的价值开始反向查看工作过程，确定价值链，确保价值被清楚地理解，并有一个透明的衡量方案，包括定期检查要点和评审。

组织可能需要使用"产出衡量"作为对成果衡量的替代品，特别是在数字化世界中，服务消费者和服务提供者之间的接触可能非常有限，服务提供者可能需要衡量一系列的产出，以期对总体成果的衡量提供参考。

> 🌐 **现实案例：ITSM-Zone**
>
> ITSM Zone 是一家总部位于英国的在线学习提供商。消费者代表希望 ITSM Zone 能够给予的成果包括诸如通过新的认证获得晋升或获得工作面试的"敲门砖"等。
>
> ITSM Zone 没有与它的消费者代表面对面地接触，所以很难衡量这些成果。他们必须使用一系列的替代指标（产出而非成果），包括：
> - 通过率；
> - 反馈；
> - 导师支持查询；
> - 技术支持查询；
> - 业务回头率。
>
> 如果这些产出在可接受的限度内，组织就可以假定成果也正在得到满足。然后，还需要定期回顾各种衡量指标，以评估这些措施是否仍然是衡量总体预期成果的准确替代指标。

> 🌐 **现实案例：匿名**
>
> 一个服务提供者组织与一个大客户签订了提供桌面支持的合同。服务提供者达成了所有的合同目标，但当合同结束时，客户选择不续签。服务提供者对于客户实际上的"非常不满"毫不知情，显然，服务提供者对产出的衡量结果并没有反映出这一点。
>
> 实际上，合同的损失和客户的不满是意外的负面成果。取消合同的利益相关者并未涉足其日常服务级别的衡量和目标。
>
> 如果了解所有利益相关者的信息，与他们交谈，并将衡量明晰化，这一情况也许是可以避免或改进的。如果产出的衡量得到更广泛的共享，服务提供者可能会更早地意识到客户的不满。

对组织有用的成果（或作为替代品的产出衡量指标）只有成为所有利益相关者的共识，才能真正有效。尤其是 IT 部门，常常因为衡量与组织总体目标不一致的产出而受到批评。跨职能团队应商定成果或衡量作为替代品的产出指标，并定期回顾，提供尽可能全面的视角。

> 🌐 **现实案例：Hippo Digital 的数字化设计**
>
> 第 28 章提供了一些范例，说明组织是如何应用"数字化设计"和"设计思维"来确保产品与服务提供的是所需的成果。

9 转型技术

引言

本章将更详细地介绍可以帮助组织实现其数字化转型目标的转型技术,包括对问题或情况的定义和对其做出有效的反应。

转型技术是一个包含了可以帮助组织了解其数字化优化和转型需求的技术工具包。其目的不是提供完整清晰的工具和方法的列表和示例,而是帮助组织观察如何在其转型之旅中精准地选择、使用少数真正实用的工具和方法。

尽管许多可以用于优化和转型的技术都很相似,但目前在转型这一领域给出的指导较少,所以本章重点将放在转型之上。

9.1 识别转型的机会

确定转型需求的困难在于没有一种方法能够全面了解组织面临的问题。人们试图通过构建问题框架来处理问题和复杂的情况,并通过这样做来预测问题的答案。如果问题类型与试图获得理解的方法一致,并且问题的解决方案(或多个解决方案)就在手边,那么它自然是可以接受的。

成千上万的关于"如何去做"的书籍、文章和其他附加建议的资源可以获取。需要提醒的是,它们中大部分建议都是依据经验提出的,这有什么不好呢?因为,基于经验的建议是建立在信息被重用或应用在相同情境(或者至少是相似)的假设基础之上,而事实上,彼此情况往往大不相同。以本书中提供的案例为例,其中描述的都是成功(或不成功)的组织案例,它们能为读者提供灵感,但它们的做法不是铁律,也不是做好事情的唯一方法。

理解如何在一个组织内定义和响应转型需求是很复杂的——能够准确理解需求的都是炼金术,不是科学。幸运的是,有一套关于使用建议的指导,在这种情境下非常有用。

9.1.1 Cynefin

戴夫·斯诺登(Dave Snowden)[①] 的 Cynefin 框架(见图 25)确定了在试图确定转型需求或组织需要如何应对市场变化时通常会提的五个问题。该框架描述了最有可能适用于这些类型或领域的方式、技术或方法。

---

① http://cognitive-edge.com/videos/cynefin-framework-introduction/.

图 25　Cynefin 框架（来源：Cognitive Edge）

组织面临的关于数字化转型设计的挑战大多是繁杂（complicated）、复杂（complex）或混沌（chaotic）的。VeriSM 认为，从积极主动的转型设计的角度出发，聚焦繁杂、复杂的需求将产生更为直接和富有成效的结果，但处理混沌的需求往往是促进创新和数字化颠覆的根源。

简单的问题往往不是转型问题，而是优化问题。解决这些需要，虽然是必要的，但可以通过使用更明确的定义和更传统的方法来完成。

大多数解决问题的技术都非常适合于解决难以理解的疑问和问题——它们是专门为应对这种情境而设计的。此外，大多数顾问都会依据过去在一个非常有序的环境中的经验总结出一些方法。但当这些解决问题的技术和咨询模型被应用到复杂的问题上时，却经常解决不了问题，或者至少不能提供正确的解决方案。

与第 3 章所述的"组织可应用于数字化的不同方法"相比，思维模式、解决问题的方法和使用的技术变得更为重要。使用错误的工具很可能导致做出错误的决定。

尽管不总是这样，Cynefin 中描述的域在很大程度上与第 3.5 节中介绍的方法有着映射关系，如图 26 所示。

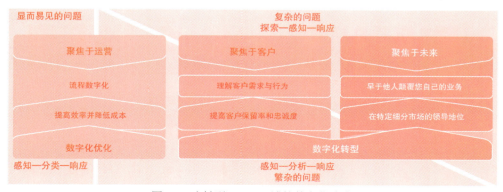

图 26　映射到 Cynefin 域的数字化响应

只有在实验的情境下使用的技术（例如科学）才可能会产生更好的结果，并为复杂和混沌的问题提供更好的答案。近年来，这些技术中的许多项已经被更频繁地使用，并且成为新兴实践标准例如敏捷和DevOps。20世纪90年代中期，汤姆·彼得斯（Tom Peters）已经是"快速向前试错"的支持者。到了今天，当组织开始在实际环境中实验新的想法，甚至引入一些不可预测的东西来观察发生了什么的时候，我们才看到将这种"快速向前试错"的思想作为嵌入式管理实践的证据。重要的信息是，实验、观察和学习是处理复杂性的关键要素。

在考虑一个组织对转变和转型需求的反应时，要回答"问题是什么"，有两种立场需要考虑：

- 对于一个只有锤子的人来说，每个问题都像钉子。在做出反应之前，先了解需求、趋势、变化或破坏的性质。
- 如果已知的唯一技能是用锤子来钉钉子，则永远不会使用螺钉。组织资源将需要新的技能，能够使用不同的解决问题的技术和方法。这就需要对培训进行投资，并开发出在组织情境中能够良好运行的专有方法。

标准 + 案例

另一种应对不确定情况的可能方法是标准 + 案例[①]。在本文中，作者罗布·英格兰（Rob England）描述了它的用法。

标准 + 案例是一个承认现实的模型：我们的许多服务活动将始终是非标准的，必须以标准的方式处理，以便管理、报告和改进。我们把非标准的反馈当作"案例"来处理。

标准和案例概念的结合为任何需要人工响应的活动提供了真实的响应处理的完整描述。

- 标准响应用于处理已知的情况，所以都是预先定义的。它们使用标准化的流程（和程序）来处理这种情况。它们可以借助BPM建模，由工作流控制，并通过六西格玛、精益IT和ITIL等进行改进；
- 案例响应出现在未知或不熟悉的场景中，所以没有预先定义的流程。对案例的处理，需要相关人员的知识、技能和专业精神。最好将它们交给由知识驱动的案例管理来处理，并授权操作人员选择合适的方法、工具、程序和流程片段。我们可以使用敏捷思维、群集（swarming）和其他相适应的动态方法。

我们先寻找一个标准的模型来处理这种情况。如果找不到，我们就把它当作一个案例来处理。这是标准 + 案例。它为我们提供了采用两种互补的方法来处理任何需要响应的情况：两种方式中总有一种是合适的。

当我们将大多数响应模型中使用的通用标准流程与案例管理结合起来时，流程如下所示：

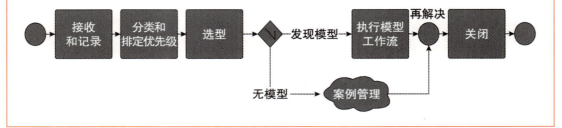

---

① 英格兰，R.（England, R.）（日期不详），响应管理的标准+案例方法（互联网信息），http://www.basicsm.com/standard-case [2018年4月]。

标准和案例，这两种方法相辅相成。要么有一个已知的标准响应，要么没有。当我们把传统的服务管理响应流程和案例管理的原则结合起来的时候，其效果将大于单独应用其中一种方式。我们不仅可以更全面地描述响应程序的实际工作方式，还可以获得一些当前任何一种方法尚不能提供的新机会。这一点极为重要，因为它使我们的响应能力能够适应不断变化的外部环境，比如新的或变更的服务、消费市场中的新技术、新的客户市场、新的用户群体。

当然，世界并没有那么非白即黑。事实上，标准和案例是一系列可能方法的两端。有些案例中可能具有某种级别的流程结构，有些标准流程模型可能蕴含着灵活性。尽管如此，标准+案例模型比一些在实践中仍然为我们提供完美服务的更加模糊的双边模型更清晰，例如客户与供应商、无辜与有罪、工作与休假。标准+案例中没有"完备性定理"。也就是说，我们无法明确地证明标准+案例的方法涵盖了所有可能的情况。虽然缺乏证据，但我们依然可以肯定的是：在现实世界中，我们可以通过一种或另一种方法，或两者的结合或组合，对绝大部分的情况做出反应。

大多数从事过响应工作的人都会同意这一点。你首先是寻找处理这种情况的标准的、预先定义好的方法；其次，如果找不到方法，你就要自己去处置这种情况，直到找到答案。在后一种情况下，无论我们是如何称呼它的，我们所做的就是案例管理。只需通过标准+案例认识到这一事实并将其正规化，这样我们的规划、资源配置、管理、监控和改进就更贴合真实情况，我们所面临的所有情况也能得到解决，而不仅只是标准的情况。

我们将标准+案例和Cynefin映射关系展示在图27中。

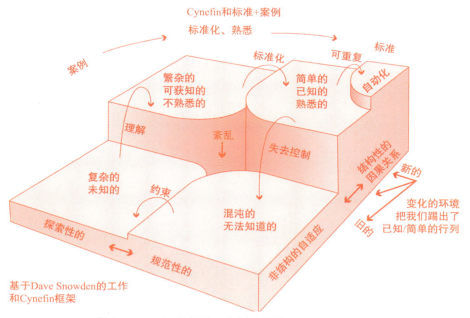

图27　Cynefin和标准+案例（来源：Rob England）

设计和开发团队倾向于处理复杂和混沌的问题（而不是繁杂的问题）。然而，大多数众所周知的问题解决技术在解决这些类型的问题时并不是那么有效。本章的后续章节描述了可能为处理数字化优化或转型问题提供其他见解的技术。注意，很少有技术能够直接被应用于经验问题的处理，但许多方法确实有助于定义一个可以用作实验基础的假设，以对复杂的或混沌的情况或背景做出响应。

9.2 VUCA 的世界观

为什么需要 VUCA？VUCA 是一个情境分析工具，应该被视为一种能够协助你更好地理解组织运营情境的方法，以帮助制定应对挑战的对策。

美国陆军在 20 世纪 90 年代将 VUCA 概念化，这一技术被用于战略领导力中，以帮助领导者在应对他们所处环境时培养出更好的远见和洞察力。本书在前面第 5 章从变化的视角谈及 VUCA。

VUCA 是一个缩写，意思是：
- 易变性（Volatility）——变化的性质和速度带来的波动性；
- 不确定性（Uncertainty）——缺乏可预测性；
- 复杂性（Complexity）——影响的数量；
- 模糊性（Ambiguity）——现实的模糊性和条件因果混杂。

VUCA 元素为规划和给出方向提供了边界。组织情境的目前和（可能的）未来状况决定了其以下能力：
- 预见问题；
- 了解后果；
- 认识到变量之间的相互依赖性；
- 为其他现实做好准备；
- 抓住相关机会。

VUCA 关注的是组织在处理所面对的问题时的意识和准备。对于每个维度，都给出了具体的指导。贝内特（Bennet）和勒穆瓦纳（Lemoine）为领导力提供指导，帮助他们使用 VUCA 更好地了解组织的背景及其遇到的问题，做出更适当的决策并为组织提供更好的指导，如图 28 所示。

在他们的文章"VUCA 对你的真正意义"[①]中，贝内特和勒穆瓦纳对每个维度做了描述。
- 易变性
  - 特点：挑战是出乎意料或不稳定的，不清楚可能持续的时间，但并不一定难以理解。有关它的知识是常见的。
  - 示例：自然灾害导致供应商下线后产生的价格波动。
  - 方法：内部建立宽松的储备，将资源投入到准备工作中。例如，储备库存或超额购买人才。由于这些步骤代价高昂，投资应与风险相匹配。

---

① 贝内特，N.（Bennet, N.），勒穆瓦纳，G.J.（Lemoine, G.J.）（2014年），VUCA对你的真正意义（互联网信息），https://hbr.org/2014/01/what-vuca-really-means-for-you [2018年3月]。

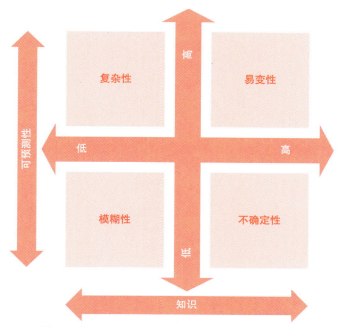

图 28　知识和可预测性是 VUCA 的关键驱动因素

- 不确定性
  - 特点：尽管缺乏其他信息，但事态的基本因果是已知的。变化是可能的，不是已知的事实。
  - 示例：竞争对手即将推出的产品会搅乱未来的业务和市场。
  - 方法：投资于信息，收集、解释和分享信息。这与结构变化（如增加信息分析网络）结合起来最有效，可以减少持续的不确定性。
- 复杂性
  - 特点：当前状况是由许多相互关联的部分和变量构成的。有些信息是可用的或可预测的，但信息的数量或性质可能会是一个无法承受的过程。
  - 示例：你在许多国家做生意，都有独特的监管环境、关税和文化价值观。
  - 方法：重组、培养或发展专家，并建立足够的资源来解决复杂性问题。
- 模糊性
  - 特征：因果关系完全不清楚。不存在先例，同时面对的是未知的未知。对局势知之甚少，所采取行动的结果无法预测。
  - 示例：该组织决定进入不成熟或新兴市场，或推出其核心胜任力以外的产品。
  - 方法：通过定义一个假设并通过实验来检验这个假设，进而尝试了解其中的因果关系。设计实验，以便吸取的经验教训可以被尽可能广泛地借鉴。

9.3　创新者的困境

为什么运用创新者的困境？ 当使用"改进"或"创新"这两个词时，创新者的困境让我们洞察了组织中的典型行为。最大的问题是，这些词可以在许多不同的语境中使用，而且随着语境的变化，词义也会发生变化。创新者的困境为企业踏上数字化转型之旅提供了背景资料和宝贵的建议，尤其是在面临颠覆者并试图定义、设计或开发"下一件大产品"的时候。

哈佛大学教授克莱顿·克里斯滕森（Clayton Christensen）在其著作《创新者的窘境：大公司面对突破性技术时引发的失败》中描述了当新的、出乎意料的竞争对手崛起并占领市场时，那些曾经成功的组织所做的一切似乎都是正确的，但仍然失去了市场领导力的情景。

克里斯滕森描述了三种创新类型。

- 颠覆性创新——使产品获得市场认同且价格合理。这种类型的创新需要资本的注入，但能够创造就业，并带来产品的成长。
- 持续创新——使原有的好产品变得更好。大多数创新都是持续创新。重点放在管理上，产品的成长性不好；然而，它确实创造了更好的利润率和不断增长的市场份额。
- 效率创新——帮助组织以更少的成本获得更多的收益。这种类型的创新可以使一个组织在不增加资本或现金流的情况下应对增长，但会破坏就业机会。

图 29 显示了创新类型如何映射到第 3.5 节中介绍的 VeriSM 数字化转型和优化的方法。

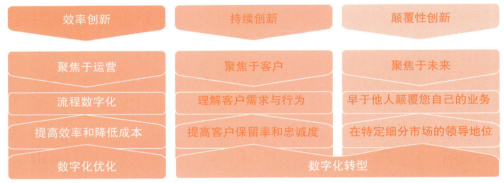

图 29　克里斯坦森的创新类型与 VeriSM 数字化方法的比较

今天使用的财务管理指标往往是不正确的，激励组织将资金从颠覆性和持续性创新向效率创新转移。发生这种情况的原因是：

- 颠覆性创新是最昂贵的创新类型，因为它会占用现金，并且拥有最长的投资回报周期（ROI）。然而，从长远来看，它将使组织具有更强的竞争力。
- 持续创新可以带来更好的投资回报率，并确保中长期的可持续性。但如果领导者专注于年度或半年报告，担心股价和投资者要求高增长，那么持续创新带来的回报看起来仍然不乐观。
- 效率创新更容易，更具吸引力，因为投资回报更快，更容易管理，也更容易向投资者解释。

问题是，如果一个组织只进行效率创新，就会逐渐丧失自己的创新意识。它将无法再保持中长期的成长与竞争力。大多数组织是从构建能够完成特定工作或满足特定需求的产品或服务开始的。后来，它们围绕产品或服务的核心部分添加了增值的功能。这可能会导致消费者需要为得到他们所期望的某个功能，而为他们既不想要也不需要的捆绑服务支付全部费用。

> **现实案例：付费电视**
>
> 付费电视是一个很好的例子，它展示了一个从顾客觉得有吸引力的核心开始，然后围绕这个核心构建"增值"产品的组织。在非洲市场上占据领先位置的付费电视公司南非数字卫星电视（DSTV）有不同的套餐，但这些套餐所包含的内容都是有限的，其主要产品（体育）只是其DSTV诸多优质服务中的一部分。
>
> 许多客户开始抵制这种打包的方式。他们对不得不购买金牌产品而不能自己定制套餐感到不满。
>
> 正是因为他们只想看电视剧和电影这个很正当的理由，在这个市场上，像奈飞（Netflix®）这样的新进入者才能够说服许多客户取消对南非数字卫星电视的订阅。可以说，在当时，奈飞就是一个主要的颠覆者，它不仅影响了南非数字卫星电视等公司，还影响了Blockbusters等向消费者出租电影的公司。

克莱顿•克里斯滕森称之为创新者的窘境，并定义了窘境的两个部分。

- 创新的价值是一条S曲线：改进产品需要时间和多次迭代。第一次迭代仅为客户提供了最小的价值，但是，随着时间的推移，它们创建了更广泛的客户群，并且价值呈指数级增长。一旦创建了这个客户群，每次迭代都会为客户提供显著的额外收益。但是经过一段时间之后，这种改进的速度就不再是可持续的了。
- "在位者"规模交易：处于"在位者"的产品或服务拥有庞大的客户群，但是组织对年销售额的期望也较高。拥有"下一代"产品的新进入者能够迅速找到利基市场，远离"在位者"的客户群或核心能力或产品，并在截然不同的非核心组件中构建新产品或提供新产品。新进入者不需要与"在位者"争夺其市场销售额，因而，有精力与时间专注于创新。

为了生存，组织需要在正常的业务运营之外创造颠覆性创新。即使新产品和服务会蚕食组织的核心产品或服务，领导者也必须支持颠覆性创新。其逻辑是，与其让竞争对手这么做，不如自己动手。通常情况下，最好不要为更大的现有客户群构建下一代产品，因为，他们宁愿继续要求对当前产品进行更多的创新。不幸的是，持续创新到产品周期的最后阶段时无法再带来增长，只有效率创新才可能得到收益（图30中的粗实线）。

新进入者可能将深入市场产品的S曲线，并为其新产品的细分市场提供重要价值（图30中为细实线）。当组织的客户对新进入者的新产品产生兴趣时，组织再想对新产品做出反应已经太迟了。组织在主要业务线以外的创新（图30中的虚线）是阻挡新进入者和颠覆者利用这一现象谋利的唯一途径，因为这确保了组织能够基本跟上新进入者的改进速度，到那时它已经在S曲线轨迹的接近垂直的部分了。

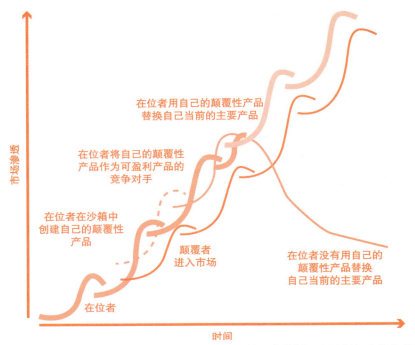

图 30　创新者窘境中一个好的和坏的反应示例（基于克莱顿·克里斯坦森的作品）

克里斯滕森介绍了他颇具开创性的"颠覆性创新"的理论，这一理论改变了世界各地管理者和首席执行官看待创新的方式，并通过对多个案例的研究加以证实。他描述了组织为了克服市场颠覆者的影响而必须遵循的共同原则，包括：

- 当前客户驱动着组织对资源的使用。
- 小市场难以影响"在位者"的大市场。
- 颠覆性技术具有流动的未来，这意味着一旦成熟，就不可能知道它们将颠覆什么。
- "在位者"组织的价值不仅仅是其员工。它包括推动他们努力的流程和核心能力。
- 技术供应可能不等于市场需求。颠覆性技术在成熟市场上不具吸引力的特性往往正是它们在新兴市场上最大的价值所在。

以下策略有助于"在位者"成功对抗颠覆性技术：

- 与他们一同开发颠覆性技术的不一定是他们当前的客户群，而是目标客户群。
- 将颠覆性技术引入一个自治组织或单元，该组织或单元可以通过获得小的成功和小客户群而受到奖励。
- 趁早多失败，以发现正确的颠覆性技术（见第9.4节精益创业）。
- 允许开发和销售新的颠覆性技术的单元在需要时利用组织的所有资源，但确保流程和价值观不是源自上级组织。

9.4　精益创业

为什么需要精益创业？ 精益创业描述了一种经过考验的方法，组织可以利用这种方法进行创新和构建颠覆式创新。

埃里克·莱斯（Eric Ries）是来自硅谷的一代颠覆者，在他的书《精益创业[①]》中，给创业者的建议同样适用于任何必须应对数字化转型的领导者。莱斯确定了创新的三个阶段以及与这些阶段相关的许多活动。

- 愿景：
  - 首先通过寻找科学的方法来定义客户的需求；
  - 定义涉及客户的产品或服务；
  - 在你开始花钱建设没人想要的产品之前，定义假设并验证你的假设。
- 驾驭：
  - 通过构建衡量指标来学习周期（通过构建—衡量—学习循环）（见图31），以进行快速的反馈和学习；
  - 在你开始构建之前亲自去看看，并确保三思而后行；
  - 建立最小化的可行产品（MVP）并将其投放市场；
  - 获得反馈并衡量绩效；
  - 继续走发展的道路或改变方向（中心点）。

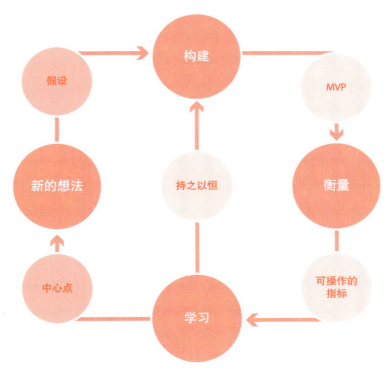

图31 精益创业 BML 循环（来源：埃里克·莱斯的精益创业 ©2011）

- 加速：
  - 开始生产和销售产品时有个大的计划，但要小批量地进行；

[①] 莱斯，E.（Ries, E.）（2011年），精益创业——当今的企业家如何利用持续创新创造出彻底成功的企业，纽约：兰登。

- 先解决问题，再继续；
- 寻找现有市场的增长点，同时也寻找新市场；
- 解决问题，使之变得更好；
- 消除浪费；
- 创新（在与主营业务分离的安全环境中）。

在一篇题为"发现你的市场中潜在的颠覆者以及如何应对"的文章中，邝乔斯（Joce Kwong）提供了以下见解。邝假设有两种类型的颠覆者：低端和新市场颠覆者。颠覆者在低端市场发现了以更低廉、更实惠的产品打入底层市场的机会，因为在位者已经改进了产品和服务，使之超出了客户的需求（见第 9.3 节创新者的困境）。在位者自然会忽略这样的低端颠覆者，因为他们的商业模式和运营并不是为了在低端市场竞争而建立的，而在低端市场的竞争通常会损害他们的品牌并蚕食销售。危险在于，这些新的低端产品或服务将成为新的常态，逐步取代已成功的服务。

新市场颠覆者通过颠覆性创新创造一个新市场，并吸引第一次使用该产品的客户，这些客户以前不采用这类产品是因为这类产品太贵或使用不便，例如供需匹配技术平台，其过剩的产能以低于市场的价格与新需求相匹配——吸引那些在价格上没有更好的产品或服务选择，或不愿意购买如爱彼迎（Airbnb）和优步（Uber）之类服务的新客户；或者颠覆者的新产品或服务现在允许客户用以前不可能的方式来使用，例如像智能手机提供以前只能在 PC 上使用的那些功能那样，在颠覆者产品或服务中出现了一些新解锁的实用程序。

这些市场的在位者通常认为这些新市场颠覆者是业余爱好者，其服务水平与知识的专业程度远不如他们。在这些新进入者赢得一个重要的市场之前，这些颠覆者通常会被忽视。在位者往往是在当市场对颠覆者的认同达到了一个临界点时才试图做出反应，这时已经太晚了。

那么，在技术和新模式引领的快速发展的市场中，组织应该如何应对？

邝为"在位者"及颠覆者提供以下建议。

- 如果你在一家有利可图的"在位者"中工作
  - 继续提高产品和服务的性能，在竞争对手追赶的同时保持市场份额。
  - 要注意以低端市场和新市场为目标的颠覆者，在这些市场中，以前的非消费者将以合适的价格成为消费者。
  - 为颠覆性创新或仅仅为了投资一个方向而设立新的独立的业务单元，并保持其独立的运营能力，同时将当前的核心业务和运营集中在持续创新上，并在盈利的同时保持市场份额。
- 如果你是一个颠覆者
  - 一方面，在金牌产品和服务占主导地位的市场中寻找机会，以超越客户期望的方式为客户提供高价服务；另一方面，以功能较少的低端模式进入市场，以更实惠的模式吸引客户。
  - 通过提供比现有产品和服务更简单、更便宜的替代品在非消费者中开拓新市场，使之成为消费者。对于非消费者而言，现有产品和服务过于复杂和/或昂贵，不

> 足以使其成为消费者。
> - 尝试通过投资于新的定位于"低端"和"新市场"的颠覆，让你获利。如果你是一个能保持较好利润的"在位者"，那么，你需要做的就是维持你的核心业务，在有利可图的同时保持住市场份额。

9.5 商业创新闭环（BICs）

为什么需要商业创新闭环？ 商业创新闭环（BICs）提供了一种可被初创企业或现有产品/服务提供者运用于快速启动产品和服务创新的方式。BICs提供了一种允许使用不同的工具和技术，但定义了可测量的阶段关卡和时间线，以确保实现快速和验证结果的方法。BICs是基于精益和敏捷的思维的。

第3章介绍了组织主导的数字化转型方法。当站在一个很高的高度描述时，许多读者会问："好吧，那我该怎么做呢？"商业创新闭环①提供了一种组织领导的方法，它起源于精益概念（如质量环），如图32所示。它用于构建高性能的跨职能团队，如敏捷和DevOps中使用的团队。

BICs非常适合于转型项目，因为它所包含的被广泛使用（尽管没有规定）的方法和工具能够很好地解决繁杂的问题，并且包含了能够在复杂和混沌的领域表现良好的实验技术。在跨职能团队中使用BICs[使用改编自塔克曼（Tuckman）②集团开发指南中的技术]有助于持续交付质量和创新。BICs聚焦于以迭代的方式在短时间内交付可证明的业务价值，但超出了大多数敏捷方法的范围——BICs非常关注对推动增量改进计划的创新。

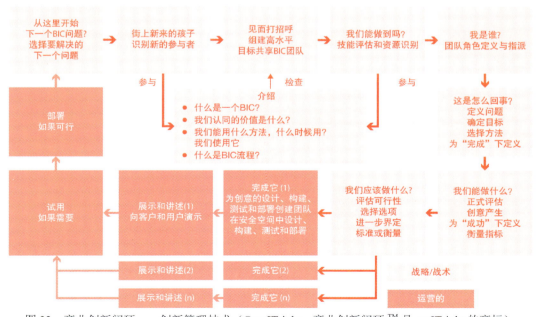

图32 商业创新闭环——创新管理技术（©getITright，商业创新闭环™是getITright的商标）

---

① getITright®IT咨询公司将商业创新闭环作为建立高绩效商业创新团队的一种方法。
② 塔克曼，B.W.（Tuckman，B.W.）（1965年），小群体发展次序，心理学期刊，63（6）：384-399。

本节不详细讨论图 32 中所描述方法的所有步骤，也不讨论与信息技术或运营有关的活动。从图上看，有几个具体问题值得进一步探讨，以及评估哪些方法在哪些条件下可以用来回答这些问题。对于领导力来说，重要的问题是：

- 下一个 BIC 问题（从 BIC 列表中选择，该列表类似于待办事项列表）
  - 项目的选择需要与组织中的战略计划或当前问题保持一致。领导力需要在确定清单中项目的优先顺序方面扮演一个积极的角色。
- 这是怎么回事？
  - 领导力和高级管理层需要参与活动，明确计划的重点和期望的成果，确保我们不仅在创新，而且是在为正确的理由而创新。
- 我们能做什么？
  - 领导者需要验证选项，但我们更希望他们是定义选项和选择选项并进行探索的积极参与者。

下面是对图 32 中所包含阶段的简要描述，随后是 BIC 事件。即使许多团队成员经常一起工作，也应该遵循这些阶段（不要跳过步骤或做出假设）。在使用 BICs 之前，所有团队成员都必须接受基本的 BIC 就职培训——确保团队中的每个人都熟悉 BICs 的工作方式以及使用的主要方法和工具。

- 教练与团队可以通过会议确定他们是否具备处理手头问题所需的所有技能。必要时，可以重新定义团队的组成，并根据需要分配额外的资源。
- 如果需要额外的技能或知识，团队需要就如何以快速的方式获得最好的技能或知识达成共识。如果所需的技能可以通过快速学习获取，则立即计划并执行培训干预。如果短期内无法获得技能，则可以引入外部资源（注意，他们还必须通过 BIC 就职培训，最好由团队成员进行面试，以确定他们的技术和文化的适用性和适合性）。
- 由团队决定团队自身的角色和职责。
- 团队开会商定正式的 BIC 目标，并对于评估事件/问题/不确定性的最佳方法进行评估。"成功"看起来是什么被定义为这个活动的一部分。
- 为正式评估安排好会议，制定可能的应对措施以解决问题，并就目标、产出和成果的指标达成一致。
- 对可能的行动进行评估，并选出最有可能获得成功的人选。定义并对每个场景的成功标准达成一致意见。
- 为每个场景建立从事设计、构建、测试和部署的联合团队。可能的解决方案已经构建。这通常是随着敏捷迭代或冲刺（sprint）完成的，但也可以随着瀑布项目（waterfall project）运行，这里的关键是项目不能超过两个月。
- 向团队和客户（或客户代表）演示每个可能的解决方案。
- 如果需要，将该解决方案作为试点来部署，并向团队提供有关客户反馈和绩效指标的结果。如果是一个样例，则执行正式的构建、测试和部署活动。
- 使用组织的管理实践，将解决方案从 BIC "安全区"（沙箱或臭鼬工厂）过渡到生产环境中。

> 一些组织使用"沙箱"或"臭鼬工厂"——这些环境都与日常运营、流程和控制无关，这一点在创建创新解决方案或成果方面非常有用。需要注意的是，沙箱环境有较大的差异性。描述主要差异的最简单方法如下：
> - 创建一些沙箱，以保护组织不受实验的影响；
> - 创建其他（专门用于聚焦未来或颠覆性的项目）是为了保护创新者和实验者不受组织的影响。
>
> 理想情况下，沙箱环境完全不受其他机构的干预，组织的策略和流程不会应用于这些环境。尽管建议沙箱环境能够真正地与世隔绝，但其实完全的管理自治也是很罕见的。

9.5.1 设置BICs——三个Cs

BIC 的三个 C 是[①]：
- 承诺（Commitment）；
- 条件（Conditions）；
- 确认（Confirmation）。

承诺

为了让商业创新闭环发挥作用，管理层需要做出如下四个前期承诺。

1. 我们将建立临时的跨职能团队，利用组织各部门的最佳资源，将时间投入到创新、实验、评估和在真实的业务环境中去验证他们的想法。

2. 我们将确保每个 BIC 中至少有一名管理团队成员或高级人员。他们的角色是推进者和教练，而不是团队的领导者。

3. 如果可能的话，我们会让消费者参与进来，否则，也会安排最接近客户/消费者的管理者（或他们的直接下属之一）代表消费者参与进来。

4. 我们将为 BIC 创造一个安全的创新和运营空间，团队将不受正常组织流程和控制的限制。我们将进一步投资于系统，以确保在正常的流程和控制不变的前提下，能够将创新安全地从 BIC 部署到生产环境中。

条件

要使 BICs 发挥作用，还需要满足一些条件：
- 尊重是首要的，所有人都受到平等对待，团队中没有"摇滚明星"；
- 成功或失败都是属于团队集体所有，当团队拥有良好绩效时应予以奖励；
- 失败是人生的一部分，也是学习的一个机会——团队的成功可能会与失败一样多。重要的是，这些经验教训都能够得到量化，并从中找到也许能够控制或指导未来项目的下一步举措；
- 任何反馈是开放的，而且是对事不对人的；

---

① BIC three Cs™ 是 getITright® Skills Development CC 的商标。

- 团队所有人都可以看到其他人绩效衡量结果，使团队能够快速确定改进的方向与方法；
- BIC是一个安全的空间，并提倡无责备文化——管理者必须避免对个人因其绩效不佳所进行的惩罚，否则，不仅是特定的BIC，整个BIC计划都将失败；
- BIC的首要目标是创新；
- BIC成员的首要目标是学习。

确认

最后一个"C"是确认——正式评估在一个BIC中是连续的，但确认不仅仅是检查我们是否达到目标或是否专注于价值创造。确认团队中的每个人都明白平庸不是一种选择——团队的口号是，"我们释放100倍的价值，而不是100%的价值"。BIC通常使用ROI作为成功的衡量指标，其指标定义如下：

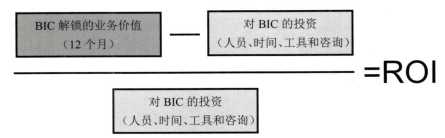

如果可能的话，这个公式中的价值最好由消费者定义。否则，价值至少应该由消费者代表或消费者中介定义。

> getITright 宣称使用 BIC 方法的项目，其业务 ROI 从最低能达到280%，高者甚至超过2800%。这个数值可作为成果的一部分（见第8章成果）。

9.5.2 BICs中使用的技术

BICs最初的设计是为了在信息技术环境下促进快速创新，为客户带来收益，而后来演变成了一种战略工具。这种方法是从指导IT团队使用精益和相关方法（包括敏捷和DevOps）中演变而来的，其目的是创造一个有利于多学科团队设计和开发新的数字化计划或对现有服务进行改进的环境，以回答"我们需要做什么才能实现业务数字化转型？"的问题。

选择的下一个BIC问题是源于对消费者、组织能力和市场条件的深入了解。它通常是由一个问题、一个观察、一个请求或一个对市场变化的反应引起的。历史上，组织经常将BIC与敏捷、DevOps结合在一起使用。在这些管理实践中，需求和机会构成了待办事项列表的一部分——在BIC中，有一个列表提供了相同的功能。

如前所述，组织领导力参与创新周期的选择或顺序排定，以及参与战略设计和概念化，对于转型性创新的BIC是必不可少的。而对于更多运营类型的创新，这可能就不是必要的了。

一个关于目标的问题被提出来："这是关于什么的事？"这就是关于如何理解转型的必要

性和需求的来源的问题了。在这一步，团队将依然愿意使用一般方法、工具和技术。在回答"我们能做什么？"之前，组织需要对这个问题有一个真正的了解。这允许团队选择适合问题性质的分析技术。这是一个什么样的问题：简单的？繁杂的？复杂的？混沌的？还是我们根本就没有线索？表 4 展示了一些技术何时适用、何时不适用的示例（有关更多详细信息，请参见本章及附录 D3）。

表 4　VeriSM 数字化域或其他技术以及用于定义和设计对数字化难题响应的通用总体技术的对比

技术	方法： 聚焦于运营	方法： 聚焦于客户	方法： 聚焦于未来
Cynefin	大多数时候是明显的，但有时处在混沌域	大多数时候是繁杂的，但有时处在复杂域	大多数时候是复杂的，但有时处在繁杂域
创新者的困境	效率创新	持续创新	颠覆性创新
标准 + 案例	标准	案例	案例
总体方法			
精益创业	×	?	√
商业创新闭环	?	√	√
瀑布式项目管理	√	?	×
敏捷技术	√	√	?
其他方法、工具和技术			
头脑风暴和亲和图	√	√	?
画布模型 （业务和价值）	?	√	?
因果分析	√	?	×
竞争情报	?	√	√
客户旅程地图	?	√	?
假设（A/B 或分离）测试	?	?	√
PDCA、改善活动、A3 和 DMAIC	√	?	×
平台业务模型	×	?	√
利益相关者地图	?	√	?
利益相关者价值链	×	?	√
社交媒体和网站分析	?	√	√
价值流映射	√	?	?
VUCA 和态势评估技术	√	?	?
竞争情报	?	√	?
调查和焦点小组	?	√	×

如第 9.1.1 节 Cynefin 所述，在这种情境下，最好的结果是回答繁杂的或复杂的问题。然而，组织也必须努力弄清楚被归类为"混沌"的问题，因为它们颠覆性的潜质，往往会给组织带来最大的收益。

"我们该怎么办？"本质上更具战术性。在回答这个问题之前，必须承认本组织是存在局限性的，至少某种形式的现实主义是存在的。但要注意，在许多情况下，说"我们必须现实些"会扼杀创新。所以，有时候组织不得不想一些不可能的事情，至少要努力让它成功。

在回答这个问题时，组织能力和获得外部帮助的途径很大程度上决定了其边界。有时候，团队意识到他们实际上对达成设定的目标无能为力时，他们会改变路线，选择确定需要做什么来完成任务，而不是选择应该做什么来解决问题。这使得在将目标放回列表中的同时，能够更好地理解在选择它作为改进或创新的选项时需要什么。

9.6 其他工具和技术

本节的其余部分将重点介绍一些其他有用的工具和技术。这些可以用来定义一种用来理解数字化优化和转型机会的独特的组织方法。它们也可以作为现有技术中的工具，如精益创业或商业创新闭环™。更多的转型工具和技术也可以在附录 D3 中找到。

本节介绍三种工具：
- 收集信息和数据的工具；
- 解决问题的工具，更好地了解当前环境；
- 有助于构建可作为实验基础的假设的工具。

9.6.1 收集信息和数据

市场调研

市场调研包括收集和分析给定业务环境中的事实。在 BICs 中，它通常用于：
- 建立企业稳定性；
- 确定市场需求；
- 监控竞争对手；
- 寻找市场机会。

最好的做法是，组织亲自参与到自己的调研项目中（要么完全由自己来做，要么外包给专家），因为在当今复杂的市场环境中，市场上可以买到的、预先公布的调研几乎没有任何价值。

如果市场调研是针对某一特定问题的，那么就一定可以得到结果。本书中描述的许多技术都需要某种形式的市场调研。数字通道极大地扩展了市场调研的方式和加速了组织从消费者那里获得反馈的速度。组织也可以利用自己的资源，以更经济的方式进行市场调研（例如，使用在线的调查问卷）。

市场调研是一种强有力的方法。内部调研活动往往会在工作范围之外产生令人惊讶和意外的洞察力，从而给予调研新的灵感。但有些调研不适合在内部进行，例如：有关竞争对手的数据，外部资源可能会比内部获取更全面。当在内部调研存在偏差风险的情况时，也可以使用外部来源。

支持日志和交易数据

为什么需要关注支持日志和交易数据？因为，组织通常拥有大量关于客户交互的数据，这些数据可用于解决问题或通过更好的理解组织的支持体验，为客户挖掘新的价值增长点。

支持数据（例如来自客户服务台或 CRM 系统的信息，以及发票、产品或服务查询等交易数据）可以提供对消费者体验、行为、忠诚度和承诺的有价值的洞察力。数据的趋势信息一般都很有启发性。在改进服务或产品时，以及在确定组织提供的产品和服务组合中的差距时，更积极主动地分析支持数据（特别是从客户体验的角度）被证明是能够带来更多的感知与领悟的。

查看支持数据时用于探索的具体技术包括：

- 趋势分析；
- 趋势之间的相关性；
- 帕累托分析。

大部分研究都是在 VeriSM 模型的"响应"阶段进行的。

网站分析和社交媒体

数字化产品和服务按照数字格式生成数据。对网站分析数据的分析（访客数量、来自哪个国家、停留时间、浏览的内容等）和对社交媒体的分析（与内容的互动、与社交媒体帖子相关的网站访问、内容共享等）都可以成为有价值的信息来源。

竞争情报

为什么需要关注竞争情报？因为，在竞争环境中收集有关业务的行动数据或信息可以提供有效的洞察力。收集竞争信息的机会实际上是无限的。只要是合法的，了解竞争对手总是好的；但是这种知识不能分散组织对其战略意图的注意力。

我们可以从以下方面收集情报：

- 网站——提供有关产品和服务、竞争优势、定价、目标的细分市场甚至客户情况的信息。
- 印刷广告和在线广告——了解竞争对手当前销售和营销计划的来源。由于在广告上的支出是一项长期活动，所以，在这些广告中往往可以观察到竞争对手关于营销支出和重点领域的想法，以及他们所认定的未来的市场增长点。在在线广告中观察他们使用的关键词也是件很有趣的事（许多在线工具都会提供这些信息）。
- 行业基准——请注意，基准明确解决了需要回答的问题。
- 行业和营销传播——新闻故事、电子邮件、宣传册和销售文件等可以提供有关竞争对手及其客户、市场、市场渗透、优势和劣势的信息。竞争对手的宣传活动可以作为研究组织沟通策略的基线。
- 客户评论——竞争信息的极好来源（而不是像白皮书一样被视为前一类的营销评论），有许多客户可以表达对竞争对手正面和负面看法的平台。这些信息是了解竞争对手优势和劣势的重要来源。请记住，客户更倾向于谈论坏的方面而不是好的方面。所以，这不是一个平衡的信息来源。负面评价可以显示出可以利用的弱点，正面评价可以为研究组织自己的产品或战略提供思路。
- 社交媒体——它是追踪竞争对手的销售和营销计划、客户、客户满意度水平、关系、当前目标活动和市场的绝佳来源。在业务环境中，领英（LinkedIn）和推特（Twitter）可能是比脸书（Facebook）、照片墙（Instagram）、P站（Pinterest）等更好的信息来源（取决于市场和细分市场）。

> 还有许多其他来源,包括他们的招聘方式、排名、在各种谈话中收集的信息,以及(如果是上市公司)财务和其他治理报告。

> 你在收集关于竞争对手数据的同时,也应该收集关于你自己组织的同样类型的数据;由此,你将能够得出有趣的比较结果。
>
> 应该通过在你自己的环境中所收集的更详细的信息来补充这些信息,例如你的官网和社交媒体页面、趋势、数量、客户行为等。
>
> 如果你能发现你的竞争对手在做什么,他们也能对你做同样的事。最后,对你要获取的成功而言,你所做的比你的竞争对手所做的更重要。注意,但不要让竞争对手左右你的战略。

信息辐射体

为什么需要关注信息辐射体?信息辐射体是指任何向相关的利益相关者传达重要信息的公开和可见的手段,无论是手写、绘制、打印还是通过电子显示器。

世界上到处都是信息辐射体,例如,每个红绿灯或路标都是信息辐射体。除了它传达的基本信息外,信息辐射体还传达三个重要信息:

- 这很重要,因此每个人都需要知道;
- 我们希望不会出什么差错,但如果出了差错,最好知道出错了,否则我们就无能为力;
- 我们不会向对方或消费者隐瞒任何事情。

信息辐射体是立即采取行动的来源,建立一种共同承担责任的文化非常重要,特别是在某些信息看起来似乎不恰当的时候应采取行动或询问。它们还可以对加强文化活动产生重大的影响,例如无责备文化和共同责任的文化。信息辐射体经常可以触发谈话和讨论,这往往会带来创新或改进的机会。

信息辐射体通常用于 IT 团队或其他运营环境,但也是精益、敏捷和 DevOps 等渐进实践的关键管理工具。其中业务领域最著名的信息辐射体可能就是看板了,通常被用于敏捷项目状态跟踪或精益日/周的启动会议。

9.6.2 解决问题和了解当前环境的工具

石川(Ishikawa)(因果)

为什么要运用这个方法?因为理解事务的因果关系是非常重要的,尤其是在解决问题的时候。如果因果关系没有得到正确的理解,解决方案可能只是治标,就会使病因的负面影响永久化,浪费了宝贵的治疗资源。

日本质量控制领域的领导者石川馨(Kaoru Ishikawa)(1915—1989)开发了一种记录因果关系的方法,这种方法可以帮助识别哪里可能出了问题,或者可以改进。主要目标用图表的主干表示,主要因素用分支表示。然后将次要因素添加为茎,依此类推(见图33)。创建图表有助于激发讨论,并经常能够增强对复杂问题的深入理解。

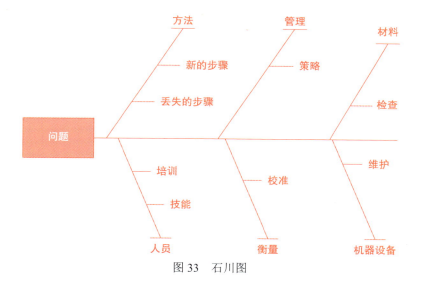

图 33　石川图

石川图或鱼骨图用于：
- 组织和展示关于问题根本原因的理论；
- 把注意力集中在一个特定的问题上（确保每个人都同意什么）；
- 鼓励创新思维（但不是解决方案，只是可能的原因）；
- 提供关系的图形展示（如果关系太多，则使用"多轮投票"技术）。

要构造图表：
- 对必须识别出来的结果或症状的原因进行清晰的定义；
- 将分析所得的结果或症状放在一个封闭的盒子里；
- 将中心脊柱画成一条粗线；
- 头脑风暴或构建一个亲和图，以确定可能原因的主要类别（不少于两个，通常不超过六个）；
- 将每一个"主要类别"放在一个盒子里，用一条与水平面（肋骨）成70度的线将其与中心脊柱相连；
- 找出每种主要类别的可能原因，并将其写在每根肋骨上的水平"骨头"上；
- 对每个人都要问："为什么会这样？"（即正在研究的结果或症状）或"为什么会出现这种情况？"
- 记录可能的原因；
- 继续向每个分支添加原因，直到鱼骨完成；
- 一旦所有"骨头"完成，确定可能的、可采取行动的原因。

五个为什么

为什么要运用这个方法？因为，这个方法可以使人们对问题的探索不会仅仅停留在对事物的表面理解上。它也是用于验证其他技术所获得答案的一种简便方法。

"五个为什么"是一个简单而高效的方法，可以找到问题的根本原因。它的工作原理是首先描述发生了什么事件，然后问"为什么会发生这种情况"。最后给出了答案，接着是另一轮

"为什么会发生这种情况"。通常到第五次迭代时，就会找到一个或多个原因。

A3 问题解决

为什么要运用这个方法？因为，A3 是一种很直观的、可以简捷地定义和描述所采取的改进措施的方法。A3 也是一种可视化管理技术，可确保改进的可见性，使得每个人都可以了解进展情况。A3 方法的目标是确保解决问题的团队由于纸张（A3 纸张）大小的限制而聚焦要点。信息在整个改进或问题解决事件中生成，并随着事件的进展在 A3 上捕获，简洁明了，如图 34 所示。

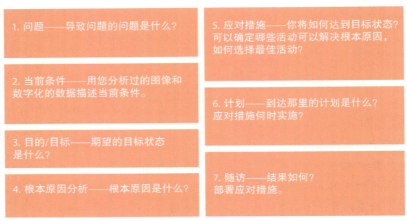

图 34　使用 A3 作为可视化工具来解决问题

其目的是促进与组织内其他人针对改进的沟通。A3 是精益中使用的一种可视化管理技术，也是 DMAIC 等其他技术的一部分，如图 35 所示。

图 35　将 A3 用作 DMAIC 工具的一部分

关联映射

为什么要运用这个方法？如果你苦于没有工具对大量的没有情景化关联的数据进行分析，那么关联映射就是一个非常好的选择。而且它还能够让参与者沉浸在数据中，从而使他们能够更好地理解其情境，并带来不相关的见解。关联映射是一种适合在许多不同情况下为数据排序的技术。它创建了一个"亲和图"（affinity diagram），一个由川喜田二良（Jiro Kawakita）设计的术语，称为 KJ 方法。

几千年来，人们一直根据自然关系对数据进行分组，这个工具提供了一种可视化的方法。

它可以帮助人们根据逻辑连接、关联关系、依赖关系、主题或其他标准将想法或数据分类。人们还可以使用关联映射来组织其他自由形式的评论，例如开放式响应、支持呼叫日志或其他定性数据。

使用关联映射来整理和组织想法的步骤如下：

- 在卡片或便条上记录每个想法；
- 寻找看起来似乎相关的想法；
- 将卡片分组，直到所有卡片都分配到某个组中；
- 一旦完成了卡片的分组，则将大量数据组进一步分到更小的组中，便于管理和分析；
- 通常，看似解决完全相同的问题的多张卡片可以堆成一堆，最上面的卡片则应给出最佳的描述；
- 通过完成以上步骤，亲和图可用于创建因果图，或由所遵循的管理实践确定的任何其他相关用途。

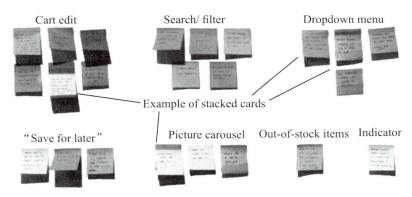

与许多其他技术一样，如果跨职能团队使用该技术，则会获得最佳结果——找到所有相关利益者，并让尽可能多的利益相关者参与进来。做跨职能关联映射的第二个优点是参与者会深深地沉浸在数据中，而这可能带来的收益会超出当前的目标。

9.6.3 构建假设的工具

为什么要运用这种方法？这种方法可以用于评估具有创新性和颠覆性的创意，并从中识别出哪些成功率更高。

在一个组织识别的所有创意中，有许多将不会成功或不切实际——也许超过90%都会失败。提高概率的唯一方法是通过实验和假设检验，尽可能早地找出那些会失败的创意。

在这一情境下，培育创意的主要目的是寻找数字化创新和颠覆性产品。组织也需要考虑使用创新和潜在颠覆性的方法来测试这些想法。调查和焦点小组这样的传统技术一旦脱离了传统，就不会产生很好的结果。有关当前技术的更多信息，请参见第28章数字化设计。

许多组织现在通过使用数字通道将信息"发布"到公共领域，并通过查看其消费者或潜在消费者的反应来测试市场。这些活动通常会聚焦于某个群组——例如一个特定的领英群组，对谷歌、脸书和领英上有相似特征的在线用户投送的广告、关于该主题的推文、社交媒体平台上的视频博客以及网站上的商业优惠等。

利用外部组织进行市场调研可以有助于洞悉市场，但与内部调研和直接结果相比，其价值仍局限于创新理念和颠覆性产品。

什么程度或类型的反应是成功与否的良好指标？如果组织有某种形式的基线，这是有帮助的。例如，如果某个组织有一款成功的产品，组织每天收到与该产品相关的在线销售/销售查询多达 1000 次，组织就可以为某个测试产品设定一个销售/销售查询次数的指标，并定义 800 次或更多为成功的标准。

一些组织现在利用众筹投资网站，这不仅是为新创意筹集资金的一种手段，而且还可以用以测试这些创意的市场反应。

在没有基线（通常不存在）的情况下，组织可以使用一种称为 A/B 测试的假设检验形式。提供两个选项，并记录消费者的反馈，仅仅问消费者可能并不总是奏效。亨利·福特（Henry Ford）有句名言："如果我问消费者他们想要什么，他们会告诉我要跑得更快的马！"向消费者提供两个选项或功能可以获取更有意义的数据。这些功能通常是初级且不完整的，但这种向消费者提供选项的调研方式，足以为组织提供有关下一步开发重点的数据。

> **现实案例：假设检验**
>
> 通过假设检验，组织可以检验他们的假设并回答难以解释的"为什么？"的问题。
>
> 例如，假设消费者会因为"A"而选择 X 选项（例如，消费者希望能够在网站上保存信用卡的详细信息，因为这样可以简化重复购买的操作过程）。
>
> 检验可确认该组织所做的假设要么对所引用的理由有效，要么对另一理由有效。检验还可能发现消费者与组织所做假设无关的需求（原因）。可能会变得很明显，例如，大多数消费者显然不愿意保存他们的信用卡信息，因为他们认为网站不安全。

画布模型

为什么要运用这个方法？因为，画布模型允许组织了解与现有竞争产品相比拟的需要和需求。它们有助于确保创新是合理的，并且有成功的可能。

商业模式画布

商业模型画布是一个用于开发新的（或已有记载的）商业模型的战略管理和精益创业的模板。

它的目标是帮助组织以可视化的方式捕获战略、产品、服务、价值主张、基础设施、客户、财务和其他资源，使组织能够评估权衡和调整活动。

画布的创始人是阿列克·奥斯特沃德（Alex Osterwalder）和伊夫·皮尼尔（Yves Pigneur）。在他们的网站[①]上，关于该模型与其他资源都做了充分（许多是免费的）的解释。

画布的使用方式就是在其空白区域中填写相关信息（理想情况下，在实务操作上，可使用便利贴® 来注释），如图 36 所示。

[①] 奥斯特沃德，A.（Osterwalder, A.）和皮尼尔，Y.（Pigneur, Y.）（日期不详），商业模式画布（互联网信息），https://strategyzer.com/canvas/ business-model-canvas [2018年3月]。

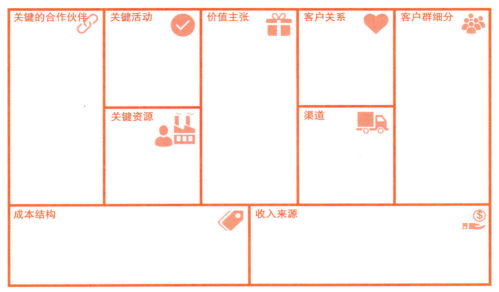

图 36　奥斯特沃德（Osterwalder）和皮尼尔（Pigneur）的商业模型画布（来源：strategyzer.com 网站）

价值主张画布

价值主张画布（VPC）[①]是商业模式画布的一种形式（见图 37）。在设计新的或变更的产品或服务时，理解价值主张是必不可少的。价值主张画布特别关注 BMC 的两个元素，即价值主张和客户细分。画布的目的是在开始设计产品和服务之前观察和了解客户及其需求。

观察从画布的客户细分开始。在进行客户细分的分析之前，组织需要定义他们的客户是谁，或者产品或服务的目标客户是谁。如果有多个客户，则需要对每个客户进行分析。

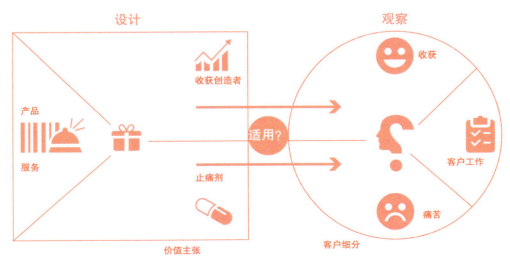

图 37　价值主张画布（来源：strategyzer.com 网站）

---

① 奥斯特沃德，A.（Osterwalder, A.），皮尼尔，Y.（Pigneur, Y.），贝尔纳达，G.（Bernarda, G.），史密斯，A.（Smith, A.），帕帕达科斯，T.（Papadakos, T.）（2014 年），价值主张设计：如何创造客户想要的产品和服务（策略），纽约：威利。

- 客户细分中的"工作"不是指客户的工作，而是指服务或产品需要完成的工作。这项"工作"可能包括功能（或功用）和用途，但也可能包括更微妙的工作，如提高地位或与某些社会结构或地位保持一致，甚至是传递有关客户价值观或信仰的信息。
- "痛点"是客户期望避免的障碍、问题或风险。其中一些痛点可能是常见的，比如可靠性、安全性和价格。另一些可能与消费者想要购买的产品或服务的类型直接相关。与工作一样，痛点也可能包括一些无形的问题，如因为服务或产品，其他人对其所有者或用户的看法。
- "收益"定义了客户的期望和愿望。收益是产品或服务的功能、能力、容量、支持、维护或其他属性。

定义这些区域将创建典型客户的档案，并为设计团队提供有价值的设计需求的见解。定义的工作、痛点和收益将按优先顺序排定，以便于设计团队使用该档案，确保以上这些都是从客户的角度并且是针对潜在客户的检验假设来做的。

在画布的价值主张方面的思路是将客户工作与产品或服务相匹配，并确保这些包含了"治疗痛点"（用于已定义的客户痛点）和"增强收益"（用于客户收益）的产品和服务，考虑到每个元素的相对重要性。

> **价值主张**
>
> 阿列克·奥斯特沃德（Alex Osterwalder）关于价值主张的最后一句话：
> - 伟大的价值主张被嵌入到伟大的商业模式中。（柯达帮助设计了数码相机，甚至销售了数码相机，但他们的商业模式与价值主张并不一致）。
> - 伟大的价值主张聚焦于对客户最重要的工作、痛点和收益。这意味着你是从客户的角度理解客户的优先级。走出大楼，检验你的理解——与客户接触。
> - 关注未解决的痛点、未实现的收益和未满足的工作。其他组织显然也有这样的权利——找出最不满意和最能创造价值潜力的地方。
> - 瞄准少数工作、痛点和收益，但成效异常显著。也就是聚焦于可以创造最大的价值的地方。
> - 不仅要解决功能性工作，还要解决情感性和社会性工作。
> - 根据客户衡量成功和失败的方式调整衡量标准。
> - 专注于工作、痛点或收益，要么是很多人拥有的，要么是一些人会为此付出很多钱的。
> - 通过关注客户关心的内容来实现差异化，不要在客户不太关心但你仍必须提供的内容上进行差异化。
> - 至少在一个功能或维度上显著优于竞争对手。
> - 确保你关键的价值主张难以被复制。

头脑风暴

为什么要运用这个方法？因为，它可以提高成功识别创新和颠覆性想法的概率。

尽管头脑风暴经常被用作解决问题的技术，但它也是为实证研究构建假设的最有效方法之一。实验是任何以实证为基础的问题的核心，在创新的情境下，很少有可靠的数据可用于替代技术的使用。实验非常适合于解决复杂和混沌的问题。

许多组织在某种程度上进行实验，但不是以结构化的方式进行的。他们用"直觉"来尝试一些东西；有时它起作用，但经常不起作用。在实验过程中使用结构化方法来提高成功的可能性是很重要的。一个结构化的方法通常是从小处开始的，它定义了一些组织可以做得与众不同的，并对他们的市场产生积极的影响事。在这里，重要的是遵循头脑风暴的方法——在分配的时间内产生尽可能多的想法。

在头脑风暴中，规则很重要，如果能够遵循这些规则，必将产生深远的影响：

- 定义并描述问题，以便每个人都知道他们参与的原因。不要寻找解决方案——这是倾听和思考的时候。
- 最好创建两个或多个团队。确保团队是平衡的、跨职能的，并代表组织的所有层级。另外，还要任命一名会议主持人。
- 产生想法——不要评价，不要评论，不要评判，只是提出想法。它们是好是坏并不重要。会议主持人的工作是确保不在产生想法的时候做出判断，只聚焦想法的产生。每个人都应该有平等的机会做出贡献。如果想做得更好，主持人可以向每个人征求意见以确保充分的参与。
- 在团队之间交换产生的想法。
- 将想法分类，团队经常会发现他们的想法是相似的。团队可以使用关联映射将类似的想法组合在一起。如果团队不确定分类的合理性，则应该派一名代表与发起人确认团队的理解的正确与否。
- 评估想法并对评估进行评分。这个主意是比下一个更好吗？好多了？评估的目标是列出10个或更少的好点子。
- 团队整合并重新给想法打分（而不是重新评估），再次创建一个不超过10个想法的列表。

头脑风暴是产生想法的一种非常简单的方法。如果规则得到严格的应用，学习起来很容易，效果也很好。根据规则，任何想法都不会在发起人面前受到批评，也就是说，不阻止任何贡献者对未来做贡献。

客户旅程地图和真相时刻

为什么需要运用这个方法？因为，客户旅程地图可以帮助组织，在研究、概念化和设计新产品或服务或改进现有产品或服务的过程中探索"如果……怎么办？"的答案。

旅程地图分析是用于服务设计、设计思维、用户体验设计和接触点管理的工具。它通常会带来更详细的设计，比如服务蓝图（可以看作是扩展到详细的服务设计中的多个用户画像的旅程图的另一个视图）。

地图分析通常从定义用户画像开始。用户画像是价值流中的特定角色扮演者或角色扮演者组，例如特定类型的消费者或特定类型的员工。定义用户画像可以更好地了解他们是谁、他们需要什么、他们经历了什么以及他们在旅程中的感受。这会产生共鸣和理解，并有助于创造更好的想法和更好的方式来为属于某个用户画像的消费者提供服务。

用户画像应按属于该用户画像组的人员的平均值来定义。在定义用户画像的需求时，还要考虑人口统计学、真实信息、心理统计学（表征偏好和感知）和情感体验。同样重要的是，要意识到属于一个用户画像组的极端限制，特别是对于检验。融入了各类资源或其他利益相关者的用户画像，也可以用来定义利益相关者地图，以分析关键利益相关者（通常称为一个用户画像）的特定体验。

通常为每个用户画像创建一个旅程地图，将他们的旅程概括为一系列步骤，然后绘制他们在旅程中的体验，并确定它与其他利益相关者所做的事情或由组织资源、能力、技术和系统提供的事情的关系。旅程地图通常被组合成不同用户画像对产品和服务体验的总体视图，然后被用于分析如何通过定义/设计一个服务蓝图来构建或改进产品与服务。

旅程地图使无形的行动或互动变得可见和可行。分析客户旅程还可以让组织对一个用户画像如何与组织、产品或服务交互形成共识。需要注意的是，旅程地图应该包括组织接触不到的经验、行动和步骤。当用户与组织打交道或消费产品或服务时，旅程地图以某种方式连接着用户画像的体验。

单个用户画像旅程地图

单个用户画像旅程地图首先列出客户旅程中的步骤。

接下来被描述为用户画像通常会经历的每一步（记住，体验是情感化的）。这还可以借助形成了丰富戏剧化旅程基础的故事板来进一步加强。

对于每个步骤，请考虑：
- 用户画像的情感旅程；
- 沟通渠道；
- 客户资源；
- 前端利益相关者（用户画像与之互动的角色）；
- 其他利益相关者（不直接参与产品或服务的交付，但可能对体验产生影响的角色）；
- 后端利益相关者（用户画像不与之互动，但对于体验或前端利益相关者提供支持的角色）；
- 所需的或消耗的资源；
- 支持系统；
- 支持技术。

图 38 是一个清晨上班族在去办公室的路上驻足在"Mug and Muffin"，为自己或同事购买咖啡的旅程地图示例。它展示了 Mug and Muffin 可以改善顾客体验及其产品和服务的多种方式。

创建客户旅程地图的典型步骤是：
- 定义需要进行更多了解的问题或疑问。
- 进行定性和定量的研究或收集研究结果。
- 列出旅程步骤、客户接触点和发生这些情况的渠道（如付账单、面对面、在线、网站等）。不仅要列出能够达成客户所期望成果的计划的旅程，还要列出所有的反馈环，这些反馈环使得客户可以及时了解进度，并在客户旅程出错时收到处理偏离情况的通知——当事情出错时，客户旅程需要达到最佳状态。

图 38 Mug and Muffin 的客户旅程地图

- 描绘旅程草图——记住，没有一种方法是正确的。
- 创建一个移情图（体验图+每个步骤的详细体验），描述用户画像的各个方面以及在给定场景中的相关体验。不仅仅是听、看、想、摸、说、做，还可以使用画布技术中定义的痛点和收益。我们的目的是了解一个人在这种特定的场景中的感受如何。
- 站在不同的视角对地图进行头脑风暴（创建利益相关者地图可能有助于实现这一点，见下一节）。
- 为不同的用户画像定义可能的改进或创新，并从不同利益相关者的视角来审视它。
- 使用亲和图帮助找到有凝聚力的想法——帮助聚焦于为特定或重要利益相关者定制的正确的解决方案。
- 优化和数字化。
- 充满激情地分享——确保它与众不同。

客户旅程中的每一个接触点或互动都会成为一个"真相时刻"；每一个客户与服务提供者接触的时刻都提供一个让客户形成或改变其对组织印象的机会。在整个客户旅程中，可能会有许多"真相时刻"。客户可以花很多时间通过各种接触点愉快地与品牌打交道，每次体验都使他更接近最终目标。

无论如何，只需要一次消极的体验，就可以造成一个破坏整个体验的记忆，最终导致一个不再来往的客户。所以，努力去营造一个积极的、难忘的环境吧！

记住，每一个动作或互动都会产生个人的反应。服务提供者需要了解每个接触点的客户旅程、客户期望和实际体验，了解每次互动结束时客户的情绪状态。客户体验是指客户如何有意识和潜意识地看待自己的体验。有意识的期望通常是基于事实的，例如目录、服务级别。潜意识的期望可能基于不成文的规则、习惯和实践、先入为主的观念、感知，例如通过社交媒体、口碑、营销、竞争对手的经验、过去的经验或紧急情况……其中许多是服务提供商无法控制的。客户的期望不是一成不变的，它们将随着周围世界的变化而变化，因此需要不断地监控，以不断地改进客户体验甚至使之转型。

重要的是要理解和关注对客户或用户画像最重要的"时刻"，因为他们眼中的这些"时刻"并不都是一样的。例如，是否在正确的地点准时交货可能比确认订单的速度更重要。让结果更有意义，因为真相的最后一刻将更为重要。它是留在客户体验中的最终记忆。最后，将糟糕的体验（当客户遇到问题时）转变为良好的体验，让客户对修复产品或恢复服务的体验感到满意，这也是一个重要的真相时刻。

了解客户旅程和真相时刻可以用来改变客户体验和满意度。

利益相关者地图

为什么需要运用这个方法？因为，利益相关者地图可以帮助我们理解利益相关者之间的互动以及这些互动的重要性。

利益相关者地图是通过创建同心圆实现的，它是从中间的圆（最重要）开始，向外（不太重要）绘制的。用户画像放置在圆圈上，用户画像之间的关系通过使用表示特定主题的箭头和图标来定义。通过随附的文本对主题进行更详细的描述。图39是Mug and Muffin利益相关者地图的示例。

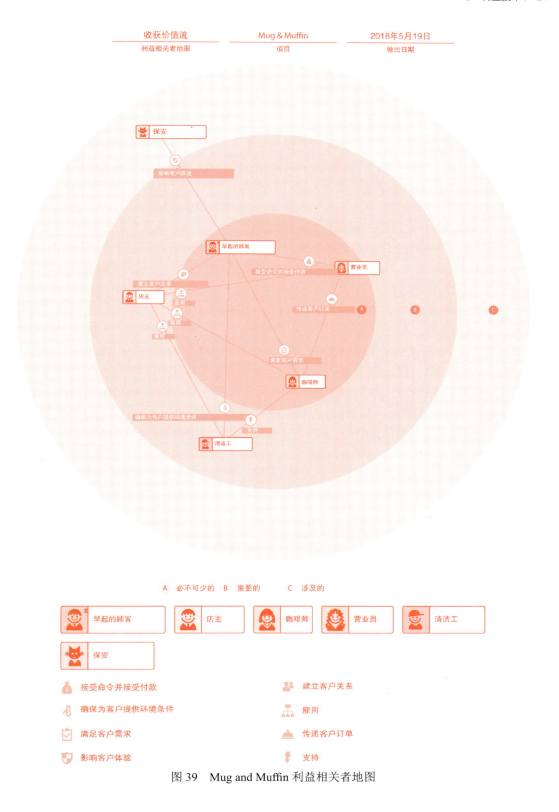

图 39 Mug and Muffin 利益相关者地图

9.6.4 平台业务模型图

为什么需要运用这个方法？因为，平台业务模型图有助于组织了解基于平台的业务模型的动态，并可用于分析竞争对手的平台或为组织自身构思和设计平台模型。

许多新的颠覆性组织经营的是"平台"业务，它们从网络效应中获得价值。"网络效应"是指：网络越大，参与者就越多。更多的参与者导致了更好的供需匹配，并形成了更多的可以用来寻找其他供需匹配的数据。网络的规模吸引了更多的消费者，他们创造了更多的价值，进一步吸引更多的消费者。像优步（Uber）和爱彼迎（Airbnb）这样的组织就是经典范例。

这种类型的组织可以追溯到经济学家早期的研究，他们着眼于双边市场，以及一个组织向不同客户收取不同价格的情况。大多数平台业务都比这个要复杂得多——平台业务通过促进两类或更多不同类型客户之间的直接交互来创造价值。

安德烈·哈古（Andrei Hagiu）和朱利安·赖特（Julian Wright）定义了一个多边平台业务："……在最基本的层面上，MSP（多边平台）有两个超出任何其他要求的关键特性（如间接网络效应或非中立性费用）：

- 它们能在两个或多个不同的边之间进行直接交互；
- 各个边均与平台相连。"

"平台"这个词让大多数人想到像亚马逊这样的软件/网络平台，但亚马逊在一开始并不是一个平台业务。只有当它允许其他方列出商品进行转售时，它才成为一项平台业务。

被认为使用了哥伦比亚大学（Columbia University）的戴维·罗杰斯（David Rodgers）定义的映射工具（见表5）的一个平台业务的范例是阿尔法特（谷歌）[Alphabet（Google）]的安卓（Android）操作系统。安卓有很多客户，其中一些人因为安卓系统的优点而使用安卓平台直接进行交互。表5描述了安卓的客户和以安卓作为平台的客户之间的关系。例如，第2行显示了作为安卓客户的内容提供者，通过这个平台销售视频、书籍和音乐。这个平台为他们提供了一个店面和接触客户的渠道。内容提供者的客户可以通过安卓访问点播内容，安卓本身也可以获得更多的内容和销售佣金。

表 5 平台业务模型图（模板来源：戴维·罗杰斯）

客户	从其他客户那里获取价值	从平台获取价值	将价值提供给其他消费者	将价值提供给平台	他们吸引的客户	简介
移动和家电设备制造商	销售设备	设备操作系统 谷歌应用程序	开放平台	平台增长 许可证费用	商业用途的个体 商业用户 个人使用或娱乐	金牌买家
内容提供者	销售视频、书籍、音乐	店面 更多的客户	按需内容	丰富内容 销售佣金	每个人	买家
发动机制造商	产品特点	减少研发成本	连接/集成驾驶体验	新客户类型 许可证费用	高收入，精通技术的买家	买家
应用程序开发商	销售应用程序	应用程序包和工具 谷歌商店服务	平台增长 佣金 托管费	新想法	每个人	买家
设备用户	能力/工具 收入使用应用程序	增强的能力	应用程序和设备销售收入	平台增长	每个人	关键人物
汽车司机	能力/工具 连接/集成驾驶体验	集成平台	销售 车辆特性	平台增长	高收入，精通技术的买家	买家

"关键"客户是指那些平台一旦失去就无法运营的客户，类似于购物中心的主力租户。将上述信息转录到平台商业模式图中有助于组织了解作为平台业务的竞争对手/颠覆者的动态。它还可以用于映射一个平台业务的提案，并随着时间的推移，对业务的发展进行优先级排序。

图 40 是关于安卓的平台商业模式图示例。

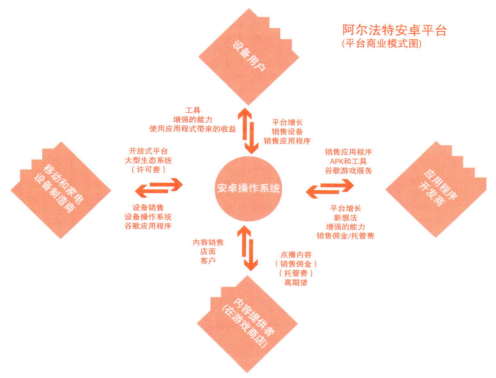

图 40　平台商业模式图——安卓 [来源：戴维·L. 罗杰斯（David L.Rogers），智慧转型书籍]

注意，在这个示例中没有"甜味剂"。甜味剂可以是类似于在脸书上发布免费新闻的新闻提供者。

> **平台商业模式图**
>
> 平台商业模式图分五步绘制，信息源自表格中所填写的内容。
> - 姓名：
>   首先，在图中间写下平台本身的名称；
>   如果有关键客户，直接在平台上方写上他的名字；
>   如果有金牌买家，请将其姓名直接写在平台的右侧；
>   然后，按顺时针方向写下其他支付者的名字；
>   最后，再按顺时针方向写出任何甜味剂的名称。
> - 形状：在平台名称周围画一个圆圈，在任何支付者周围画一个菱形，在甜味剂周围画一个正方形。

- 吸引力：在每个客户的形状（菱形或正方形）上，为每个被他们吸引到平台上的其他客户添加一个小尖角。
- 获取的价值：从平台向每个客户画一个箭头。在箭头旁边，写下它从其他客户那里得到的价值。然后，在括号中，写出它从平台本身收获到的价值（统一用粗体表示货币价值）。
- 提供的价值：从每个客户向平台画一个箭头。在箭头旁边，写下它提供给其他客户的价值。然后，在括号中，将它提供的价值写入平台本身（统一用粗体表示货币价值）。

利益相关者价值链

为什么需要运用这个方法？因为，利益相关者价值链可以帮助我们了解供应商、组织及其客户之间的动态和关系。它们强调了中介化、去中介化和更好地理解其他商业模式的机会。

当谈到价值链时，通常会聚焦价值是如何在组织内被创造出来的。了解跨网络的价值链，并为消费者创造价值是非常重要的。

这些利益相关者价值链是波特五力模型的中间部分：

- 供应商；
- 组织；
- 客户。

需要注意的是，这些利益相关者价值链的多次迭代可能存在于利益相关者价值链的最远点之间。利益相关者价值链很重要，因为它们显示出两个战略机遇。波特称之为前向和后向一体化，但它们通常被称为去中介化和中介化。去中介化是指利益相关者价值流中的一方有机会剪除另一个利益相关者，将价值链中创造的更多价值留在去中介化的利益相关者手中，如图41所示。

图41　去中介化示例

当一个利益相关者（图41中的脸书）和一个共同的利益相关者（图41中的读者）有机会将自己插入到价值链中，从而为自己获取一些价值时，就会发生中介化，如图42所示。

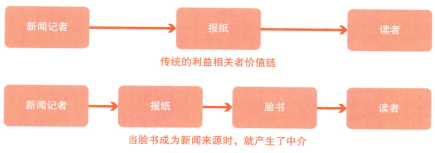

图 42 中介化示例

绘制和理解利益相关者价值链提供了如何在价值链中释放价值的洞察力,从而获取战略性机遇。

10 治理和战略

引言

组织的领导层有一个主要职能，即为组织提供战略指导，并确保实现这一战略所需要的资源。当风险得到充分理解和管理、资源得到最佳利用时，组织所做的一切就会有助于实现其战略意图。

本章介绍数字化组织的组织组合以及治理和战略。

10.1 设置场景

为数字化世界做好准备，几乎是所有企业都要面临的挑战。针对这一挑战的首要困难在于难以获得这方面的指导，即使有，也大都集中在数字（技术）方面，而不是人员、文化、工作方式等。第二个困难是以数字化为中心（聚焦数字化的世界）需要从根本上转变思维，从重新定义组织战略开始。

> **数字化战略？**
>
> 注意：数字化转型需要为企业制定新的战略，而不是"数字化转型战略"，更不是"为数字化服务制定的战略"。数字化转型战略的风险在于：
> - 它看似是一个有终点的目标，而实际上转型是一直持续的（见第5章适应持续的变化）；
> - 它是分块式的，只聚焦于组织需要做的一件事情。这种想法从根本上是错误的。在数字化时代生存，意味着整个组织的战略必须适合数字化世界。

数字化产品和服务无法通过组织中的传统结构或传统思维完成交付。"转型"并不是一个理想的用词，因为它意味着会有终点。有效的数字化转型要求组织文化进行变革，这个变革使其不但能够在当下进行调整，还应能够在未来持续调整和改变。

虽然转型不是目的，却是达到目的一种手段。遗憾的是，没有人确切知道结果会是什么。比如人工智能，谁能预测人工智能对社会的影响？更不用说它对一个组织的影响。现在的战略思维不应集中在确定的目标上，而应该更多地关注组织在未来的角色、地位、影响力或竞争力。下面的段落将简要陈述这一想法。

> 系统思维和复杂性理论的最大区别在于在系统思维中，你定义了一个理想的未来状态，并试图缩小差距，在复杂性理论中，你描述了当前状态，并看到了你能改变什么。你唯一可以定义的是旅行的方向而不是目标，因为如果你开始一段旅程，你会有未曾预料到的非常有用的发现，而如果你制定了明确的目标，你会错过这些可能需要的发现！
>
> ——戴维·斯诺登（David Snowden）教授

10.2 领导力在治理中的重要性

一个组织的变革通常从高层开始，并通过领导力、治理和战略进行落实。成功的数字化转型需要组织领导者关注治理，为管理者提供战略指导。组织领导者需要（紧迫地）认识到他们的角色是成为组织所需变革的促进者，使组织能够在未来生存。变革首先从组织的领导者和董事会开始。如果领导者失败，组织将会失败。

第 4 章探讨了领导者角色的变化，第 5.5 节探讨了领导者在管理组织行为和促进组织变革中的角色。

有效的治理需要组织的领导力关注三个主要活动，包括：

- 评价；
- 指导；
- 监控。

这一方法基于广泛使用的治理模型。通过这三个活动，VeriSM 创建了一个治理体系，用于形成一组服务管理准则（通过策略实施形成行为的护栏）。

> **组织组合**
>
> 治理活动的有形成果是组织组合。组织组合代表组织的战略决策和组织如何投入其资源——它代表了组织的价值流和对其提供的产品和服务的承诺，这些构成了组织的价值主张（更多信息见第 10.3 节）。组织组合是实施新产品和服务的驱动力（XXX 是否支持战略的实现？）并可用于确认是否继续符合企业战略（我们是否需要购买/开发 XXX，或它是否超出了定义的边界？）

10.2.1 VeriSM 支柱

总体而言，企业治理、服务管理原则和组织组合三个要素成为 VeriSM 的"支柱"。这些支柱如何携手共进？企业治理定义组织的使命和愿景，并"拥有"评价、指导和监控活动。服务管理原则是基于企业治理定义的，这些原则和企业治理结合，将影响组织交付的产品和服务（在组织组合中捕获）。管理网格（见图 43）创建了基于治理、相关原则和当前组织组合的全景视图。

管理网格表明了通过将资源、环境、管理实践和新兴技术进行集成和运营以交付服务价值的方式。理解已经交付的内容及其与实现既定战略的关系也至关重要，组织组合提供了这些信息。如果没有这三个组成部分，网格将无法准确映射组织，并使组织面临承诺它不能（或不应）交付的东西的风险。

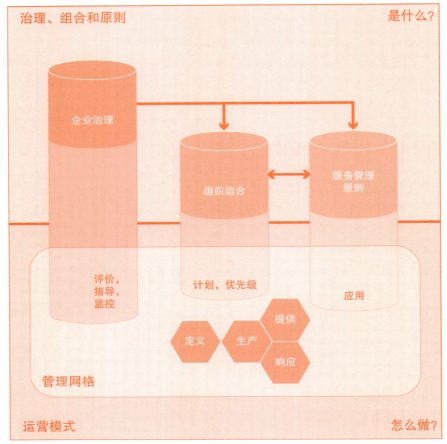

图 43　VeriSM 支柱

10.3　组织组合

组织组合为服务提供者提供其产品、服务和价值主张的企业视图。不应将其与应用程序组合、供应商组合或财务组合混淆。对于 VeriSM，组织组合描述了哪些组织能力和相关资源参与到企业提供的产品和服务的交付和支持，如图 44 所示。此外，组织组合还说明了能力和相关资源如何实现特定的价值流。

这使得组织组合可以围绕价值流进行管理（见第 8.3.1 节），而不是单个的技术、产品或服务。

> **价值流**
>
> 　　价值流是"向（消费者）提供商品或服务所需的活动序列，它包括信息和材料的双重流动。大多数价值流是跨职能的；（消费者）对商品或服务需求的转换通过组织内的多个职能（能力）完成"。[马丁（Martin）和奥斯特林（Osterling），2013 年]
> 　　为了举例说明价值流的跨职能层面，在线零售环境中，"订单到现金"的价值流将涉及组织内的订单管理、信贷、订单履行、运输和应收账款能力。

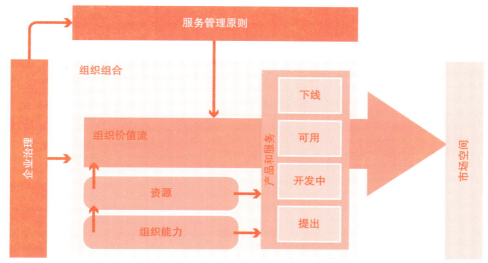

图 44 组织组合

组织组合中描述的价值流代表了产品和服务如何在市场空间中满足消费者需求的高层次视图。价值流不包括单个能力任务或决策、管理实践流程和程序，也不包括交付产品和服务所涉及的基础技术。换句话说，价值流只描述已经做了什么（What），而不是如何做（How）。

组织组合的目的：

- 支持基于企业战略和治理的关于产品和服务的投资和承诺的明智决策（见第10章）；
- 识别组织中存在哪些价值流，以及在这些价值流的交付和支持过程中涉及哪些组织能力和相关资源；
- 确保在开发或变更产品或服务时考虑所有组织能力；
- 了解并跟踪产品和服务的状态。

10.4 组织组合与其他 VeriSM 的组件和活动的关系

- VeriSM阶段（定义、生产、提供、响应）：
  - 定义——在开发商业论证或批准时，将创建该产品或服务的记录，并在组合中显示"提出"状态。创建服务蓝图将导致该产品或服务进入"开发中"状态。
  - 生产——作为生产活动中变更控制的一部分，对产品和服务（"提出""开发中""可用"或"下线"）进行状态变更。
  - 提供——提供活动中的产品或服务在组合中的状态为"可用"。此外，处于"开发中"状态的产品和服务可以在服务提供者的营销活动中发挥重要作用。
  - 响应——响应消费者，包括解决问题。
- 管理网格——管理网格上描述的资源和组织组合中的资源相对应。
- 消费者——VeriSM模型以消费者及其需求为起点和终点。

10.5 治理和战略概述

治理是一个指导和控制系统。它确保组织按照战略意图行事并实现其战略目标。治理是必要的,以确保组织较低层次的决策准确并适合组织的愿景、使命和目标。这是 VeriSM 模型中通过服务管理原则传达愿景、使命、目标等来实现的。

组织通常使用"治理"一词来描述指导和控制活动,同时也描述适用于这些活动的规则和习惯。在这个更广泛的定义中,治理应包括流程、习惯、政策、法律和影响人们指导、管理和控制组织方式的机构。治理还包括许多角色扮演者或利益相关者之间关系管理的战略影响及其对公司目标的影响。治理机构指导下的管理人员负责日常的利益相关者管理。主要参与者包括股东、客户、员工、管理层和董事会,而其他参与者可能包括供应商、服务提供者、监管机构、竞争对手、环境和整个社区。

将治理视为旨在确保正确决策和为企业提供战略指导(以及评审这种指导的效果)的三组不同活动的想法来自 ISO/IEC 38500(以及之前的澳大利亚 IT 治理标准)。

10.5.1 评价、指导、监控

ISO/IEC 38500 中首次描述了评价、指导、监控(EDM)模型。虽然最初用于 IT 治理,但它是一个有效的企业治理模型。VeriSM 采用 EDM 作为治理的最终参考模型。

EDM 模型的目标是为董事、所有者、董事会成员、合伙人和高级管理人员提供一个用于治理组织的结构。它为各类企业提供了一个有效的治理架构,帮助企业最高层的人员理解和履行其法律、监管和道德义务。同时,它有助于明确定义战略方向,并将其传达给管理层和组织的其他层级,以便他们能够实现这一目标。它将包括定义目的、目标、结果、政策和原则,供管理层在执行组织战略时使用。治理还需要确保实现预期的结果,并在出现问题时进行干预,因此治理的另一个要素是监督和监测。

使用 EDM 模型,VeriSM 建议治理是一个流程,而不是一个事件。治理是一个战略流程,因为它确保了方向和行动——没有有效的治理,VeriSM 模型的其余部分就无法得到有效应用。

组织的治理机构有三项主要任务:

- 评价组织的当前和未来状态;
- 制定和组织情境相适应的战略方向,并直接制定和实施计划和策略,以确保企业能够实现其目的和目标;
- 根据计划监控策略和绩效的符合情况。

ISO/IEC 38500 标准规定了一系列良好治理原则。这些原则指出了指导决策的首选行为。每项原则的表述都提到应当发生什么,但没有规定如何、何时或由谁来实施这些原则;这些方面取决于实施这些原则的企业性质。治理机构需要描述一个理想状态,并委托企业管理者们实现这一状态。

典型的治理实践和原则包括:

- 创建和维护治理框架——根据组织的目的和目标(使命/愿景)定义结构、原则和实践;
- 明确职责——确保职责得到理解和接受;
- 嵌入价值主张——将产品和服务的成果与实现组织目标联系起来;

- 优化风险——定义组织的风险承受能力/风险偏好，并确保其得到理解、沟通和管理；
- 优化能力——确保有足够的资源（人员、流程、技术）支持组织目标的实现；
- 确保合规性——通过组织实践遵守所有强制性法律、法规，确保定义的策略是明确的、已部署的和强制的；
- 建立利益相关者透明度——确保所有绩效和合规活动（报告）的结果得到有效沟通并得到利益相关者的认同；
- 绩效——确保我们达到目的和目标；
- 确保实现利益。

这些实践和原则定义了一个应被设计、构建、执行、监控和改进的治理流程。与大多数流程（即使不是所有流程）一样，治理流程得到以下支持：

- 策略；
- 计划；
- 衡量指标。

作为一个流程，治理应和企业中其他流程一样，应服从于控制和监督制衡。应对流程绩效进行持续评审。治理是企业中的一个战略流程，甚至就是企业的战略流程。需要注意的是，战略方向意味着组织的所有部门都对给定的方向做出响应，包括组织的能力，如人力资源、财务、IT、营销等。组织往往会因为某些能力未能遵循所提供的方向，而无法达到其战略意图、目的和目标。

> **现实案例**：治理
>
> 一个组织的领导认同敏捷的原则，并要求执行经理积极地为成为一个"敏捷组织"努力。组织中大多数核心活动的高管和中层管理人员认识到这一举措的潜在收益，并开始了积极的培训和辅导计划。
>
> 工作人员发现转型非常困难。"楼道式谈话"指管理层只是口头支持敏捷，而在实践中，组织不能像敏捷组织那样运作。
>
> 调查发现，在角色定义、绩效考核、培训和发展计划等方面，人力资源等一些组织能力仍在使用过时的思维方式，他们已成为迈向敏捷的关键障碍。
>
> 一些中级/直线职能经理故意阻挠新的工作方式，因为他们担心在组织中失去地位。
>
> 同时发现销售团队也不喜欢"这种敏捷的想法"。对他们来说，这意味着"过度承诺""侵吞订单"和销售不切实际的"宏大计划"会很快被识破和纠正，从而导致一些订单被客户取消。转向迭代交付改变了销售佣金的计算方式，以前佣金基于交易和预付款的百分比，后来改为更高的百分比，但基于发票支付，因为给客户带来的价值是无法锁定的。
>
> 对这种情况的补救办法是重新审视本组织的所有领域，并让管理层消除障碍。这些措施包括限制性的前线决策能力、从源头上停止"宏大计划"、改变僵化的角色定义、放弃不当的绩效评估，并用反映新工作方式的全方位评审取代之。这包括专注于跨职能团队工作，为组织中的每个人定义新的角色和绩效衡量指标，并尽可能给现场工作授权。
>
> 结果很快就得到了改善。

从产品或服务的角度看，EDM 流程应确保反映组织战略的方向被很好地记录和沟通。这包括回答以下问题：
- 我们的目标市场是什么，或者谁是我们的客户？
- 我们的价值主张是什么（与竞争对手有何不同）？
- 哪些产品和服务可以提供竞争优势？
- 在生产这些产品和服务时，哪些能力是必需的，哪些是擅长的。

在本节一开始，EDM 模型被用作稻草人，企业可以围绕该模型回答一系列相关问题来认识和沟通战略方向。该模型也可以用来评价战略方向以及整个企业对给定方向响应的有效性。图 45 展示了一个高水平的稻草人的示例，这不是一个规范的例子，但它提供了对治理机构"工作"有深远意义的见解。虽然"治理"和"战略"不是数字化时代的新概念，但在组织领导层试图设定战略目的和目标前考虑。值得记住的是，提出和回答战略和战术问题的重要性与数字化方案相关。

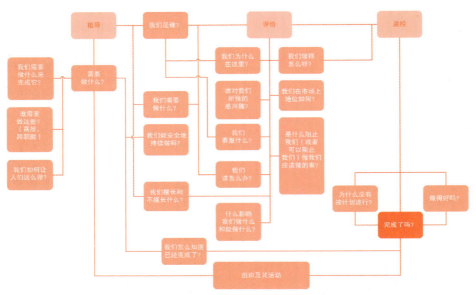

图 45 使用 EDM 模型时要回答的一些战略问题（来源：GetITRight）

尽管数字化时代需要一种不同的思维模式，但用于制定战略的许多基本要素、技术和工具依然存在。战略内容和实现战略的方式将发生变化。有些组织选择循序渐进的方式，而另一些则选择更激进的战略干预。选择的方法取决于组织，并可能会受组织所面临的竞争环境影响。

10.5.2 评价

"评价"活动的目的是让组织的领导力在做出决策之前，对组织、组织价值主张、组织绩效、组织情境有深入的了解。评价的一部分是对组织所处的市场、组织所拥有的竞争对手、组织所处的法律、社会和环境等有更为全面的了解，还需要考虑新兴技术。评价工作侧重于依据已批准的计划和指示对本组织的现状进行评价。

评价阶段的结果是清楚地了解需要采取的行动和给出的方向。简单地说："如果你不知道自己不知道什么，你会做出错误的决定！"

进入数字化时代意味着企业需要更好地了解消费者和其不断变化的需求。企业还需要更清楚地了解竞争对手以及竞争对手如何塑造消费者行为。在不断变化的世界中，需要更频繁地进行评价。

10.5.3 指导

"指导"活动的目的是创建和部署战略、定义目标和策略，以确保组织实现其目的和目标。在 VeriSM 模型中，这将形成服务管理原则，支持识别可能的新产品和服务，以及不断重新评价服务和产品。这里所做的决策是组织组合的关键输入，它是管理层执行的所有工作的三大支柱之一，也是组织选择对给定方向做出响应的方式。

指导阶段的主要输出是：
- 组织原则；
- 目的和目标；
- 策略；
- 组织组合。

10.5.4 监控

"监控"旨在确保所给出的指示得到执行，所制定的策略得到遵守（符合性），并根据所制定的战略、目标、指标以及同样重要的是激励初始方向的预期结果来评审绩效。监控还被进一步用作进行纠正的手段，确保目的、目标、策略和计划的持续一致。

在数字化时代，监控"什么"没有发生真正的变化。但"如何"监控需要进行根本的改变。不能到了年度或季度董事会时，甚至在月度会时再进行监控。数字化时代的一个月就像工业时代的一年，到那时再去了解问题、发展趋势、新的竞争对手、失去的客户或糟糕的客户体验为时已晚。

10.6 治理问题

VeriSM 识别了领导者和治理机构成员需要回答的四个战略问题，以确保适当的企业治理，但更具体地说，是在企业向客户交付产品和服务方面进行治理。这些问题是：

1. 我们是谁？
2. 什么影响我们能做什么？
3. 我们该怎么办？
4. 我们为谁做？

10.6.1 问题一：我们是谁？

"认识你自己"是一个德尔斐格言，是任何人或组织所能做的最有价值的事情。苏格拉底（Socrates）说过"没有自省的人生不值得过"，这是由于自省为决策奠定了基础。

我们可以问这样的问题：
- 为什么我们作为一个组织存在，我们的宗旨是什么？
- 我们的基本信念和价值观是什么？
- 我们将如何使世界变得更美好？

这些基本价值观和信念（有意或无意）塑造了一个组织所做的一切，并且通常会以多种方式表达。最明显的是组织的愿景和使命宣言、价值观和原则，但它们也将反映在组织的目的、目标和策略、提供的产品和服务、成为社区一部分的方式、对待客户的方式以及同样重要的对待员工的方式中。

> 一个了解自己的组织，不会根据流行的或"其他人在做什么"做出糟糕的战略决策。在采用新兴技术时，这一点尤其重要，新兴技术必须用于实现战略目标，而不仅仅是因为"它很酷"。
>
> 企业社会责任（Corporate Social Responsibility，CSR）倡议表明，随着数字化产品和服务的增加，面对面的互动减少了，企业认识到需要向消费者展示"他们是谁"。例如，施乐（Xerox）有一个社区参与计划，仅 2013 年他们就拨款 130 多万美元，让 13 000 名员工参与社区事业。施乐的收益来自更快乐的员工、社区认可，以及与消费者分享故事。

价值观和原则决定了一个组织有意愿且运营自如的范围。这些价值观和原则决定了组织文化，是战略方向、战术和运营的指南。

价值观是定义原则的基础。原则分为一般组织原则和处理特定领域更具体的原则。

但什么是价值观呢？我们如何知道我们的价值观是什么？我们如何沟通和分享价值观？我们如何确保组织按照其价值观行事？组织的价值观定义了组织的身份。它们是一个组织哲学和信仰的表现。价值观通过识别和描述组织的核心原则而变得明确。组织的价值观支撑组织的愿景，塑造组织的文化和行为。一个组织在确定其核心价值观前，很难确定其原则、战略、目标、商业模式、架构以及产品和服务。

一个组织的价值观需要明确化，并与员工和客户分享。它们会影响谁将与组织做生意，以及组织吸引胜任员工的能力。

> 一个组织如何识别和定义其核心价值观呢？关于这个话题，《从优秀到卓越》一书的作者吉姆·柯林斯（Jim Collins）给出了以下几个建议。
>
> "火星小组是这样工作的：想象一下，你被要求在另一个星球上重新创建组织的最佳属性，但你的火箭飞船只有 5～7 个人的座位。你会派谁去？
>
> 他们很可能是代表本组织核心价值观和宗旨的榜样，在同行中具有最高水平的能力和信誉。
>
> 一种方法是让参与这一流程的所有人提名选出一个由 5～7 人组成的火星小组（火星小组成员并非都需要来自参与这一流程的人），提名最多的人成为成员。"

> 火星小组要求回答以下问题：
> - 不管是否被认可，你认为什么是最基本的核心价值观？
> - 如果你明早醒来时有足够的钱，可以退休安度一生，你还会继续坚持这些核心价值观吗？
> - 你能想象这些价值观在100年后，仍像今天一样依然有效吗？
> - 你是否希望组织继续保持这些价值观，即使在某个时候，它们成为竞争劣势？
> - 如果你明天要在不同的工作领域建立一个新的组织，不管组织是做什么的，你会把核心价值观建立在新的组织中吗？
>
> 柯林斯建议，火星小组不应包括高层管理者或者主管，相反，高层管理者或主管应该对火星小组的输出做出回应，以最终清晰表达价值观。

要回答余下的问题（我们如何分享价值观并确保人们认同价值观），请先考虑以下问题：

- 愿景、使命、战略、目的、目标、原则、服务、产品和策略都需要反映一个组织的价值观；
- 上述内容也是确保组织中每个人都按照组织核心价值观行事的手段和方法。

一个人不一定要认同组织的所有核心价值观（尽管最好是这样），但他必须按照价值观行事，以使自己继续留在组织中。

> **本和杰瑞（Ben and Jerry）的冰淇淋：价值观陈述**
>
> "我们努力减少对环境的负面影响。
>
> 我们努力向公司内外的人以及他们生活的社区表示深深的敬意。
>
> 我们寻求并支持以非暴力方式实现和平与正义。政府资源应更多地用于满足人类需求方面，而不是建立和维护武器系统。我们认为，在满足人类需求方面，政府资源的使用效率高于建立和维护武器系统。
>
> 我们努力为那些被剥夺经济机会的人创造经济机会，并推动可持续、可复制、公平的新经济模式。
>
> 我们支持可持续和安全的食物生产方法，以减少环境恶化，长期保持土地的生产力，并支持家庭农场和农村社区的经济活力。"
>
> **阿迪达斯（Adidas）：价值观陈述**
>
> "成绩：运动是我们所做一切的基础，卓越执行是我们团队的核心价值。
>
> 热情：热情是我们公司的核心。我们不断前进，不断创新，不断提高。
>
> 正直：我们诚实、开放、有道德、公平。我们会信守诺言。（人们相信我们会信守承诺。）
>
> 多样性：我们知道，要使我们的公司成功，需要有不同想法、优势、兴趣和文化背景的人。我们鼓励有益的辩论和不同的观点。"

通过识别和描述组织的核心原则，使组织的价值观变得更加明确。这些原则界定了组织意愿和运营自如的界限。价值观和原则决定组织文化，并指导战略方向、战术和运营。管理者必须将原则贯彻到组织的每一层级，确保工作场所中使用的原则支持实践或各领域的原则，这些原则反过来支持组织的价值观、目的和目标，如图46所示。

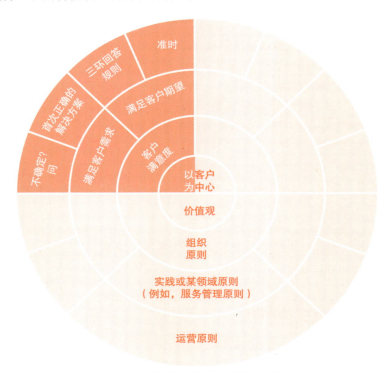

图 46　级联级别上指导行为的原则示例

服务管理原则

在VeriSM中，服务管理原则是在组织层面定义的。这些原则充当了产品和服务团队的护栏，使它们可以采用先进的管理实践，并在定义的范围内使用新兴技术。

> **定义：服务和服务管理原则**
>
> 服务："满足消费者的特定需求"。
> 服务管理原则："适用于所有产品和服务的高层次要求，为管理网格提供'护栏'"。

在VeriSM模型中，服务管理原则适用于所有产品和服务。服务管理原则是基于从战略层面目标和组织的最终目标级联的信息，因此新增的或变更的产品或服务均需要与这些原则保持一致。

图46是一个级联的例子，展示如何在组织中定义原则，并且让这些原则具有可操作性。确保一个级别的原则与上一个级别的原则保持一致，并且层级组织中最高一级的治理、战略或组织原则要与整个组织的价值观、目标和宗旨保持一致。正是基于这个原因，VeriSM无法为

组织提供单一的服务管理原则范例列表。每个组织都必须根据其治理原则制定其服务管理原则，见以下示例。

> **现实案例：开发和设计空间的原则**
>
> 原则 1. 以客户为中心（左移）
> 原则：尽可能让"最早期团队"来处理服务查询、服务请求和困难。
> 理由：这会加快问题的解决，并避免在不必要的时候使用专家资源。这将大大提高所有人的工作效率并降低支持成本。
> 含义：我们将不得不采用一种左移支持模式。
> 支持模型包括六个级别的支持（由高德纳定义）：
> - 级别 −2　自动检测潜在问题并采取预处理措施。例如，在管理打印解决方案中，打印机碳粉不足会产生警报，这样就可以在碳粉消耗完之前定购并安装新的碳粉盒。
> - 级别 −1　在用户意识到问题之前，自动检测和解决问题。
> - 级别 0　自助、诊断工具、点对点支持、知识库和多元媒体的使用。
> - 级别 1　通过集中的服务台提供一线支持，并且服务台可以通过多种渠道访问。
> - 级别 2　二线支持，服务台将需要支持的问题转交给专家。
> - 级别 3　三线支持，更多高级技术专家或外部团体。

10.6.2　问题二：我们的作为受什么影响？

有许多因素影响着我们能做什么，其中包括内部能力、环境约束、法律约束、我们业务运营所在的市场、风险、可用的技能、供应商、合作伙伴以及我们的内部能力也需要考虑。如第 12 章所述，大部分映射在管理网格中。

PEST 或 PESTEL 分析模型

PEST 或 PESTEL 分析模型是最简单的环境分析模型之一（也是最广泛使用的工具）。PESTEL 分析模型评估会影响组织战略的政治、经济、社会、技术、法律和环境因素。

组织需要考虑：
- 我们所在地区或国家的政治形势如何，如何影响我们的行业？
- 普遍存在的经济要素是什么？
- 文化在市场中的重要性，它的决定因素是什么？
- 哪些技术创新会突然出现并影响市场结构？这对于数字化产品和服务尤其重要。
- 有没有现行的法规规范这个行业，或者这个行业的法规会有什么变化？
- 这个行业的环境关注点是什么？

要回答这里提出的一些问题，组织还需要对自身内部的能力和绩效有所了解。优质的评估基准数据（即使只有一部分数据）总是有助于回答这些问题。问题是，在大多数市场和行业，这些基准数据不易获取，大多数组织可能负担不起。在缺乏良好的基准信息（大多数行业和市场都是如此）的情况下，组织需要找到一种方法来了解自身在市场的地位和市场状况。许多现有的工具和技术可以做到这一点，有些效果更好。

> **现实案例：优步（Uber）**
>
> 可能难以理解法规对于数字化产品和服务，特别是创新的数字化产品和服务的影响。相关法规或许不存在或许在产品和服务发布以后才制定这些法规。
>
> 例如，优步已经开始在南非运营，南非运输部才规定优步需要拿到相关的营业执照及申请相应许可后才能运营。
>
> 南非交通部长乔·马斯旺尼（Joe Maswanganyi）说："向优步运营商发放许可证意味着他们将有一个特定的路线或范围进行运营。""如果你有许可证，你会得到一条特定的路线，你不能在除此路线以外的其他地方运营。"设定的法规要求可能会否定优步在南非的整个运营模式。[①]

SWOT 分析

大多数组织以前都做过 SWOT（或 TOWS）分析。这项技术结合了内部和外部评估。SWOT/TOWS 分析还提供了组织在市场地位的视图。SWOT/TOW 具有明显的风险；它们容易受到使用该方法的从业者的偏见和主观影响。SWOT 分析结果可能会让领导者看到他们原本看到的结果。问题是：如果让竞争对手或客户做同样的分析，结果会是什么样子？

波特五力模型

波特五力模型之类的其他技术，可能更适合于理解一个组织在竞争激烈的市场中的地位。波特模型中提出的问题更加具体，允许从业者寻找证据来证实对所提问题的答案，如图47所示。

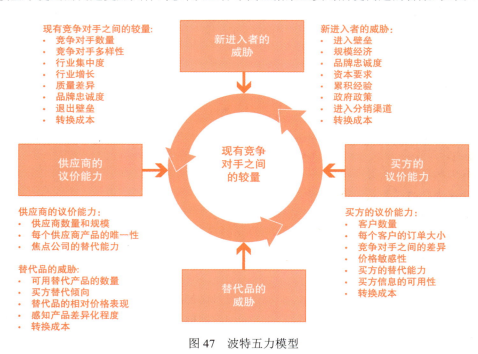

图 47　波特五力模型

---

① K，A.（2017年7月10日），优步运营商必须申请运营许可证-交通部长（互联网信息），https://www.timeslive.co.za/news/south-africa/2017-07-10-uber-operators-must-apply-for-operating- licences-transport-minister/。

波特五力模型分析不仅仅着眼于组织的直接竞争对手。它更着眼于行业竞争结构和经济环境的多个方面，包括买方和供应商的议价能力、新进入者的威胁和替代产品的威胁。

表 6 中的示例并不详尽，仅供参考。

表 6　波特五力模型

力	要提的问题
市场的准入门槛高不高？	进入市场需要多少成本和多长时间？ 进入壁垒是什么（如专利、法规等）？ 是否有措施保护关键技术？
客户是否可以很容易地用另一个解决相同需求的产品或服务替代你的产品或服务？这样做的可能性有多大？	你的产品/服务和替代品有什么区别？ 在这个市场中有多少替代产品？ 切换为替代产品的成本是多少？ 切换有多困难？ 你能提供哪些产品或服务来替代市场领导者？
供应商如何轻易地提高价格从而影响你的底线？	你的组织有多少供应商？ 他们提供的产品或服务有什么独特之处？ 你能找到的可替代的供应商有几家？ 他们的价格和你们现在的供应商相比如何？从一个供应商切换到另一个供应商需要花费多少钱？
买家有能力压低你们的价格吗？	有多少买家控制你的销售？ 收到的订单有多大？ 买家能不能换供应商？他们更换供应商的成本？ 你的产品/服务对买家有多重要（即你的产品/服务的投资回报率是多少）？
竞争受到所有他力的影响。具体来说，看看现有竞争对手的数量和强项。	有多少竞争对手？ 最大的竞争对手是谁？ 他们的产品或服务质量与你的相比如何？ 你的公司与竞争对手的区别是什么？ 客户切换到竞争对手的成本？

波特五力模型是一个关键的管理工具，在数字化时代仍然有效。因为技术消除了许多传统的进入壁垒，评估组织市场地位的能力现在变得更加重要。

即便是多个信息源或技术，无论采取何种工具和技术都不能提供百分之百的准确预测，领导者还需要清楚地了解组织所处的环境和其他不可控的因素。领导者可能不能控制环境和政治因素，但他们肯定需要应对可能带来的不确定性和相关风险。

风险

了解和管理风险是高管层需要处理的最复杂的领域之一。风险规避会抑制组织的增长；对风险置之不理会造成实实在在的损失。

> **什么是风险？**
>
> ISO 31000 对风险的定义："对目标影响的不确定性"。这是一种非常有效的看待风险的方法。风险是阻碍组织实现其目的和目标的因素。风险是指从组织所在地通往其未来期望目的地这一路上的所有减速带、路障或道路封闭。

每个组织都需要通过以下方式定义自己的风险管理立场：
- 定义风险偏好；
- 定义分析和管理风险的方法。

要做到这一点，高管层需要对他们所处的运营环境有一个透彻的了解，特别是适用于组织的法律和法规要求。风险偏好不能超过法规和监管要求。

组织需要做出的基本选择是哪种风险管理方法最适合其环境。

风险管理方法的选择很大程度上受到组织文化和特殊合规要求的影响。ISO 31000 提供了一种非常好的管理风险的方法，这种方法适用于组织风险管理的具体情况（见图48）。它允许采用不同的风险识别、评估和处置方法。

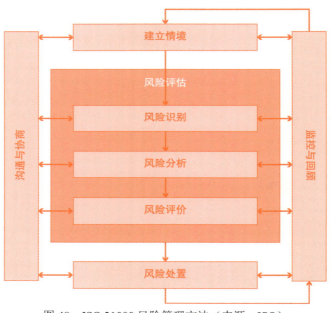

图 48　ISO 31000 风险管理方法（来源：ISO）

一些常见的识别方法包括：
- 基于目标——任何可能危及目标实现的事态都确定为风险。
- 基于场景——根据不同的场景识别风险，并为可能引发负面影响的任何事态寻找替代方案，这成为在战略方面的重要输入。
- 基于分类——对可能的风险源进行分类，通常使用问卷的形式来识别风险。
- 常见行业风险检查——许多行业都有已知风险清单，并且经常使用。它们有时确实会使组织在没有风险的情况下产生一种风险感，或者导致组织错过不在清单上的重大风险。

- 风险图表——风险图表首先列出有风险的资源/资产和对这些资源/资产的威胁，然后确定可能增加或减少风险和后果的因素。

一旦识别出风险，就需要根据其对组织可能产生的影响进行评价。需要确定减缓或降低风险的方法，对于残余风险要么接受、要么开展进一步的分析和处理活动。

管理风险最常用的方法是实施控制措施，这些控制措施充当早期监测或警告系统，经常试图去改变人的行为，一旦风险出现，这些控制措施将会要么在风险发生后降低风险的影响，要么降低风险发生的可能性。实施有效控制并不简单，组织经常会在简单控制就很有效的情况下实施了过度控制。过度控制通常是建立在对控制的错觉上的——人们倾向于高估自己控制事态的能力，而事实上这些措施几乎没有什么区别。

关于风险管理，有两个概念被广泛用于量化风险和风险控制效果：

- 风险=严重程度×可能性
- 残余风险=（未处理）风险-风险控制影响

残余风险是指对未经处理的风险进行风险控制措施后剩余的风险量。[1]

现实情况是，实施控制的理想状态应该遵循 VeriSM（和 Lean）的核心原则，即恰到好处的控制是理想的，而超过临界点的更多的控制实际上会降低控制的有效性[2]。

今天的风险管理主要是量化处理，也许这是因为我们对可量化证据的执着，以及我们对分析和度量的执着。然而，任凭我们怎样努力，有效的风险管理既是一门科学，也是一门艺术。我们需要结合统计和定量方法，辅之以启发法才能进行有效的风险管理。

使用启发式控制方法

启发法是解决问题、学习或发现问题的方法，它采用的实际方法不一定是最优的或完美的，但足以实现眼前的目标。启发法是一种简单的规则/方法，可以用来做决定——它是帮助没有定义任何控制，或者定义的控制没有达到预期效果的工作人员处理风险的思维捷径。常被人们视为"常识"的事物最适用于启发式控制方法。

启发式控制示例

在拿破仑战争期间，多米尼克·让·拉里（Dominique Jean Larrey）医生定义了患者鉴别分类法的基本原则。这一概念是在"二战"期间由法国医生在靠近前线的援助站治疗战场伤员时提出的。疏散前线伤员或在前线救护站看护伤员的医务人员将伤员分为三类：

- 有没有护理都可以存活下来的人；
- 有没有护理都不能存活下来的人；
- 如果及时得到护理，可能会存活下来。

---

[1] 汤普森, S. C.（Thompson, S. C.）（1999年），控制幻觉：我们如何高估自己的个人影响力，心理学的当前方向，8（6）：187-190。

[2] 克莫拉, C. U.（Ciborra, C. U.）,布拉, K.（Braa, K.）,科德拉, A.（Cordella, A.）,达尔博, B.（Dahlbom, B.）,法伊拉, A.（Failla, A.）,汉赛特, O.（Hanseth, O.）,赫普斯, V.（Hepsø, V.）,永贝里,J.（Ljungberg, J.）,蒙泰罗, E.（Monteiro, E.）和西蒙, K. A.（Simon, K. A.）（2000年），从控制到漂移——企业信息基础设施的动态，纽约：牛津。

> 从逻辑上讲，第三类人需要立即采取行动，这是护士和医生可以发挥最大作用的一类人。一般人都会如此假设，但在感情上和现实生活中，这是很难做到的。
>
> 定义一个启发式控制，强制急救人员以这种方式行动，使得更多的人可以活下来，使得护理人员更容易以一种结果有意义的方式行动。
>
> 随着更为复杂的技术和计算能力的出现，基于分类定义原则的科学模型出现了，这些基于算法的控制仍然是启发式控制方法的核心，只是更为复杂，成功的可能性更大。

策略的作用

策略为定义操作和控制提供方向和方法。策略是指导组织的手段，是确保组织实现目标的战略工具。策略可以用来指导，也可以用来确保控制。

策略提供了总体指导，旨在影响组织内的行为和活动。与回答"怎么做"问题的过程不同，策略回答的是"是什么"和"为什么"这两个战略问题，解决该主题很重要。（请注意，策略涉及的是战略"是什么"而不是战术"是什么"——这是计划负责的领域。）

策略如何提供对组织的控制？

- 好的策略要有责任人——策略的责任人需要有一定的权力，用来更方便、更有效地实施和强制执行策略。这将导致诸如流程定义之类的操作，以生成强制执行策略所需的控制措施。
- 良好的策略阐明了遵循策略所带来的预期收益——洞察合规性的积极结果，可以在一定程度上控制组织内的行为和活动。
- 好的策略阐明了不遵守策略造成的后果——不遵守策略可能造成诸如失去工作、违反政策法规或营收下降这些有形的损失，也可能对组织的信誉和品牌这些无形资产造成损失。不管哪种情况，不遵守策略造成的负面损失，反过来会给组织提供一些控制措施的参考。
- 好的策略提供了衡量的基准——通过理解制定策略原因，可以在产生的程序中定义措施，以便可以进一步采取行动来强制执行或遵守策略。
- 一个好的策略是简明扼要并经过广泛沟通的——组织内个人对策略的认识提供了一定程度的控制。

治理结构

要从战略层面确保实施适当的控制措施，最后一个重要元素是正式确定沟通渠道和内部角色参与者互动的机会。这样做通常是为了确保战略方向在整个组织内得到适当的沟通，确保合适的角色扮演者参与决策，并为正式反馈、状态报告和路线纠正的能力提供了一种方法。

在更传统的做法中，这可能包括设置和安排会议来进行这些互动，并确保以下每一个会议都有一个几乎全程参与的核心小组。例如：

- 执行委员会会议；
- 项目指导委员会会议；
- 风险管理委员会会议；
- 建设委员会会议；
- 运营相关会议，等等。

尽管这些方法中的许多仍然适用,但随着组织采用精益和敏捷的原则,沟通的方式也随之变化。遵循这些原则必然导致结构、沟通、决策和控制的变化。

使用策略部署概念定义治理结构

这种结构变化的一个例子是称之为策略部署(Hoshin Kanri)(经常定义为策略部署或传接球)的精益战略规划。现在,我们要做的就是强调为战略定义一个级联,意图确保组织中的所有人共同努力,实现组织的使命、价值观和愿景(见图49)。

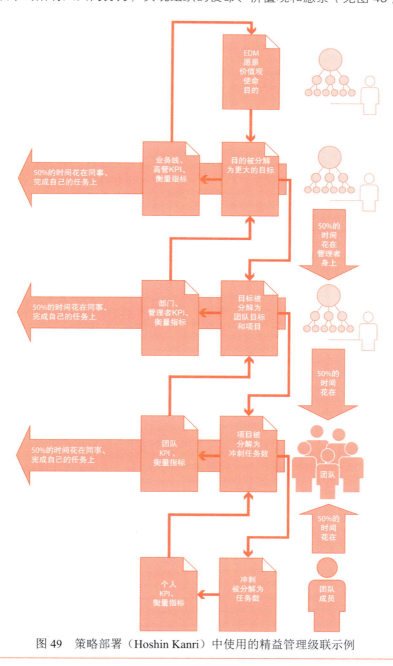

图49 策略部署(Hoshin Kanri)中使用的精益管理级联示例

> 如果这与其他符合精益原则的管理行为相结合，我们就会发现管理层将大约 50% 的时间花在下属身上，以确保高层次的目标被分解、分配到更低层次和级联目标被执行（作为任务或项目/冲刺）。
>
> 在剩余的时间中，管理者应该花大约 25%～30% 的时间做日常工作，比如规划、编写报告或其他标准的管理任务。其余时间用于与同事合作，确保上级目标得到协调和控制（因此摆脱了分割的治理结构，将注意力集中在端到端的业务问题上）。

10.6.3 问题三：我们要做什么？

一旦组织确定了立场，它就需要定义其存在的原因。组织通过定义愿景和使命来实现这一点。

这两种说法的主要区别是时间。尽管两者都是战略和战术层面上的指导原则，愿景宣言定义了组织想要成为什么，而使命宣言定义了组织当下需要做什么。

虽然这两个术语经常交替使用，但这种在关键点上的差异使得它们应该应用在不同的场合。特别是使命宣言，它是组织战略的一个重要起点。

对于使命宣言，我们需要定义下面三项内容：

- 我们做什么？
- 我们为谁做？
- 我们如何做？

愿景宣言是非常鼓舞人心的，定义了下面两项内容：

- 我们的希望和梦想是什么？
- 我们如何计划让世界变得更美好？

第 9 章转型技术提供了一些如何使用工具和技术来为组织识别新战略的例子——本节聚焦于产品和服务战略。

对任何组织来说，定义愿景宣言都是一个持续的过程——请记住，愿景是组织的梦想。或许可以从写一个简单的愿景宣言开始，这个宣言会随着时间的推移而不断发展。要求组织的治理机构以填空为起点：从现在开始的 XXX 年内，组织将通过（在高层次上做的）ZZZ 成为 YYY。也可以使用 火星小组方法（见第 10.6.1 节）来定义最初的愿景宣言。

使命宣言阐述组织的目标，并同样将随着时间的推移而产生变化。使命宣言是一种沟通方式，它定义了组织为客户、员工、社区和所有者所做的事情。

> 🌐 **现实案例**
>
> 我们是一个开拓公司。大胆冒险是我们的工作，我们从为客户发明中获取能量。成功的概率即便很小也要争取。对于今天的开拓者来说，这就是为什么他们在地球上没有一个地方比 Amazon.com 更愿意创造的原因。（注意该处重点是我们是谁。）
>
> ——亚马逊（Amazon）

因为使命宣言是一种告知和指示的方式,所以不应该为了给人留下深刻印象而使用大量流行语,它们必须传达切实可行的意义。

> 以下问题有助于澄清你的使命宣言背后的原因[①]:
> - 你为什么要做这一业务?
> - 你的客户是谁?
> - 你想传达什么样的企业形象?
> - 你所提供产品和服务的性质是什么?
> - 你提供什么级别的服务?
> - 你和你的员工扮演什么角色?
> - 你将与供应商保持何种关系?
> - 你和你的竞争对手有何不同?

要定义基本使命宣言,请尝试以下练习:
- 我们是……
- 我们提供(产品和服务)……
- 我们为客户提供x(对要包括的所有的利益相关者重复这一步骤)
- 这就是让我们与众不同的原因……

> **现实案例**
>
> 亚马逊的使命宣言:成为全球最以客户为中心的公司,客户可以在这里找到和发现任何他们想在线购买的东西,并努力为客户提供尽可能低的价格。

基于当前的战略方向,领导力需要经常验证组织当前的工作以及这些工作做得如何。这一评估有两个目的:
- 为评估之前的业绩提供基线;
- 为衡量战略改进或战略变化提供基线。

"我们做什么?"围绕组织提供的产品和服务以及使用组织的产品和服务的客户。组织需要评估产品和服务的现有基准。评估完成后,这个基准要反映在组织的产品组合中。

在评估的早期阶段,问题不应该是"我们应该做什么?",这仅仅是一个基线,有助于以后制定战略方向。在这个时候,评估产品和服务在市场上的表现,以及评估组织销售和支持这些产品和服务都是很有意义的。

了解内部能力至关重要,但不幸的是,这不是一个简单的过程。展示组织整体能力和胜任力的信息是由个人能力、组织能力、结构分析能力和制定流程的能力等组成的复杂网格。

---

① (2003年10月30日),如何写你的使命宣言(互联网信息),https://www.entrepreneur.com/article/65230 [2018年1月]。

> CEO 们常说:"这不是我们的核心能力。"但如果你问是什么,他们会列出他们的产品或服务。当然,我们的产品和服务是胜任力或能力产生的结果,而能力的定义呢?

有许多衡量胜任力和能力的指标,以及帮助理解这些指标的各种工具和技术。例如,进行 SWOT 分析将有助于在较高的层次上识别出其中一些指标。评估组织能力的最好以及最简单的方法就是询问我们的消费者、员工甚至竞争对手。询问他们组织的强弱项分别是什么。组织可以聘请行为专家设计和构建评估工具,以保证评估的科学性。这确保了最低限度的偏见和基于良好的社会情境理解下使用该工具。财务分析也有助于理解当前的状况。财务趋势和市场占比分析非常有洞察力。

至少要考虑以下几点:
- 市场占比分析(如果是上市公司,要有与竞争对手的对比分析);
- 消费和生产指标及占比分析(特别是在精益环境,许多传统财务管理中价值比率较低的领域);
- 趋势;
- 当前与未来市场预测的相关性;
- 过去的假设、预测与实际发生情况的相关性非常重要。

对业务的评估在这里不单是财务,还要考虑人力资源,如员工流失、技能、管理结构、绩效数据、培训等。

组织的战略方向是利益相关者期望和需求的自然流露。所有利益相关者都会以某种方式影响组织的战略方向、组织提供的产品和服务。在数字化转型世界,决定组织战略最重要的是客户的需求和体验,而不是利益相关者和所有者的期望。

数字化时代的一大缺陷是服务和服务提供者之间的转换成本低(在使用波特五力分析模型时,请记住考虑这一趋势)。消费者已经成为最重要的利益相关者,或许他们一直都是。有一句话:"如果你照顾你的客户,他们会照顾你的银行账户。"

定义服务目的和目标

> 彼得·德鲁克(Peter Drucker)在其著作《管理实践》[①] 中宣称:"企业只有一个目的:创造客户。"
> 组织通过产品或服务来吸引消费者。

如果你看一下传统的商业文献中关于战略的内容,就会发现对产品和服务的重视程度是非常低的,这是令人震惊的。就好像假设组织已经拥有了客户想要的产品或服务,所以他们已经拥有客户,组织需要做的就是制定战略,如何向客户提供产品或服务,在什么基础上竞争,以及应该使用哪些渠道。不可否认,这些东西是必不可少的,但如果没有一个产品或服务是客户需要或想要的,那么组织就没有存在的理由了。在数字化时代,拥有客户想要或需要的产品和服务,并知道哪些客户想要哪个产品或服务是业务的核心。一个组织再也不能假设"如果你构

---

① 德鲁克,P.(Drucker, P.)(1954年),管理实践,纽约:哈珀柯林斯。

建了它，他们就会来"。[1]

> **挑战**
>
> 审视组织战略，并在准确确定客户是谁，提供的产品和服务是什么之前，看看你需要在多大程度上阅读这个文档。

同样地，流行文化对"相信你的想法，在困难面前不退缩，如果你足够努力，你就会成功"的执着，现在已经越来越站不住脚了。组织需要学习如何创新，测试客户的接受度，如果无效，就需要立即转向一个新的思路。托马斯·H. 帕尔默[2]（Thomas H. Palmer）的"如果第一次你没有成功，那么再试一次"的说法是错误的。如果一开始你没有成功，要明白为什么和是否犯了错误，然后继续尝试其他事情。别再反复尝试了，这个概念是错误的。继续前进，不要用 150 年前的文献来为糟糕的决策辩护，世界已经向前发展了。

要重新定义德鲁克的话，企业只有一个目的：创造能为客户增值的产品或服务。现在的问题仍然是：我们的目的和目标定义了我们提供的产品或服务，还是我们的产品或服务决定了我们的目的和目标应该是什么。

实际情况是产品和服务反映了组织的使命和愿景（很有可能还有价值观），如图 50 所示。组织如何确保为客户提供价值将决定组织的目的和目标。这意味着一个组织只有定义了它是谁和它做什么（愿景和使命），才能定义它的服务。同理，在确定如何接受愿景和使命之前，组织无法确定目的和目标，因此，在组织定义产品和服务之前确定组织的使命和愿景。

图 50　产品、服务、客户和市场驱动策略

---

[1] 戈登，L.（Gordon, L.），戈登，C.（Gordon, C.）（制片人）和鲁宾逊，P.A.（Robinson, P.A.）（编剧/导演）（1989 年），梦境（电影），美国：环球影城。

[2] 帕尔默，T.H.（Palmer, T.H.）（1840 年），教师手册，来源：https://books.google.com/books/about/The_Teacher_s_Manual.html?id=hSABAAAAYAAJ。

第 9 章分享了很多关于如何更好地理解客户/消费者需求的想法，以及如何能最好地定义或改进产品和服务的想法。我们在本章中分享的内容对治理阶段非常重要。请注意，上述级联的结果在组织组合中进行了描述。

10.6.4 问题四：我们为谁做？

利益相关者决定组织做什么，也是组织战略的重要决定因素。一些利益相关者可能比其他人更重要，而组织忽视了他们的处境，这会给组织带来危险。最好定义一个广泛的利益相关者范围，然后根据他们对组织的影响和重要性缩小范围。在定义组织战略、目的、目标和运营环境时，做好利益相关者的定义会有很大的帮助。

在识别利益相关者时，通过创建亲和图，将具有类似需求的利益相关者进行分组，然后评估每组利益相关者的重要性。只关注对个体利益相关者的影响，而忽视群体利益相关者的影响，会导致对重要群体的忽视。第 9 章中描述的大多数工具和技术都聚焦在消费者及其需求、期望、渴望和要求上。

11 VeriSM 描述

引言

本章高度概括了 VeriSM 方法，并阐述了管理网格的演变过程。图 51 展示了这一高阶方法。在后续章节中，我们会进一步扩展此图，更全面地讨论概念图中的每个活动。

提醒：不要跳过之前围绕企业治理、服务管理原则和管理网格的活动和讨论，直接转到解决方案通常会给组织带来不必要的风险和浪费。

> **案例研究：应用 VeriSM**
>
> 第 19 章包括三个组织实施 VeriSM 的案例研究，包括：
> - 6point6云网关；
> - 卡布证券有限公司（Kabu.com Securities Co., Ltd）；
> - 中信科技。

11.1 概览

我们已经定义了治理（见第 10 章），并概述了服务管理原则。现在怎么办？接下来是基于组织组合开发管理网格的企业视图（见第 10.4 节）。一旦建立了这个视图，增加新产品或服务，或变更现有产品或服务，就变成了遵循 VeriSM 模型中定义的四个阶段和演进的管理网格。

图 51　VeriSM 概览

如图 51 所示，保持场景简单化，活动从新产品或服务的想法开始。此场景也适用于更新产品或服务，但为了简单起见，本节描述基于新产品或服务的场景。应用 VeriSM 方法，以下活动在相应阶段进行。

- 定义：
  - 批准；
  - 定义需求；
  - 分析和协定；

- 识别差距；
- 弥补差距；
■ 生产：
- 构建、测试、部署；
■ 提供：
- 保护、测量和维护、改进；
■ 响应：
- 记录和管理请求、问题和源事件。

注意：图 51 中阶段活动和管理网格之间的持续交互。

在这个场景中，新的产品或服务是运用这一方法产生的成果。当增加和消耗了额外的资源，或具有额外的环境、管理或技术需求时都会与管理网格进行交互，继而会改变网格的当前视图。

我们将在后续章节讨论每个步骤。注意，在《数字化转型与创新管理—VeriSM 导论》一书中，可以找到更多关于 VeriSM 四个主要活动的附加信息。

> **案例研究：为 VeriSM 做准备**
>
> 如何判断组织是否准备好应用 VeriSM？ HCL 的萨蒂娅·米斯拉（Satya Misra）在附录 A 中提供了评估组织准备情况的步骤。
>
> 米斯拉说："在'环境'方面，服务稳定是至关重要的，因为它们包括当前的运营流程、衡量和工具。确保准确理解这些要素的敏捷性、有效性和效率。"

11.2 VeriSM 揭秘：全视图

本节"VeriSM 揭秘"在第 10～16 章中重复出现，以说明各章中描述的输出的通用示例。然后将这些输出应用到案例研究，例如 FireCloud Health，则是该内容的应用（见 VeriSM 应用章节）。

查看完整的 VeriSM 模型，请参阅图 1。图 52 更为详细地展示了定义阶段中的活动，以及与其他阶段的关联。在这一点上一个重要收获是：定义阶段的活动（由企业治理、服务管理原则和管理网格支持）是构建、测试、部署和支持活动的关键元素。

首先，在交付新的或变更产品或服务时，完成所有步骤非常重要。遗漏任何步骤都会导致最终输出中缺少某些内容的风险。其次，注意改进循环和模型的"重新进入"。服务和产品需要持续改进。

第 12～17 章描述了每个元素。

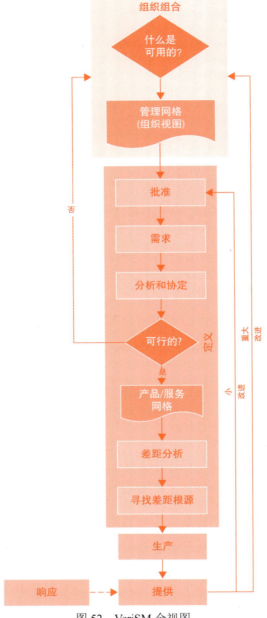

图 52　VeriSM 全视图

11.3　VeriSM 应用：FireCloud Health 案例研究

FireCloud Health（FCH）案例研究（见附录 B）用于说明如何使用 VeriSM 管理 FCH 可穿戴健康（Wearable Wellness）这一新项目。该案例研究提供了有关 FCH 的背景。通过"故事"建立了一个持续进行的 VeriSM 应用案例。在第 12～16 章的结尾将用 FCH 可穿戴健康项目案例来阐述该章的具体概念。

故事

持续应用 VeriSM 方法的过程中，FCH 最近举行了一次战略务虚会（strategic retreat）。FCH 领导层确定了组织内可能出现增长的几个领域。在运用波特五力模型（见附录 D）进行推演后，FCH 认为应该首要推行积极的社区健康项目（战略性举措），将对多种 FCH 能力和消费者产生直接影响。这个举措包括了推出 FCH 品牌的可穿戴设备和健身/健康生活方式项目，是 FCH 的众多推广项目之一，拟由 FCH 健康中心开发，计划在未来 6 个月内完成初始部署（试点）。

其理念是通过可穿戴设备收集各种生命体征测量值（休息和活动期间的心率、呼吸、血压……）、活动水平（陆地上或水中）和睡眠模式。这些数据将实时传输，并提供给健康中心的工作人员，并利用人工智能（AI）和大数据能力对每个人进行自动监测。该项目包括一个安全服务，即会向个人（例如，当他们超过最大心率达 3 分钟以上时）和医护人员（如果监控到不健康的情况）发出告警。

报告中有参与者详细的健康状况在线反馈，并提供了针对四个不同接受群体的报告：

- 参与人员；
- 健康项目监督人员；
- 参与医生；
- FCH健康保险项目。

此外，可穿戴的 FCH 设备还将监测参与者整体健康状况，并给出是否需要看医生的建议。

该项目将对具有代表性的样本（35～45 岁的成年人）进行试点，样本来自 FCH 健康保险投保人。在实验期间，FCH 健康计划的一个志愿者小组监测和接收参与人员数据。志愿者小组包括两名医生和四名健康项目工作人员（护士、理疗师、健身教练和讲师）。FCH 保险集团的一名员工将监测该计划，并评估对提供保险单的影响。

做出上述决定所需的更多信息：

- 在务虚会中工作（见第4章）；
- 成为数字化组织意味着什么（见第3.1节）；
- 数字化产品和服务（见第3.4节）；
- 协作（见第6.1节）；
- 团队协作（见第6.4节）；
- 定义结果（见第8章）。

12 管理网格

🔑 引言

管理网格表示组织的可用资源、当前环境、可用的管理实践和新兴技术（企业视图）。在开发新的或变更产品或服务之前，必须提供当前网格的精确视图。随着时间的推移，视图会随着产品和服务、组织、环境和技术进步的变化而变化。创建此视图不是一次性的活动，应努力确保其持续更新。

本章讨论管理网格的开发。

12.1 管理网格是什么？

管理网格表示影响或直接关系到产品和服务交付的各种元素（见图53）。对于数字化产品和服务，许多组织允许（或要求）其IT部门定义这些元素，所有产品和服务都必须符合这些元素的定义。在当今的数字化环境中，组织必须认识到新的技术和实践会持续发展，要根据需要加以利用。所有组织能力都需要参与进来，融入网格元素中。网格提供了捕获这些元素和将其集成到整个运营模型中的方法。

网格分为四个领域，它可以灵活地运用和使用多种当今可用的管理实践和新兴技术，同时保持与组织环境和资源密切联系。管理网格对需求提供了可塑的灵活性，同时保持对企业治理、原则和组织组合的真实性。它允许组织不断进化和转型，而不是"卡在"一种工作方式上。

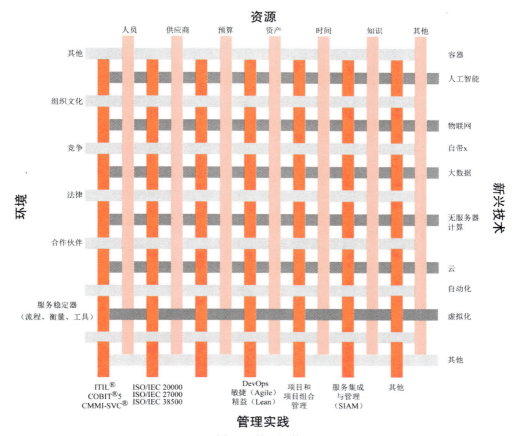

图 53 管理网格

网格提供了服务提供者的企业视图。捕获的组件包括组织范围的资源（人员、预算、技能、知识等）和环境的运营元素（法律和法规要求、竞争、当前运营实践等）。资源和环境"方面"是服务管理原则中护栏定义的直接结果。这两个方面将影响管理实践以及用于满足需求的技术。

在讨论管理网格时，倾向于集中在网格中更具体的方面：资源、管理实践、工具和技术。请记住，网格的一部分还涉及组织的战略性选择和组织的总体指引和方向。因此，网格的一部分设法解决与环境相关的实践——组织的运营方式，以及如何确定战略、如何提供治理。虽然这些元素并没有在网格中列出，但它们反映在组织文化、合作伙伴关系，以及组织如何定义其竞争力中。

12.2 如何使用管理网格？

正如前一节所述，网格主视图可以看到整个组织。这一视图必须保持最新，随着组织的发展而持续演进和更新。当每个新的或变更的产品或服务通过 VeriSM 方法推进时，都会应用网格（见图 54）。然而，重要的是要理解网格并不是普遍应用于每个产品或服务（例如，"我们有这些元素，这是我们必须使用的"），而是根据需求和服务提供者的能力做出选择，从而

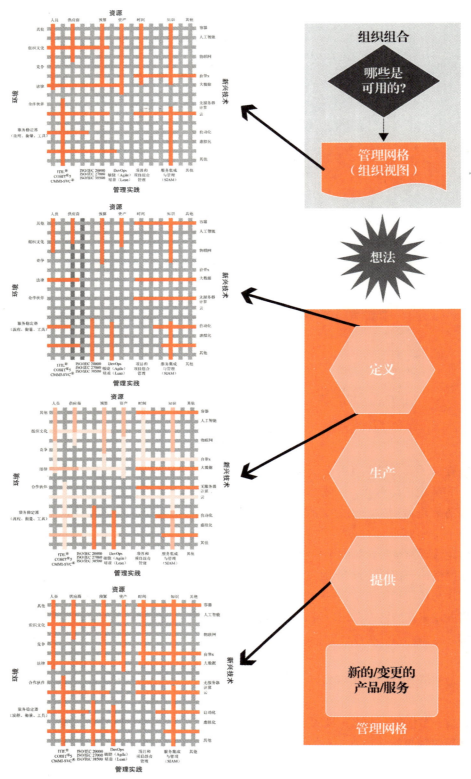

图 54 通过 VeriSM 阶段推进管理网格

管理新的或变更的产品或服务。因此，会基于需求提供开发单个产品或服务的网格视图。

为了解释企业视图和产品或服务视图的概念，请注意图54所示的四个高阶程式化的网格变化。彩色线的长度反映了该元素的数量（例如，"某元素"的数目和数量）。重要的是，服务提供者应根据组织需要和表现方式预先定义如何解释这些线。例如，在第一个网格视图中，评估服务稳定器（流程、衡量和工具）相关线段的长度。流程线表示成熟度级别，工具线表示涉及几个工具。衡量线短，表示捕获的衡量数量少。图54中四个网格视图说明如下：

- 第一个网格，组织网格是对整个组织当前状况的说明性视图。
- 第二个网格是对新产品或服务（产品或服务网格视图）的需求评审的结果。红线表示交付新的产品或服务所需的项目。
- 第三个网格将前两个网格（组织网格和产品或服务网格）合并在一起，并展示"差距"。组织现在必须找到办法来弥补这些差距。如果两条线重叠，服务提供者将需要评估特定元素是否可以获得，或者是否需要采购以提供额外的容量、资源或能力（针对元素评估）。
- 第四个网格展示了新的组织网格（更新的企业视图），反映了涵盖来自新的或变更的产品或服务的元素。

在接下来的第13～17章中将讨论每个步骤。注意，关于VeriSM方法中四个主要活动的附加信息可以在《数字化转型与创新管理—VeriSM导论》一书中找到。

> **可视化管理网格**
>
> 有关管理网格作为软件工具一部分的案例，参见第29章自动化管理网格——Sollertis Convergence。
>
> "虽然在许多组织和软件工具中，与战略和业务结果的关联是假设或推断的，但在Convergence工具中，它被置于设计的核心。"

12.3　创建管理网格的当前视图：什么是可用的？

在开始任何活动之前，了解可用的内容是非常重要的。从定义和理解组织资源开始，沿着网格逆时针转动（见图55）。定义环境中的元素，然后是管理实践，最后是新兴技术。建议数字化转型的组织按此顺序开展活动。如果组织直接将组织战略和技术元素结合在一起，直接跳转到技术上会因漏掉某些东西而引入风险，同时也提供一个偏重技术的解决方案。

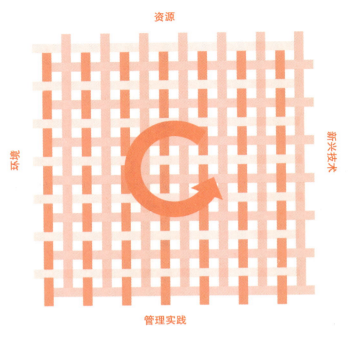

图 55 应用管理网格

> **现实案例**
>
> 　　一个 IT 管理服务提供者正寻求在一个与竞争对手能力差别很小的市场上脱颖而出。技术技能、服务交付、客户服务和价格是客户关注的重点，而在相对较小的市场中，这些都是难以创造出独特卖点的领域。
>
> 　　领导力团队决定创建一个交付和支持框架，聚焦在明显不同于识别的竞争对手的交付服务上。作为一名独立顾问，我受聘帮助设计基于客户需求的初始框架。
>
> 　　通过与关键交付人员合作，我们逐步了解了当前的工作实践，发现有几种框架、方法论或方法以各种方式被运用。对这些进行评审并形成了统一的观点。
>
> 　　所提及的各种框架、方法论和方法是：
> - IT 基础架构库；
> - 开发运维一体化；
> - 看板使所有交付团队的工作量可视化，并明确优先级；
> - KCS 作为知识被视为服务交付的最关键要素；
> - 通过精益 IT 来识别和减少管理服务交付中的浪费。
>
> 　　通过对以上每项进行评审，了解引用了哪些组件，以及如何生成一个高级设计，以演示每个组件如何相互作用和集成。
>
> 　　如果落实到 VeriSM 管理网格，评审的元素包括：
> - 作为关键资源组件的人员和知识；
> - 作为关键环境组件的竞争对手和现有工具集；

- 定义和评审过的管理实践；
   - ITIL 作为服务台功能的核心；
   - DevOps 管理自我修复环境的持续开发、自动化和故障解决的交付；
   - 看板使所有交付团队，包括高级客户交付团队的工作量可视化和明确其优先级；
   - KCS 作为知识被视为服务交付的最关键元素；
   - 精益 IT 识别和降低管理服务交付过程中的浪费。
- 最后，通过评审新兴技术，了解在哪些方面可以为客户带来价值提升，并识别人工智能和自动化是改进客户交付的方法。

以下各节介绍了网格每部分所需的信息以及在何处，如何收集这些信息。对于组织而言，结果是其当前网格。

12.3.1 资源

资源信息（例如，人员、供应商、预算、时间、资产、知识等）通常最容易收集，因为资源是具体和有形的。它们通过组织的各种能力（如人力资源、财务、设施等）进行管理。虽然组织的记录保存和文件编制能力各有不同，但他们有一些共同的信息来源。

信息的主要来源是组织组合（更多信息见第 10.4 节）。组织战略层负责和管理组织组合，组织组合是组织的领导者和董事的一个输出。组合推动战略的实施，对实现组织使命、愿景和目标至关重要。组合显示了组织的承诺和投资，因此，展示了资源消耗和潜在的未来需求。

> 如果组织没有文档化的（或可用的）组织组合，会发生什么？一切都没有丢失，但几乎没有其他步骤。与高管层（治理机构）沟通，确保了解使命和组织战略。定义或确认那些为完成使命正在消耗资源的活动，这些活动的成果是组织组合的雏形，其目标是待信息逐渐完善后将所有权交由治理机构，并由其维护。

考虑以下经常捕获资源信息的领域：
- 人力资源（人员、技能、职位描述）；
- 财务部（会计、预算）；
- 资产登记，购买、采购；
- 信息技术；
- 配置管理数据库；
- 产品和服务目录；
- 项目管理办公室（PMO）；
- 指导委员会；
- 设施（实体工厂）。

> **评估资源的问题**
>
> 一些有助于在管理网格中映射资源的建议性问题如下。
>
> - 胜任力：
>   - 我们现在有什么技能？在什么能力范围内？这些技能是自有的还是外包的？
>   - 组织缺少哪些技能？
>   - 组织内部是否有必须具备的知识？如果是，在哪些组织能力范围内发现这些知识？
> - 供应商：
>   - 他们当前提供了什么？
>   - 他们还能提供什么？
> - 预算：
>   - 产品或服务的采购资金是否充足？
>   - 产品或服务是否有助于业务运营、发展或转型（RTB、GTB、TTB）？
> - 资产：
>   - 哪些现有技术可用于产品或服务？
>   - 对于产品或服务的基础设施或物理设备要求是什么？
> - 时间：
>   - 产品或服务实施的预期时间表是什么？
>   - 时间表是否满足和适合组织实现目标（例如，业务运作、成长或变革－RTB、GTB、TTB）？
>   - 服务或产品的预期寿命是多少？

12.3.2 环境

仅依据潜在信息的广度为组织定义环境条件可能是令人望而生畏的。尽管如此，重要的是不应回避这项任务，这对战略和产品、服务的最终设计至关重要。

首先，从法规和监管要求等"简单"信息开始。这些是特定行业对组织及其操作实践的典型已知约束，可以与审计部门、法律部门、人力资源部门、当前合同、质量保证部门或合规主管核实此信息。这种类型的要求会随着时间的推移而变化，因此必须定期进行评审，以确保网格的通用性。

其次，识别竞争对手可能是另一个"容易的"任务。请记住这一步涉及的范围。目的是定义竞争对手以及他们的产品／服务如何与您的产品／服务竞争，而不是关注如何解决竞争（现阶段）。使用组织组合中的信息将不仅为整个组织的环境提供情境，而且还为组织如何定义目标市场并与其互动提供情境。第9章提供了解决这一领域问题的技术。

从内部观察和定义组织文化是比较困难的，因为其组成元素是深奥的：如何表达期望、经验、哲学和价值观？这些元素通常通过组织的自我形象、内部工作以及与外部世界的互动来表达。查特曼（Chatman）和约翰（Jehn）（1991）的组织文化剖面图（OCP）详细介绍了七个不同的组织文化维度。七种文化价值观分别是：

- 创新——实验性、灵活性、寻求机会、冒险、无规则、扁平化层次结构；
- 积极进取——竞争力强，重视竞争，不重视社会责任；
- 以结果为导向——注重行动，期望值高，注重结果和成就；
- 稳定——可预测、安全、规则导向、官僚主义；
- 以人为本——公平、宽容、有社会责任，赋予每个人尊重和尊严；
- 以团队为导向——员工之间的协作与合作；
- 以细节为导向——精确、分析。

了解一个组织的文化概况可以提供关于新的或变更的产品或服务如何影响该组织运营的清晰画面。例如，如果组织是"稳定的"和"以细节为导向的"，那么就要考虑"创新"和"以结果为导向"的数字化转型的效果。组织将如何应对所需的文化变革？显而易见，转型必须包括通过组织变革和行为管理实践来满足文化需要。最后，多种文化可以在组织中以亚文化和逆向文化的形式存在。

有许多活动和模型（见附录D）可以帮助定义（定义后再改进）组织文化。在选择任何模型之前，请考虑以下领域。这些领域可以用来创建一组衡量标准来描述期望的组织文化，还可以帮助了解企业文化是否有助于培养一支敬业高效的员工队伍，并加强和促进以消费者为中心的运营。这些领域包括：

- 沟通——从员工的想法和建议到领导力的沟通流程，反之亦然；
- 创新——在组织中传播理念的能力，以及组织对新理念的开放程度；
- 敏捷性——员工对适应内外部变化的印象（与领导力的观点截然不同）；
- 健康——员工的身心健康；
- 环境——支持员工的舒适性和生产力的需求；
- 协作——多层次的，超越单一能力或单一团队，在多能力和多团队之间进行衡量（更多信息见第6章）；
- 支持——中层管理者往往感觉得到的支持最少，不仅要衡量对组织的支持程度，还要衡量对管理者和同事的支持程度；
- 关注绩效——奖励/认可成功完成绩效的因素（定义什么是"成功"）；了解员工是否感到被欣赏，以及他们希望如何被认可；
- 责任——员工和领导力对行动和结果的责任；
- 使命和价值观的一致性——员工是否知道和理解并遵守组织的使命和价值观？

持续的治理活动将衡量和/或定义组织文化。评价—指导—监控（EDM）治理循环（更多信息见第10.5节）将使用常见的评估工具，如SWOT（优势、劣势、机会、威胁）或PEST/PESTEL（政治、经济、社会、技术、环境、法律）分析，每个工具都会提供组织文化方面的信息。依据组织使命，对结果进行分析，为改进工作提供洞察力。

网格中，环境方面的一个关键元素是服务稳定器（流程、衡量和工具）。应严格评估运营实践：

- 流程和程序是否准确、是否有文件记录及是否最新的？它们是否在所有供应商和提供产品或服务的各方之间保持一致？

- 它们是否达到了需要达到的精益程度？
- 支持工具如何？是太多还是太少？它们有效吗？
- 评审当前捕获的衡量指标——它们有价值吗？是必需的吗？是否满足消费者对信息的需求？是否助长了"数据致死"的哲学？

评估服务稳定器需要考虑的其他问题包括：

- 在交付和支持实践方面，所有能力是否可以满足消费者和其他利益相关者的目标和信息需求？
- 好的实践是否应用于所有能力？

最后，考虑组织架构，虽然这种评估通常由治理机构负责，但这是必要的评估。主要问题是：这一架构是支持还是割裂各项能力及其绩效？

评估环境的几个问题

一些有助于将环境映射到管理网格中的问题如下。

- 服务稳定器
  - 工具：
    工具的目的是什么？
    哪些能力会用到这一工具？
    工具可以执行/增强什么功能？
  - 流程：
    这个流程的目的是什么？
    哪些能力会用到这一流程？
    这个流程产出什么结果？
  - 衡量：
    这项衡量的目的是什么？
    谁来执行衡量？此次衡量会生成什么报告？
    哪些组织能力使用这一衡量？
    根据这一衡量结果做出哪些决定或采取哪些行动？
- 合作伙伴
  - 我们是否有/需要获得合作伙伴的帮助？我们是否有/需要利用合作伙伴的优势？
    战略层面；
    战术层面；
    商品方面；
    运营层面。
  - 合作伙伴是否可以为企业的运营、发展或转型提供帮助（RTB、GTB 或 TTB）？
  - 合作伙伴是否会/能被用来运作业务（RTB:Run the Business）、成长业务（GTB:Grow the Business）或变革业务（TTB:Transform the Business）？

- 法规
  - 是否存在对产品或服务有影响的国家或地区特定法规？
- 竞争
  - 市场空间中与我们竞争的产品和服务？
  - 竞争对手的口碑或声誉如何？
  - 竞争对手的产品和服务与我们的相比如何？
- 组织文化
  - 当前的组织文化会拥抱这些产品或服务吗？
  - 作为培训和沟通计划的一部分，应考虑哪些因素？
  - 产品或服务对人们的工作有什么影响？我们准备好应对这些影响了吗？
- 组织组合
  - 当前产品和服务；
  - 计划的产品和服务；
  - 下线的产品和服务；
  - 资源、组织能力。
- 商业计划
  - 市场空间
  - 我们在目标市场空间的地位如何？
  - 我们的目标是业务运作、成长或变革吗（RTB、GTB 或 TTB）？
- 组织架构
  - 组织架构分几个层级？
  - 各层级之间的协作效果如何？

12.3.3 管理实践

理解组织当前的管理实践是一项复杂的活动。选择管理实践的活动反映了治理机构的选择（例如，如何定义目标、激励方法、活动协调、资源分配）。治理机构有意识地选择组织的运作方式是至关重要的，这会影响所提供服务的质量、响应能力和成本。定义的战略、支持原则和当前的组织组合将影响管理模型的选择。

伯金肖（Birkinshaw）和戈达德（Goddard）[1]（2009）定义了影响管理实践选择的三种力量。这些因素包括：

- 员工期望的变化（例如，考虑到各个世代的人及其特点）；
- 技术变革；
- 新竞争对手的出现。

虽然伯金肖和戈达德没有在他们的研究中特别提到消费者，但是消费者在市场空间中不断

---

[1] 伯金肖，J.（Birkinshaw，J.）和戈达德，J.（Goddard，J.）（2009年），您的管理模式是什么？，麻省理工学院斯隆管理评论。

变化的期望将影响管理实践。考虑到当今流行的数字化"需求"以及不断增长的消费者期望。由于社交媒体的影响，客户体验仍然是最重要的，因此管理实践必须满足这些需求和服务提供者列出的需求。

领导力（鼓励跟随的特征和行为）和管理能力（如何通过他人完成工作）是不同的，但大多数环境都需要这两种特征。选择一个管理实践将取决于实践支持期望结果的程度。

> **现实观点：不做"一只羊"……**
>
> 想想人们选择这一条或另一条道路的频率，仅仅是因为其他人选择了相同的道路。这是"闪亮目标"综合征——选择管理实践不可以轻率决定（绝对不是"今天的推荐菜"），而应在全面评审、理解实践的收益以及不利或潜在风险后，再做决定。当考虑到人员、流程和文化因素时，变更管理实践的影响很大。记住，创造成功的是如何运用管理实践，而不是实践本身。

要了解到当前采用了哪些管理实践，请与审计部门联系。该部门通常执行内部、合规、财务和运营审计。检查各类审计的范围和结果，可以定义和衡量所遵循的实践。如果没有正式的审计部门，则最有可能在人力资源、法律部门、质量管理、商务合同中的质量标准或有这方面能力的领导中发现审计活动的记录。产品或服务的负责人也将审计产品或服务的合规性和性能，反映在所运用的管理实践中。

附录 D 概述了覆盖整个组织的通用管理实践。管理模型和实践的数量实在太多了，现在提供的是一个选定的集合，当评审时，该集合为 VeriSM 方案提供了便利。但是这些表格并没有穷尽，也没有提供应用这些管理实践的具体方法。

注：《数字化转型与创新管理—VeriSM 导论》一书提供了大量渐进式管理实践的广泛信息，通常应用于信息技术领域，如敏捷、开发运维一体化、服务集成与管理、精益、左移、客户体验和用户体验（CX/UX）、持续交付以及看板、约束理论、Kata/Kaizen 改进和 SWOT 分析。

> **评估管理实践的问题**
>
> - 实践的目标是什么？它是否仍然符合"需要"（例如，组织战略、数字化转型……）？
> - 运用在哪一组织能力中？
> - 运用实践的预期结果是什么？
> - 我们如何利用这一实践？这一实践能否与其他实践相结合产生更大的价值？

> **如何发展管理实践**
>
> 附录 C 提供了管理实践如何从一个领域或组织能力发展到另一个领域或能力的更多细节。
>
> 在本文中，精益 IT 专家里尼·弗里斯（Reni Friis）解释了精益是如何从制造业发展到 IT 行业的，而 Kinetic IT 分享了一个企业服务管理案例。

12.3.4 新兴技术

管理网格的最后一部分特别关注新兴技术的运用。不要感到困惑,要聚焦当前基础设施组件(这些信息应该在资源和资产领域中获取)。

在这部分的管理网格中捕获的是转型技术的战略运用或开发(例如,云、虚拟化、人工智能、容器、大数据等)。将这些转型技术归类为"尚未使用"。目前管理网格(在《数字化转型与创新管理—VeriSM 导论》一书中进行了讨论)中呈现的是一个与时间相关的列表,这一列表必须跟上新的发展,随着新兴技术的出现和应用而改变。

如果理解了当前产品或服务的交付,这会是一个相对"简单"的评估。查看产品或服务目录,甚至组织的网站,确认所使用的任何与 IT 相关的转型技术。提醒:本次评估目的是了解当前正在使用的新兴技术,而非其他。一旦完成需求的收集和确认,就要决定是重复使用旧技术,还是新兴技术或是附加技术。

注:《数字化转型与创新管理—VeriSM 导论》一书提供了大量新兴技术的广泛信息,包括云、虚拟化、自动化、大数据、物联网(IoT)、机器学习、机器人流程自动化(RPA)、移动计算技术、自带 x(BYOx)、容器化、无服务器计算和人工智能(AI)。

评估新兴技术的问题

- 这项技术的一般特征和特点是什么?组织是否具备开发和/或支持此技术的必要技能?
- 这项技术对组织有何潜在用途/收益?
  注意不要为了实施技术而实施技术。
- 这项技术将用于业务运作、成长或变革(RTB、GTB 或 TTB)吗?

现实观点:ServiceNow、Marval、Ivanti

在第 26 章中,您将从三家软件供应商那里找到行业观点,他们分享了对技术如何改变的观点,伴随着组织工作和人员协作方式的提升,软件行业也在持续演进。

克里斯·波普(Chris Pope),ServiceNow

"无论您在日常生活的任何方面使用什么服务,您都有一个关于这个服务的体验,您并不会真正关心后台发生了什么,也不关心达到这一点所涉及的流程。根本目标是为最终用户提供一种一致的体验,使他们能够完成工作,而不管他们可能正在或可能不在与下游或系统产生交互。"

唐·佩奇(Don Page)博士,Marval

"我最近采访过一位高级经理,他想通过能歌善舞的人工智能的 ITSM 解决方案来减少员工编制,很少或几乎没有员工培训,但他目前甚至连简单的客户事件记录都没有!"

> 伊恩·艾奇森（Ian Aitchison），Ivanti
>
> "IT 在许多组织中捍卫这些管理实践。在 IT 领域中随处可以找到开发流程、应用技术、改变人类行为从而提高业务生产力的专业知识。"

12.4 VeriSM 揭秘：组织网格

一旦分析了网格的四个方面，就会呈现出当前状态的"图片"（见图 56）。此图片是高度程式化管理网格的展现（绿线表示组织当前的视图）。例如：

- 资源：人员、预算、资产和知识方面是充足的；
- 环境：组织文化、法规、服务稳定器方面是健全的；
- 管理实践：当前使用的是IT基础架构库（ITIL）和服务集成与管理（SIAM）；
- 新兴技术：目前正在使用的是自带x（BYOx）和云（Cloud）。

最有可能的是，收集到的信息会存储在数据库、电子表格、纸质笔记本等"工具"中，这些工具都受到一定程度的控制。这些控制通过变更控制流程的权限或指定所有权进行。定义的治理和相关原则将推动这些控制的执行。控制的级别是为了确保信息保持最新和准确，以便支持良好的决策。

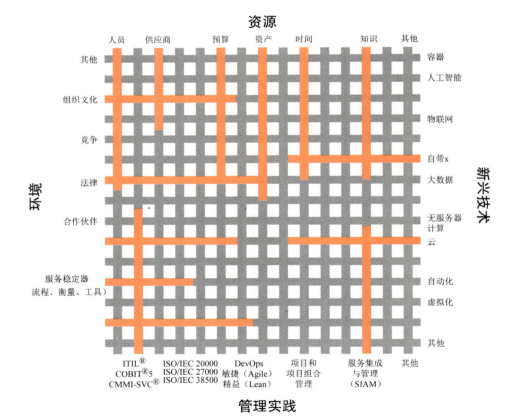

图 56　VeriSM 揭秘：组织网格

请记住，当前视图（组织网格）仅在完成时才准确。需要多久更新一次？什么时候应该更新？简单的回答是"需要根据具体情况"。更新指南是基于组织原则（组织风险容忍度）和相关策略（变更控制策略）制定的。这些原则和策略通常要求在组织发生任何重大变化（战略变化、市场变化、法律变化等）之后以及在评审和批准新的或变更的产品或服务之前进行组织网格更新，或以适当的时间间隔评审组织管理网格。

当网格用于新的或变更的产品或服务时，特定网格将反映单个产品或服务的需求。通过特定的产品或服务网格与组织网格进行比较，了解现状与需求之间的差距。组织网格将拓展以包含新的网格元素。

如前几页所述，创建管理网格必须遵循几个逻辑步骤。组织将开发不同的视图，组织网格表示整个组织，产品或服务网格表示单个产品或服务。将组织网格与产品或服务网格进行比较，可以识别差距，确定需要哪些元素来支持特定产品或服务的交付。

管理网格的第二个用途是严格地评估资源数量、环境条件、管理实践和新兴技术，并确定哪里存在不必要的重复和/或冗余。组织很容易被过多的管理实践或技术的过度应用所压垮。组织应将企业治理和服务管理原则放在首位，运用精益思想，考虑将使用不足或从未使用的元素退出。

> 🌐 **现实案例：自动化管理网格**
>
> 在第 29 章中，可以从 Sollertis 找到相关内容。Sollertis 提供了一个工具 "Convergence"，它可以帮助可视化或自动化管理网格。
>
> "Convergence 是建立在这样一个基本原则之上的，即组织内发生的所有业务转型、运营工作和活动都必须与战略业务目标相关联。"

12.5　VeriSM 应用：FCH 组织网格

在准备 FCH 可穿戴健康项目时，FCH（回顾附录 B 中的完整案例研究）开发了组织的管理网格。它被描绘在一个高阶图表中（见图 57），并在下面进行了描述。（见第 12.2 节，回顾这些线条是如何解释的。注意：线条颜色已变化，以区分"揭秘"图和"应用"图）。

根据 FCH 案例研究，提供了以下网格元素。

- 资源
  - FCH 的使命和愿景宣言提供了对预算、知识和人员元素的洞察力，以及人员、批判性思维、创新和财务的战略启动器。这一组织有足够的人力、预算和知识来实现其目标。
  - 可能他们缺少（没有直接信息）的是时间（除非法规和认证要求另有规定，否则没有其他信息）。
  - 资产是可用的，但案例显示仍在使用旧技术和存在大量重复。注意，信息技术是战略的启动器。

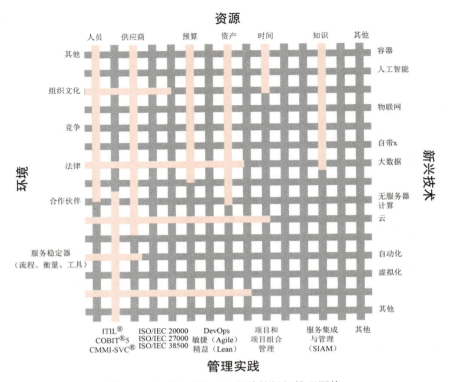

图 57　FireCloud Health 当前的组织管理网格

- 环境
  - 服务稳定器非常健壮，因为若干基于ITIL的流程（但在整个组织中处于不同的成熟度和使用度，没有迹象表明医疗和保险部门之间有任何协作）和一些支持工具是可用，但是重复使用的（没有迹象表明他们共享信息）。
  - 由于在报告方面存在投诉，所以衡量方面存在质疑。
  - 法规要求为人所熟知和遵守（合规办公室）。
  - 虽然没有明确指出文化，但组织价值观显示了一种适合医疗保健组织和支持数字化转型的文化。
- 管理实践
  - FCH通过ITIL实践来交付和支持服务。有几个流程已经实施，但成熟度可能尚未达到要求的水平。未提到其他管理实践。
- 新兴技术
  - 没有提出具体的新兴技术，但数据中心的整合项目包含一些新技术（可能包括服务虚拟化、云、容器、自动化和区块链）。创新和IT战略启动器提供了开发新兴技术的机会，特别是人工智能、大数据和物联网技术支持当前使用人工智能进行医学诊断的趋势，以及物联网/大数据技术支持主动健康项目（FCH可穿戴健康项目）的战略举措。

13 定义：批准

🔑 引言

本章为创建或更新产品或服务的决策流程提供了见解和方法。请记住，服务提供者已经定义了治理和服务管理原则，并完成了组织管理网格。对新的或变更的产品或服务提出了一个想法。

在任何活动开始之前，必须有某种形式的批准（见图58）。从授权机构到正式的商业论证，及其通过授权结构的审批流程，批准可以是一个简单的"OK"。批准的途径将基于组织本身、组织的治理原则、风险容忍度和管理实践。无论哪种途径，此活动的结果都是授权继续定义活动。剩下的问题是"如何决定投资？"。本章讨论了三种选择：

- 选择空间；
- 机会组合；
- 运作—成长—变革（RGT）。

13.1 选择空间

根据先前定义的策略和相应原则，确定范围和护栏。此外，组织组合（更多信息见第10.3节）提供了一个关于组织在过去如何投资及其对未来活动的承诺说明。正是通过使用组合，了解一个组织的投资选择，并获得必要的投资回报，一个战略才被真正地执行（见图58）。

在20世纪90年代末，T.A.鲁赫曼（T.A.Luehrman）写了两篇关于将战略投资视为金融选择概念的开创性论文。在第二篇文章中，鲁赫曼（1998）写道："从财务视角看，一个业务战略更像是一系列的选择，而不是一系列的静态现金流。"因此，实现一个业务战略需要解决各种选择，而不是在不了解应用资金价值的情况下静态地提供资金。

鲁赫曼使用了两个指标来衡量选择，并在矩形的"选择空间"上绘制结果。这些指标包括：

- **价值成本指标**——将要建造或购买资产的预期价值除以建造或购买该资产所需支出的价值。此指标绘制在X轴上。当计算值介于0和1之间时，成本大于产生的价值（不要投资）。如果数量大于1，则产生的价值大于成本（投资）。

- **可变性指标**——在必须做出投资决策之前会发生多少变化。此指标绘制在Y轴上，范围从低到高。波动率越低，需要决策的时间越短，波动率越高，表明有更多的时间进行决策。（表明在最终做出决策之前，需要更多的时间管理选择。）

图 58　批准

选择空间又进一步分为六个区域（见图59），每个区域都提供基于X轴和Y轴相交的"决策"。这些区域是：

- 区域1——立即投资——价值成本比大于1，波动性低；
- 区域2——或许现在投资——价值成本比大于1，波动性较低；
- 区域3——可能需要晚些时间投资——价值成本比略大于1，波动性较高；
- 区域4——以后再投资——价值成本比略低于1，波动性较高；
- 区域5——可能永远也不会投资——价值成本比接近于零，波动性较低；
- 区域6——永不投资——价值成本比小于1，波动性低（预计不会有变化）。

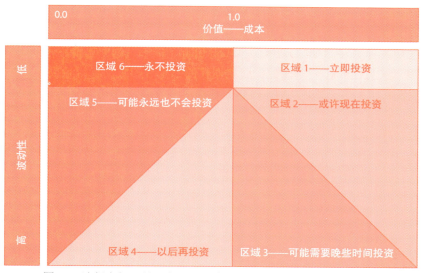

图 59　选择空间工具 [来源 T.A. 鲁赫曼（T.A.Luehrman），1998]

使用此模型，随着时间的推移，选择的自然移动是"向上"（例如，时间不多了）和"向左"（价值成本比值随着时间而降低）。应培养第 3 和第 4 区域的选项，以增加其价值或降低其成本，将选项转移到更能获利的区域。使用此工具可以明确（优化一个特定战略的重点）应专注在优化特定的战略上。

为了使这些概念更接近实际，鲁赫曼以番茄园为例说明了这些概念，园丁需要对番茄园的生产做出一些战略决策（见图 60）。有的番茄马上就可以摘了，有的需要在藤上多长些时间，有的需要精心照料才能食用，有的已经腐烂，应该丢弃。这种方法允许组织超越传统上仅基于净现值（NPV）计算的"是/否"投资决策。鲁赫曼的论点很简单，净现值为负的投资可能仍然是一项有价值的投资。随着时间和信息条件的"正确"，放弃好投资的可能性降低（想想园丁用饲料、水和肥料培育植物）。反之亦然，并非所有净现值为正的投资都应立即执行。

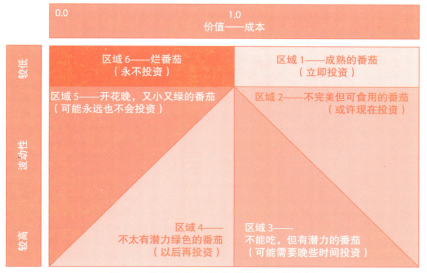

图 60　选择空间工具在番茄园中的应用

13.2 机会组合

在麦格拉斯（McGrath）和麦克米兰（MacMillan）的书《创业思维》（2000）[①]中提出了机会组合的概念（见图61）。基于投资股票期权的原则，购买期权给予投资者在日后购买或出售股票的权利（而不是义务）。购买期权时，在购买时花费很少，但它为未来提供了灵活性。期权管理风险，允许投资者推迟投资决策，直到有更多的确定性。因此，"实物期权"是指小规模投资，以便在以后创造更大的或全部的投资。"实物期权"的概念捕获了管理灵活性的价值，使决策适应意料之外的市场发展。在潜在机会出现之前，风险敞口是有限的。战略家寻找小赌注，使项目探索能够了解什么是成功的要求和什么是预期的潜力。

评审一个单一的机会是相对简单的，但这种奢侈很少成为现实。大多数组织都试图在多种投资选择中做出"正确"的选择。然后，这些活动就变成了如何在具有各种不确定性的决策之间做出取舍。机会组合允许人们根据不确定性的程度来考虑多种不同的投资。由于战略是利用实物期权的概念（小规模投资的灵活性），因此在机会组合中进行映射确保了项目的正确组合。

机会组合由一个简单的矩阵表示，其中能力不确定性在纵轴上，市场不确定性在横轴上。该矩阵分为五个区域，每个区域代表不同的投资类型。左下角的机会是最确定的，代表着标准投资的水平（代表着一定程度的标准投资）（例如，在新市场增强当前服务的交付或扩展）。最不确定的机会出现在右上角（例如，改变游戏规则的机会）。每个区域的描述如下。

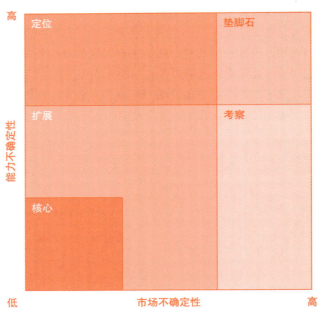

图61 机会组合 [来源：麦格拉斯，R. G.（McGrath, R. G.）和麦克米兰，I.（MacMillan, I.），2000年]

- 能力不确定性——组织对可利用投资的评估（有正确的技术和/或运营资源）；不确定性越高，需要以某种形式获取所需能力的风险就越大。

[①] 麦格拉斯，R. G.（McGrath, R. G.）和麦克米兰，I.（MacMillan, I.）(2000年)，创业思维：在不确定时代持续创造机会的策略，波士顿：哈佛商业评论。

- 这条轴线回答了以下问题：对抓住机会的能力的信心，利用组织优势和能力的程度，利用机会所需的改变度和实现机会的困难度；
- 推动组织进入新领域的项目将具有更高程度的能力不确定性。
- 市场不确定性——组织对提议的机会是否有市场的评估。
  - 这条轴线回答了问题："如果我们构建它，会有用户吗？"相信结果将以令人信服的方式满足需求，哪些营销、培训和活动是获得支持和兴趣所必需的，机会是否会引起用户的兴趣或咨询；
  - 在已知需求的地方，市场不确定性较低。
- 核心区——通常代表现有产品或服务的改进，或必须持续支持业务运营的核心功能的机会或项目。
- 拓展区——从现有产品或服务拓展到相关/新市场的机会。
- 定位区——市场是已知的，但组织不确定是否能提供必要的资源。先投资一个小规模的市场机会，开始着手发展整个市场机会需要的能力。
- 侦察区——该组织虽然有（或可获得）能力，但在全面投资之前，需要更多关于潜在市场的信息。进行小额投资以测试市场的关注度或需求。
- 踏脚石区——市场和履行能力都是不确定的。这些机会可能值得一试，但在进行全面投资之前，环境必须是合适的——遵循一句格言，廉价的频繁试错（敏捷思维）。

组织必须开发组织组合——在所有区域定义机会（项目），以确保这是一种平衡的方法。此外，映射需要反映企业战略。如果在核心区域没有足够的投资，当前的业务将会受到影响。同样，如果战略是发展现有业务，就会更加关注核心区域。如果中间区域没有项目，消费者可能不信任（或不希望）下一个要发布的项目。如果组织战略是探索性的，那么投资将处于边缘和右上角区域。

遵循这一技术，组织可以快速了解是否有太多项目和/或正在进行的项目不能满足当前战略。一个简单的解决方案？根据企业战略和机会，将资金分配到各区域，在获得批准之前，必须去竞争这些资源。

13.3 运行—增长—变革

> **引用**
>
> 各类业务转型将促使推动 CIO 和其他战略利益相关者更好地对投资价值进行分类。使用"运行、增长和变革业务"的 IT 支出观点作为有效沟通、决策和预测的催化剂。
>
> ——高德纳（Gartner）

在 21 世纪初，高德纳提出了一个 IT 组合管理的投资观点，包括运行—增长—变革（RGT）概念。传统的预算方法将其视为一种必须严格控制的成本，营造了一种严格控制成本，并持续"成本"判断的氛围，而不是一种投资心态。亨特（Hunter）和韦斯特曼（Westerman）（2009）

进一步描述了这种情况（IT 仅作为成本预算项目）——"IT 投资决策是基于被称为'附加'的非战略性'流程'进行的"。"附加"的流程贯穿着 IT 只是成本，而不是战略推动要素的观点。因此，预算受到政治、直觉和其他不严谨方法的严重影响。听起来熟悉吗？

在 RGT 概念中，"基于组合的思维"强调基于业务价值的投资决策。目前，竞争优势、创新、市场颠覆和效率可以驱动或成为决策过程的结果。在这个模型中，决策被量化并与组织组合相匹配。这些区域包括：

- 运行——一般来说，就是"保持亮灯"的日常费用。另一种思考方式是"维持经营"的费用（如维护、人力成本）。这些成本提供最低的投资回报率或可感知的商业价值。
- 增长——支持服务扩展或整体业务增长的费用（直接与组织的战略计划相关）。这些费用为已建立的产品或服务引入新的能力，或为改进计划提供支持。这些成本将通过改善经营业绩或影响财务元素（如资本支出减少、利润增加、管理成本降低），对组织的价值主张产生积极影响。
- 变革——为新的消费群体提供新的价值主张，以支付进入新市场的成本。这些投资结果将通过获取市场份额或新的市场收入来衡量。变革支出具有潜在的高回报，但风险也很高。因为风险，这些计划开始会被拒绝。但请记住，这些变革计划是组织长期健康成长的关键。

这三个投资区域及其资金来源描述了 IT 部门的预期绩效水平。当资源应用于每个区域时，IT 投资的业务价值将得到加强。这三个区域的最佳分割是什么？根据高德纳的说法，运行活动不应超过总预算的 50%，剩下的 50% 用于增长和变革。这并不容易做到。根据高德纳的数据，几乎 70% 的预算都花在了运行上，较少考虑增长和变革。至少任何预算都应该包括所有的运行和一些增长活动。如果预算只专注于运行，那么产品和服务就有风险。可以这样理解，专注于运行的资源越多，分配给创新（转型或增长）活动的资源就越少；相反，过度削减运行预算会带来操作风险（如安全漏洞或服务器故障）。组织的战略领导层必须找到一个明确的平衡点。

RGT 对维护遗留产品和服务所需的预算进行量化、评估和沟通，以及对推动数字化转型所需的投资进行评估。了解 RGT 概念不仅与 IT 组合相关，它的原则还可应用于其他能力及其相关决策。

在最初的 RGT 模型之外，另一个投资选择可能是相关的——考虑影响市场的创新。这些创新反映了类似于转型投资，具有较高的风险和长期或不确定的投资回报率。与上述转型投资一样，这些投资对于长期的组织生存能力也是必要的。

13.4　VeriSM 揭秘：审批决策的工具

选择空间、机会组合和运行—增长—变革都是基于财务的决策工具，还有其他帮助决策流程的模型和分析工具在本书的其他章节中介绍。这些工具包括：

- 画布模型（见第9.6节）；
- SWOT分析（见附录D）；
- PEST或PESTEL分析（见第10.6.2节）。

对于没有组织组合的组织来说，开始创建一个组合（见第 10.3 节组织组合）是至关重要的，因为组合是最适合审批决策的地方。

13.5 VeriSM 应用：FCH 可穿戴健康项目审批

根据 RGT 方法，对 FCH 可穿戴健康项目进行了评审和审批。可穿戴健康项目被归类为"增长业务"项目，因为它是一个创新的健康项目，利用信息技术（创新和信息技术是战略推动器）实现主动健康项目的战略举措，并在 6 个月内交付试用。

该项目的目的是改善 FCH 社区的健康状况，从而减少昂贵的不良健康相关程序的数量，降低健康问题的整体风险。此外，参与者还能受益于降低的医疗保险费。

公司预算已经调整，以支持这一项目。随着该项目在功能上和参与者上的扩展，FCH 财务部与战略发展办公室合作，制订了一个五年计划，以确保持续的资金投入。

14 定义：需求

引言

本章概述了需求收集的任务，以及随后的分析和协定。需求描述了消费者试图达到或克服的目标。需求一旦确定，就会生成产品或服务解决方案（由产品或服务团队设计和开发），确定组件及其规范。作为整体解决方案的一部分，测试和其他准备计划也会被确定。所有信息都捕获在服务蓝图中。

本书重点强调了需求收集的重要性——产品或服务的成功与否将直接取决于产品或服务能否满足消费者的需要（需求）。能否准确地捕获需求，取决于服务提供者是否有能力从消费者的角度去理解消费者的需求。

需求收集可以采取多种技术。需求基于消费者需要（VeriSM 始于消费者，止于消费者）、企业治理、服务管理原则和组织组合。需求一旦达成一致，将根据管理网格对其进行评估（差距分析见第 15 章）识别对整体产品和服务交付的影响。

一旦获得批准，就要收集需求，以描述期望的结果。请记住批准流程中的活动：评估需求是否符合战略、满足业务目标的能力，并围绕新的或变更的产品或服务的目标进行明确（和确认）。

可以利用任何传统方法、用户故事和故事板的方法来收集需求，这是开发或改进任何产品或服务的基本活动。这也是最难做的事情之一。有效沟通的能力对开发出一套恰当的要求至关重要。[1]

注意，在总体需求收集任务中有几个子活动（见图 62）。不仅收集需求，还应：

- 分析和协定——消费者、利益相关者和服务提供者之间；
- 可行性检查——即使该想法通过了审批，但仍需考虑交付该想法的各种参数；
- 在产品或服务特定网格中捕获的需求。

---

[1] 佛罗伦萨, S.（Florentine, S.）（2016年5月11日），超过一半的IT项目仍在失败，https://www.cio.com/article/3068502/project-management/more-than-half-of-it-projects-still-failing.html。

图 62　定义需求

需求收集的"可笑之处"

考虑这种情况：超过 80% 的错误是在需求阶段引入的，而只有不到 10% 的错误可以追溯到设计 / 开发阶段（开发人员正在按照需求书进行正确的开发，但它们开发的是用户想要的吗?！）。

另外，超过 85% 的项目总时间被分配到开发和测试上——当我们分析错误出现的地方时，却发现是在需求收集阶段！

2018 年，美国政府因 IT 项目失败而损失 320 亿美元。(联邦 IT 预算为 780 亿美元)。[1]

需求收集有很多实用的资料可以参考。附录 D 包括业务分析知识体系（BABOK）的信息，提供了这方面的大量详细信息。

---

[1] 弗伦德，T.（Friend, T.）（2017年3月20日），敏捷项目的成功与失败（联邦调查局哨兵计划的故事），https://resources.sei.cmu.edu/asset_files/Presentation/2017_017_001_495733.pdf。

14.1 牢记消费者的重要性

VeriSM 始于消费者，止于消费者（见图1），因此，在收集需求（以及整个活动）时，将消费者放在首位至关重要。如前几章（见第9章）对消费者的讨论，应记住并解决的关键因素包括：

- 什么是消费者概况？理解消费者是谁、他们的习惯以及他们面临的问题。通过对消费者的观察和讨论来了解这些信息（以及更多信息）。
- 消费者想要完成什么？消费者试图解决什么任务、工作或问题？
- 消费者的痛点是什么？消费者完成一项任务需要多长时间？能否更快？解决方案的成本是多少？能否在效果一样的情况下，更便宜？
- 能获得或实现什么收益？是否能进一步节约时间、资源和工作量？是否有社会影响？
- 消费者市场是否有明确的定义？并非所有的产品或服务都可以（也不应该）广泛应用。考虑使用以下技术探索消费者市场（见第9章和附录D）：
  - 马斯洛需求层次理论；
  - 罗杰斯的创新扩散；
  - 科特的五个产品层级；
  - 商业模式画布和市场细分。

消费者的投入对于创造满足他们需求和期望的产品和服务至关重要。在收集需求时，请记住，需求是为了消除或解决消费者的痛点，确保很好地了解这些痛点和消费者需求。第27章数字化优化，提供了一些如何满足消费者需求的实例。

14.2 需求介绍

需求不是规格说明。需求描述问题（"是什么"），规格说明描述解决方案（"怎么做"）。要明确定义需求，首先要了解"现实世界"的情况——支持哪些活动，解决哪些业务问题，范围是什么。注意，每个问题都以"是什么"开头，而不是"怎么做"开头。有了这些信息，就可以有一个清晰的问题陈述，然后可以通过各种信息收集技术进行探索和提炼。

围绕需求的定义有两种流派，一种认为定义需求是"收集式"活动，一种认为定义需求是"启发式"活动。需求收集仅仅是一种简单的收集行为，从各种来源（未来用户、流程模型、投诉、系统报告、法规等）收集。启发式定义需求是通过各种技巧（讨论、提问等）对需求进行提炼，对消费者进行启发，以获取真实的需求。如果要创建最具说明性的需求集并真正定义消费者的需求，需要使用收集式和启发式两种方法。

> **案例研究：情境**
>
> 组织A收购了组织B，两个组织都活跃在同一个受到高度监管的行业中。收购后发现有些系统是冗余的，有些工作是重复的，管理团队也有重叠。这两个组织都有管理现有移动设备的系统，采用相同的技术，但设置不同。组织A使用的系统具有足够的安全

措施，可减少潜在的数据丢失（数据泄露防护–DLP），该系统得到了正常维护并且是最新的。组织 B 使用的系统设置非常开放，没有限制，而且已经过时。

挑战

决定停用组织 B 使用的系统，并将所有用户迁移到母公司 A 的系统中。项目组被授权在两个月内完成相关活动，届时过时的系统将停用。项目范围已经确定，项目组聘请了一个外部承包商协助项目实施。

项目组开始与组织 B 中的用户进行沟通，部分用户正在迁移的过程中，此时发现组织 B 某些特定类别用户利用了之前系统的非限制性设置。在 IT 团队和项目组不知情的情况下，这些用户可以绕过其他现有的 IT 系统，使用某些可用的功能完成业务流程。当迁移到设置更严格的系统时，虽然更安全，但不再允许他们使用这些功能，使得他们无法以更高效的方式履行业务角色。

结果

虽然大多数用户都已成功迁移，但项目无法在截止日期前完成，因为大量用户必须保留在旧系统中。因此，旧系统不能停用。必须动用额外的内外部资源，为剩下用户找到合适的解决方案。

经验教训

业务团队和用户通常会在 IT 部门不知情的情况下，在 IT 团队设定的初始边界之外调整设备和系统。

在收集需求时，项目组过多地聚焦 IT 方面（通过停用旧系统和重新组织团队来降低成本）和安全方面（DLP– 降低数据泄露风险），但对当前的业务工作方式关注不够。

14.2.1 需求收集技术

要交付真正优秀的产品或服务，必须明确其目标，并理解该产品或服务的意图。这需要做大量的工作（研究、规划），并且必须将这些信息记录在案。那么，如何收集需求呢？下面列出几种比较常用的收集需求的技术，所有这些技术在当今快速变化的数字环境中都有价值。此外，请回顾第 9.5 节商业创新闭环（BICs），以获得更多关于收集和了解消费者需求的信息。

- 头脑风暴——一种启发式需求收集方法，目的是从一个小组中获得尽可能多的想法，但在采取行动前，要先列出这些想法的优先级。
- 文档分析——评审现有的文档来了解"现状"，从而确定"未来"。
- 焦点小组——目标是收集消费者反馈（需求、机会、问题），以验证当前的产品和服务。
- 访谈——进行一对一的访谈，捕获消费者和其他利益相关者的目的和期望；理解他们的观点，以充分了解需求；运用主动倾听（不仅要听到所说的内容，还要理解他们为什么要这么说，注意他们的语调、肢体语言……识别出他们提供的小线索！）。
- 分组访谈——一组包括 2~4 个类似的消费者或利益相关者（相同的角色，相同的级别……）。需要更多的准备工作来保持小组成员的参与度和专注度。

- 观察——研究习惯、工作流程、工作模式、瓶颈、烦琐的步骤和痛点，聚焦改进。被动或主动（观察时提问）观察可以揭示隐含的需求。
- 原型设计——当需求不能很好地表达出来，可以通过使用草图、故事板或展示可能的解决方案，让对方迅速地理解需求。与消费者或利益相关者反复进行变更和评审，直到最终产品或服务达成一致。
- 用户故事——在一张卡片上把用户对产品或服务的需求进行简短描述（见第14.3.2节），通过对话提炼用户故事并确认需求（用户故事的3Cs——卡片、对话、确认）。
- 用例——与用户故事的开头相同，但用例提供了消费者将如何使用建议的产品或服务的完整描述，包括所有应用场景、流程、需求、预期结果或替代方案。
- 需求研讨会——一种头脑风暴法，但参与者是设计师/架构师。目标是明确需求以及如何满足这些需求。
- 调查或问卷——当需要从大量消费者和利益相关者那里获得信息，并且存在预算和时间限制时使用。调查可以通过预先定义的选择或评分系统（非常同意、同意……）"强制"回答，也可以有开放式问题。调查的缺点是很难客观、无偏见地表述。

有许多模板可用于帮助收集需求。这些模板从非常简单的到非常复杂和具体的。在互联网上快速搜索一下，就能收集到功能需求、数据收集、技术需求、用户组概况等模板。使用适合当前环境的模板。

> **需求类型**
>
> 　　需求可以分为两类：功能性需求和非功能性需求。根据组织、支持原则和设计理念（传统的版本迭代/自适应）的不同，会出现多种需求类型。下面的列表虽然不全，但作为示例可以根据需要使用。
> - 功能性——强制性需求，使用户能够完成满足业务需求的任务，定义新功能或如何修改现有功能，包括：
>   - 法律/法规要求；
>   - 行政要求；
>   - 报告要求；
>   - 审计跟踪要求；
>   - 历史数据要求；
>   - 身份验证操作。
> - 非功能性——创建或支持新或变更的产品或服务（质量）性能所必需的需求：
>   - 可用性——有效性、效率满意度、用户友好性；
>   - 可靠性——可用性（正常运行时间、关键处理周期）、准确性、缺陷率；
>   - 性能——响应时间、吞吐量、容量、可扩展性、可恢复性、资源利用率；
>   - 可支持性——持续支持需求；
>   - 可维护性——易于维护（例如纠正、扩展、修改、对新需求的适应性）；
>   - 安全性——特定控制、保密性、完整性、隐私；

- 数据——数据元素的类型、数据的转换和迁移清洗；
- 培训——最终用户，文档（手册，常见问题……）；
- 商业规则——法律和监管、担保书、版权或专利通知、商标、公司政策、实践、授权、报告；
- 用户——用户执行的任务。

非功能性需求的重要性再强调也不为过。人们倾向于关注功能性需求（被视为更"有形"和以消费者为中心），但非功能性需求对于交付消费者满意度同样重要。

功能性或非功能性需求可能超出范围。这意味着，虽然需求很强烈，但它与当前活动无关。这些需求应该被记录下来，并作为将来可能的改进加以考虑。

需求收集的目标是确保有一套清晰、明确和达成一致的需求，能够提供消费者想要的东西。然而，不管流程有多好，总会错过一些事情。比如忘记要问的问题、忘记展开的一些需求、对环境的更改和优先级的转移都会对需求造成破坏。因此，要记住事件的发展不是一成不变的：

1. 理解战略影响（业务目标、战略契合度、目的）；
2. 用户故事；
3. 用户设计与交互；
4. 问题、说明、范围。

提供足够的时间来处理这些事件（以及其他事件），以确保服务提供者将重点放在符合实际需求的正确优先级集合上。

要成功地定义需求，请考虑以下因素：

- 从一开始就让消费者参与；
- 在开发开始之前，与消费者和利益相关者达成一致的简洁明了的需求文档；
- 不要假设任何事情。要与消费者确认交付物；
- 确保需求是SMART的（具体的、可衡量的、达成一致地、现实的、有时限的）；
- 充分理解需求后，再开始技术层面的工作；
- 如果可能，将对解决方案进行原型设计，以确认或提炼消费者的需求。

> **实用小贴士**
>
> 根据作者的经验，应避免这些常见的错误：
> - 在真正理解问题之前，就开始解决"问题"；
> - 创建一个先进的技术解决方案，却发现它无法部署；
> - 聚焦工具而忽略了业务需求——即使工具非常知名，也必须适合消费者而不是相反；
> - 未对需求进行优先排序，且"遗漏"了关键要素（考虑莫斯科分析法——在分析时将每个需求标记为"必须具备""应该具备""可能具备""不会具备"）；
> - 没有明确定义通用术语（考虑"时间"——它的确切定义是什么（小时、周、日、月？）；
> - 做出假定。

14.3 收集需求

为成功收集新的或变更产品或服务的必要需求,要先做计划!该计划可以是敏捷冲刺(基于战略的冲刺)、基于想法可行性的迭代的用户故事,或者基于模板的项目管理。无论遵循什么样的管理实践方法,该实践无疑要为收集需求和预期的需求制品提供指导。企业治理将规定必要的控制措施,确保需求是在组织和可接受的操作参数范围内。确保所有计划都包括这些方面。

在计划中,考虑如何解决以下元素——使用什么是适合环境、产品或服务的(此列表并不十分详尽):

- 定义收集活动的领导力和职员角色(分别负有责任和承担义务);
- 定义和/或与相关的治理原则和策略保持一致;
- 获得适当利益相关者的承诺;
- 通过利益相关者分析,了解对各利益相关者群体的影响;
- 定义/确认新的或变更的产品或服务范围;
- 定义收集/启发式收集需求的方法和输出物(见第14.2.1节);
- 理解目前可用的赋能技术和支持功能,及其获取途径;
- 对所有解决方案定义的唯一真实来源达成一致;
- 对状态报告计划、升级流程以及批准和签字流程达成一致;
- 定义新的或变更的产品或服务的测试策略;
- 计划沟通、风险降低活动、解决技能差距和其他关键差距。

为了帮助制订计划,以下元素是有用的输入:

- 企业治理信息和相关原则(VeriSM"护栏");
- 价值观声明;
- 当前问题陈述、商业论证或产品待办事项列表;
- 各种管理实践;
- 角色描述和边界定义。

14.3.1 传统需求收集

在传统的需求收集方法论中,工作开始前,目标和解决方案是明确的。通常从一个预定义的技术规范列表开始。与消费者进行"访谈",然后由服务提供者根据讨论结果应用或创建技术规范。在这个过程中,消费者的输入可以包括任何内容,从他们想要得到的,到盲目列出或同意技术规范或解决方案,再到定义当前的痛点。消费者的输入经常会被误解(或忽略),从而导致产品或服务未能实现目标(见图63)。这会导致"功能"和预期的不一致,或导致产品或服务需要多次升级和改进才能最终实现消费者预期需求,但在资源、时间和声誉方面的成本却大大增加。

虽然上一段内容过于消极,但要明白,传统的需求收集方法在当今数字化环境中还是具有价值和地位的。是什么因素决定了使用这种方法?考虑组织的风险承受级别,是必须马上提供稳定的环境还是其他因素?请记住,这种方法是一种"久经考验的真实方法"——所有利益相关者都知道它的成功之处以及它的缺点和/或不足。理解这些优缺点，并提前预防错误发生，就能生成一次性就"做对"的一系列需求。

图63　著名的"项目漫画"捕获了需求收集的悲惨现实（来源：http://www.projectcartoon.com）

案例研究：情境

　　一个组织想要建立一个系统，允许他们管理组织所有的和自带的设备（BYOD）。项目团队和系统架构师聘请了外部承包商，并与承包商的设计团队一起签署了一份全面的高层设计（HLD）协议。

　　HLD签署后，双方实施团队就开始了工作。

挑战

　　由于所期望的用户体验是由项目团队制定的，因此商定的解决方案中涉及大量非常复杂的技术组件。一份详尽的预检查清单给到了组织的实施团队，其中强调了需要大量基础设施工作；对于组织的实施和支持小组来说，这些都是他们不熟悉的技术。

　　由于缺乏对所需工作的理解，再加上组织的实施团队面临的资源配置挑战，导致项目团队和外部承包商之间出现了多次项目延误和挑战。

> **结果**
>   最初的技术需求列表受到挑战，并且已经确认了大多数用户将被限制使用更高级的功能（如果有的话）。当初始方法显然不能产生预期结果时，项目团队讨论、商定和采用了下列措施：
> - 对HLD进行回顾，并商定了更简单的解决方案——更新后的解决方案允许实现类似的最终用户结果和业务收益，并且一旦承包商完成实施，内部团队可以支持该系统。
> - 先决条件被分为更易于管理的工作包——这使得组织的实施团队更加有效，并且承包商可以递增地交付组件和功能，供组织的团队进行测试。
>
> **经验教训**
>   设计解决方案时：
> - 实施和支持系统的能力一经形成就不应被低估。设计、项目、实施和支持等各团队之间的沟通是关键。
> - 最好的解决方案并一定是最复杂的；要在可以做什么和应该做什么之间做出权衡。
> - 用户案例/故事/需求（不是技术团队的感知）应该始终是技术解决方案的驱动因素，而不是反过来用技术解决方案来驱动。例如，如果消费者只需要一辆经济型城市轿车，为什么要给他提供一辆高端SUV？
> - 在这种情况下，对整个实施采用更敏捷的方法会产生更好的结果。

14.3.2　迭代需求收集

遵循迭代的或有适应能力的需求收集方法是敏捷、开发运维一体化（DevOps）或精益方法论的基石。它的重点是聚焦于通过用户故事发掘并确认消费者需求（关注于"具体是什么"，而不是"如何做"）。通常消费者无法准确地阐述特定的需求和问题。这种情况下，问一些类似"事情完成以后是什么样子？"以及"正在解决什么样的业务需求？"这样的问题更有意义。沿着用户故事的脉络，首先发掘消费者的"真实"需求，并使它更清晰化，然后就可以更明智地开发解决问题的方案。遵循这个迭代过程，就可以定义好输出（到达期望终点的步骤）和结果（期望的业务目标）（关于敏捷需求收集的更多信息，见附录E）。

开发用户故事——卡片

用户故事不是在流程的早期提供细节，而是用"恰到好处""适时"的方法来开发。用户故事通过将需求记录在卡片（通常是"3×5"的索引卡）上来聚焦消费者要实现的目标。然后，通过消费者和开发团队之间的各种对话，确认消费者的需求。卡片、对话、确认这三个因素构成了"用户故事的3Cs"。这里的一个重点是，还不清楚最终的解决方案是什么，但是团队理解了消费者的需求。

用户故事从第一张捕获了单一消费者需求的卡片开始，每张卡都阐明了消费者需求的一个单独的迭代。如果一张卡片上包含了多个概念，我们就认为它是一部用户史诗，可以分解成多个单个的用户故事。用户故事陈述要遵循下列规定的格式：

作为<谁>，我想要<什么>，这样是<为什么>

考虑用户故事的三个部分：

- 谁——与产品/服务交互的角色（参与者或用户类型）（例如行政人员、财务总监、学生或纳税人）；
- 什么——描述用户希望产品/服务实现的目标或操作（例如，预先筛选出来的潜在的新员工、创建财务报告、购买停车证或管理退休金）。

注：这部分陈述应以行动为导向（使用动词）且简洁明了。

- 为什么——描述对用户/参与者重要的原因或目的/行动。

虽然这些陈述可以是正面或负面的，但它们应该为用户定义价值（例如，雇用"合适的"候选人，加快报告流程，别再收到停车罚单或管理每月预算）。

这句话是对消费者所需功能的简单描述。它是从消费者的角度讲的，不是关于产品或服务，而是关于需要实现的（期望的结果）。考虑以下的示例——哪一个描述了易于理解、简洁的用户故事？

- "我想很容易地筛选出潜在候选人，以便了解他们的技能"；
- "作为研发经理，我想为未来的研究人员创建一个在线评估，以便了解他们的技能概况"。

第一个用户故事存在问题，因为这里没有角色/参与者，范围很广（什么样的潜在候选人？）"容易"又意味什么？第二个用户故事要好得多，角色被确定（表明观点——在线评估的问题库对于人力资源经理来说是非常不同的）、目标被定义（在线评估）以及价值陈述被定义（技能概况）。还有问题吗？当然，什么是"在线评估"？进一步的对话可以准确地确认这一问题，捕获卡片背后隐含的细节，或者开发一个新的用户故事进行评估。

用户卡片

在图 64 中，请注意卡片的正面，有一个需要遵循的正确格式（谁，什么，为什么）的明确要求。一个管理编号（#49），一个优先级（分为 1～10 级）和基于莫斯科分析法得出的"必须具备"的分类结论。还有一个对工作量的预估（以天为单位，请注意，工作量可以以多种方式分类，例如小时、天以及周）。卡片的背面有设计者的笔记，这些笔记来自开发人员倾听和理解关于用户需求的对话。这些"设计者的笔记"是对需求的确认。

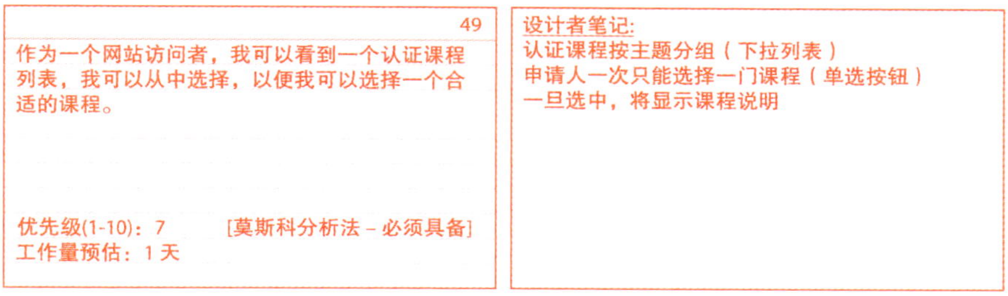

```
                                                    49
作为一个网站访问者，我可以看到一个认证课程         设计者笔记：
列表，我可以从中选择，以便我可以选择一个合         认证课程按主题分组（下拉列表）
适的课程。                                        申请人一次只能选择一门课程（单选按钮）
                                                  一旦选中，将显示课程说明


优先级(1-10): 7    [莫斯科分析法 – 必须具备]
工作量预估: 1 天
```

图 64 用户故事卡片的正面和背面

14.4 需求分析与协定

在需求分析过程中，对需求进行评估和提炼。组织组合是需求分析的一个关键输入。回想一下，该组合不仅包含当前的产品和服务，而且还是战略决策的基础。因此，虽然新产品或服务已经作为一个概念被批准,但仍应通过组织战略确认一些个别的需求(它们是否可行?),以确保和维护预期的价值流。

需求分析和协定的相关活动的关键输出是服务蓝图的开始。在这个步骤中,服务蓝图包括已经存档的、划分了优先级的以及经过验证的消费者和利益相关者的需求。验证活动可以包括成本/收益分析、影响分析等。

考虑下述问题:如果一个、一些或所有需求都不在组织组合的范围内,会发生什么情况?这些需求是应该被自动拒绝、遗忘还是忽略?或者与其他需求混合在一起提交,而服务提供者只是"尽其所能"来解决它?对于服务提供者来说,这是一个决定性时刻——必须在适当的层级做出决策,以便有效地采取行动。

考虑以下选项:
- 完全接受需求;
- 有条件地接受需求(接受需求,但在"极端"交付场景中,根据风险承受能力、健康和人身安全、信息安全等因素增加附加条件);
- 完全拒绝需求;
- 修改需求以满足接受准则。

请记住,要基于护栏来决定接受或拒绝需求。已建立的服务管理原则(展现在组织组合中)。如果我们接受了需求,而该需求又超出了之前的定义范围(例如一个新的业务线),那么就需要修改企业治理、相关战略和服务管理原则;如果需求被拒绝了(见图65),那么被拒绝的原因是超出了定义的边界,而且治理机构也不认为拒绝会影响未来的业务方向;如果需求被修改,一定要获取修改内容及其对企业战略的影响,并确保所有文档都更新并反映当前边界。

分析和协定的关键活动包括:
- 通过启发式方法使需求更具体化;
- 基于组织组合分析需求(可行性);
- 就需求达成一致后,由需求引导出解决方案的设计(服务蓝图)。

在此阶段涉及多个角色,消费者、服务/产品所有者、分析师、架构师,所有人都应该参与到每个活动中。这些角色将根据服务提供者选择遵循的管理方法进行定义。

用户故事——对话

在用户故事3Cs的对话和确认的过程中,我们完成了用户故事的分析和协定。用户卡片完成后,把它们贴在墙上或放在桌子上,以便于制订计划和展开对话。这次对话至关重要。特别是在刚开始学习这项技术的组织中,有可能会直接跳过这次对话(例如,他们会说"我们已经有了故事,让我们创建解决方案吧!")。请记住,对于用户故事,三个元素(卡片、对话、确认)都是必需的。

确保这次对话能力组合的正确性,不仅应该包含消费者(这是他们的故事!),也应包括开发人员和其他利益相关者(也要使团队的规模在合理范围内,以实现高效运营)。有了这种利益相关者的组合,就产生了某种同理心——开发人员了解消费者的目标(功能和优先级),产品或服务所有者可以专注于更高层次的需求,因为实施细节与开发人员有关。用户故事对话方面将重点从编写需求转移到讨论(和理解)需求。

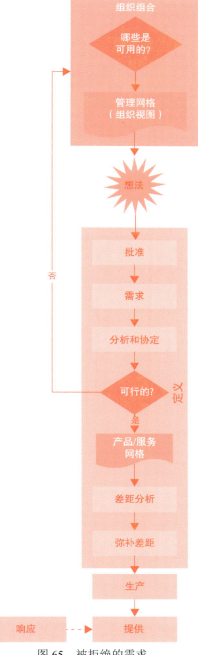

图 65 被拒绝的需求

对话应该是各利益相关者之间的主要沟通方式。不仅各方都在一起工作（保持对用户故事及其优先级的聚焦），还避免或减少了错误沟通的可能性。这些会议以"及时"和"恰到好处"的方式逐步提炼最终的交付。不要错误地认为用户故事是传统需求文档的替代品，在进行对话和确认对话内容之前，用户故事是不完整的。请记住，3Cs 所有的活动（卡片、对话、确认）对用户故事都至关重要。

> **一个错误沟通的经典案例**
>
> 1999年，火星气候轨道器（1.25亿美元）被设计成在另一颗行星上的第一个气象观测器。然而，这并不是由于它在火星大气中被烧毁。经审查，灾难发生的原因是沟通不顺畅。
>
> 推进工程师设计了控制轨道飞行器推进器的软件，以磅计算力。另一个单独使用的软件使用了上一个软件产生的数据，假设它的单位是牛顿，一磅的力大约是4.45牛顿。假设进行了转换，没人费心去仔细检查。①

用户故事——确认

用户故事对话的结果是对需求的确认和就需求达成一致。然后，每个用户故事都将被划分优先级，并在利益相关者之间达成一致。用户故事卡的背面表示支持用户故事目标的高级开发人员的活动。这些活动是在不同对话过程中发展起来的，一旦记录在卡片背面，就会得到确认。现在，开发人员知道了开发迭代中需要什么。

考虑使用主需求文档（见附录E）来管理多个需求或用户故事。这些文档必须是服务蓝图的一个重要组成部分。组织的原则可以帮助进行需求筛选和优先级排序，这些信息会充分体现在主需求文档中。通过良好的变更控制实践和版本控制来保护主文档。使用主需求文档提供单一信息源，具体包括：

- 简洁的需求，连接用户故事和规格说明；
- 关键目标陈述；
- 产品或服务的工作环境描述；
- 背景信息和其他相关信息的参考；
- 设计约束条件。

> **需求优先级**
>
> 组织应该如何确定需求的优先级？通常情况下，经常使用模糊的度量方法（考虑高、中、低或重要的、有条件的、可操作的），而并不清晰地理解每一级的含义。即使是分级为1～10的这种度量方式，其含义也可能模棱两可！为确保没有误解，请明确定义如何使用任何优先级级别以及每个级别元素表示的内容。
>
> 此外，还有许多基于价值、成本和风险的复杂的半可量化的优先级矩阵的示例。在这些矩阵中，通常为每个值分配一个加权百分比，然后消费者指定一个数字表示一个元素的重要程度。然后，将权重百分比应用于这个表明重要性的数值。得出的结果值就是该特定元素的优先级。
>
> 围绕这个度量的颗粒度也可能会有问题，考虑在具体需求级别（如用户故事、特性、功能需求）上应用这个优先级度量。最后，无论采用何种方法，都取决于利益相关者对信息的需求和控制。

---

① 格罗斯曼，L.（Grossman, L.）（2010年11月10日），1999年11月10日：公制换算错误挫败了火星气象任务（互联网信息），https://www.wired.com/2010/11/1110mars-climate-observer-report/ [2018年3月]。

良好的需求收集

情境

为了符合监管要求，遵循外部审计的建议，一个财务组织需要更新现有的系统，并使用更安全的电子邮件客户端和设置，以减少潜在的数据泄露（DLP）。为了达到这个目标，该组织与一个长期的合作伙伴商谈，大致上确定并准备实施一个项目。

挑战

该项目涉及一系列系统和配置更改，而且需要在业务不中断的情况下检查用户的使用情况和更新大量的设备。

更新后的解决方案包含更多的限制性策略，并且会将应用从本地迁移到一个更安全的设备上。这样的话，用户接受程度被标记为项目期间和项目完成后的一个风险。

尽管大约50%的用户位于同一城市紧邻的地域内，但其余的用户分布在一个广阔的地域内的多个地点，其中许多人是高度移动办公的，没有办公室。

在成功的试运行之后，组织批准该项目在从5月底开始的假期期间实施，因为组织要求当年第4季度初至少达到80%的合规性。

尽管试运行期间的测试已经得到组织签字确认，但是在大规模实施期间，又发现了更多的用例，且必须集成进去。

结果

敏捷方法从项目一开始就受到青睐：

- 首先将小型和中型场所，以及总部周围最有可能在项目早期产生积极结果的关键场所合并作为目标。这在组织内部产生了良好的推动力和信心，以应对将要发生的变化并实现业务目标。
- 到了盛夏季节，超过50%的用户已经迁移，并且社区对新解决方案的接受度很高，没有大的障碍。
- 到第4季度，IT和安全部门报告说，几乎90%合规要求已达标，因此超越了业务目标。

经验教训

项目团队由固定的相关人员组成，他们分别来自本组织内部支持部门和合作伙伴的专业人员。所以他们对交付高质量服务很有信心，同时减轻用户接受度的挑战。

持续交付的方法可以让团队建立推动力，并获得组织的信任。

开放的沟通渠道使得在项目推进的过程中发现的任何问题都能得到迅速有效的处理，并且不会对项目交付造成影响。

用户故事——结论

用户故事一直是需求收集信息的焦点，原因有两个：

- 用户故事及其相关的敏捷交付能力支持组织的数字化转型；
- 以消费者为中心。

虽然这种方法非常成功，但也存在潜在的问题。最大的问题是用户故事卡片上捕获的内容缺乏细节——用户故事严重依赖于对话，将这些关键元素文档化可能非常耗时。完整的文档依赖于团队内部的协作，而这种协作可能存在，也可能不存在。其他需要注意的问题包括：
- 在实际开发开始之前，项目有一份详细的规格说明列表；
- 更新的需求没有被捕获和/或传达给设计和开发团队；
- 产品或服务所有者在没有任何利益相关者小组参与的情况下编写规格说明；
- 任何工作开始之前，都需要各方毫不妥协地签字确认。

请记住，敏捷需求的目标是通过一系列的发布，将用户故事（需求）提炼、演化并使成熟，形成一个期望的解决方案。比尔·韦克（Bill Wake）（2003）的首字母缩略词 INVEST 对于创建健全的用户故事来说是一个很好的助记符。每次发布都会根据消费者的需求进一步改进产品或服务。如果产品和服务的规格说明是预先确定好的，或者需求从来没有更新或提炼过，则不可能提供期望的解决方案。

比尔·韦克的首字母缩略词 INVEST[①]

为了更好地输出"用户故事"，比尔·韦克设计了首字母缩写 INVEST，来描述一个好的用户故事的属性：
- 独立（Independent）——用户故事是独特的,并且描述的功能是单一的和独立的，功能的实施顺序可以不分先后；
- 可协商（Negotiable）——用户故事要足够灵活，以使得成功的定义成为共识；
- 有价值（Valuable）——用户故事清楚地描述了消费者价值，而不是开发人员的任务；
- 可估计（Estimable）——可以粗略地（或更好）估计满足用户故事的难度；
- 短小精悍（Small）——故事"恰到好处"，它与目标契合，可以在一个单独的迭代中实施；
- 可测试（Testable）——所有参与者（客户、开发人员、测试人员……）对用户故事的含义达成一致，这样就可以创建测试集。

14.5 选择管理实践和技术

协定活动的一部分是探索管理网格的各个方面。因此，将围绕管理实践方法进行评审并协定。需要提出和解答诸如"应纳入哪些管理实践？"或"目前的管理实践是否足以满足新的或变更的产品或服务？"这样的问题。类似的问题也会出现在技术选型上。以下各节提供了一些指导，以帮助选择管理实践和技术。

14.5.1 选择合适的管理实践

选择任何管理实践时，请记住以下几点：
- 没有最好的管理模式——没有一套原则需要被另一套完全取代；
- 组织原则可能表明需要结合多种管理实践来支撑组织的各项能力和期望的结果；

[①] 韦克，B.（Wake, B.）（2003年8月），投资于好的故事和聪明的任务（互联网信息），https://xp123.com/articles/ invest-in-good-stories-and-smart-tasks/ [2018 年4月]。

- 管理模式涉及多种选择——无论选择什么都会影响实践行为；
- 原则是不可见的，并且很少是明确的——人们常常不清楚所使用的管理模式；
- 带来成功的永远不是模式本身，而是使用该管理模式完成的工作；
- 在选择管理实践或在一个具体的实践中选择相关元素时，会依赖不同的环境和竞争因素——这些环境和因素随着时间的推移而变化，甚至还受产品或服务的影响；
- 这是一个关于遵循什么原则的慎重的、独特的选择——了解现有情况和替代方案；
- 当执行简单的活动（然后在其基础上构建其他活动）时，不需要部署新的流程。记住这些公理："如何吃掉一头大象？"或者"如何跳出一个深坑？"这些问题的答案是什么？一口一口地吃或一次跳跃。关键是，有的活动我们需要很多步骤，而有的活动则需要一次"全力以赴"，要深知两种活动的区别。

管理实践和词汇表

最后一条建议。当进行管理实践方法选型时，要创建一个易于所有人查询和获取的企业词汇或术语表。准确定义每一个所使用单词的含义。这点为什么很重要？如果使用的管理实践不止一种，则存在这样的风险：一个术语可能在一种实践中表示一种含义，而在另一种实践中则表示着完全不同的含义。编写所有与管理模式相关的特定术语表超出了本书的范围。有许多在线资源提供了一些编写信息（例如，来自 ISO 的在线浏览平台[①]（OBP），可在其中搜索特定的标准、标准集、出版物、图形符号、术语和定义）。

是否应该期望所有人一直使用正确的术语呢？可能不是。不过，必须提供相应资源来单方面定义（或翻译）这些术语，然后努力确保所有成员都能理解这些术语，以便各种活动持续朝着同一方向前进。

共享术语的重要性

一个大型的跨国软件组织完美地启动了他们的"采用并适应"IT 服务管理计划。一组咨询顾问和培训师正在与领导力和工作人员交谈，试图理解目前面临的困难。交谈中广泛使用的短语是"这是个问题"或"问题是……"。"问题"这个单词是个统称，被用来描述事件、连续性事件以及各种问题，这对咨询顾问和培训师来说没有意义，因为对他们来说，"问题"应该有非常具体的含义。直到他们明确要求定义各种"问题"的具体内容，所有交谈中讲述的困难和故事才有意义。公司要求暂停使用"事件"或"灾难"这些词语，所以一切都是"问题"。这真是个问题！

在另一个组织中，不同的团队和部门将不同的事情统称为"变更"——IT 部门的"变更"指的是"IT 变更"，项目管理办公室（PMO）的"变更"指的是"项目变更"，而执行团队的"变更"指的是"业务变更"。当发出这些"变更"相关的邮件时，没人知道到底发生了什么变更，大家都很困惑。

---

① 韦斯特曼，G.（Westerman, G.）（2017年10月25日），你的公司不需要数字化战略（互联网信息），https://sloanreview.mit.edu/article/your-company-doesnt-need-a-digital-strategy/ [2018年5月]。

14.5.2 选择适合的技术

> **引用**
>
> 技术本身并不能为业务提供价值,从来没有过(除非把技术应用在产品中)。相反,技术的价值来自于以不同的方式开展的业务行为,因为技术使商业成为可能。
>
> ——乔治·维斯特曼(George Westerman)

新兴技术的有效使用对数字化组织的成功产生重要影响。对组织来说,选择技术时,常常难以抵挡市场宣传或其他外部影响的诱惑。通常,技术的应用似乎是解决业务挑战的简单方法。对组织而言,如果选择了错误的或不适当的技术,代价将非常昂贵。技术投资从来都伴随着风险,而且很少有(如果有的话)一项技术能够完全符合业务需要。

进取的组织认识到必须基于对组织业务战略的理解来使用新兴技术,然后找到能够帮助实现战略最合适的技术。遵循技术优先的方法通常会导致短视思维。通常情况下,在技术优先的方法中,宁愿是技术尝试去满足业务需求,也不愿业务需求驱动合适的技术方案。

> **选择技术时的常见错误**
>
> 这些听起来熟悉吗?请记住:凡事预则立,有备而无患。
> - 首先选择一项技术,然后找到它能解决的问题;
> - 过度采购("眼大肚子小");
> - 降低采购标准(廉价但无效的解决方案);
> - 不理解持续成本(例如,维护、许可证费用等);
> - 能"进门"吗?(是否对尺寸、重量和其他物理参数进行了测量……);
> - 是否与当前投资的技术兼容?

谁应该做出技术决策?

要在数字化时代取得成功,组织的所有能力都应该了解哪些技术能够对业务产生积极影响。传统上,技术决策是由 IT 部门做出的,通常组织的其他能力很少或根本没有参与(无论是因为就是这么设计的,还是因为缺乏参与度)。考虑一下如果组织的能力不参与决策带来的风险和影响——影子 IT 的出现清楚地表明,只让 IT 部门进行决策是不可取的。

虽然 IT 能力本身的性质决定他们有技术专家,有可能是最有资格评估技术的,但是必须在组织内所有适当能力都参与的情况下才能做出技术决策。采用需要包含所有相关能力的方法,可以理解各方能力的业务需求,对要使用的技术的评估标准进行定义并达成一致。

决策方法和技术

在决策过程中,组织必须在快速决定和进行充分的分析之间找到平衡。找到这个平衡点可以确保决策不是基于错误信息,也不是在没有进行适当程度的尽职调查情况下做出的。

为了使决策过程更便利,有几种工具(见表 7)可以帮助组织做决策。没有任何一种决策工具是最好的工具;组织可能会发现,使用多种工具的组合有助于达成最终决策。

表 7 决策方法和技术

决策方法	说明
联合分析	通过确定产品或服务的每个特性的价值来确定消费者偏好的方法。理解大多数消费者的偏好有助于做决策。
成本效益分析	用来衡量每一种可能的选择所产生的财务影响，从而得出从经济角度来说最有意义的最终决策。
决策矩阵	一张用于评估关于决策的所有选项的表，所有选项列在第一列，所有影响决策的因素列在第一行。参与决策的人对每个选项打分，并权衡哪些因素更重要。计算出一个最终的分数，来决定最佳选项。
决策树	一种仔细权衡每种选择及其结果的模型。也可以利用该项技术做统计分析。
多轮投票法	多人参与决策时使用。有助于将许多选项缩小到一定的范围，以便最终做出决策。
帕累托分析	这个技术适合在需要做许多决定时使用。通过确定各种决策产生的影响大小，确定需要做出决策的优先级。
PESTEL 分析模型	虽然 PESTEL 是一种评估工具，但它也可以当作决策工具使用。PESTEL（政治、经济、社会、技术、环境和法律）是一种技术，它通过分析外部因素和从六个领域中的每个领域做评估决策来改进决策方式和决策时机。这个方法考虑了当前趋势，有助于预测未来趋势。
SWOT 分析	SWOT 分析可用作决策工具。SWOT 是一种工具，用于确定特定选项的优势、劣势、机会和威胁（SWOT）。
T 形图	使用 T 形图可以确保在做出决策时考虑所有的积极因素（加分项）和消极因素（减分项）。

成为"早期采用者"的意义

成为新兴技术的早期采用者，既有好处，也有风险。那些"早期采用者"组织可以对技术的持续发展产生重大影响。在市场上率先使用新技术可能会在组织的垂直行业中提供差异化的产品或服务。

然而，早期采用一种新兴技术也存在潜在的商业风险。例如，要使用的新技术的预期用途可能没有得到充分测试。此外，供应商可能没法提供正式的技术支持渠道或完全没有相应的技术支持渠道，这可能造成高昂的使用成本。

当然，这取决于组织的文化，这些顾虑可能根本不被视为风险。

14.6 结论：管理需求

出于战略原因开发的新产品和服务是指那些从未交付过的产品和服务。例如，组织做出了进入新的市场空间、创建新的解决方案/技术或满足来自消费者新需求的战略决策。这些新产品或服务通常会有一个烦琐的评估流程，确保新产品或服务在组织的战略方向内，或者即使不在组织的战略方向内，也要确保充分考虑了战略意图，包括潜在的战略方向变化。

已经启用的产品或服务要在一个持续改进的循环内，将随着需求的变化而变化。这种需求可能来自组织战略评审、消费者需求变化、技术变化、新功能的开发或其他方面。在敏捷环境中，这些需求可能来自产品待办事项列表。在传统环境中，变更可能来自于已交付的产品或服务中未包含的原始需求（考虑莫斯科分析法中的"可能具备"和"不会具备的"需求）。

大多数管理实践都提供了如何管理未满足需求的指导——我们应遵循这些指导。任何收集到的信息都应通过组织变更控制流程和相关策略进行管理。按照组织变革管理（OCM）的原则对组织和消费者的影响进行评估和管理。如图 66 所示，在 VeriSM 中可以轻松地管理改进循环：通过定义—生产活动管理次要的改进循环，而主要的改进需要从评审组织组合开始。

无论情况如何（次要或主要的改进），都要根据组织战略计划、治理因素、原则和组织组合进行需求评估。需求生命周期又开始了。

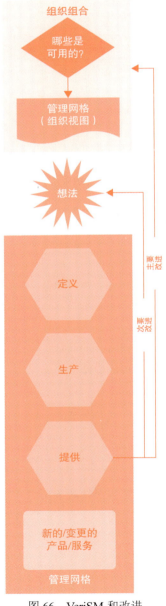

图 66　VeriSM 和改进

> **现实案例**：Hippo Digital/Kidz Klub Leeds
>
> 第 27 章讲述了 Hippo Digital 如何与慈善机构 Kidz Klub Leeds 合作，使用设计冲刺/黑客日的方法理解他们的需求，并重新设计了慈善机构的志愿者合作系统。
>
> "当资源短缺（时间、金钱……）或者有许多想法需要快速测试时，设计冲刺就会有所帮助。对于 Kidz Klub 来说，主要挑战是没有足够的时间进行规划/变更，因为他们大部分时间都在帮助孩子们。"

14.7　VeriSM 揭秘：需求

一旦需求达成一致，就可以为特定的产品或服务生成一个管理网格。遵循在第 12.4 节开始的通用示例，提议了新的产品或服务，并且收集到的需求已经确认了一些新的元素。经过几次集中讨论，确认有些新的需求目前不在组织的管理网格内，包括：

- 供应商——已经包含新的供应商，并可能通过SIAM对供应商进行管理。但未经确认，有可能将新产品或服务所需的技术外包给其他组织；
- ISO/IEC 20000——专门为其设计新服务的新客户，要求组织取得ISO/IEC 20000认证；
- 为了满足新市场的需求，DevOps实践至关重要。服务提供者必须将DevOps实践纳入新产品或服务的交付中；
- 利用一些新技术进行新产品或新服务的设计和交付。虽然需求是已知的，但如何完成却是未知的。技术外包是有可能的。将在采购计划期间进行差距分析后决定是否外包。

在图 67 中，所有需求都映射在网格中。红线表示对新的或变更的产品或服务的需求。

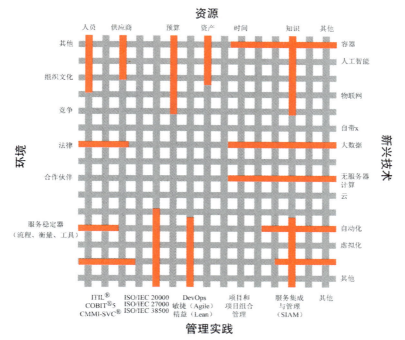

图 67　VeriSM 揭秘：需求网格

14.8　VeriSM 应用：FCH 需求

"用户故事"是开发FCH可穿戴健康项目的下一步，它是从利益相关者的样本中收集来的，现在称这些利益相关者为"可穿戴团队"，或简称WT。该团队包括：

- 来自代表目标受众的消费者群体（年龄在35～45岁之间，持有FCH保险单的成年人）的样本；
- 来自健康项目中的医生、护士和健身职员的样本组；
- 保险集团的代表；
- 产品所有者（物理可穿戴设备）和服务所有者（程序功能、数据管理、报告等）；
- 设计人员和开发人员。

WT创建了许多用户故事。用户故事并不都是完美的，但它们确实代表了消费者和利益相关者的需求。其中包括：

- 作为可穿戴健康项目的参与者，我希望FCH可穿戴设备充电后至少能维持一周，并可以在两小时内完成充电，这样我就不会丢失任何锻炼数据；
- 作为可穿戴健康项目的参与者，我希望在锻炼期间得到反馈，这样我就能知道自己什么时候没有达到目标心率范围；
- 作为可穿戴健康项目的参与者，我希望FCH可穿戴设备可以计算我游泳的圈数，这样我就可以专注于我的表现；
- 作为一名健康项目的医生，我需要每个病人的综合报告，这样我就可以在他们半年体检中回顾他们的表现/参与情况；
- 作为一名健康项目的医生，我需要实时的紧急通信，这样我可以主动地预防或减轻严重的健康问题（心脏病发作、中风等）；
- 作为一名健康项目中的护士，如果参与者的各项身体指标（指心率、呼吸、血压）超过最大设定值的时间长于3分钟，我要得到实时警告，这样我就可以向参与者发送紧急信号，让他们停下来；
- 作为保险项目经理，我希望得到参与者运动表现的简明报告（锻炼时间/天，所覆盖的距离等），这样就可以为他们在个人医疗保险上申请相应的折扣。

在WT小组内部进行了多次对话，设计/开发团队也明确了需求，这样可以交付正确的功能。然后WT小组对需求进行了优先级排序，FCH可穿戴设备的最初的迭代版本包括以下功能：

- 物理穿戴设备是防水和防汗的，能采集各种活动中的生命体征数据；
- 每件可穿戴设备都是可以由FCH健康工作人员单独编程的，以反映指定的运动参数；
- 最初的报告功能由参与者每两周总结一次（如有必要，可以进一步得到每天的运动表现）；
- 如果参与者的身体指标超过最高设定值的时间长于3分钟，就会发出紧急信号（响亮的"哨声"）。

基于优先级确定了附加功能。

确认的结果，我们为FCH可穿戴健康项目创建了一个具体网格（见图68）。注意网格里出现的关于几种新技术和新的管理实践需求：

- 供应商——建议了几个新的供应商支持物理穿戴设备，以及支持ISO/IEC 27001认证流程和SIAM实施；
- 竞争——由于新产品或服务的创新性，服务提供者必须积极提升在现有市场的销售和营销能力，并积极拓展新的市场空间；
- ISO/IEC 27001——由于新产品或服务需要与个人数据交互，服务提供者已聘请咨询顾问来帮助其获取和维护ISO/IEC 27001认证证书；
- 敏捷——考虑这项计划要求的时间节点，大家一致认为，在六个月时间节点内交付试用必须使用敏捷方法论；
- SIAM——新产品和服务有许多来自供应商组织的组件，因此需要先部署SIAM原则来管理这些关系；
- 大数据、物联网和人工智能——在新产品或服务的设计中，服务提供者正在利用这些技术开拓新的市场空间，并用尖端创新和技术来留住当前的消费者。

创建一个初始的服务蓝图反映在这一点上的活动，可能包括的元素有成本效益分析、服务影响分析、管理流程的潜在变更和生成报告的初始程序（数据管理和操作）。

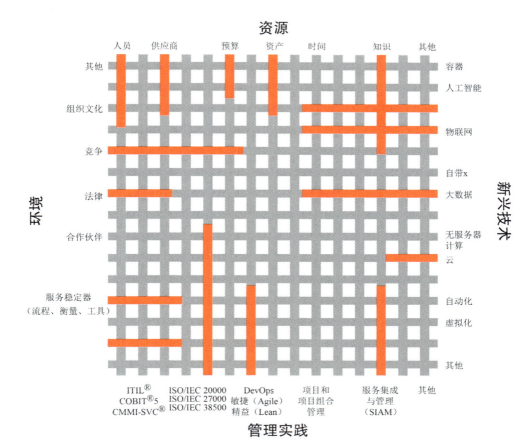

图68　FCH的需求——可穿戴健康计划的需求

15 定义：分析差距

引言

差距分析练习的目的很简单：将当前状态与期望状态进行比较，确定"差距"，然后制订一个克服这些差距的计划。此活动的结果是定义解决方案所需的元素。

有许多技术和工具可以发现为什么存在差距以及如何克服这些差距。这些工具包括简单的电子表格、调查、鱼骨分析、SWOT 分析、PEST 或 PESTEL 分析、麦肯锡 7S 框架、Burke-Litwin 模型或 Nadler-Tushman 模型。每种工具各有其优点和适用条件。

本章特别关注基本差距分析、麦肯锡 7S 框架、Burke-Litwin 模型和 Nadler-Tushman 模型。

15.1 执行差距分析

组织进行差距分析有很多原因，最常见的原因是为了提高绩效水平。差距分析的概念（见图 69）。一个简单的差距分析，如图 70 所示。

请注意，有一个预定义的期望状态，并且一旦知晓当前状态，就定义了描述必要的几个操作步骤。这种类型的分析有许多粒度级别分层，从组织范围到特定项目，甚至是战略开发。差距分析成功的关键是明确定义分析的范围和期望的状态。期望的状态基于业务定位和方向、竞争、技能要求或其他任何可测量的条件。

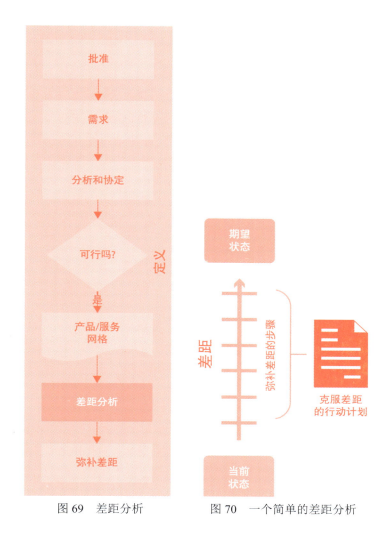

图 69　差距分析　　　　图 70　一个简单的差距分析

15.2　执行差距分析的步骤

高阶的差距分析步骤如下。

- 描述现状：
  - 列出需要改进的属性，这个列表可以是狭义的或广义的，定量的或定性的，例如依次为当前的技能集、组织目标、绩效水平（每天50个订单）或文化观察（缺乏组织多样性）；
  - 确保具体和实事求是，重点是能够识别和衡量弱项（以及最终改进）。
- 描述未来的状态：
  - 此列表是"理想"状态，可以是非常具体的（每天将订单从50个增加到100个）或更通用的（以包容性为重点来改善工作环境）。随着分析的进行，通用列表需要添加更多的细节。

- 定义衡量标准和指标。这些衡量标准和指标定义了监视减少差距活动的绩效和质量标准。
- 分析"现状"和"未来"之间的差异,并推荐克服这些差距的方法。
- 考虑造成差距的一些因素(这些因素需要是具体的、客观的和相关联的)。
- 分析方法包括电子表格、调查、鱼骨分析、SWOT分析、PEST或PESTEL分析、麦肯锡7S框架或Nadler-Tushman模型。
- 定义可能的解决方案以克服差距。这些解决方案应该是以行动为导向、具体的,并且是可衡量的。
- 确定一项战略,以改进能够减少/消除差距的流程、程序、技术、系统、工作人员、基础设施和组织架构。
- 获得利益相关者的同意并部署战略。

15.3 分析和管理差距的技术

本书中已经讨论了分析和管理差距的几种技术,特别是 SWOT 分析、PEST 或 PESTLE 分析、石川图(Ishikawa)或鱼骨分析。本章的其余部分将集中于以组织为中心的方法,特别是麦肯锡 7S 框架、Burke-Litwin 模型 和 Nadler-Tushman 模型。

15.3.1 麦肯锡7S框架

麦肯锡 7S 框架是一项有用的技术,可以用来了解组织是否能正确定位以达成其目标,或审查单个能力、团队或项目的不佳表现。这项分析的结果是一致性声明。该模型由七个元素组成,分为"硬"和"软"两类。我们很容易定义和影响"硬"元素,例如:
- 战略——如何保持和建立竞争优势(元素包括使命和愿景声明、原则和策略);
- 结构——组织是如何搭建的(组织架构图、汇报路径);
- 制度——用于完成工作的日常活动和程序(正式流程、IT)。

"软"元素更难定义,更趋于无形化,并且会受文化的影响。这些元素包括:
- 共同价值观——企业文化和职业道德中体现的组织核心价值观;
- 技能——员工的通用能力(最强的技能、技能差距、组织擅长什么等);
- 风格——领导力风格;
- 员工——员工的实际技能和能力(职位或专业、能力差距等)。

最高目标或共享价值观是该模型的核心,也是其他元素发展的关键。这些目标反映了该组织成立的原因和主张是什么 [见图 71;摘自沃特曼(Waterman)、彼得(Peters)和菲利普斯(Philips)[①](1980 年)]。随着目标的改变,其他元素也会改变。

这一模型的运作原则是,七个因素是平等的,它们相互作用,每个因素都必须参与和协调才能有效运作。因此,该模型将确定因变革而需要重新调整的元素(如重组、新服务、合并/收购、

---

① 沃特曼, Jr.(Waterman, Jr.), R. H., 彼得, T. J.(Peters, T.J.)和菲利普斯, J. R.(Philips, J. R.)(1980年),结构不是组织,商业视野,23(3):14-26。

领导力更迭和其他元素等）。由于每个元素都是相互关联的，这样就可以评估一个看似微小的变化所产生的更广泛影响。一旦确定了现状和未来的情况，评估这七个元素，并对其进行调整，使组织保持有效。这既不简单也不快捷——"正确"的领导力、赞助、知识、技能和经验仍然是必要的。

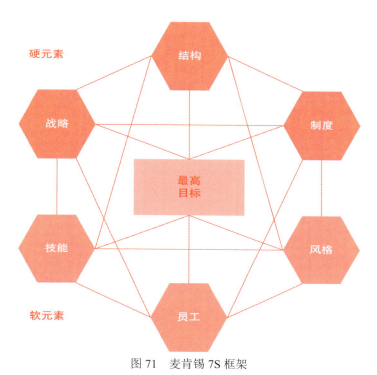

图 71 麦肯锡 7S 框架

15.3.2 Burke-Litwin 模型

麦肯锡 7S 框架的另一种替代模型是 Burke-Litwin[①] 模型（见图 72）。Burke-Litwin 模型使用了 12 个变量（其中包括了麦肯锡的所有 7 个变量），但该模型认为外部环境（例如市场、法规、竞争、经济）是组织变革的最强大推动力。所有的因素都是相互作用的，一个因素的变化最终会影响到其他因素。

外部环境因素影响战略、领导力和组织文化。这些都是长期的、变革性的影响（其中一个因素的改变将影响整个组织和所有员工）。这些变革因素将推动组织变革。

总体而言，这些变革因素影响结构、工作氛围、管理实践和制度（策略和程序）。这个集合本质上更具事务性和可操作性（可能影响也可能不影响整个组织）。当提炼或修改组织的绩效时，这些因素会具有更加紧密的关联性。同时，变革性和事务性的因素影响动机，进而影响绩效（个人和组织）。为了实现可持续的变革，变革性和事务性的因素必须相互一致。

---

① 伯克，W. W.（Burke，W. W.）和利特温，G. H.（Litwin，G. H.）（1992年）,组织绩效和变革的因果模型,管理学杂志，18（3）：523-545。

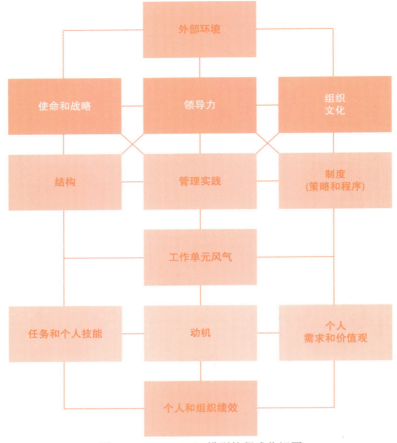

图 72　Burke-Litwin 模型的程式化视图

要使用此模型，需要从调查、组织评审或访谈中收集数据。然后对数据进行结构化处理，以反映公司、部门和个人级别，从而为了解组织架构的功能提供洞察力。数据的相关性可以为了解员工满意度和动机、客户满意度和盈利能力等提供洞察力。

15.3.3　Nadler-Tushman模型

麦肯锡 7S 框架或 Burke-Litwin 模型的另一个替代分析模型是 Nadler-Tushman 模型。这个模型关注的是整个组织如何一起工作，有时被称为一致性模型。组织被看作是一个由四个元素（人员、工作、架构和文化）组成的社会系统，这些元素将投入转化为产出。这些元素共同定义了组织绩效。注意战略如何为四个元素提供输入和方向。这四个元素之间的一致性越强，绩效就越好（见图73）。例如，如果组织中有杰出的人，但是文化阻碍了他们的表现，他们的才华就不能被充分发挥。同理，如果有伟大的技术和很棒的决策过程，但如果组织的文化是严重官僚化的，也无济于事。[①]

[①] 尼德勒，D. A.(Nadler，D.A.)和塔什曼，M. L.(Tushman，M.L.)（1980年），诊断组织行为的模型，组织动力学，9（2）：35-51。

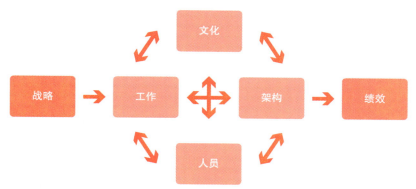

图 73　Nadler-Tushman 模型

要使用此模型，请分别分析每个元素（人员、工作、架构、文化），然后分析它们相互之间的关系。考虑以下元素：

- 人员——目前执行关键任务的人员类型；
- 工作——做什么工作，如何处理；
- 架构——支持组织的架构、系统和流程是什么；
- 文化——什么态度、信仰、承诺和动机是显而易见的（这些都是不成文的，通常很难定义）。

每个元素与其他元素进行比较时，要寻找一致（工作良好）或不一致（无效结果）的区域。最后一步是在组织战略中优先考虑去主要解决不一致的区域，并巩固一致的区域。

15.4　结论：差距分析

差距分析的目的不仅是识别差距，而是制定战略和最终计划来克服这些差距。附录 D 中介绍的许多管理模型和实践可以帮助我们进行差距分析，特别是在领导力、战略、文化和技能方面。我们通常是通过采购的策略来消除有形的差距（例如资产、技术等），这将在下一章中讨论。

最后一点建议：不要忘记，在评估差距时，要将对技能和能力的影响纳入评估范围。所展示的模型包括这些元素，它们对新的或变更的产品或服务的整体成功至关重要。我们不仅要从服务提供者的角度，也要从消费者的角度来看待这一差距，这样才会有合适的培训、沟通和营销计划。这些计划将包括在服务蓝图中，以便在后续阶段实施。

15.5　VeriSM 揭秘：解释差距

在图 74 中，当前对网格的影响是已知的，组织当前拥有什么和需要什么，以及可能需要额外能力或资源来支持新产品或服务的现有元素。

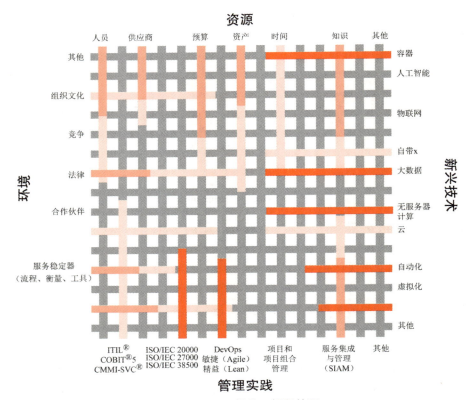

图 74　VeriSM 揭秘：解释差距

从高阶网格来看，需要几项新功能：AI、物联网和大数据，以及来自 ISO/IEC 27000 体系的安全措施。有几个区域，"可用"和"需要"是重叠的。应该对这些区域进行评估，以确定是否需要新的或额外的资源有效地应对新的产品或服务。例如，考虑以下问题：

- 是否需要新的法规专业知识/信息？
- 当前的营销和推广计划（还有员工）是否有能力应对和克服竞争？
- 新技术领域是否需要更多具有专业知识的人员，或者集中培训计划是否满足需求？
- 是否需要额外的技术资产，或当前资产是否能够满足计划的解决方案？
- 是否有合适的知识文章可用？或者是否可以开发或获得这些知识文章？

在服务稳定器区域，对流程的评估表明，这些流程可以轻松地集成新的产品或服务，但在衡量区域需要开发额外的衡量标准、指标和报告。对服务集成与管理（SIAM）的影响微乎其微——这就确定了当前的服务集成商可以处理新的产品或服务的需求。

15.6　VeriSM 应用：FCH 差距

从图 75 可以看出，在 FCH 可穿戴健康项目中，会出现几种不同的差距分析活动。使用第 15.5 节中类似的结构，重叠线表明什么是可用的和什么是需要的但当前不可用的。如果元素已经可用，并且新的需求与这些区域重叠，则重叠区域用橙色显示。回顾图 75，并注意以下差距。

- 资源

已经提到的四个领域（知识、资产、预算、人员）方面，资源非常丰富。因为从战略计划开始已经为它们分配了预算，所以这四个领域是包括在战略计划中的。弄清楚知识和人员之间的差距非常必要。使用任何以前的模型（麦肯锡 7S、Burke-Litwin 等）来发现技能和相关知识的差距。此外，要考虑这项新服务的影响并以及潜在的组织变革管理计划，以帮助人们将新服务纳入其支持和交付协议。对于固定资产，由于重复性很强，且因为数据中心整合计划，需要仔细查看。

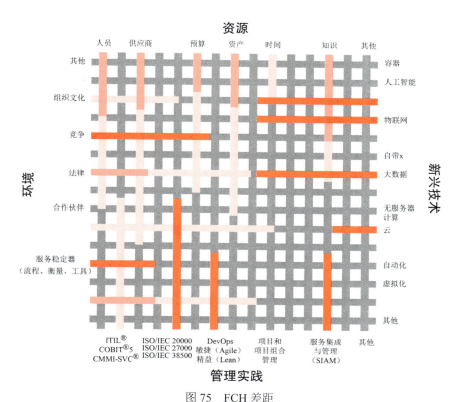

图 75　FCH 差距

- 环境

网格第一个明显差距是在竞争方面。随着可穿戴设备的普及，尤其是在 Y 代和 Z 代，有效地推广和营销活动是必需的，直接影响的是保险营销能力。第二个差距可能在围绕着衡量的服务稳定器区域。这项新服务的一个关键因素是报告和跟踪表现。目前，FCH 的报告是有问题的。因此，这项新服务是澄清和改进报告活动的绝佳机会。可能需要补充技能来满足新服务可能要求的新需求。

- 管理实践

需要三种新的管理实践：ISO/IEC 27001、敏捷和服务集成与管理。要求 ISO/IEC 27001 解决数据安全附加控制（之所以决定要获取这个认证，也是为了满足有关患者许多保密性要求）。为了满足利益相关者对在六个月内交付的期望，将把敏捷实践引入到已建立的 ITIL 流程中，以加快服务交付。服务集成与管理正致力于为 FCH 的许多供应商提供一种集成的解决方案。这三个领域对 FCH 来说都是全新的，需要专业知识，因此是采购计划中的一个关键元素。

- 新兴技术

FCH 可穿戴健康项目有多种新技术可以利用，包括人工智能、物联网、大数据、云、区块链等。由于案例研究中除了围绕数据中心整合这些事件之外，没有其他具体的信息，我们可以假定这些技术和其他技术可能会被部署。这种差距可以在采购活动中解决。此外，在 IT 能力范围内，设计人员和开发人员之间必须协同工作。

16 定义：弥补差距

🔑 引言

本章重点介绍组织可以采用何种方法来弥补已确定的差距。采购工作中的一个关键元素是根据服务管理原则定义采购策略。该策略将为负责寻找所需元素以生产商定的产品或服务的能力提供指导。

一旦对新的或变更的产品或服务的需求达成一致，就定义了从概念到结果的计划。目前的网格在现阶段至关重要，因为它阐明了当前在资源、环境、新兴技术和管理实践方面哪些是可用的。这里要考虑的一个关键问题是对于那些解决方案不容易获得的需求应该怎么做？

在 VeriSM 中，企业治理和支持服务管理原则将指导采购计划的制订。该计划将考虑各种选择，并定义采购活动的运营策略和实践。该计划应该是整个项目计划的一部分，并进行相应的管理。

采购是一种与寻源采购相关的组织能力。许多组织都设有采购部门，负责制定规范、价值分析、供应商研究、谈判、采购活动、拟定和管理合同、库存控制、收货和储存货物。

在管理网格中弥补差距这种情境下，购买产品和服务是采购的一个重要方面。所有采购活动将遵循规定的服务管理原则和相关策略。另一个重要的能力是合同管理，合同管理要确保合同最初是满足组织需要的，并在整个合同期内持续满足组织的需要。

合同管理是一个系统地、有效地管理与外部各方签订的合同的流程，包括执行合同和分析合同的执行。其目的是最大限度地提高供应商的运营和财务绩效，降低风险。因此，合同管理包括以下范畴：

- 所有类型的采购；
- 采购流程；
- 协议的执行和履行；
- 供应商的绩效；
- 会议和日程管理；
- 与所有相关利益相关者的关系管理。

如果把采购考虑在内，采购和合同管理能力是管理网格中资源和管理实践领域的重要元素。

图 76　找出差距

16.1　采购选项

根据组织战略，弥补差距。可以考虑很多采购选项。

- 内包——在组织内部完成而不是由外部承包完成的工作。
- 外包——一个组织为另一个组织提供服务：
  - 境内（国内外包）——设在同一国家内的外部组织；
  - 离岸——另一个国家的组织，通常劳动力成本更低；
  - 全球采购——跨越地缘政治边界进行采购，提高效率。
- 联合采购——结合内包和外包两种方式，以弥补内部专业知识的不足。
- 伙伴关系——根据条款汇集资源，并分享利润、共同承担亏损的风险。

- 多源采购——这是一项将某一特定职能（例如IT）看作是一系列活动组合的战略，其中一些活动比较适合外包，另一些活动则应该由内部员工完成；需要强有力的治理和监督，以确保整体交付成功（也称为多供应商采购）。为了应对在使用多个服务提供者作为其供应网络的一部分时所面临的挑战，组织常常使用例如服务集成与管理（SIAM）的服务集成方法。服务集成与管理为整合和管理多个服务提供者及其服务提供了标准化的方法。它增强了端到端供应链的管理，并提供治理、管理、集成、保证和协调，这样可以使获得的价值最大化。
- 业务流程外包（BPO）——将业务职能委托给外部组织，以降低成本（可以在境内或离岸完成）。
- 知识流程外包（KPO）（一种高端BPO）——与知识和信息相关的工作由不同的组织或者同一组织内的子公司来完成（目的是节省成本/资源）。
- 公有云——使用包括互联网在内的多种技术解决问题。

> **理解合同的重要性**
>
> 无论选择哪种采购方式，都不要忘记明确定义合同条款、合同用语和合同意图。很多时候，糟糕的关系是由于松散定义的合同导致的对约定条款的解释不一致而造成的。

16.1.1 战略采购

战略采购是一种超越传统供应链管理的全组织范围的协作活动。其目的是利用所有组织能力的整合购买力，从市场上的服务和服务提供者那里尽可能地挖掘最佳价值。通过与能够以较低成本提供优质产品和服务的服务提供者建立长期的关系，孤岛式的采购思维转变为一个跨职能、跨地区的团队合作行为。

战略采购是一种系统的、基于事实的方法，它优化了供应基础，并改进了价值主张。它有一个总体拥有成本（TCO），聚焦消费者需求、组织目标和市场条件是选择和决策的驱动力。战略采购的范围远远超出了谈判采购价格（支付给供应商的金额）的范围，并扩展到与管理服务提供者关系和交付服务相关的总购置和持续交易成本。

战略采购是指以最佳价值而不是最便宜的价格提供最好的产品/服务。该方法是严格的（见附录F战略采购步骤）和协作式的，因为战略采购团队由来自整个组织的代表组成。采购团队通过与内部利益相关者和外部服务提供者的持续合作，在积极管理供应链方面发挥领导作用，同时严格地分析组织的支出和管理供应商风险。这不是一个一劳永逸的活动，而是一个基于以下目标的持续的流程：

- 改善从价值到价格的关系；
- 利用整个组织的支出；
- 理解分类购买并识别改进机会；
- 同意具有标准条款和条件的多年合同。

战略采购的优势在于：

- 最佳实践分享；

- 节约成本；
- 提高质量；
- 与供应商建立合作关系；
- 标准化定价；
- 提高运营效率；
- 接触新供应商。

这里需要提醒一下：不要忘记要尽可能地涵盖利基供应商。效率来自主要供应商交付商品或具有多种来源的商品。然而，如果仅仅是因为利基供应商不适合战略性采购而不考虑他们，会扼杀创新。

16.2　VeriSM 揭秘：采购协议

企业治理和支持性服务管理原则将定义采购活动的操作策略和实践。确保采购、购买、财务、产品或服务团队之间的联系。

16.3　VeriSM 应用：FCH 采购

由于采购是服务管理原则之一，因此定义采购策略非常重要。采购策略是在一套相关的公司策略中定义的一个行为准则，它涵盖在采购服务方式和寻找服务提供者方式中的每个元素。FCH 定义了以下策略声明：

"FCH 的采购策略是以最低的成本为医院采购满足或超过客户预期的性能、质量和交付期的所有供应品、设备和服务。决策流程将基于供应商的业务能力、供货能力和历史业绩，同时也要考虑供应商的多样性和环境影响。在可能和可行的情况下，遵循所有适用的联邦法规和医院政策，进行竞争性招投标。"

因此，为 FCH 可穿戴设备的各种元素准备完毕并发布了一些相关的资源需求，包括（不是完整的列表）：

- 物理设备；
- 设计/产品管理人员；
- 网络和移动工程人员；
- 固件工程师；
- ISO/IEC 27001 咨询顾问；
- SIAM 咨询顾问。

此外，开始在业界寻找可以提供整个服务的外包服务组织。

一旦所有必要的资源项都已经落实，就会更新"服务蓝图"，并把它提交给设计和开发团队进行构建、测试和最终部署（生产阶段）。

17 VeriSM 生产、提供和响应阶段

引言

本章简要介绍了其余的几个阶段,特别是生产、提供和响应。这里提醒一下读者,这些活动从全局来看趋于成熟。各组织已经投资了一些支持设计、构建、测试、部署和支持活动的框架和方法。VeriSM 明确指出,只要这些流程和程序对业务有价值,就应该保留。需求将决定所使用的管理方法或技术。对方法或技术的选择是由组织根据它们的网格和企业治理来决定的。

因此,本章将重点讨论如何合并管理实践,以及如何确保现有流程尽可能高效和有效。

服务蓝图是定义阶段的输出。在蓝图中有几个要素,其中包括:
- 主要需求;
- 设计方案;
- 寻源采购和采购计划;
- 开发和测试说明;
- 性能要求;
- 准备计划(培训、沟通、市场营销……)。

此蓝图包含了生产、提供和响应这三个阶段的关键信息(见图 77)。这些阶段将遵循服务提供者选择的管理实践或做法。VeriSM 的目的绝不是取代任何管理实践,而是提供关于服务管理的集成的企业级视图。VeriSM 的建议是:聚焦精益和敏捷实践,对现有流程进行批判性评估——是否有会造成浪费(时间、资源、技能)的步骤?有没有什么步骤可以在不增加组织风险的情况下提高效率?流程是否满足组织在定义的企业治理和服务管理原则方面的需求?

图 77 生产、提供和响应

17.1 生产

生产阶段的主要活动是在定义的变更控制的指导下构建、测试和部署。遵循选择的管理实践条目，确保服务蓝图的所有要素都得到处理。请记住，VeriSM 利用现有管理实践并基于用户需求，提供包括其他管理实践在内的选项。因此，从 VeriSM 的角度来看，本阶段必须处理和 / 或评审的关键元素有以下几个。

- 服务管理原则（护栏）：
  - 确保开发新的或变更的产品和服务时准确地反映了定义的原则。必要时更新。
- 服务稳定器：
  - 与客户一起定义必需的衡量标准，并开始收集数据（这样可以在服务或产品"上线"后展示目前的改进或性能上的提升，见第8章 成果）；
  - 考虑新的或变更的产品或服务对各种管理流程或管理职能的影响——是否需要更多的容量？是否需要其他连续性措施？是否需要更改安全措施？
  - 评估支持工具，并确保它们能够支持新的或变更的产品或服务。如果需要变更或添加新工具，请遵循必要的变更控制条目。

17.1.1 合并管理实践

通常在产品或服务的交付过程中，需要多种管理实践。我们是单独运用这些管理实践，还是合并起来运用呢？目前，一个这样的困境是围绕着 IT 服务管理实践如 ITIL 或 COBIT，以及新出现的先进实践如敏捷（Agile）、开发运维一体化（DevOps）和精益（Lean）。

如果组织面临多种管理实践之间的冲突或棘手于团队之间如何协同工作，那么 VeriSM 模型可以提供帮助。在组织的企业治理和服务管理原则的指导下，每个管理实践的关键元素（什么是实际重要的）都是显而易见的。每个团队都有明确方向。这样所有员工都能专注于想要达到的目标，即满足客户的需求，而不是获取完美的过程或工作方式。这种指导（治理和支持原则）可以消除不必要的部落文化（例如瀑布式管理 vs 敏捷式管理），并且减少一些误入歧途的管理行为，例如着重于管理手法、管理形式和强权打压的行为（例如强制性的表格填写、夸大的角色头衔）等。

当不同的管理实践理论之间存在"冲突"时，我们要退一步思考，并进行批判性评估——造成困难的是管理实践理论本身，还是因为我们对某一管理实践的熟悉程度和舒适度高于另一实践而造成了困难？实际上，任何管理实践理论中的核心活动都是相似的（见下文"冲突管理实践"）。与其浪费资源来争论一种管理实践理论相对于另一种管理实践理论的优点，不如定义并拥抱这些满足客户需求，同时又完美支持组织的企业治理和服务管理原则的元素。然后，协作来构建集成的工作方式。支持协作（见第 6 章）和拥抱变化（见第 5 章）的文化可以培育愿意相互学习和尝试新事物的团队。谨记：在组织的某一领域运作良好的管理实践可能会被组织广泛采用。见附录 C 管理实践如何发展，了解一些案例。

> **相互冲突的管理实践**
>
> 我们举一个这方面的例子，思考一下当今 IT 业一个最大的错误认识或误解：敏捷环境中缺乏变更控制措施。大多数情况下，重点是交付速度（解释为"失控"）和交付产品或服务的多次迭代（解释为"破坏性太强"）。了解变更过程的控制措施仍然是非常必要的——敏捷原则现在不是且过去也不是为了增加消费者或服务提供者的风险而制定的。因此，我们的问题是"敏捷环境如何反映和拥抱变更控制措施？"。

图 78 展示了瀑布式变更管理流程中的基本活动和敏捷 Scrum 流程中的基本步骤。我们把这两个流程中相似的活动排列在一起，如虚线分隔符所示。例如，这两种流程都将从某一类型的请求流程开始——变更控制活动可能从一个变更请求（RFC）、变更提议或商业论证开始；敏捷也不例外，但它会取决于组织。记录和评估活动与敏捷中的"产品待办事项列表"非常相似。这两组活动都有一个授权点——在瀑布流程中，这个授权点发生在构建、测试和部署活动之前，由变更授权机构（变更顾问委员会，CAB）执行。在同一级别上，产品所有者将根据用户故事和团队优先级确定下一个迭代。在敏捷流程中，冲刺评审类似于 CAB——评审的过程将围绕着当前增量（或冲刺），成功（或失败）和该增量是否被批准并将被部署展开。两组活动都由一个预定义的角色（变更经理和产品负责人）管理，每个角色都对流程或产品的运营负责。

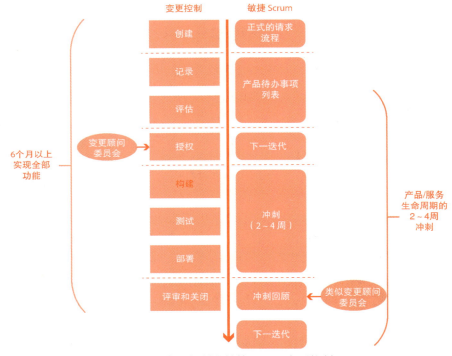

图 78　变更控制和敏捷 Scrum 变更控制

线性/瀑布式方法和敏捷冲刺之间的区别明显在于时间。瀑布式方法倾向于在一次迭代中交付完整的产品或服务（通常情况下，一些微小的改进暂不进行），因此交付时间更长。在敏捷中，交付有多个迭代，每个迭代在 2～4 周的时间内完成。因此，产品或服务中的一些可行的元素（独立需求——回顾一下第 14.3.2 节中关于用户故事的讨论）就可以在短迭代中交付。

这两种方法在数字化转型的组织中都有价值。记住选择管理实践理论的指导（见第 14.5 节）——了解什么是需要的，然后选择一个满足需求的管理实践，而不是仅仅因为其他组织使用这种管理实践而选择。

17.1.2 VeriSM揭秘

在目前给出的通用示例中,有四个领域发生了"变化"——额外的供应商、对 ISO/IEC 20000 认证的需求、开发运维一体化(DevOps)实践和一些新技术。所有这些问题都已在采购计划、采购和部署中得到解决。遵循服务蓝图规范,采用选定的管理实践条目(在本例中为 DevOps 实践)和定义的发布模型来部署新的或变更的产品和服务。

17.1.3 VeriSM应用:FCH生产

因为 FCH 可穿戴方案的规模比较大,所以指派了多个项目经理来协调各种不同组件,特别是物理可穿戴设备、应用功能、ISO/IEC 27001 项目、新的管理实践和对现有流程的更新,以及潜在的技术更新等。通过战略发展办公室进行总体协调。服务蓝图提供了总体规范和各种输出,各种输出将交付预期的结果:FCH 可穿戴设备和相应的服务功能。

可穿戴设备团队继续紧密合作,确保需求保持适当的优先级、产品迭代满足预期,并且项目的推广和营销准确地反映了该项目的意图。如果只是因为"推进方"过多,那沟通将仍然是这项方案的重点。组织已经启动了组织变革管理(OCM)计划,以及针对客户(如何使用可穿戴设备)、服务台员工(为处理问题和需求做准备)和 IT 员工(维护新技术和新的报告条目)的培训计划。

17.2 提供

提供阶段的主要活动是保护、测量和维护以及改进。这些活动将通过选定的管理实践来完成。从 VeriSM 的角度,考虑从以下方面来解决。

- 服务蓝图——确保信息准确、及时,以便为服务提供参考,并为未来的更新或项目提供指导;
- 在规定的安全、风险和持续性政策范围内运营;
- 持续的培训需求——从支持角度或用户培训角度考虑交叉培训;
- 继续进行专业开发活动——终身学习的重要性怎么强调都不为过;
- 市场营销和促销活动,以保持当前市场地位或开拓新的市场空间;
- 根据要求对交付的产品和服务进行持续改进;根据捕获的新需求来重新开始产品和服务的定义、生产和提供活动的周期;
- 与消费者沟通,确保服务持续符合期望;
- 按照约定的机制,向利益相关者和消费者进行报告。报告应根据利益相关者的要求进行定制,并以约定的方式和时间节点内交付;
- 评审当前的衡量标准、指标和相关报告的有效性;
- 在人员编制、财务、采购、设施规划等方面提供跨组织能力的报告和信息共享;
- 产生必要的法规或监管文件记录(例如测试结果、版权、专利等)。

17.2.1 VeriSM揭秘

一旦新产品或服务开始运营,就要评审组织管理网格,以确保它真实反映了当前状况。

图 79 是更新后的网格示意图。请注意图中对原始网格的更改，其中包括了产品或服务中的新元素。

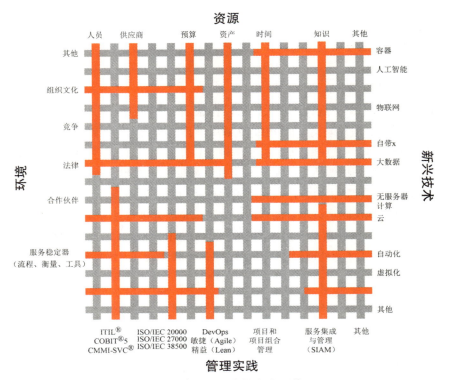

图 79　揭秘："新"组织网格

17.2.2　VeriSM 应用：FCH 新管理网格

由于要开发新的 FCH 可穿戴设备，组织网格发生了变化（见图 80）。它现在纳入了新的元素（例如，营销和推广活动、新的技术、先进的管理实践、新的供应商等）。

在"提供"阶段，FCH 的其他注意事项包括：

- 报告问题——利用 FCH 可穿戴设备方案作为诱饵，不仅要输出必要的和达成一致的报告，同时要将在该计划中对相同流程的更新应用于其他服务；
- 对安全控制进行持续评审和更新——必须积极评审和测试安全控制，以确保在不断变化的安全环境中的系统安全，防止安全漏洞（此外，安全性是医疗行业合规性的最重要的元素）；
- 继续进行数据中心的整合活动——新的FCH可穿戴设备及其技术应当可以"轻松"融入基础设施并得到适当的管理；
- 更新/维护组织组合——确保组合不仅准确展现FCH可穿戴设备，而且包含所有产品和服务的准确信息；
- 维护服务蓝图以获取有关服务的信息（例如历史记录、协助解决问题、支持改进），并将其用作未来新服务的模板。

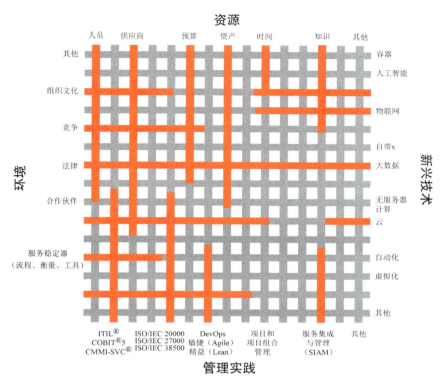

图 80　FCH 组织网格（包括 FCH 可穿戴设备）

17.3　响应

响应阶段中的主要活动是记录和管理请求、问题和源事件。这些活动将通过选定的管理实践来完成。从 VeriSM 的角度，考虑从以下方面来解决。

- 确保当前流程可以高效且有效地反映消费者需求：
  - 是否根据需要记录了请求、问题和源事件？这些事件是否只有一个归属点？是否知道谁是事态处理方？事态处理方是否有便捷的联系方式？
  - 能否将其他管理实践中的元素结合进来，以提高效率？
- 考虑使用自动化或自助服务来支持对请求和问题的解决：
  - 追求效率，但保持控制力——当需要支持时，总是欢迎和需要有人能提供帮助；
  - 考虑采用新技术（人工智能、大数据、物联网、机器学习）来预测需求（请求），或尽量减少影响，抑或根除问题和源事件。

最后，回顾第 8 章（成果）中的信息，以得到更多的观点和可能的改进措施。有时只需要改变一下视角（真正关注结果，而不是输出物）就可以知道哪些方面有改进的空间。

18　创建一个 VeriSM 案例

世界在变，市场在变，竞争将会越来越激烈。现在是数字化时代，无论你生产什么或销售什么，拥抱数字化世界的组织都会稳操胜券。那些不接受数字世界的组织就有被淘汰的风险。VeriSM 帮助组织进行转型。即使是最传统的实体企业，也可以通过一种实用的方式变得更加数字化，从而超越竞争对手。

接受 VeriSM 也许要从中层管理者开始。为什么？中层管理者经常被超出他们控制范围的事件和责任"击败"。因此，他们会千方百计寻找解决这些问题的方法，让自己变得轻松一些。是否有这种成功地从组织的中间管理层开始进行的变革呢？基本上没有。还记得燃烧蜡烛的比喻吗——从中间点燃蜡烛是困难的，最终，灯芯周围的蜡完全融化之后，蜡烛就被点燃了。但是，代价是什么？为了成功，企业变革方法必须遵循自上而下的方法，因此，VeriSM 必须成为最高管理层的一项倡议，并且对组织所有者和利益相关者（如董事会）要适度公开，并达成共识。

> **VeriSM 和董事会**
>
> 组织所有者和利益相关者定义组织的方向（使命和愿景），并授权组织领导力（最高管理层）制订实现组织目标的计划。所有者和利益相关者必须理解 VeriSM 项目及其带来的好处。与任何重大项目一样，成本始终是要考虑的关键因素。需要解释的一点是，VeriSM 保护了对之前的管理框架（如 ITIL 和 COBIT）的现有投资。这是一个关键点，因为它肯定之前采用的各种管理实践、技术或资源的决策将组织推向了正确的战略方向。VeriSM 将改进组织的数字化战略，但不会以牺牲以前的投资为代价。

那到底最高管理层包含哪些职位呢？常见的最高管理层角色包括：
- CEO——首席执行官，领导整个组织，通常是公众人物；向董事会汇报，是董事会的成员，可以由董事会取代；
- CFO——首席财务官，首席执行官的得力助手，监督组织的财务方面（风险投资、利润、收购、合并等）；
- COO——首席运营官，负责运营；与首席执行官和首席技术官紧密合作；
- CTO——首席技术官，设计并推荐适当的技术解决方案以支持首席信息官的策略和指令；

- CIO——首席信息官，与首席技术官合作；确保组织的信息技术和计算机投资与业务战略目标一致；
- CMO——首席营销官，负责指导和监督与沟通、品牌和销售相关的所有事宜。

有些组织增添了一个新的最高管理层角色，即首席数字官（CDO）。首席数字官的主要职责是转型组织的技术未来，向其他最高管理层和利益相关者展示和讲述数字化转型。如果组织中有首席数字官这个职位，那么首席数字官就是 VeriSM 的重要支持者。在与整个最高管理层沟通之前，可以先单独给首席数字官讲述 VeriSM。请参阅第 25 章，了解有关数字化转型如何影响最高管理层角色和薪资期望的更多信息。

VeriSM 拥护者需要做什么才能获得最高管理层支持呢？下面的列表列出了作者团队的建议，这些建议是根据多年来跟组织的高管合作的经验做出的。请根据你所在组织的实际情况，对这些建议进行评审和调整。

- VeriSM 拥护者的关键因素包括战略思维（理解组织使命和愿景及其风险承受能力）、卓越的软技能（例如情商、倾听技能、理解自己和高管们的身体语言）、充分的准备以及简洁可信的论据。
- 了解行业——竞争对手在做什么？他们的战略和举措是什么？这对你的组织有什么影响？
- 保持信息清晰——3~5 个关键元素对最高管理层来说比较有吸引力。不要过分沉浸于细节描述。记住，最高管理层不太关心"如何做"，告诉他们做决定时需要知道的内容——做什么？为什么做？以及花费多少？给他们这些问题的答案。要能够言简意赅、清晰地表达高管们如何定义成功。回答以下问题：首席执行官和董事会在组织的使命、愿景和目标方面试图推动什么？
- 为观众量身定制信息——首席执行官/首席运营官想关注大局；首席运营官关注品牌；首席财务官则聚焦盈亏底线。了解他们的个人信息——在线查找、杂志采访、高管简介或其他个人传记信息。了解战略计划、最近的成功或失败、兴趣和特点。研究一切能得到的信息。
- 不要使用技术语言和缩略词——请记住，VeriSM 是数字化时代的一种服务管理方法。为什么最高管理层需要了解数字化时代呢？他们的计划和意图可能受到什么影响？VeriSM 与技术本身无关，尽管它是数字化转型的关键元素。
- 了解"守门员"——高管们的行政助理和直接下属在最高管理层中有一定的影响力，认识他们并建立良好的关系。请他们把你介绍给高管们。许多高管只有在值得信赖的同事建议时才会接受会议。
- 定义 VeriSM 的角色和价值——VeriSM 给整个组织带来了什么价值？关于"价值"的讨论需要聚焦于消费者，这是有关他们"购买"行为的讨论。当今的消费者紧紧依赖数字化和移动服务——组织如何帮助消费者实现其目标？
- 一旦理解了 VeriSM 的战略作用和价值，就能够说服组织最高管理者和其他利益相关者克服他们对未知、变化和失败的恐惧。这里的关键是组织的变革管理。请考虑以下几点：

- 同理心是关键（理解高管的观点）；对变更的恐惧是合理的；准备好这样的信息与他们沟通：VeriSM降低了变更的风险，并提供了经过良好测试的方法来控制和管理变更。
- 阐明紧迫性——如果组织不解决数字化转型的问题，会产生什么影响？
- 成为拥护者和指导者（没有你，一切都不会向前发展），并得到关键管理人员和员工的明确支持[例如，科特（Kotter）（2014年）的志愿军]。
- VeriSM不是一时一次的行为——数字化能力和计划需要不断地建立、优化和完善。VeriSM提出的变革必须制度化。
- 花时间做正确的工作——快速的胜利固然是好的，也是必要的，但要确保这些胜利推动组织向前发展，并展示切实的业务结果。敏捷理论有着"快速试错"的基本理念，确保从每一项成就中学习，以保持这些变革以及组织变革的速度。

要传递给最高管理层的这些消息有什么特征？大多数高管基本上是每天都在开会。因此，会议都需要高效。这些信息需要：

- 直接、简单并且相关性强（例如，正在处理的问题，它的商业利益或业务问题是什么？）——关注真正的业务问题。
- 迭代——宏大的想法在管理的过程中会逐渐失去可操作性，伟大的想法通过"指导性学习"来拉动，展示从"现在"到最终"未来"的进展。迭代的信息不是"强求的"。
- 用最高管理层的语言方式来讲述——什么样的计划是高管的首要任务？VeriSM又如何支持任务的达成？让要传达的消息个性化，理解是促使最高管理层批准决策的关键。
- 与最高管理层的目标产生共鸣。每一位高管都理解并受到两个因素的驱动：客户满意度和忠诚度。确保在最开始就根据组织目标，阐述如何提高客户满意度和忠诚度。
  - 降低风险是另一个关键因素——在最高管理层团队，高管的工作重心在整个企业。数字化转型是一个战略问题，而不是一个"IT问题"。如果不解决数字化转型，这个风险级别很高，并且风险是真实的并且与其他业务是相关的，所以要把数字化转型包含在组织战略中。
- 要有效率。用一页的要点总结来结束会议——要确保总结只有一页或5分钟就可以获取信息。根据接收人的不同，定制并分发一些简明扼要的补充资料（执行摘要、财务预测、引人注目的文章和研究报告、关键绩效指标）。

纵观这两部VeriSM的著作，许多论据都表明了为什么组织应该将服务管理转移到企业级，以及为什么行业和全球社区正在拥抱数字化世界。VeriSM能帮助组织带来哪些收益？考虑以下收益：

- 用来应对和拥抱数字化时代的明确方向和计划；
- 整合不同的管理实践；
- 端到端地统一治理和管理组织；
- 促进组织转型，符合所有利益相关者的利益；
- 更加了解市场，这样就能开发更好的产品和服务；
- 提高利益相关者和客户的参与度和忠诚度；

- 产品和服务目标明确、重点突出；
- 提供可适应的产品和服务交付方式；
- 随着组织在各自市场中的变化和质变而演进的灵活管理方法；
- 提高治理、管理、财务和运营效果与效率；
- 更好地理解未来需求和消费者需求；
- 更好地理解风险和减轻或减少风险的方法；
- 更好地规划和利用资源；
- 企业范围内的协作与高效的沟通；
- 对于一个学习型组织，组织转型确保现在和未来市场空间的契合度。

归根结底，VeriSM 的信息是关于创造价值的，但要超越可量化的价值和投资回报。服务方法的更改如何影响组织的整体性能？同时还需考虑对消费者和员工的影响。在进入最高管理层之前，了解最高管理层的需求及消费者和员工的需求。目前提供的服务有哪些痛点和亮点？每个产品或服务背后的运营方面（营销、销售、财务、技术等）是怎样的？根据这些信息，确保传递消息的包容性。

不要忘记，事物变化越多，它们就越会保持不变。尽管变化的步伐在不断加快，但组织总是面临着做得更多、更快的压力——正如下面一篇 1999 年文章中的引述所示。使你和你的组织与众不同的是你如何应对。

> "谁还有时间制定决策树和五年计划？与 20 年前的市场不同，如今的信息和服务导向型经济完全是即时决策。" [1]

---

[1] http://www.bloomberg.com/news/articles/1999-10-31/religion-in-the-workplace.

PART B

本出版物的 B 部分以 A 部分为基础，包括实例、案例研究、访谈和行业观点。这些来自世界各地的素材会给你的数字化旅程带来灵感、提供建议。本部分包括两个方面。

案例研究：来自 VeriSM 的早期采用者和已实施数字化转型的组织；

现实观点：行业专家、供应商和创新组织专访。

19 VeriSM 的早期采用者

19.1 6point6 云网关

这个案例研究来自 VeriSM 的早期用户，6point6 云网关的史蒂夫·利奇（Steve Leach），谈到了选用 VeriSM 方法的原因、他们是如何开始的，以及迄今为止在实施过程中看到的结果。

史蒂夫·利奇是 6point6 云网关的服务主管。他的第一个 IT 服务管理角色始于 20 世纪 90 年代末，当时他在国防部的职位需要有 ITIL® 红色徽章（管理者）资格。他是一名 ITIL 从业者、培训师和宣传者，曾在英国国防部、诺福克郡议会（Norfolk County Council）、大东电报局（Cable&Wireless）、沃达丰（Vodafone）和信佳（Serco）实施 ITIL 的支持模型。他目前是一个云初创企业的服务主管，需要开发一个现代的、响应迅速的服务管理模式。

关于 6point6 云网关

6point6 成立于 2012 年，是一家勇于接受挑战的技术咨询公司，聚焦于交付业务价值驱动的解决方案，并以尖端技术和敏捷交付方法见长。6point6 凭借其高质量的且颇具战略眼光的 IT 建议以及项目交付，享誉政府、金融服务和媒体行业。

自 2018 起，6point6 云网关已经成为 6point6 公司下的独立实体。这本质上是一家初创公司，提供"云网关"的解决方案组合，将"敏捷网络"这个经常谈及但却很少使用的概念变成了现实。它提供了一个完全与供应商和技术无关的安全网关，将组织与使用任何载体介质的云服务提供商或传统基础设施连接起来，使其转化匹配消费者的变化速度。它的解决方案已经得到两家重要公共部门的高度重视。其解决方案让企业重新掌控了自己的 IT、数据资产和业务，实现了无须依赖合同锁定的敏捷转型。

VeriSM 入门

基于自己的 ITIL 背景，云网关团队认识到，仅 ITIL 无法提供所需的整体服务管理能力——在支持层面要与开发运维一体化（DevOps）、敏捷和持续集成/持续交付（CI/CD）等所有"最佳"元素保持一致，因此需要一个不同的理论，进而开始使用一种可以精准实现这一切的方法。

云网关团队很快发现 VeriSM 已经形成了他们所需的且正式的方法。尽管 VeriSM 是新的，在市场认识上也并不成熟，云网关依然认为采用 VeriSM 方法存在互利机会。

- VeriSM 讲求实效的、最新的方法非常适合在云计算环境中的开发，这对6point6云网关的业务线至关重要。

- VeriSM认识到在通过变更管理实施必要级别的转型治理时，设计和开发团队要非常快速地将更新与增强功能反馈给市场。它还通过响应活动、事件管理和相关流程实现用户支持，这一点对6point6云网关及其客户很重要。

VeriSM提供了一种集成的服务管理方法，允许将基于ITIL的服务管理元素与开发运维一体化（DevOps）、敏捷等结合使用。

现在的关系

云网关团队获得了早期采用者所享有的典型收益，与VeriSM的关系发展良好。具体来说，VeriSM的作者听取了早期采用者的意见，而VeriSM的持续演进与发展方向正是云网关最初对其服务管理的雄心壮志的完整写照。

在短短6个月内，云网关取得了显著成效。

- 招聘新的支持人员并培训他们达到ITIL Foundation级别；
- 让关键员工基于他们现有的ITIL知识通过VeriSM Plus考试；
- 购买ServiceNow作为公司的服务管理工具；
- 招聘一名训练有素的ServiceNow管理人员；
- 与公共部门客户就新的服务水平协议达成一致；
- 采用并开始实施VeriSM：
  - 为组织建立一个VeriSM模型初稿（见图81）；
  - 绘制流程图、记录文件并协定支持流程；
  - 采用了新的服务管理原则。

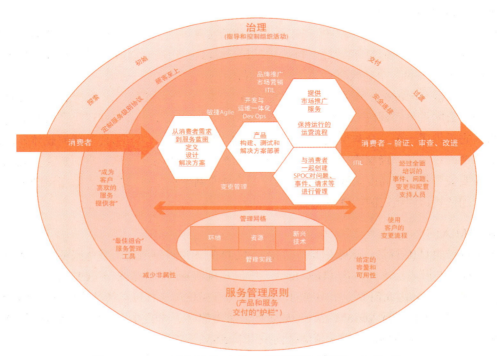

图81 6point6云网关的VeriSM模型初稿（来源：6Point6）

随着公司继续朝着定义、生产、提供和响应的 VeriSM 阶段无缝衔接的工作愿景的努力，图 82 所示的临时支持模型已经就位。迄今为止的客户反馈表明，这种支持模型已经提供了他们所需的服务，同时也使云网关能够展示其与竞争对手的不同之处。这是一个同样重要的方面。

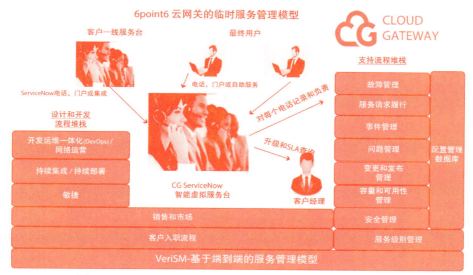

图 82　6point6 云网关的临时服务管理模型（来源：6Point6）

收益

作为早期采用者，VeriSM 使 6point6 云网关能够享受以下好处。

- **人员**：整个组织对该方法的理解，消除了以前的"孤岛"。
- **流程**：确认了快速、敏捷的新功能发布经由充分的治理仍然可以进行部署。建立服务管理原则有助于云网关聚焦于其独特的销售卖点（USP），并且编写了与其相关的服务协议和支持流程以反映这些原则。
- **技术**：云网关需要能够快速开发以满足不断变化的云计算需求，同时，它需要探索自动化、人工智能和机器学习的自由度。VeriSM 管理网格有助于实现这一点，同时提供一定程度的治理。因此，云网关并未因其服务管理原则而被迫采用规避风险的方法，事实上，它正积极鼓励拥抱新技术。

后续步骤

近期，6point6 云网关：

- 计划改进其服务管理模型，使其与 VeriSM 的指导更紧密地结合起来。管理技术和支持流程将按 VeriSM 阶段进行分组，它们可为继续改进跨团队工作和沟通提供最佳价值。
- 同时，也在制定一个更详细的分解和描述，以创建一个高度可重复的获客流程为目标，说明销售和市场营销、设计和支持的获客元素在"响应"阶段将如何协同工作。
- 作为一家初创公司的早期采用者，我们从中吸取了经验教训，从而推动了 VeriSM 的持续演进。

19.2　中信科技：利用 VeriSM 支持数字化转型

在这个案例中，宋翔和邓宏先生描述了中信科技股份有限公司（以下简称中信科技）如何运用 VeriSM 管理网格。作为一种实用的管理工具，VeriSM 能指导数字化服务管理的顶层框架设计，也能像"容器"一样将数字化转型与管理的最佳实践进行总结和沉淀。

关于中信集团

作为中国最大的企业集团，业务涉及金融、资源能源、制造、工程承包、房地产等领域。根据《财富》杂志公布的最新全球财富 500 强排行榜，中信集团排名第 172 位，营业收入为 6 472 056 万美元，净利润为 882 373 万美元。

中信科技成立于 2016 年，旨在推动企业集团的数字化转型，并充当技术赋权和业务生态转型的主要参与者。

数字化战略

中信集团是中国率先实施数字化转型战略的央企。2016 年 8 月 29 日，中信集团发布"互联网+转型"战略，宣布将以开放和共享的理念，借助云计算、大数据和物联网等互联网技术，改变以往单纯以资本为纽带、在垂直环境下点对点、项目对项目的业务沟通和协作模式，发挥互联网扁平化、网络化优势，推动集团产业资源横向互联，形成平台对平台的协同生态互动，从而催生全新的跨界应用和协同场景。集团多年经营积累的丰富的线下产业资源，就不再是一个个单独的企业，而是有机连接的产业生态，同时积淀下来有价值的线上数据资产，又会进一步提升集团平台价值和综合效应。

在本案例研究中，以管理网格为框架总结陈述中信集团是如何实施数字化战略的。从图 83 所示的通用管理网格开始。

环境

根据全球知名市场调研机构 IDC 的分析报告，数字化转型已成为所有企业应对挑战的主要战略，2018 年中国 1000 强企业中的 50% 都已经把数字化转型作为企业的战略核心。首席信息官们一致认为，推进信息化与实体经济的深度融合，推动企业的数字化转型是中央企业发展的必由之路。

资源

自中信集团推出"互联网+转型"战略以来，采取了以下行动具体实施战略转型。
1. 设立了"互联网+转型"领导小组和工作小组
   - 由集团领导亲自挂帅，将科技供给打造成集团除资本、品牌之外新的核心能力，协调内外部创业资源，促进员工创新创业，孵化出一批适合集团及子公司业务发展的优质项目。
2. 成立管理公司
   - 在组织资源方面，为了更好推动"互联网+转型"战略的落地工作，集团成立了平台服务型公司——中信云网有限公司，董事长由中信集团董事长兼任。中信云正承担着集团"互联网+转型"的任务。

3. 成立科技公司

- 在中信云网下成立中信科技，通过市场化运作模式，招募并培养互联网科技人才200余人。致力于"做连接、聚用户、生数据"三大任务，以科技创新为纽带，打造中信集团产业互联网赋能平台：
    - 促进中信集团与子公司及其合作伙伴的优势资源协同与整合；
    - 推进形成中信特色的"共创、共建、共生、共赢"的产业生态；
    - 全面提升中信集团整体价值。

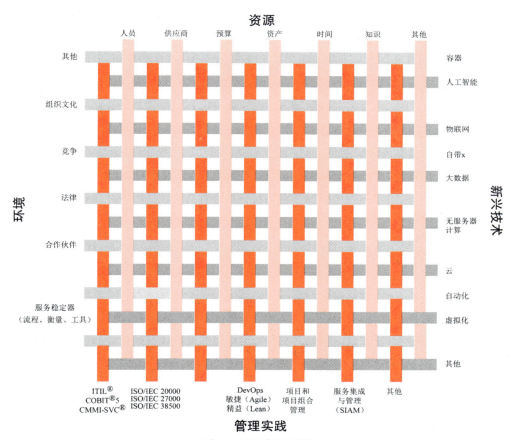

图 83 通用管理网格

新技术

"互联网＋转型"离不开先进技术的支撑。中信云平台是中信科技打造的科技赋能平台，是集团实施"互联网＋转型"战略、推动产业资源横向互联、催生全新跨界应用和协同场景的基础平台，是先进技术的集中体现。中信云平台是基于云中介模式的混合云计算平台，融合领先的云计算、大数据、物联网、移动互联、区块链、人工智能技术，具备完整的 IaaS、PaaS、SaaS 三层平台，为中信集团旗下子公司提供各类"前沿、安全、优质、低价"的云服务和解决方案。

管理实践

中信科技通过实施 ISO/IEO20000 服务管理体系以及 ISO/IEO27001 信息安全管理体系，为中信科技公司在管理、运营、信息安全等方面工作保驾护航。开发团队采用敏捷的软件开发方法，实现 IT 对业务的快速响应；通过构建 DevOps 开发运维一体化支撑平台实现软件的开发、测试、部署的自动化；通过基于 ITIL 的 ITSM 服务管理平台对服务运维实现支撑。

数字化转型

■ 赋能转化模型

借鉴 VeriSM 管理网格框架模型设计中信云向客户企业赋能转化的模型（见图 84）。从"能力构建""能力输出""能力转化""业务价值"四个层次，将赋能转化为业务价值。

能力输出

中信科技准备以打造生态云联盟为定位，是以搭建云平台的模式，将业务、科技、管理、服务四个模块结合在一起，将中信云的"云大物移智链"（云计算、大数据、物联网、英东社交、人工智能、区块链）六大新科技能力，以平台的方式向内部子公司及其他集团企业输出。

■ 基础设施层服务能力输出

包括 IaaS 层云服务、PaaS 层云服务、云架构搭建、私有云及 Oracle 产品能力输出等，其中包括计算、存储、网络、安全、数据库等核心云资源服务，并在提供咨询、实施、支持、代管等四大领域做支撑保障。

■ 应用层服务能力输出

包括税票云服务、视频会议系统、企业统一 OA 门户、企业统一文档云平台、企业协同办公解决方案、应用/网站/终端性能监控平台、安全升级改造、资金管理云平台、数据备份云平台、日志集中分析云平台、大数据分析展现平台、SaaS 模式的安全方案等。

■ 物联网服务能力输出

包括通用的互联网开发平台、物联网平台安全稳定的维护、具体行业的物联网解决方案和应用开发等。

■ 大数据和人工智能服务能力输出

包括大数据基础服务、数据分析及可视化、数据应用、人工智能等，帮助企业收集数据资源、挖掘数据资源，积累大数据优势。

■ 移动社交服务能力输出

借助云计算、大数据、移动社交等互联网技术，为集团、成员企业、外部伙伴搭建了一个业务协同平台、产业生态平台，平台企业借助中信云可以融入横跨 56 个行业的中信产业生态，共享资源、共担风险，以生态的力量参与竞争，提升企业综合竞争力，把中信内外部资源与中信员工连起来，提供办公、协同、生活、文化等多种服务。

■ 区块链服务能力输出

区块链是分布式数据存储、点对点传输、共识机制、加密算法等计算机技术的新型应用模式。

数字化业务实践

中信云六大科技能力支撑传统业务转型的成功案例很多，下面以"智能仓储物流"举例，简述如何通过数字化将业务的上下游串联起来。

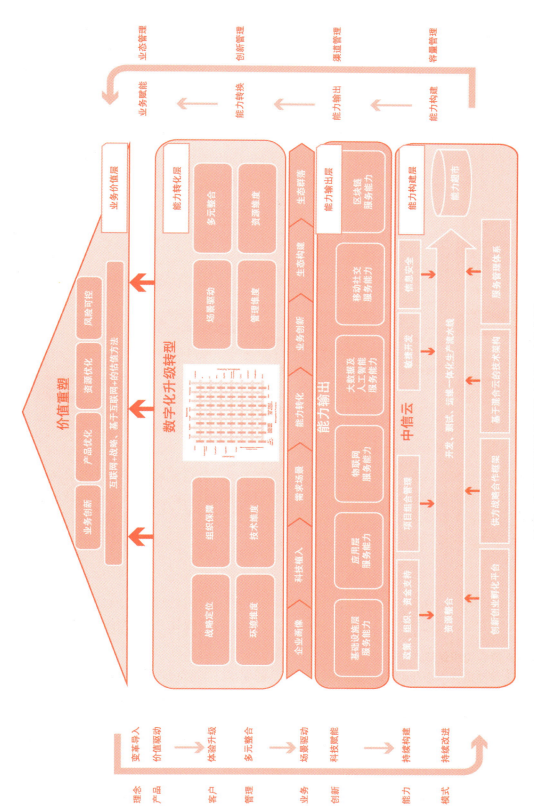

图 84 中信云赋能转化模型（来源：中信集团）

仓储物流问题是大部分传统行业普遍存在的痛点。仓储物流的核心业务流程如图85所示。仓单作为商品流通环节的重要物权凭证，同时有很强的金融属性。但对于仓单真实性、权利是否清晰并没有有效的管理和评价体系，导致仓单在商品流通、融资和交易环节功能受限，无法满足贸易商、银行、交易所、保险公司等行业参与者的业务需求。

针对上述痛点，中信云通过物联网和区块链技术搭建仓储监管云平台、仓单管理云平台、线下仓储监管网格，构建可信仓单生态圈的方式来解决仓储真实性和仓单信用问题。可信仓单的建立需要传感器、物联网、区块链等技术的支持。通过可信仓单连接上下游和金融服务，包括生产商、贸易商、仓库、交易所、银行、保险、证券、期货等建立供应链金融生态。

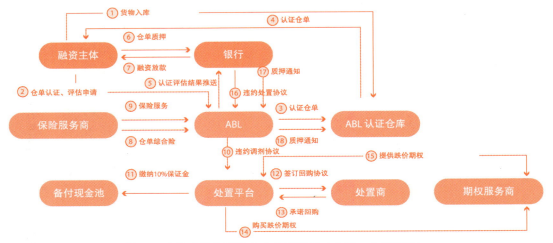

图85　中信仓储物流核心业务流程图（来源：中信集团）

前期以有色金属为试点，以中信梧桐港供应链管理公司作为运营主体，为集团子公司及外部客户拟定个性化的供应链解决方案，通过对企业上下游贸易、物流、资金流、信息流的整合使业务关联度高的数据形成闭环，实现动态风控，从而提高企业上下游供应链的效率，降低运营成本，实现数字化转型价值。

总结

截至2018年5月，中信科技已协助150家子公司进行了数字化转型。中信科技正在组织、业务、技术、管理、文化等多个层面探索和突破，总结出成功实现数字化转型的关键因素。

政策支持和组织保障

数字化转型是整个企业级（Organization Level）的变革。业务创新、技术升级、资金支持、组织变革，需要企业的最高管理者的大力支持。中信集团数字化转型的过程中，在以下三个层支撑为数字化转型提供了良好支撑：

- 成立专门的指导委员会，即"互联网+转型"领导小组，由集团最高领导挂帅，解决政策支持的问题；
- 成立平台服务公司，即中信云网管理公司，解决业务方向、创新孵化和投资问题；
- 成立科技公司，即中信科技，解决科技输出与商业转化的问题。

构建数字化转型的基础设施（混合云）

在基础设施层，中信集团涉及行业众多，各个不同行业的子公司需求都不同，私有云或单一公有云都不能完全满足需求。面对这种挑战，中信云采取了建设大混合云的策略，自建私有云的同时，打通多个公有云，并且引入先进的 Oracle 数据库云服务，满足子公司的各种基础设施层需求。建设完成后，中信各行业的子公司的各种负载、各类业务都能在中信云上找到可承载的资源。

敏捷开发流水线

在软件开发阶段引入敏捷开发工程实践，以快速迭代的方式达成目标。在开发的整个过程中及时地响应业务的需求变化，让科技赋能的效率在体系化的方法论的指导下快速产生商业效果。

为了按时交付软件产品和服务，开发部门、技术运营部门、质量保障部门等已经紧密协同合作，通过实施开发运维一体化（DevOps）构建开发运维自动化生产线。并且建立了基于速度、质量、安全性、员工满意度、投入产出比（ROI）这五个维度的关键考核指标。

实现数据互联

数据孤岛、利用难、投入产出比低、跨界融合难等问题是企业数据价值实现的几大阻碍。最大挑战在于数据与生产经验的结合以及基础数据采集与整合分析。

中信科技通过数据应用、标签成像定位、数据跨系统关联、数据源整合的方式为中信银行、中信证券、中信保诚、中信出版、中信控股、华夏基金等子公司在信积分、会员制、智能推送、联合营销、线下融合等方面带来了业务的支撑。目前中信云平台已实现了用户、支付、接口三个层面的数据互通，更便捷地推动各子公司的业务资源和数据资源的开放。

19.3　KABU.COM 证券股份有限公司

这个案例研究来自对日本的一家金融机构 Kabu.com 的项目负责人户田（Toda）先生的专访，解释了他们是如何使用 VeriSM 的，以及一些读者可能感兴趣的其他步骤，包括初始阶段和反应阶段。

关于 Kabu.com

Kabu.com 证券有限公司是一家在线股票交易和外汇（FX）交易机构，隶属于三菱 UFJ 金融集团（MUFG）。公司成立于 1999 年 11 月，员工 120 人，2018 年营业收入 2.17 亿美元（利润 5486 万美元）。

情境

这家公司的目标是要进入一个新的虚拟货币（加密货币）市场，类似比特币。他们瞄准新客户，希望吸引 20～30 岁的新客户群体。而现有客户群的绝大多数年龄在 40～50 岁之间。

他们还计划在未来开发"MUFG 币"。（三菱 UFJ 金融集团于 2018 年宣布推出"MUFG 硬币加密货币"。）

图 86　Kabu.com 员工

数字化转型的准备工作

团队遵循包含了以下步骤的流程：

- 总结现有业务模式并制订计划；
- 进行 SWOT 分析；
- 重新定义业务模式和 IT 服务；
- 召开规划会议；
- 创建最小可行的流程和价值流图；
- 创建用户故事；
- 持续通过开发运维一体化（DevOps）交付。

VeriSM 和 DevOps

图 87 显示了这个模型中 DevOps 和 VeriSM 之间的关系。DevOps 2.0 与 VeriSM 结合，在流程中创建各种 PDCA 循环，并支持 VeriSM 模型中的定义、生产、提供和响应。

图 87　Kabu.com VeriSM 和 DevOps

规划阶段

在规划阶段，需要定义管理网格。管理网格是管理服务质量和项目终止（EOL）的关键因素。为了有效地管理管理网络，团队设立了大部屋（Obeya）。大部屋是丰田生产方式（TPS）的一个概念，它旨在收集所有必需的信息/数据，并将其可视化到一个地方，以便快速做出决策。这样，每个利益相关者都可以方便地访问相关信息。通常大部屋会在墙上显示信息/数据，每天都会更新。这是根据现地现物（Genchi-Genbutsu）做出的准确决策。

团队设定了两个级别的大部屋，一个在业务战略级别，另一个在运营级别，以便将 VeriSM 模型中的所有活动可视化。

"我们建议召开规划会议，制订计划，并在利益相关者中达成共识。"

规划会议应包括业务人员、产品负责人、开发（敏捷）团队、运营团队、开发运维一体化（DevOps）工程师团队（基础设施）、技术顾问以及治理和安全专家。规划会议的产出包括管理网格的定义、最小可行产品（MVP）的价值流图、用户故事、项目终止（EOL）标准和服务级别。团队将"客户规划会议"（由 IBM 定义）实践应用于规划会议。这是由会议领导人主持的有控制的讨论。

这是这个项目的关键活动。因为我们没有足够的时间来部署新的服务，所以需要确保各利益相关者对业务、项目和新的 IT 服务有很好的理解，达成关于快速行动和避免返工的完全共识。大部屋实现了所有现有信息的可视化，使我们能够迅速做出决定。大部屋的另一个好处是，它提供了一种管理 VeriSM 中的管理网格和同时监控每个阶段（定义、生产、提供和响应）的状态（进度和问题）的好方法。

项目时间表

这个项目进展顺利，每月的主要活动如下。

- 2018年4月：
  - 项目于4月1日启动；
  - 生成新的业务模式；
  - 为新业务定义业务模式（比特币）；
  - 批准项目预算；
  - 评审和定义治理；
  - 评审和确定服务管理原则；
  - 为规划会议制订计划；
  - 筹备规划会议；
  - 收集数据；
  - 整理文件。
- 2018年5月：
  - 5月11日和12日举行为期两天的规划会议；
  - 分享并确保对业务环境、业务战略和业务模式有清晰的了解；
  - 定义角色（两种类型）；
  - 安排用户需求；

- 定义架构驱动因素；
- 定义管理网格的四个要素；
- 定义价值流图和用户故事；
- 定义新系统的核心流程；
- 定义项目终止（EOL）标准；
- 制定并就服务水平达成一致；
- 设立大部屋；
- 开发。
■ 2018年6月：
- 开发；
- 测试和部署；
- 第一阶段于7月1日发布。

项目与 VeriSM 模型保持一致

规划阶段（VeriSM：定义）2018 年 4 月

■ 创建业务模式和战略：
- 明确市场现状和定位；
- 定义目标业务模式和故事；
- 识别目标客户或用户；
- 对业务进行SWOT分析；
- 确定所需的总预算或资源；
- 确定要求的发布日期和估计的项目终止(EOL)。

■ 定义IT服务要求：
- 定义目标用户旅程；
- 制定目标业务流程（价值流图）；
- 为两个典型用户定义角色。

为期两天的规划会议

■ 设计IT服务；
■ 定义架构驱动因素：
- 高级功能；
- 技术限制；
- 业务限制；
- 质量属性要求。

设计 IT 服务的粗略框架

- 定义VeriSM的管理网格；
- 重新定义价值流图；
- 创建用户故事。

开发阶段（在 VeriSM 中生产和提供）2018 年 5—6 月

"生产"和"提供"流程实际上与开发运维一体化（DevOps）过程相同。我们在"生产"流程之前又增加了一个"初始"流程。这个附加流程的目标是越来越快地准备开发工作。"生产"流程严格地应用了 Scrum 和极限编程（XP）实践的基础知识，所有任务都应该是小任务，且大小相同。这是快速开发工作的关键成功因素。

"提供"流程的主要工作流实际上是部署流水线。它应该作为单一稳定流运行，与丰田生产方式（TPS）保持一致。同样，较小的且大小相同的任务也是部署流水线顺利运行的关键成功因素。

初始阶段
- 审查和安排产品待办事项列表：
  - 最终确定用户故事；
  - 设置优先级。
- 分解为小任务：
  - 创建冲刺待办事项列表；
  - 定义1小时任务。
- DevOps基础设施的最终设置。

角色包括服务主管（产品负责人）、开发团队（Scrum）和开发运维一体化（DevOps）工程师，他们协同工作。

生产阶段
- 每组4名工程师，2周（10天）一次冲刺；
- 在3个冲刺中开发服务的核心流程（最小可行产品）。

提供阶段
- 作为暂定计划，手动操作部署流水线；
- 合并到现有的概念证明（POC）和增强概念证明（POC）能力（支持社交网络服务）；
- 从2018年7月开始运行增强或调整阶段（VeriSM中响应）。

响应阶段
- 通过短信而非电话与客户沟通概念证明（POC）；
- 记录客户反馈，每周分类整理；
- 共享故障信息；
- 每天更新概念证明（POC）的KPT板[保留（好东西）、问题（坏东西），并尝试（对策）]；
- 分析客户体验；
- 评审向消费者提供的服务的价值（消费者满意度）；
- 根据待办事项列表创建任何所需的变更，并将它们提交给服务主管。

反映阶段

- 每周更新大部屋的KPT板，并采取日常活动定义的对策；
- 每周召开大部屋会议，分享所有状态变化，基于事实快速做出决策；
- 评审管理网格以确定项目终止（EOL）。

在响应过程中，KPT 是一个重要的实践，它利用客户的反馈来驱动员工思考有效的行动，以适应他们的需求。KPT 是一个来自日本敏捷工程师的简单而强大的反映工具。

在"响应"阶段之后，我们又添加了一个"反映"流程。此流程的目标是管理服务的项目终止（EOL）并评审管理网格的每个元素。

以我的经验来看，管理网格应该通过大部屋操作，因为它便于评审管理网格的每一个元素，并使之与现有的情况相适应。我认为：一方面，生产、提供和响应是 VeriSM 中的小 PDCA 循环，可保持服务的有效性；另一方面，"反映"流程的目标是在 VeriSM 模型中建立一个更大的 PDCA 循环，以管理管理网格和整个项目／业务。因此，在 VeriSM 中，大部屋提供了管理网格的最佳实践。

管理网格

我们已经为项目定义了管理网格，如图 88 所示。

管理网格的定义的元素包括：

- 商业环境和新兴技术，这两个因素影响项目终止(EOL)决策——仔细观察其状态；
- 易于管理的资源，因为当你在组织中实施敏捷概念时，资源已经得到了解决；
- 管理实践，解决交付速度或更快操作的问题。

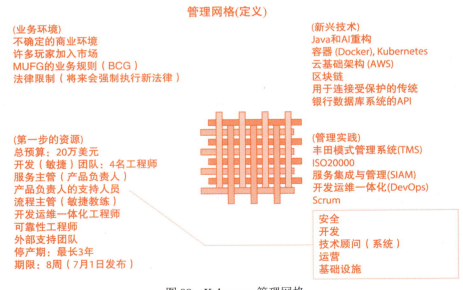

图 88　Kabu.com 管理网格

图 89 和图 90 显示了项目的组织方式。

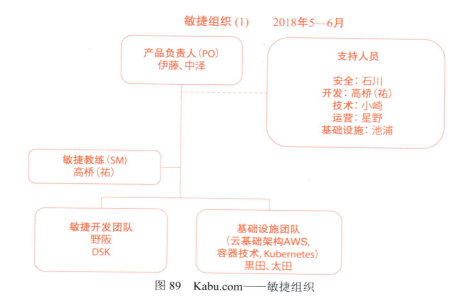

图 89　Kabu.com——敏捷组织

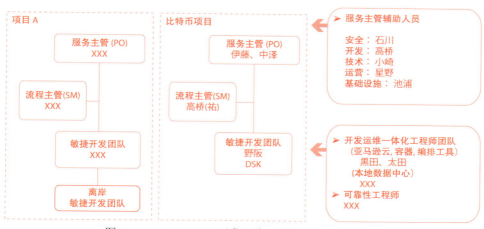

图 90　Kabu.com——开发运维一体化 (DevOps) 组织

20 案例研究：数字化转型 —— 药明康德和ANONCORP

20.1 药明康德

无锡药明康德新药开发股份有限公司（以下简称药明康德）注册地在江苏无锡，运营总部位于上海，是全球公认的具备新药研发实力的领先的开放式、全方位、一体化的医药研发服务能力与技术平台，开创了业界独特的一体化服务模式和开放式平台模式，并见证了全球小分子医药研发领域的变革。药明康德恪守最高国际质量监管标准，已经建立了从药物发现到临床前开发，临床试验及小分子化学药生产的贯穿整个新药研发过程的综合服务能力和技术，迅速成长为全球医药研发领域中覆盖全产业链的综合新药研发服务平台。

截至2017年12月31日，药明康德为客户在研1 000余个新药开发项目，并同时支持和承载着包括辉瑞、礼来、默沙东等全球多家知名药企200多个临床I-II期、30多个临床III期及商业化阶段的小分子化学药生产。

20.1.1 采购挑战

随着业务规模的急剧发展，一方面，公司积累了大量的优质供应商资源，为研发业务带来最直接的竞争优势（低成本、短周期、高效率）；另一方面，研发所需的原料分子（Building Blocks，分子砌块）和试剂耗材的需求也日益增加。除了规模的增长，品类的增加更是极大地加大了采购难度。

问题很清楚地摆在眼前，但是在业务发展越来越快的前提下，能找到的解决方案却不多。采购部依靠人工维护供应商、询单、跟单的模式已经很难满足业务的快速增长。如果只是线性的增加人力，给公司又带来无法承受的成本压力。

公司的高层领导团队很快意识到需要寻找完全不同的运营模式，数字化颠覆式创新（Disruptive Innovation）势在必行。览博网（www.labnetwork.com）是用数字化电商平台来连接研发产品和耗材供需方的数字化平台，首先被应用于解决内部采购问题。而在数字化改造采购工作模式的同时"巧妙"地结合药明康德的研发平台能力，对外提供电商服务，致力于让研发化学品和耗材的全球需求在线倒流和线下流通。这一平台逐渐延伸到更多品类的研发上，并且成为专业的研发品一站式平台。

采购全面数字化

- 2016年初，览博网对内部研发的请购功能上线；
- 2016年第三季度，览博网"在线询价"功能上线；
- 2016年第四季度，览博网对内部研发的领用功能上线；
- 2017年初，耗材上线；
- 2017年第二季度，生物试剂上线。

此外，对于采购部来说，日常工作的步骤被极大地简化，并且工作性质随着数字化平台得到了重新定义。90%的询价和跟单通过览博网直接在研发人员和供应商之间完成（包括审批流程和预算控制等），采购员只需要处理10%的异常情况，同时把时间和精力放在管理供应商和服务内部用户如何使用系统、倾听反馈并且和IT团队一起优化系统，维系好战略供应商和协调好线下备库（实体和虚拟库）等之上。相较于收集需求、线下寻找供应商、人工收集询价并和内部研发用户协调确定的传统流程，它大大提高了效率。

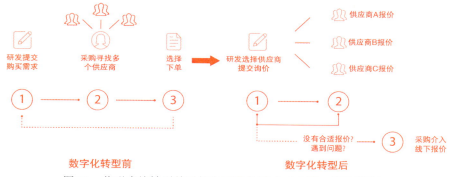

图91　药明康德转型前后的电子商务模式（来源：药明康德）

采购部工作量和人力结构优化也出现了明显的扭转，到2019年，在公司业务继续扩张、采购量翻倍的情况下，普通跟单询价的采购员的人数仍将维持在2017年的水平，比2015年的峰值下降了约50%。

电商平台的探索

览博网作为新数字化业务模式的提升：随着内部研发使用和优化览博网平台，药明康德逐渐优化了线上和线下的数字化运营，在全球范围内带给药物研发人员最多、最好的化合物选择，连接供需并定位于打造医药研发行业的"阿里巴巴"。

长期以来，化合物交易市场一直由国内外几大贸易商垄断，因此终端买家需要花几倍的成本采购，甚至出现贸易商获利大于原厂商的情况。而国内很多优质的供应商（原厂商），由于渠道、语言、成本等方面的原因，无法把他们的特色产品推广到世界范围的客户手中，只能依靠贸易商买断的方式间接交易。总之，一个直接连接供需、专业性的、有大公司技术背书的化合物交易的跨境电商平台是大家都翘首以待的。

- 2015年初，览博网在北美正式上线；
- 2016年下半年，览博网进军日本和韩国市场；
- 2018年初，继化学品后，耗材和生物试剂大类同时上线。

网站前台除了电商门户外，还开发了供应商门户、数据仪表盘中心和后台管理界面。这些前台应用调用各个中台微服务和外部系统的接口来实现业务的需求，同时提供足够的弹性应对业务的变化发展。

图 92　览博网栏目和微服务（来源：药明康德）

截至2017年10月，网站各项指标数据均达到预期的业务目标，并且保持了健康的增长趋势。

20.1.2　展望未来

览博网在不断努力打造数字化业务新模式的同时，作为重要的企业数字化运营效率提高的引擎帮助药明康德实现高速发展并处于领先优势。伴随着览博网平台基于用户的不断迭代，许多延伸出的类似于化合物仓储管理等多个SaaS解决方案，将进一步帮助平台上的公司实现全链条的效率优化。

展望未来，览博网在继续帮助采购和其他业务部门加速数字化转型的同时，也在不断拓展自己的服务领域。从采购、物流、仓储、运营等与电商相关职能，到社区、O2O线上到线下、新零售等新的业务形态；从分子化合物、分子砌块、库化合物，到抗体、生物试剂、基因测序产品、临床检测产品等新的业务领域，览博网的平台能力都将得到更大的发挥。

为了这个长期目标，IT团队提出了打造电商"中台"能力的目标，通过沉淀和聚合业务模块，封装出具备业务价值的中台服务，实现不管是新业务的加入，还是已有业务的转变，都能够在最快的时间内给出一个适合业务需要的应用解决方案，真正实现整个企业的数字化转型。

20.2　ANONCORP

ANONCORP是位于欧洲的半导体行业的设备供应商，在全球拥有超过15 000名员工，营业额超过1 000万欧元。

20.2.1　过去的方法

直到最近，新数字化服务的实现主要由ANONCORP的IT部门通过一系列严格管理的，用于启动、详述、定义、实现和提高其数字化服务解决方案的流程进行管理。IT项目启动架构文档作为其中的一个核心组件,明确了在允许项目继续实现新的数字化服务解决方案之前,每个IT项目都需要提交并获得批准。IT项目启动架构文档的评审和批准是通过这些以IT为中心的董事会和团队以非常正式的方式进行的。

- 多个较低级别IT架构控制委员会对现有解决方案架构中IT技术方面的所有(甚至轻微的)变更进行评审;
- 一个总体的顶级IT架构控制委员会对解决方案目标架构的所有重大变更进行评审;
- 多个项目和项目群管理委员会对现有架构的变更限制条件的可行性,例如可用时间、资源和预算进行批准。

虽然这种方法确保了新的数字化服务解决方案尽早得到详细的记录和批准,但业务部门往往无法就设计提供恰当的反馈。普遍情况下,只有在完成了大量的设计和构建工作之后,才会要求业务部门提供真正的反馈,通常,业务部门在用户接受测试开始前才提供反馈。另一个挑战是,并非所有参与实现新数字化服务的人都作为一个团队来实现一个共同的目标,例如,IT项目团队倾向于与不同的IT委员会及其业务利益相关者分开工作。

因此,大多数参与开发新数字化服务的人往往更倾向于聚焦先获得近乎完美的文件,然后再征求利益相关者的反馈。

这意味着许多新推出的数字化服务解决方案没有产生预期的收益,因为:

- 实施的新解决方案没有利用最新的商业知识和实践;
- 战术和战略业务需求已经改变。ANONCORP在一个非常动态的消费者环境中运营,试图在现有的物理和技术定律范围内实现目标是不可能的。

过去,由于各个IT架构师、项目/项目群主管和其他IT专家与业务进行密切的非正式接触,IT项目才成功地实现了新的数字化服务解决方案,反之亦然。

20.2.2 新方法

实施的新方法是基于业务需求的,引领数字化服务的发展。第一步,我们已经付出了巨大的努力,在单个业务流程管理(BPM)框架中正确定义所有主要业务流程,并指派业务流程负责人对其业务流程的正常运转和支持负责,包括定义确保业务流程能够正确执行所需的所有资源。如今,这些资源通常以数字化服务的形式提供。所有相关人员都清楚:

- 当业务流程需要改进时,将对哪些数字化服务产生影响;
- 在设计新的数字化服务时,从一开始就涉及哪些业务流程负责人。

下一步,将采用一种新的工作方式,以确保IT部门不是孤立地在数字化服务组合中引领需求的变化。一个新的组件被引入——业务信息计划。

> **业务信息计划**
>
> 业务信息计划主要定义未来几个月或几年所需的业务能力/服务,未定义数字化服务的IT解决方案原则。但当IT项目启动以实现数字化服务解决方案的IT元素时,在IT项目启动架构文档中仍然会定义。此集成计划由业务架构师在IT的支持下编制,并由业务流程负责人负责定期更新。

> 根据业务信息计划设定优先级，并通过投资组合治理委员会安排资源，在投资组合治理委员会中，业务和 IT 都参与进来，在有限的时间和资源内实现所需的能力/胜任力。由于委员会只批准未来几个月和几年需要实现的能力，技术和业务项目/项目群团队现在拥有更多的自由。
>
> 1. 确定在限制条件下实现特定能力所需的 E2E 数字化服务解决方案。以前，IT 项目启动架构文档优先级较高，而现在业务信息计划中记录的业务优先级更高。
>
> 2. 使 IT 解决方案适应新技术、知识和需求，只要该能力在给定的时间和金额限制内交付。过去，由于要从根本上改变已经构建的 IT 架构来包含所有业务需求的实施成本太高，因此常常会实施不太完美的"折中"IT 解决方案。

20.2.3 最近的示例

通过这种新方法实现的一个例子是实现提供设施文件/信息协作服务的新平台的项目。

新平台实现了所有 ANONCORP 设施和资产管理文档的快速且可控的管理和共享，以及 ANONCORP 内部和所有供应商之间的其他信息。新方法确保 ANONCORP 业务最终用户团队、设施管理供应商团队、ANONCORP IT 组织及其供应商，从项目开始就有效地沟通了正确实现设施管理流程数字化所需的确切信息。

因此，ANONCORP 的设施管理供应商对交付的服务解决方案充满热忱，该平台的设计、原则、数字化服务架构、平台软件选择、构建和实施在几个月内就完成了。在过去，因为要交付可接受的结果需要对平台进行大量的重新设计和重大改变，交付相同的结果需要很多年。

21 案例研究：公共部门数字化转型——艾尔斯伯里谷区议会

21.1 引言

本案例研究讲述了艾尔斯伯里谷区议会（AVDC）的数字化转型之旅的故事，并分享了他们在这一段旅程中的收益，这个案例表明了数字化转型也同样适用于公共部门和私营部门。我们采访了"Right Here Right Now"数字节目的主要推动者，AVDC 的数字节目总监玛丽冯·贝利（Maryvonne hassall）。

> AVDC 是一个雄心勃勃的议会，有着强大的文化，以明确定义的价值观和新的商业行为框架为基础。
>
> ——安德鲁·格兰特（Andrew Grant），AVDC 首席执行官

21.2 历史和情境

AVDC 是英国的一个区议会，拥有约 400 名长期工作人员，为包括 80 000 户家庭、企业和其他服务用户在内的约 190 000 名居民提供服务。AVDC 的战略趋势包括：

- 财政挑战/来自中央政府的补助金大幅减少；
- 居民对服务的需求和期望不断增加。

在这种情况下，许多组织将会采取削减成本的策略。然而，AVDC 做出了一个大胆的决定，不再专注于削减成本和裁员，认为这是一场向下竞争，将抑制创新。相反，他们实施了一种"新的商业模式"，采用了一种更加商业化的方式来提供服务。

21.3 转型

他们决定进行组织变革，而不是继续削减成本和服务。AVDC 确定了一些需要重点关注的战略领域：

- 增加服务，而不是缩减服务；
- 识别并联系未被服务的客户；

- 更主动地提供基于数据配置和营销的服务；
- 通过创收为服务提供资金（像社会型企业一样思考）。

> 使用敏捷技术和数字化思维将跨部门的数据、信息和知识连接起来，带来创新和新的机遇。

相对议会目前的思维方式而言，这项倡议有多大的挑战性（有多大的不同）？

对 AVDC 来说，这是一段漫长的旅程，历时 5 年多，涉及许多变化。AVDC 认识到不可能以同样的方式继续下去，因此，必须创造一种能够适应超越边界的文化。

变革的战略驱动力来自组织高层，并得到顾问的全力支持。他们认为很明显：
- 目前的财务状况不可持续；
- 需要一种新的模型。

然而，这条信息并没有被组织的各个层面完全消化。例如，IT 部门进行了大量诸如将服务转移到云端的创新，但未就这一技术变革的更多原因进行充分的沟通。

> AVDC 认识到，要避免陷于局部优化，进行重大的文化变革是至关重要的，一个文化转型/项目首先建立。在开始重组时，该议会需要招募热情、积极、有商业头脑的人。他们制定了一个行为框架，确定员工需要如何工作，以便提供客户认可的在商业上可行的产品和有利可图的服务。这包括：
> - 概述所需的行为；
> - 描述在新文化中将会有多好；
> - 对所有员工的行为进行评估；
> - 根据评估结果任命员工新的职务。

对员工有什么影响？

这项计划导致了相当程度的人员变动；有些人决定离开 AVDC，AVDC 则帮助这些人找到新的职务并让他们离开组织。有些工作人员发现了自己不知道的潜力，并被鼓励申请以前可能觉得做不到的工作。

> 新的工作人员大量涌入公司，约占总人数的 30%，带来了新的想法和观点。

组织内思想观念和模式的改变产生创新。IT 部门是最早采用 VeriSM 的部门，他们发起了技术变革，正是这些 IT 项目激发了其他的变化，从而推动了组织的改进。例如，IT 部门采纳了从高层进行变革的理念，并与战略数字化开发合作伙伴 Arcus Global 合作，创建了获得褒奖的应用——"我的账户"。我的账户是一个在线客户账户自助服务，在"我的账户"中，居民可以访问一系列事务性功能，如管理议会税、废物收集等。在任何设备上都可以全天候使用而无须打电话。这项创新所带来的成功让人们认识到，AVDC 并不一定需要结构化的架构才能利用好这些内部的部门，由此，它引发了更为广泛的变革。

> AVDC 将注意力转向减少层级，工作人员专注于：
> - 在自己的层面上解决问题；
> - 与他们的同事横向分享；
> - 寻找为寻求解决办法而投资的发展伙伴；
> - 站在整个议会的视角解决问题（不仅仅是在他们自己的领域）。

员工会就一些新的行为而接受评估，也允许员工被挑战——如果他们没有做出这些行为，为什么不做呢？

高层管理者没有太大变化。相反，变革更多的是在下一个层面上，由"变革拥护者"领导的业务评审推动了转型和组织变革。

> 一项关键的创新是将"数字化"与运营 IT 分离。运营 IT 在运营部门内，由业务支持职能部门运行，与其他支持服务如财务、薪资等相适应。
>
> 数字化已经被分离出来成为助理总监一级，横向贯穿于整个组织。这有助于数字化转型实现嵌入式。"数字化"不能仅限于一个部门，它必须在整个组织中发挥作用。

对 AVDC 的产品和服务有什么影响？

数字化转型计划带来了新的举措，如现有服务的定向营销、交易服务的开发、创新以及注重预防和早期干预（例如，在债务管理方面）。

- 合并数据

AVDC 专注于新的产品和服务，例如使用历史数据进行欺诈检测。这项服务仍处于早期阶段，专注于将数据源连接在一起（而不是创建数据仓库/大数据）。关联知识是将数据转化为信息和知识的数字化策略。合并数据提供了更多的洞察力，例如使用 Salesforce 平台将数据捆绑在一起，以显示与一个人相关的所有属性（废物收集、个人纳税折扣等）。AVDC 每次通过一项服务完成客户迁移，目前大约一半的家庭都在线，这些数据的使用会随着时间的推移而增长。

- 人工智能

另一项创新利用人工智能（AI）介入网络聊天和电子邮件。AVDC 将六个呼叫中心合并为一个，因此所有的座席都需要执行多个任务并处理各种查询。这项技术支持他们处理各种问题，这意味着他们花在培训上的时间更少，可以为许多服务提供支持（而不是为每种类型的查询设置不同的呼叫中心和部门）。在 AVDC，AI 读取网络聊天信息，对其进行编码，检查它是不是以前见过的东西，并给出一个响应，估计准确率百分比（例如，"这个答案有 85% 可能是正确的"），然后，座席单击"发送"即可。人工智能学习并修正了准确度等级，因为它能识别出问题并将它们与响应相匹配，使用的次数越多越好。它和座席一起工作，就像一个专家在他们肩上。

AVDC 还实现了一些直接面向客户的自动响应。人工智能响应被设置为此类响应，它为客户提供了一个访问信息的选项，而不是只能等待呼叫中心提供服务。

> 即使与没有改进的模板数据库相比，人工智能也减少了通话时间。人工智能一直在学习和改变，因此提高了一致性、可靠性和质量。

人工智能最初对居民是"隐藏的"，以便在客户使用之前进行内部测试。AVDC 没有收到任何负面反馈，因为它仅仅是一个附加的产品，而不是替代品。

AVDC 的新产品或服务之旅是什么样的？
AVDC 使用商业画布（有关更多信息，请参阅第 9 章）在页面上绘制任何新想法，包括：
- 提议；
- 成本；
- 收益。

如果接受这个新想法，就需形成一个用于探索性测试或者完全执行的商业论证。这个过程尽可能系统化，使用基于数据的决策、证据，并判断这个想法是否与 AVDC 的策略一致。需要投入资金量决定了所需的批准级别。

21.4　组织与人员转型

组织是如何改变的？
AVDC 从客户要求的与多个部门交互的"烟囱式"服务交付转变为集成的在线服务。在"烟囱式"组织中，信息主要通过控制线垂直方向流动，而横向的沟通与协作都比较差。他们改变了传统的"部门"模式，以客户为核心，导致结构发生了变化。

> 新的结构是围绕以销售、财务和客户为"基石"建立起来的。

AVDC 的团队考虑了如何通过制定一套明确的短期和长期目标来应用各种技术提升服务质量，由此制订的计划比最初设想的更为雄心勃勃。AVDC 建立了一套明确的标准，说明他们将如何投资于信息技术，并且会聚焦于价值和灵活性，而不是短期成本。因此，他们能够通过更灵活地工作和使用新技术来实现业务变革，并节省了资金，比如使用人工智能来应对客户的询问，从而改善服务和降低成本。

AVDC 围绕着一个问题重新构想了他们的结构，这个问题就是："如果我们从无到有，我们会选择什么？"他们希望确保新模式以客户为中心，并为客户提供他们想要的（客户履行）。有些领域与客户有关，但不是直接的（例如战略规划、社区安全、场景塑造），这些都被转移到了"社区履行"。客户和社区履行是面向客户的，以及物业管理、市中心改善、剧院建设等领域。所有这些都是由组织的 IT、人力资源等内部能力支撑的。组织的顶层是战略要素，不同于日常运营和未来规划。

由于部门改变了，业务流程也必须在行政级别上发生改变。"保持灯始终亮着"是一个巨大的挑战。工作人员在做日常工作的同时也在做技能和行为的评估。此外，认识到这不仅仅是人的问题，人力资源部更名为"人与文化"。人是重要的，但保持对文化的关注也是必不可少的，所以改名就是为了体现这一含义。

> AVDC 开始使用"客户"一词，而不是"居民""企业"等。人们认为，考虑"客户"会给员工带来不同的心态。

人是如何改变的？

AVDC 希望改变员工的行为——例如，如果有问题，不要只是解决问题，而是考虑如何全面地改进服务。该议会使用组织级的评估中心和重组，通过合并呼叫中心和专注于实现自助服务，将面向客户的员工纳入到一个团队中。员工流失很严重，一些工作人员决定跳槽，一些员工在组织内部调动，而外部招聘则带来了新的想法、经验和技能。

对士气有何影响？

组织中的员工肯定都经历了变革曲线，每个人都会在不同的时间以不同的方式经历。士气确实下降过，一些员工对评估感到担忧，因此 AVDC 专注于提供支持，例如，允许他们预先练习。有些员工说出了令人难以置信的新角色，鼓舞了其他人的志向。招聘的整个过程是匿名的，因此没有先入为主的观念。招聘人员直到面试时才知道应聘者是谁。

> 成功的组织变革管理的关键之处是强调：这不是对你做的，而是与你一起完成，因此我们将共同塑造这一点。

AVDC 已经不再使用年度评估系统，而是将重点放在帮助个人成长的定期支持上。他们仍在招聘，并准备等待合适的人选。在此过程中没有收到任何书面投诉，而且工会也给予了支持。

> 议会在保持灯亮继续运作项目的同时，实现了转型、更新和发展。

技术在其中的作用是什么？

AVDC 使用架构原则来确保所有决策符合其长期战略。他们在采购过程中做了很多工作，所以采购的东西都符合这些原则。作为转型的一部分，他们与现有的供应商沟通，了解谁将与他们一起参与这次旅程，并做出可能需要终止供应关系的决定。

他们有一个持续的技术评审流程。例如，他们目前使用的微软 Office 365 很好用，所以没有理由去改变它，但因为时势和市场的变化，将在两年内对它进行评审。

有些系统不能立即改变。例如，"收入和福利"系统是一个庞大的整体系统，没有好的现代化的竞争对手。AVDC 将保持现有系统并将其迁移到云中，使用 API 直接访问数据。Salesforce 被用来创建单个客户记录，在"烟囱式"系统的顶部实现连接，允许居民登录并访问其数据而无须一次性更改所有内容。议会的原则是只购买 SaaS 产品。

21.5 未来计划

AVDC 目前正致力于与其他议会分享知识,包括其"未来议会"的概念。他们已经并将继续创建以敏捷技术为基础的可复用的解决方案。AVDC 经历了广泛的数字化转型,技术只是其中的一小部分,而人和文化的变革则是他们成功的重要部分。

22 案例研究：数字化组织——Sky Betting and Gaming

为了进一步了解"数字化优先"组织在工作方式上的创新，包括协作（见第 6 章），我们采访了 Sky Betting and Gaming 服务运营主管雷切尔·沃森（Rachel Watson）。雷切尔分享了 Sky Betting and Gaming 是如何整合各种工作方式的，包括开发运维一体化（DevOps）、敏捷和精益，以及一系列的工具和技术。

Sky Betting and Gaming 是一家总部位于英国的组织，在英国哈默史密斯（Hammersmith）、意大利罗马（Rome）和德国都设有办事处。

你在 Sky Betting and Gaming 的工作方式有何不同？

雷切尔是以一个更传统的服务管理背景加入该组织的。当进入角色时，她从探索服务管理流程开始着手，很快意识到，虽然严谨性是需要的，但严格的流程和服务级别协议并不能交付组织想要的结果。

建立人与人之间的信任就是一个基石，它可以确保服务管理不会被视为拦路虎（例如，不创建"变更管理警告"）。

人和文化

雷切尔告诉我们，Sky Betting and Gaming 非常重视员工的内部发展，因此支持人员和初级技术运营人员（TechOps staff）可以进入开发运维一体化（DevOps）团队。有一项名为"技术忍者"的计划，每位技术成员每年都能获得 1000 英镑用于培训、参加研讨会或技术研修，如果与他们的角色相关的话。例如，雷切尔正在考虑今年购买一个机器人，看看它如何回答常见问题。"技术忍者"是每名员工的额外培训和发展预算。

每周五下午 1 点开始的时间被分配用于学习、发展和协作，在此段时间，一切常规工作都会暂停。这一对员工的这种投资产生了一些对组织真正有益的想法。

> **服务经理的角色**
>
> Sky Betting and Gaming 有 1400 名员工，按部落进行组织。公司希望保持"启动"的感觉，因此不断寻找更敏捷的工作方式。
>
> 组织中的服务经理有时很难跟上开发团队的需求。新聘用的服务经理可能需要一段时间的调整，以适应组织的工作方式。

> 雷切尔告诉我们，她觉得服务经理需要的关键技能包括：
> - 敢于承担风险；
> - 灵活，特别是在流程方面；
> - 理解没有一个流程适合每种情况；
> - 协作；
> - 适应和学习；
> - 具有技术意识；
> - 考虑"自动化优先"，例如服务报告。

每个部落都有一个人力运营经理，他们是"敏捷人力资源"。他们的职责是考虑人，而不仅仅是策略和流程。怎样才能让事情变得更好？员工接受服务管理和敏捷性方面的培训，还接受例如前任应急服务人员的事件响应培训等定制培训。

工作方式

Sky Betting and Gaming 整合的管理实践和工作方式包括：

- 开发运维一体化（DevOps）；
- 敏捷（Agile）；
- 安全运营管理（SecOps）；
- 人力运营（PeopleOps）；
- 敏捷原则；
- 主导原则；
- 部分服务管理；
- 站点可靠性工程（SRE）/错误预算。

大多数部落遵循"你建造，你运输，你经营，产品是你的，端到端"的精神。

转型计划是 Sky Betting and Gaming 创造的更灵活的产品和服务管理方法的领域。雷切尔描述了一个包括金、银、青铜和铜四个级别的服务转型计划。例如，铜可能是一种用于实验某些东西的最小可行产品，因此不需要进行深入转型。转型计划被视为一个指南，可以根据情况进行调整，而不是一套限制性规则。

对于重大事件（MI），重大事件经理将是一个称为"事件指挥官"的技术资源，他指导员工解决问题，并向相关服务经理提供更新信息。员工可以通过订阅电子邮件或短信从状态页中获取中断信息，同时 Slack 软件中会产生一个实时服务博客。像寻呼机这样的工具通过使用"响应播放"来联系需要参与的人，提高了平均响应时间（MTTR）。在重大事件发生后，员工联系过程已经缩短了大约 20 分钟的时间。

> ### Sky Betting and Gaming 的变更管理
>
> 除了被定义为非标准/高风险的变更，其他所有变更都要经过一个敏捷的流水线，例如 Jenkins。变更在组织内的部落中进行同行评审。当变更启动时，它会自动在服务管理工具 Cherwell 中提出变更记录，以便服务台知道发生了什么。

> 所有变更（无论是否自动化）的重点是技术批准和同行评审。服务管理人员会进行抽查，如果有任何与变更相关的问题，会增加他们的参与度。
>
> 变更所需的通知时间尽可能短，且基于业务优先级灵活发布。不会因为服务级别协议而推迟准备就绪的变更；在18小时内完成无停机时间的高风险变更，3天内完成有停机时间的高风险变更。这使产品负责人和贸易商能够围绕停机进行计划。
>
> 变更管理委员会每天运行，但主要关注的是日程安排，而不是批准。变更管理委员会评审的变更已经过技术评审。通过Slack软件召开变更管理委员会会议，必要时召开电话会议。这种工作方式是在变更管理委员会面临现场出席率下降，允许员工参与日常工作的同时，提供持续的谈话和审核跟踪而引入的。有时，如果人们误解了所提的问题，就会需要更长的时间来进行数字化讨论。
>
> Sky Betting and Gaming每周有200多个变更。因为停止变更会增加出现故障的风险，所以没有变更被冻结。

工具和技术

雷切尔发现，传统的服务管理工具并不完全支持数字化业务，因此需要一套工具。除了Cherwell之外，DevOps团队还使用slack，slack已经集成到Cherwell中。

Cherwell在提供审核跟踪和报告方面很有用，但在Sky Betting and Gaming公司，如果它不适合他们的工作实践，则团队不会被迫使用。

例如，如果发生重大事件，那么将在Cherwell中生成一个记录以获取记录编号，然后使用寻呼机和状态页与业务沟通。他们不断寻求创新，例如考虑允许团队告诉机器人/人工智能有重大事件，并自动采取行动。

公司总经理在Slack渠道中对重大事件进行交互，从而在组织的层次结构中实现协作并改进沟通。雷切尔认为，使用数字化工具进行协作和整合对公司的成功至关重要，尤其是在员工数量增加以及Sky Betting and Gaming试图保持"启动"的感觉时。

23 现实观点：对杰克·比施关于技术业务管理的专访

技术业务管理（TBM）旨在驱动和促成业务及业务客户从技术服务中获得价值，理解影响这些价值链及其相应的需求的行为。我们采访了 TBM 的杰克·比施（Jack Bisch），以了解他们如何看待世界的变化和对数字化转型的观点。这章包括更多有关数字化转型如何影响整个组织的信息，因此，业务流程和工作方式也都需要随之发生改变。

这个世界过去是什么样子的？为什么我们要用不同的方式看待这个世界？

"旧世界"是瀑布式、技术化的或以技术为中心的。技术专家和服务的人通常关注的是技术组件或设备，对效率、影响、性能、选择性、需求或价值几乎没有关注或明示出来。业务会向 IT 部门下订单，最终一些"东西"会在某个时候被反馈回来。

这个过程存在巨大的、往往是未知的或不可见的变数，也许会对收到的全部或部分交付物收取费用。目前尚不清楚产生需求的原因，或者订单是否包含更为首选的合同价格或昂贵的时间和材料。消费行为、成本驱动因素、交付表现、资源容量等也存在不可见性。

几乎为零的可见性、滥用消费和交付失误的可能性很大，这影响到决定消费与业务优先级、总体成本、预算和独立消费实体的差异如何挂钩的能力。在理解影响和选择性方面存在巨大的盲点：对下个年度的预算、业务效率、创新或上市速度的影响，或者是否存在更好的资本配置方案或请求替代方案。塑造需求的能力几乎闻所未闻。

技术与业务竞争力之间的关系不仅不透明，也根本无法触及其他方面，例如在围绕优化业务价值链、兼并和收购，或转移定价和税收情况等支持成熟应用案例的能力。从历史上看，这对于技术人员来说是难以概念化的，更不用说实现了。

因此，随着业务部门在资金和技术创新方面拥有更大的自主权，许多 IT 组织的相关性在不断下降，沦为一系列重复的商品任务和服务。

现在，TBM 正在向全球的 IT 组织传播，为我们可以作为一个组织和战略能力实现变革带来了希望。这不仅包括 IT 结构和运行方式，还包括 IT 如何参与业务并支持这些成熟的价值案例。这种能力甚至推动了个人的职业生涯，首席信息官们正在赢得"一席之位"。

IT 组织正在建立可证明的控制、价值规划的基础能力，并开展消费对话，反映消费量和需求模式之间的相互关系，并在 IT 预算、支出和业务优先级中得以体现。在某些情况下，他们认识到从业者在降低单位成本方面的成功被随后的需求增长或糟糕的消费选择所抵消。这一点延展到了云、数字化平台、个人设备等方面。

在世界范围内，各组织都认识到可证明的成本效率和服务可用性将继续作为"赌本"能力存在。这些能力开始改变业务对话及其对 IT 的看法，但为了使其具有相关性，并让首席信息官坐在谈判桌前能够做真正的业务转型工作，TBM 从业者正在将其提升到一个新的水平。

成熟的 TBM 从业者成为真正的业务合作伙伴，能够展示 IT 对创新或市场化速度，为加速和/或使 IT 转型在面向服务的运营、智能云迁移和服务集成与管理（SIAM）等领域更加成熟做出的贡献，还可以展示对业务行动和结果的贡献，包括每次飞机离开登机口、每次门诊服务完成或对于病床或客户渠道的成本。

发生了什么变化？为什么变得越来越紧迫？

变化和复杂性的增长速度。我们现在所生活的科技和商业变革的速度是前所未见的。我们正见证一个时代，50 年前出现在财富榜上的 500 家公司只有 12% 还在，而在这一名单上有一半的公司自 2000 年[①]之后就消失了。发展的速度是惊人的，他们需要新的解决方案、技能和能力。

从技术专家开始，他们学会了使用存储、计算或代码，那些未能跟上下一代技术发展步伐的人看到他们现有的技能变得不那么重要了。然后，人工智能和云技术的出现，以及下一代外包的出现——突然之间出现的一些人或一些东西，正在为我们做着不同的事情。我们有全新的接口和语言，而无须了解编程用二进制位还是字节。机器学习正在接管更多的系统管理活动并加快开发工作。突然之间，人们最初受雇提供的技术技能不再是组织现在需要的。

今天，让你做正确的需求和资源规划，并实现财务和运营的灵活性比以往任何时候都更加重要。了解财务和资源如何与你的敏捷故事点保持一致，这些故事点如何跨地域、客户群和服务组合进行交易，将意味着战略优势和缓慢下降之间的差异。

我们必须展现行动和成果实际上创造了业务价值，并强调在哪些地方我们的成果可能不符合组织的最佳利益。例如，展示投资组合在哪里产生了越来越多的技术债务，或者展示在战略上已认同撤资但仍在投资的地方。不管你是大量外包、内包，还是运行混合云操作，或者你担忧的任何架构，管理这种复杂性的能力价值正开始超越过去有价值的许多技术专长。这套新价值的技能供不应求。

最大的问题是：你如何把它们结合起来，展示出来，并利用它们为自己谋利？

技能领域的主要不足是什么？这个新世界需要哪些关键技能？

最近，我和一家全球制造商的首席信息官通了电话，他谈到了敏捷开发领域存在极大的不足，即在岸上、近岸和离岸位置之间建立一个混合团队。他需要一些了解敏捷和开发运维一体化（DevOps）的人员，并且能够作为一个与业务和产品领导一起集成工作的、成熟的团队来推动开发。

他还需要找到知道如何处理这种复杂的资源和资金情况的财务人员。这就是 TBM 社区发挥作用的地方——我们的一些成员工作组希望解决的首要问题是围绕支持敏捷和开发运维一体化（DevOps）运动的最佳实践。它改变了你的计划、资金和资源的方式，改变你的转让定价策略，并且可以对财务流程产生巨大的影响，更不用说潜在的失控支出和技术债务了。所有这些问题

---

① 阿贝斯曼，S.（Arbesman, S.）和施坦格勒，D.（Stangler, D.）（2012年6月），财富500强成交量意味着什么？（互联网信息），https:// www.kauffman.org/what-we-do/research/2012/06/what-does-fortune-500-turnover-mean [2018年6月]。

都需要解决或防范。非常缺乏了解这些细微差别并能着手解决这些问题的人。其他的技能短缺是我们经常听到的，包括云安全、云集成等。

对于那些声称云将是解决所有业务问题的答案的架构师，你有何看法？

我们刚刚与 TBM 委员会的全球领导力举行了一次大型会议，这是我们一年一度的董事会务虚会议，我们有数十位拥有财富 500 强背景的首席信息官。我们只用了不到 10 分钟的时间，仅基础设施即服务（IaaS）就列出了六种不同的混合"云"操作形式。把它与其他形式的云结合起来，像跨地域的边缘计算和排列一样变得非常疯狂，甚至还没有开始去解决云的实际使用方式。我们发现不良的 IaaS 消费行为给从业者带来了数百万的损失。

但这只是技术和消费者。如果你不知道自己内部选项的总体拥有成本、成本驱动因素、性能和容量方面的信息，你如何能够智慧地采用云并为自己创建正确的工作负载策略？在这里，容量是一个重要的因素，很少有公司能够很好地处理峰值或备用容量（各种形式）的成本，以及采用和利用这些相关的服务。这会导致在部署私有云和/或将客户从传统技术迁移到云时产生的昂贵成本。

你还需要测量和分析供应商的性能、单价、数量、总花费、成本驱动因素、地域覆盖、服务责任和转换成本。你需要了解你与解决方案或托管服务提供商之间的嵌入程度。现在很少有公司能在这方面做得很好，所以，TBM 有助于解决这些供应商方面的问题，这是非常重要的。

社区中那些不是早期采用者，有很多东西要向那些早期从业者学习。

敏捷、云和透明度是如何正在影响业务流程、决策和成果的？

一位前首席财务官、欧洲两大金融公司首席执行官曾对我说："我让首席信息官向我汇报了职业生涯的主要部分，大多都很糟糕，因为他们无法随时准备好谈论价值、风险、绩效、业务或客户影响……以及改变这一情况的选择。"成功的首席信息管正在利用 TBM 作为他们的武器库的一部分来解决这个问题。

在成熟的 TBM 从业者中，我们看到文化的转变正在向我所说的"设计价值"转变，在这个转变中，TBM 不再只是"接受订单"，财务也不再只是"报告成本和数量"。双方都必须积极主动地做出贡献，与企业合作、了解和塑造需求，规划价值创造，然后执行、文件化和传达价值，并从错误和成功中吸取教训。

TBM 中固有的对话、焦点、事实和利益相关者的变化迫使业务和 IT 使用相同的语言，并围绕"什么是价值"的共同概念将它们结合在一起。

敏捷是我们 TBM 管理层务虚会的一个议题。一方面，它为企业提供了加速创新的能力，同时让企业在发展过程中学会了改变想法。更好的选择是基于故事点或史诗的进展信息，这是非常有价值的。但另一方面，它却受到另一现象抗衡。在大多数组织中，很少有业务人员高度参与 IT，但现在他们正以前所未有的方式走到一起。当这种情况发生时，许多业务专业人士发现他们没有准备好以这种速度做出这些决定。这里存在一条极长的学习曲线，在那里，他们突然发现自己在驾驶座上做出修复、创建或增强的快速决策，并意识到决策点的数量和速度比预期的更难和/或更复杂。

敏捷的一个重要方面加剧了这个问题：对于业务资源负责地参与其中的需要。你不能把整个业务都投入到开发中去，所以如果你正在开发一个多功能的全渠道平台，你会把谁作为"业务"的代表？什么是一人一功能、一特性？什么是正确的资源组合？

举个例子，一位受到高度监管的跨国金融服务公司的全球首席信息官指出，你可能有许多不同类型的律师围绕一个产品在不同的地理区域（本地与国际、责任公司与上市公司等）从事不同类型和范围的法律业务。如果你正在为你的业务开发一个新的产品平台，谁才是进入开发周期的合适法人？什么时候进入为宜？你突然发现需要与20多名律师打交道以确保做出正确决定。

许多TBM概念集中在如何将采用、基于事实的决策和价值生成与控制机制和风险缓解放在一起工作。从业者发现，TBM支持价值的规划、分析、检测和沟通，同时为风险缓解和控制提供新的途径，并推动卓越的投资回报率（ROI）和资产回报率（ROA）。从敏捷、云计算和其他投资和资源决策的角度来看，通过一个比喻来思考通常是有帮助的。

如果一级方程式赛车没有刹车，挡风玻璃脏兮兮的（不透明），整个车队只有两个人，你会怎么驾驶它呢？你会慢慢地开，只选择你能看到的最窄的无风险路径，对吧？那么你只有有限的支持、指导或导航能力。而TBM让你可以自由地全速运转，有控制，有可操作的洞察力，可以选择更好的替代方案，并在更广泛的利益相关者基础上改进有价值的结果。

即使在同一个行业，不同的组织对价值的看法也有很大的不同。构成战略优势的因素，以及在资金、劳动力、资产和供应商资源方面的决策和赌注，在组织之间存在根本差异。解决这一问题需要更成熟的需求获取和价值实现管理能力。在大多数公司中，需求获取和价值实现流程被严重破坏，影响到了投资决策和结果、消费选择、投资组合和价值链优化。

与此同时，人们越来越意识到，"对你有用的东西对我可能不起作用，或者可能起到不同的作用"。我们在云应用中看到了这一点，为一个国家的一个组织工作的策略可能不适用于其他地区或同一个国家的另一个组织。没有透明度，没有与"价值计划"和确保供需平衡的能力相联系，许多业务和IT决策和行动都会受到损害……甚至完全停止。

拥有传统技能和纯粹的"成本控制"思维的人和组织意识到他们跟不上市场——这些技能创造的价值更少。这是另一个不幸的结果。

公司如何快速适应去做这一切？

有许多支撑点与你组织选择的优先级相对应，允许你作为一个组织加快速度。你不应该做太多、太快。关注那些现阶段需要更快更好地去做的事情，以后再做其他的。

对于一些组织来说，这意味着要关注智能云的应用，从而优化他们的工作负载策略。其他公司则专注于其供应商战略和管理能力。许多组织会惊讶地发现他们的战略供应商项目被规避的程度，或他们在小型敏捷组织上投资的金额之多，其中一些未入选的战略供应商最终被一些大型行业参与者收购。而且，"供应商锁定"是真实的……尤其是在欧洲，许多组织需要比现在更好地管理供应商。

其他组织需要更快速、更明确地解决项目中的投资优先级、预算和支出差异、成本优化、消费趋势或价值创造。

然而，如果你尝试同时做所有这些，这将很难提升。如果你把注意力放在今天最重要的事情上，它们就可以实现。记住，并非所有这些事情都采用相同的资源管理。因此，虽然每个人都受到资源限制，但你可以选择你的重点，并能够实现比你想象的更多的成就。另一个关键因素是确保拥有一个能加快你工作速度的,而不是要求你从头开始构建或使用实际降低工作速度的传统数据技术平台。

专门构建的 TBM 系统固有的自动化使我们能够用同样的方法做更多的事情——或者甚至用更少的方法做更多的事情——并为更广泛的利益相关者提供更多可操作的信息。

这是"快速试错"策略吗?

实际上,这是一种结合了关键路径思考的快速试错策略。你循序渐进地开展,在那里你可以获得最大的期望影响。然后,你为你的需求建立一个"最小可行产品",意识到 80/20 规则总是有效的——有些事情(数据、关系、利益相关者、用例等)可能只是需要等待,或者不值得追求。一旦你建立一个很好的基础,就进入下一个领域并可以重复,但是需确保你刚刚放到一边的能力能够继续走向成熟,用户采用率呈现良好趋势,并且那些用户正不断地获得更好的洞察力,从而使行动得以实现。

在此过程中,你可以衡量价值,扩展重要信息的工具和利用率,使利益相关者的基础不断扩大。良性循环开始像滚雪球般迅速形成。

你如何处理大量遗存?

IT 组织通常会忘记,金钱是通用的商业语言,不管我们喜不喜欢。如果你不能合理地讨论系统、平台或服务的总成本,分解成运行、增长、转换(有时是"防御")或可表述的风险,那么企业往往不愿意做出决定。知道什么是固定的和可变的,或者可能的可探索到的成本驱动因素,或者运行成本的影响来自计划的投资——所有这些都可以帮助你向前迈进。探索各种选项和场景,并将这些杠杆公开给业务,会产生巨大的影响。

太多的 IT 和金融机构将"P(价格)× Q(质量)"视为高度成功,但意识到真相时为时已晚。

通常,企业根本不掌握基于事实的信息,这些信息涉及其可能利用的机会,或其消费行为的变化可能产生的影响,或其需求在总 IT 预算中所扮演的角色。他们常常对没有反映实际成本、实际消费或需求的简单化的分配方案视而不见。有时,系统输出的交易单位成本,或其总体拥有成本(TCO),或其每个用户成本,代表了企业没有的信息,而当它在领导力中变得可见时,它们的作用就不同了。

我们已经多次看到这样的情况:系统的总体拥有成本、输出成本或人均成本,促使业务部门立即做出关闭或迁移的反应。这是有道理的,因为一旦你开始披露这些成本驱动因素和潜在的效率机会(例如,通过迁移到现代化平台、采用不同的策略或改变消费行为),你怎么能不期望你的商业伙伴开始做出更好的选择呢?当然,在你的组织中,有一个方面与"闪光"的艺术有关。

我们的许多实践者希望停止使用传统系统,并采取措施关闭他们的传统系统。有些公司正在建立和购买一个全新的产品组合。一旦他们放弃原有的策略,就会遵循创建新产品、新功能、新客户能力,甚至是新市场的战略。在其他情况下,他们与他们的传统系统处于供应商锁定状态,并同意了一种战略,即每个新平台都是在供应商之外构建的。他们正在开拓自己的出路,因此最终他们将拥有并运营下一代功能。在这两种情况下,评估成本的能力是必须具备的。评估新旧成本(交易成本、容量成本、总体拥有成本、支持成本等)将其与期权进行比较,以便在新的价值大于旧的价值,以及在新的投资过程变得合理的时候确定它们的价值。

如果你不深入了解成本、风险、价值、数量、需求和消费者、运营或法人对资源、服务、产品和供应商的消耗，你就无法做出明智的选择。

成功应对这些挑战的最佳建议

1. 不要把海洋煮沸。找到一个实用的增量起点或入口匝道。

2. 改变对话：能够回答这里提到的基本问题，摒弃简单的成本控制思维，利用实践、原则和框架来帮助你加速理解和采用，并观察你与业务转型的对话。

3. 组织非常害怕广泛地引入利益相关者，而这些利益相关者都有切身利益。不要害怕扩大你的利益相关者范围，让所有合适的利益相关者参与进来，让他们认为这是低风险的，并教育他们，让他们适应下一个真正重要的事情。现在，你已经建立了你的买进机制，并提升了落地支持的能力。

4. 从小事做起，循序渐进是非常有益的。如果你从传统商业智能（BI）的角度来看待如何管理所有这些，你已经失败了。今天的社区和工具与几十年前不一样，当你进入我们一直在谈论的下一代领域时，你需要一个新一代的专门构建的工具包，它可以加快价值实现的速度。

5. 不要害怕采用新的流程、程序或产品——大规模改进的机会远远大于其他的改进。想想早期的 IT 服务管理（ITSM）或全面质量管理（TQM）、精益等。

6. 尽早推动关键利益相关者的文化变革，如果你坚持价值创造和利益相关者加入的实用路线图，剩下的将变得更容易。

7. 不要害怕偏离你一直做的事情。如果你害怕，也许应该跟着别人走。

24 现实观点：对 OCM 专家凯伦·费里斯的专访

"这都是 OCM……而 OCM 是每个人都出错的点。"

组织变革管理（OCM）是一门具有数十年历史的学科。我们采访了 OCM 思想领袖凯伦·费里斯（Karen Ferris），了解 OCM 实践在数字化时代需要如何进行变革。

您是如何对 OCM 产生兴趣的？

"我在 1995 年开始 IT 服务管理职业生涯，当时资质的范围主要局限于 ITIL，非常有限。我很早就意识到服务管理的人员方面是一个非常有趣的领域。2009—2010 年，我在研究可持续性时，发现了一个可以用来将变革嵌入组织的框架，尽管它是为可持续性而设计的，但我意识到它可以用于服务管理（以及几乎任何其他方面）。因此，我写了我的第一本书《平衡多样性》，专注于服务管理的组织变革管理。在过去的 8 年里，我一直专注于 OCM，被它吸引是因为它的重要性和常被忽视的事实。"

OCM 是有效服务管理的重要前提吗？

有句名言叫"人不变，组织何以变[①]"。

只有让人们接受变革并推动变革向前发展，组织才能变革。许多组织的项目因为没有采纳这一点或者没有让人们做好变革的准备都失败了。过去，克服对变革的阻力一直是 OCM 的一项关键活动，将阻力视为需要克服的负面因素。我们需要看到，抵抗并不一定是坏事，改变本身可能是错误的。

阻力告诉你需要做什么才能成功。

什么是 OCM？

OCM 是一种用于管理变革的人员方面的方法或活动。

有很多不同的方法和框架，如 PROSCI、ADKAR、PCI、AIM 等。变革可能是针对流程、技术、结构的，但都涉及人。

为什么 OCM 比以往任何时候都更重要？

过去，组织举步维艰，并且 OCM 被视为"皮毛"或"无关紧要"。现在，组织已经意识

---

① 来源未知。

到，项目正在失败或没有达到预期的结果。我们现在生活在 VUCA 世界中（易变性、不确定性、复杂性和模糊性），变化发生的越来越快，无法预见未来，明天可能会处理与今天截然不同的事情。我们在一个完全不同的世界中运营，在这个世界中，变革和颠覆的速度正在挑战着我们所有人——而现在比以往任何时候都更需要 OCM。

> 我们必须像对待成年人一样对待员工。每个人从出生起就在不断成长，每天都在学习新技能、适应新环境、克服挑战等，那么，在工作场所又有什么不同呢？
>
> 只有当我们没有分享变革的原因，并且不是"与"人而是"对"人去做变革时，人们才会抵制变革。
>
> 不断的变化是由我们的消费者、竞争、环境、股东、利益相关者和技术驱动的，方向可以随时改变。如果我们的员工能理解这一点，他们就能更好地在这个世界上生存。
>
> 如果我们的员工没有做好变革的准备，就会发生：
> - 人员离职；
> - 大量裁员；
> - 与裁员有关的高昂费用；
> - 无法吸引人才；
> - 无法留住人才；
> - 变得无关紧要的可能性。
>
> 对于数字化组织来说，吸引和留住人才至关重要。

变革弹性 vs 变革阻力

根据凯伦的说法，变革管理是残缺的。这并不意味变革管理是不必要的。事实上，它比以往任何时候都更为重要，但目前大多数面向 OCM 的框架和方法都不适合不断复杂变化的世界。

大多数 OCM 方法侧重于 1947 年库尔特·勒温（Kurt Lewin）提出的变革管理模型：解冻（准备变革）、过渡（转移到新状态）、再冻结（嵌入变革）和建立稳定性。这种做法并不能反映目前的情况，也不稳定。如果变革是持续的，组织必须做出反应（并且有敏捷的思维），那么 OCM 也必须能够这样做。OCM 不能把大量的时间花在沟通计划、培训计划、变革管理策略等上面，当我们写下这些计划时，项目已经开始了。我们需要"一页纸计划"，关注简单和速度（见图 93 和图 94）。对 OCM 的需求并没有消失，工具和方法需要转变。

> 考虑使用新技术，例如：
> - 一页纸变革；
> - 承诺画布；
> - 战略变革画布；
> - 精益咖啡——没有议程的会议，与会者决定讨论什么，例如，他们对提议的变革有何看法？

- 看板——使用简单的列：待讨论、讨论、完成；
- 协作——利用技术和协作渠道，鼓励双向协作。找到适合组织的工具；
- 变革记分卡。

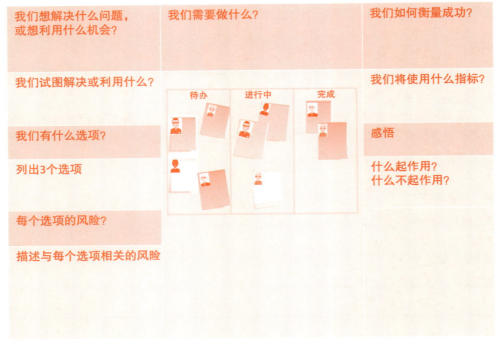

图93 一页纸变革计划

变革名称：		产品负责人：		变革教练：	
问题/机会（什么）		利益相关者（谁）		价值主张（为什么）	
我们怎么衡量成功？			我们怎么展示进展？		
风险	时间		驱动力		资源
我们如何向人们提供支持？我们将采取什么行动？					
我们的计划？					
1	2	3	4	5	6

图94 变革策略画布

可能没有太多的时间进行 OCM 活动，例如大型调查，因为当结果出来时，变革本身可能已经发生改变（或已取消）。对于那些正在努力使用过时工具包的 OCM 从业者来说，这是一个完全不同的世界。

这种新的 OCM 方法是否与更广泛的业务流程相冲突？

业务案例、项目规划、五年计划等领域也可能需要改变。一些组织仍然处于瀑布式的世界中，并且运行良好，但是新的世界即将到来。一些组织已经沉浸在新的世界里，正处于竞争和变革的前沿。

50页的项目计划不适用于快速、迭代的交付。是的，我们仍然需要商业案例，但它们必须是流畅的、简短的、切中要害的。许多组织还需要重新考虑批准流程。如果像沟通计划这样的组件每天都在变化，那么每次让10个人签字是不可行的。我们需要一种灵活多变的方法。

我们用于OCM的方法需要与项目的工作方式相关联，如果业务重点发生变化，我们的计划也需要以同样的方式进行调整。

人们真的不喜欢改变吗？

人们乐于改变，如果他们：
- 相信这是正确的做法；
- 了解它将如何影响他们；
- 感觉这是与他们做，而不是对他们做。

如果我们把这些做对了，然后带来了抵抗呢！人们可以认识到：
- 为什么他们不喜欢这种变化？
- 他们没有被告知正确的事情吗？
- 做错事了吗？

> 听一线的！你想要什么，什么能让你的工作更好？你是听到消费者在说什么的人吗？他们需要什么？你需要什么？

有效的OCM现在需要建立变革代理人的团体，他们是：
- 有创意的；
- 好提问的；
- 求知欲强的；
- 勇敢的；
- 愿意尝试的；
- 言之有物的；
- 推动变革的。

这是我们的变革网络。OCM还可以更充分地利用数据，例如，如果OCM发送带有链接的电子邮件，我们可以通过数据分析获得即时的反馈。谁打开了？谁在点击？谁在看东西？如果人们没有那么做，我们需要找出原因。

> 为什么不分开测试（A/B测试）沟通？起草两份沟通副本，发送到两个小组。使用数据来确定哪些沟通是最成功。谁打开了邮件？谁点击了链接？测试结束后，把最成功的推送到更多的团体中。

OCM可以利用更多、更快的反馈。沟通必须有两种方式，总是需要提供反馈和提问的机会。

OCM 的新方法可能是什么样的？

传说 OCM 只是沟通和培训。沟通和培训是其中的一部分，但不是全部。OCM 比以往任何时候都更需要为变革做好准备，我们需要用不同的方式来做这件事。如果我们有敏捷的思维，并且正在使用 Scrum 方法，那么我们需要专注于待办事项，并为下一个迭代中可能优先考虑和包含的内容做好准备。

考虑为所有可能出现的场景准备构建模块。我们可能会问，如果我们要向最终用户交付原型，我们需要提供什么来做到这一点？如果我们执行 A，需要部署什么？如果我们执行 B，需要做什么？然后我们可以在需要时快速部署构建模块。

OCM 现在更多的是关于共同设计、协作，以及与员工一起为不断的变化做好准备。它不一定是这样一个结构化的程序。当然不是线性的，它是循环的、迭代的，具有持续的反馈循环。

谁做 OCM？

传统上，有很多 OCM 角色：

- OCM 主题专家——变革领导者、变革从业者、变革管理者、变革分析师；
- 发起人——执行、初级、强化；
- 利益相关者；
- 目标；
- 变革拥护者；
- 变革推动者；
- 变革倡导者。

名单还在继续！

但是，我们不需要把它复杂化。凯伦用足球类比来向人们讲述简化角色的问题。

> 想想一个足球队（或任何团队运动！）
> 考虑以下角色：
> - 球员（员工）——每周，一切都会为他们而改变，他们会根据新的球场、新的战术、新的成员、不同的天气、新的位置等组建一支新球队。他们可以在比赛中改变位置，他们不会为此感到不安，他们会继续下去的。
> - 教练——变革推动者，确保球员拥有应对变革所需的一切，确保他们做好了比赛准备。
> - 管理者——变革实践者和领导者，决定需要做什么来保持前进/改进（游戏策略）。
>   一支强大的队伍可以应付变革，但如果我们有一个薄弱的团队或一个不称职的管理者，我们可能无法应付。

关于 OCM，您最重要的提示是什么？

任何推动变革的人（领导者、管理者和从业者）都要勇敢！我们目前的工具没有按预期工作，需要加以调整。变革从业者必须适应变化并对变革持开放的态度。

保持简单。问一问，你所做的与此相关吗？看看其他人在做什么，分享沟通计划、变革计划等，并准备好接受反馈。不要放弃你现在所做的，而要想一想怎样才能更简单。你能写在纸上吗？

OCM 必须着眼于敏捷世界,并且是可见和透明的。例如,使用面向 OCM 的看板开始对话。把它们想象成信息辐射体,让人们停下来看看,然后开始交流。如何能更快、更明显,使你的信息可访问?不要让别人问,让他们看。

如果你在全球范围内工作,请使用协作工具。尽你所能进行协作(见第 6 章协作)。通过公开和透明,你将开始对话。

更好地分享结果——如果失败了,为什么?人们会告诉你,也许不是你所认为的原因。

考虑使用记分卡进行变革准备——并再次使其可见(见图 95)。你可以根据意识、理解和积极合作等指标来评估区域。这也会启动对话,被评为"绿色"的人可能会觉得自己还没有达到目标,或者被评为"红色"的人可能想知道如何改进。

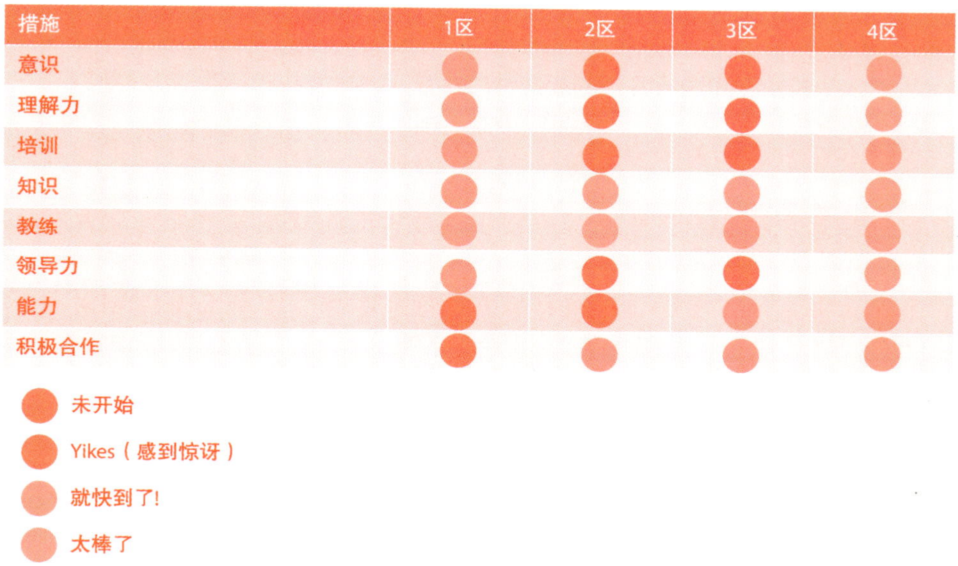

措施	1区	2区	3区	4区
意识	●	●	●	●
理解力	●	●	●	●
培训	●	●	●	●
知识	●	●	●	●
教练	●	●	●	●
领导力	●	●	●	●
能力	●	●	●	●
积极合作	●	●	●	●

● 未开始
● Yikes(感到惊讶)
● 就快到了!
● 太棒了

图 95 变革计分卡(来源:OCM)

"老式风格"的组织从哪里开始?

从心态开始——为改变做好准备,因为事情可能会很快改变。对于许多组织来说,变革是由 IT 主导的,比如向敏捷开发的转变。这就要求在组织的其他领域进行变革。如果你是一个瀑布式组织,这并不重要。不管怎样,更快更好地进行协作是件好事,所以重新审视 OCM 仍然是个好主意。"在一页上"写计划——有人会读你 50 页的变革管理策略吗?

25 现实观点：数字化转型和就业市场

Cranford 集团是一家专业的行政采购组织，业务遍及英国甚至欧洲。他们非常关注首席高管的候选人、云架构角色和服务管理专业人员的设置，并与公共和私营部门的客户合作。在本章节中，他们分享了他们在数字化转型过程中观察到的首席高管人员的趋势。

25.1 就业市场概况

企业热衷于成为数字化企业，这不足为怪。最近的统计数据表明，处于数字化转型前沿的公司比同业利润高出 26%[①]。我们看到，大多数业务现在完全依赖技术和快速部署技术的能力。为了获得最佳的交付和结果，满足习惯于期望和获得更多的高要求客户，每个业务流程都进行细分、可测量和优化。业务功能必须使消费者满意，并在同等程度上提供员工自主权。

我们亲眼看到，组织内合适的人员从未发挥过如此重要的作用。还有谁会发现和获得这项新技术，学习如何部署、有效地管理这种变化，并有在第一时间规划和调整数字化战略的愿景和方向感？

传统的组织结构正在发生层级结构的转变，首先是"数字化工作场所"（高德纳的定义：随时随地工作的能力），其次是：

- 外包给多个供应商，尤其是技术行业的供应商——如果管理不当，这种布局模式会带来更高的风险。
- 在合同/临时员工需求增加时增加员工数量，并在需求减少时减少员工数量，这一点 Cranford 可以清楚地追踪到。
- 云存储是一个呈指数增长的领域。云模式为组织在其不断发展的业务战略中提供所需的灵活性，无须担心服务器、降低基础设施成本、不出现扩展性问题。这刺激了对具有云架构和软件经验的人员的强烈需求，如 AWS、Microsoft Azure 和 ServiceNow。
- 随着越来越多的工作自动化、外包和流程化，管理结构正在发生变化。随着团队更加自我管理，对中层管理的依赖程度降低，传统角色正在发生变化。这种自动化转化为对开发运维一体化（DevOps）人才的需求（见第 5.1 节取消层级）。
- 技术发展速度意味着领导者必须具有发现趋势并保持领先地位的愿景。

---

① https://www.bmc.com/it-solutions/digital-transformation.html.

- 每个部门的智能自动化正在革新服务，尤其是人力资源和行政部门受益最多，使入职和沟通更加顺畅和主动。
- 通过组织，包括管理结构、工作场所位置、资源灵活性和技术考虑，可以明显地展示更敏捷的工作策略。
- 员工的期望达到了前所未有的高度。对合适人才的需求很高，雇主的品牌是吸引最优秀的人才来到你的员工队伍中的关键。

一个拥抱真正数字化战略的组织当然需要考虑很多问题，所以让我们从人员和招聘的角度更深入地研究一下这些组成部分。

25.2 数字化策略

最近，在一项对 CIO 的调查[①]中，88% 的负责人表示还没有从数字化战略中获益，那么，未来的发展方向是什么？这又如何与全球就业市场保持一致？

人

变革和转型需要贯穿组织的 DNA。要掌握许多新的能力，这给领导者和员工都带来了一系列新的压力。技术不可避免地成为一个巨大的焦点，但变革管理（尤其是从人员角度看）不可低估，CIO 们将此作为他们最大的挑战之一。再加上组织层级的动态变化，更敏捷的工作结构意味着团队有更多的责任，员工有更多的自主权和更大的自由来做出关键性的决策。高水平的员工（T 型人才）对组织来说从未像现在这样重要。

我们看到对这些高素质人才的需求不断，但有了诱人的薪酬，雇主就会制定严格的标准。数据分析、业务分析和企业架构技能是 CIO 在全球范围内报告中的一个不足，这一点反映在我们要求 Cranford 寻找的角色的合同中。

首席数字官、首席信息官与首席技术官的需求

哈维·纳什（Harvey Nash）调查的所有组织中，近四分之一的组织都有首席数字官，其数量是三年前的三倍。超过一半的大型组织采用首席数字官角色，因为他们认识到数字化转型是主要关注点。

由于其所有职责的技术性质越来越强，首席高管的角色已经很难区分。但如图 96[②] 所示，这些角色之间仍有明显的区别。

首席信息官对涵盖整个企业的整体技术战略负责，并确保数字化和业务战略与组织目标保持一致。他们了解技术，但除了成本、交付和服务影响外，不一定需要详细了解每个元素。他们必须熟练地引导组织到达目的地，同时要考虑预算限制和由于全球技能短缺所导致的技术部门招聘的困难。

[①] 哈维·纳什（Harvey Nash），毕马威（2017年），2017年CIO调查（互联网信息），https://assets.kpmg.com/xx/en/home/ insights/2017/05/harvey-nash-kpmg-cio-survey-2017.html。

[②] https://centricdigital.com/blog/digital-strategy/cdos-cio-cto-cmo/.

企业数字化战略

确保组织的最高管理层在实施数字化战略时彼此之间沟通和协调。更重要的是，角色和职责在开始时就被定义，以便能够正确地执行或推进公司数字化转型。

关键趋势属性：

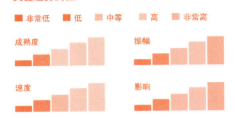

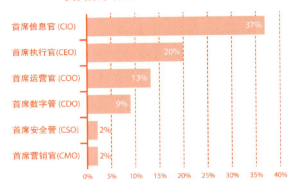

图 96　企业数字战略（来源：2017 年 Centric Digital LLC and Emarketer）

首席数字官必须确保组织有持续演进的战略，并着眼于最新技术的采购和交付，以保持持续的竞争优势。他们需要创新、敏捷、在潜在问题升级之前预测，并在组织结构中调整和实施变更的管理战略，以将中断的成本降到最低。

首席技术官是企业 IT 的外部形象；在运营层面上，负责为消费者的利益和乐趣提供最好的技术。这个角色需要充分理解技术的工作原理，包括需要它的原因，以及它将如何满足消费者的需求。

25.3　首席数字官/首席技术官/首席信息官的期望薪酬[①]

全球首席数字官的平均工资为 175 303 美元；首席技术官的平均工资是 144 057 美元；首席信息官的平均工资略高，为 169 296 美元。

25.4　数字化转型所需的领导力和技能

谁是我们的领导？

强大的领导力团队是成功的催化剂。充满活力的组织认识到，董事会中需要有精通技术的人员，以保持其在行业领域的竞争力，并推动他们走向未来。

在这种职场变革的背景下，我们看到，近年来对于拥有技术背景以及全面专业技能的首席高管的需求强劲增长。企业希望拥有有激情、有愿景、有出色的沟通技巧和应变能力的强有力的领导者，他们能够沉浸在自己的角色中，通过有效的数字化颠覆和对企业品牌价值和文化的坚定信念来领导企业。

领导者需要具有战略性地实施数字化实践的能力，获取最新技术，并专注于数字化设计和输出，以交付最佳的客户体验。

[①] 哈维·纳什（Harvey Nash），毕马威（2017年），2017年CIO调查（互联网信息），https://home.kpmg.com/xx/en/home/insights/2017/05/harvey-nash-kpmg-cio-survey-2017.html。

首席信息官和首席技术官/首席数字管需要很强的协作技能，并理解他们的决策和角色如何影响组织。

25.5 员工需要什么？

企业内部的人员需要能够提供自主权并激励他们的领导者，但他们也必须拥有在现代化组织不断变化的环境中茁壮成长的正确技能。员工需要有应变能力，理解培养敏捷思维的必要性，有适应能力、自我激励能力、自我管理能力，并具备沟通、同理心和倾听能力等软技能。他们需要善于分析、快速学习，并具备用户研究技能，能够看到大局以及他们的任务和职责如何影响消费者体验。

我们经常看到的理想的服务管理资格要求是服务集成与管理（SIAM）、开发运维一体化（DevOps）、ITIL 和越来越多的具有主要云提供商（如 AWS 和 Azure），以及 ITSM 工具提供商的特定的云 IT 经验的变更管理。

25.6 首席数字官和团队的角色

首席数字官的作用是创新和演进保持和提供竞争优势的持续战略。首席数字官及其团队如何完成其职责？他们必须：

- 从整个企业的角度来看，他们不能在孤岛中工作；
- 确保团队及其领导真正专注于技术，以快速交付并为业务交付最佳结果；
- 能够先于其他人识别到机会和潜在问题；
- 完全理解智能技术和以人为本的设计和聚焦用户的理念，以及其对服务交付的影响是相辅相成的；
- 创建使组织绩效最大化的、完整的和多样化的数据驱动的技术方案组合，同时向首席信息官报告和分析这些数据，以便他们能够维护符合整个组织预算要求的经济高效的基础设施。

25.7 数字化转型及其对就业市场的影响

超过 50% 的组织表示，他们让员工投入以创新为目的的工作和项目[1]中。

自动化和智能管理系统正以惊人的势头增长，将简化和消除员工的许多重复和单调的任务，并允许机器学习和评估数据和模式，以发现可能导致问题的趋势。这将对服务和帮助台、医疗保健、人力资源和管理（例如，AIOps 的增长）产生巨大影响。

世界经济论坛（World Economic Forum）的报告证实与处理能力、大数据、自动化、云技术和物联网等技术和数学算法相关的工作岗位稳步增长。报告表明，这些技术的进步和第四次工业革命将对组织内的传统办公室和行政角色产生最大的影响。

---

[1] 哈维·纳什（Harvey Nash），毕马威（2017年），2017年CIO调查（互联网信息），https://home.kpmg.com/xx/en/home/ insights/2017/05/harvey-nash-kpmg-cio-survey-2017.html。

来自世界经济论坛①的图97说明了这些趋势，也突出了就业市场中的年轻人、妇女的经济实力，新兴市场中的中产阶层和世界各地快速城市化等影响变革的其他关键因素。

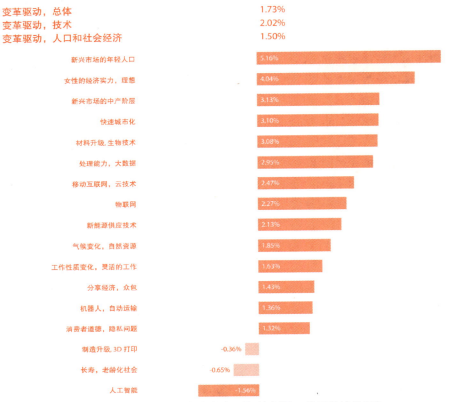

图97 变革驱动因素的就业影响（资料来源：世界经济论坛）

25.8 总结

由于变化的波动性和速度，组织无法提前计划，因此对传统服务管理技能（如 ITIL、开发与运维一体化、敏捷、服务集成与管理、网络安全和数据保护）以及多模式 IT 和 SaaS 仍有很大的需求。

明显的趋势是，这些角色更可能是基于合同而不是固定的基础，因为如果业务需求迅速变化，组织不希望将预算投入到成本昂贵的长期劳动力队伍中。支出正在增加，但是组织要明智和谨慎地支出。

越来越多的组织将其 IT 迁移到云并自动化其工作流程，随着需求的激增，云架构和工具体验是一个巨大的增长领域。我们的经验是：员工因为被要求变得与众不同而压力倍增，他们必须具备数字化的现代职场所需的特质，且对职场内外采取开放和积极的职业发展心态。想要成功的员工需要一种掌握终身学习的方法。

---

① http://reports.weforum.org/future-of-jobs-2016/employment-trends.

26 现实观点：Ivanti, ServiceNow 与 Marval

26.1 Ivanti

我们请英万齐公司（Ivanti）服务管理高级总监伊恩·艾奇逊（Ian Aitchison）分享了 Ivanti 在服务管理市场的经验、数字化转型对其客户的影响，以及他们认为 VeriSM 有价值的原因。

关于英万齐公司

英万齐公司是 2018 年 LANDESK 和 HEAT 合并成立的一家以服务为中心的技术提供商。几十年来，这两个组织在服务管理领域都有很好的信誉，其终端管理、安全和资产技术也得到了广泛的认可。

作为一家供应商，我们看到许多框架、方法、最佳实践和知识体系在服务管理领域中不断出现。在某种程度上，这反映了基于源自对 IT 社区的良好工作实践的提炼所形成的流程、治理和技术组合体的服务管理领域的健康性。

IT 引领许多组织对这些实践的支持，在 IT 中可以找到开发流程、应用技术、改变人类行为从而提高业务生产力的专业知识。

企业服务管理

近年来，"企业服务管理"概念不断转变。此外，组织从传统模式向"数字化"运营持续演进的商业需求也日益迫切。VeriSM 在两者融合时提供了一种新方法，将最近才看起来很神奇的技术转型能力与在竞争组织中应用良好的治理和以服务为中心的方法相结合。

英万齐公司为 VeriSM 内容做出了贡献。服务提供者和技术供应商之间关系密切，正如好的服务提供需要文化与人员之间的良好契合一样，特别是在服务管理领域选择技术供应商，也需要供应商与客户/服务提供者之间在文化、愿景和个性方面的契合。（当然，供应商也是服务提供者。）

技术平衡

我们乐于贡献的另一个原因是：技术平衡。有许多受人尊敬的咨询行业专家和思想领袖参与了这项工作，大智慧也伴随着一些小风险。由团队编写的新运营框架有时可能会忽视技术视角，而倾向于只考虑流程的理论偏倚。然而，技术正以戏剧性的和惊人的速度改变着我们周围的世界。今天所做的一切都是通过技术来增强和改进的,现在所有的业务都是IT业务,技术是现代业务的基础。如果不考虑并应用有益的技术,就不可能对业务改进提出任何新的建议。

统一的IT

在英万齐,我们用"统一IT"的愿景来对技术平衡的需求做出回应。未来将不仅仅是单个独立的技术产品。我们看到客户面临僵化的流程、部门孤岛和手工(重复)工作,以及工作常常相互冲突的挑战。VeriSM恰当地谈到了合作伙伴模式如何打破障碍和孤岛。我们有同样的目标,这些障碍阻碍了组织实现VeriSM所说的那种转型。我们坚信,只有通过在速度和准确性上的显著提高,组织才能实现创新的数字化转型变革。统一IT意味着服务管理、资产管理、终端管理、安全管理和身份管理紧密集成,并且越来越自动化,这成为可能。

流程

流程(或工作流)是对实现目标所需的步骤的定义。这可能包括处理一项请求、请求人力资源服务、发布网站更新、完成满意度调查、响应安全事件、提供知识机器人或部署软件,所有这些都是经过协调和自动化的。

为了实现数字化转型,组织需要了解并优化整个业务的工作流程。

服务自动化

如前所述,速度是任何数字化转型的重要组成部分。当英万齐公司谈到自动化时,我们指的是多个系统之间的双向活动流。取消"等待时间"可以显著改善用户体验。我们的自动化平台(Ivanti Automation)提供了所有我们的技术和许多其他第三方之间的排序。最好用一些例子来描述。

一些客户使用我们的技术对员工入职和离职进行改造。当员工离职时,将自动禁用所有账户和服务,自动卸载所有软件并引导员工退回过去在职期间他们被分配到的硬件资产。从字面上讲,当他们最后一次走出公司大门时,所有东西都被自动关闭、退回,并被记录在案。在等待人员执行非常重要的批准和确认之后,所有均遵循服务管理流程。

另一个例子是关于请求履行。对于用户来说,为客户提供的服务请求目录体验通常感觉像一个移动应用商店。单击以请求某些内容,并总是看到它实时显示。服务管理工作流在用户请求的驱动下,提供跨桌面、移动和云资源的自动交付。

人工智能

至关重要的第三个组成部分是人工智能。英万齐公司在机器学习和语音交互中的应用甚至为上述案例带来了令人兴奋的转变。我们看到人工智能的影响将分两波出现。第一波是现在,通过重新定义我们所认为的自助服务来增加个人业务用户数量。

我们最近引入了一种新型的虚拟支持代理(Hub),它与传统的自助服务完全不同,提供从任何业务服务提供者到其业务用户的交互、搜索、请求和信息。根据背景分析,它知道你是谁,并且无须表单填写和网站导航。还引入了英万齐公司机器人,一种对话型人工智能(聊天机器人),它可以创建票证、提供答案并推动自动化。向机器人请求获得一个文档、一个链接或访问一个应用程序,可以自动获取和实时查看。这是虚拟支持代理的组合,有时称为机器人流程自动化。这只是个开始。

第二波是人工智能开始出现,即使用机器推荐和从大型复杂数据集得出的结论。模式、趋势和下一步行动建议来自历史行为和大数据集。

英万齐公司的数据范围非常大。我们在全球拥有近 30 000 个客户组织,数百万受支持的个人,近 5 000 万个直接使用英万齐公司管理技术的设备(服务器、台式机、笔记本电脑和移动设备)。对客户需求有着无与伦比的理解和洞察力。今年,英万齐公司将围绕在人工智能模式的应用和基于海量数据集的同业推荐的方面发布令人兴奋的公告。

展望未来,通过结合这些概念,我们为将人工智能决策直接应用于高速自动化感到兴奋,同时也非常注意控制、人身安全和信息安全的需要。未来它将发展得更快、更智能、更安全。

26.2　ServiceNow

克里斯·波普(Chris Pope)是 ServiceNow 全球创新副总裁。ServiceNow 最近被福布斯(Forbes)评为全球最具创新力企业榜单排名第一,领先于亚马逊、脸书、特斯拉(Tesla)和奈飞(Netflix)等家喻户晓的公司。我们与克里斯谈论了他在客户组织中看到的趋势。

ServiceNow(在纽约证券交易所注册为:NOW)让人们更好地工作。我们基于云平台和解决方案提供数字化体验,帮助人们做到最好。

数字化服务趋势

我们比以往任何时候都觉得不能仅仅为了技术而使用技术,从我一次又一次地与全球客户会面的例子来看,很明显,要真正增加价值就必须走出 IT 领域,进入业务的其他领域。这是推动创新的动力所在。不可否认的是:你需要新的市场、新的渠道、新的服务客户的方式。但同样,你如何重塑业务交付的核心呢?

你今天仍然在做一些可能已经做过的事情,但是现在有更好的方法去做。没有新的问题需要解决,只有使用更好的方法来解决,而这意味着有可能使用自动化或其他技术来解决这些基础的且数量庞大的问题。

未来并不是自动化将替代工作岗位,而是让人们解放出来,从事更有意义的工作。

过去,我们已经实现了从纸质表单变成 pdf,过去要发送一个 pdf,需要打印、填写、扫描并发回。我们可能认为这在当时是先进的,但这不是数字化。我们现在正处在下一步,即第四次工业革命中。这张纸或 pdf 现在通过在线捕获以及人或机器流程进行处理,成为交互式记录的信息。

我们看到全球数字化阶段之间存在巨大差异。其中一个例子就是数字身份,在亚太地区,你可以通过社交网络微信获取护照和驾驶执照,但在许多其他国家/地区仍然需要验证纸质文件。这些新的方式必须有正确的流程和安全保障,才能协调一致地运作。全球范围内围绕身份验证,以及随着我们在线进行更多交易时如何证明自己的身份,正发生着巨大的变化。

新需求

在这种期望不断变化的背景下,我们看到企业正在推动以更快地拥抱真正的数字化。

以金融服务为例,消费者的第一个问题就是能否在线申请新账户,这对于许多组织来说仍然是个梦想。监管机构需要书面文件,特别是对于传统流程的既定供应商。这与 Starling bank

和 Atom bank 这样的金融科技公司形成了鲜明的对比，更年轻的组织没有传统 IT，可以从一开始就以现代化方式运作，而不像那些发现自己在基础设施、流程和文化方面处于数字化劣势的成熟的金融机构。

这可能是对一代人的影响，ServiceNow 客户当然想知道他们无论是作为员工还是客户，如何能够以数字化方式与年轻一代相关联。

对于一个被历史遗留所拖累的企业来说，危险在于客户体验还没有达到预期就变成了别人的客户。许多组织已经整合了他们在服务管理和 IT 服务管理方面的知识，并将其作为一个框架来尝试和解决真正与工作流相关的业务问题。

真正的问题是："我们如何连接一切，同时降低更多系统、更多人员和更多专用资源的日常开支？这实际上只是一个普通的工作流问题。"

ServiceNow 通过"基于表单的工作流"来管理这一点。优步就是一个很好的例子，整个业务基于精巧分析的工作流，隐藏在消费者看不到的面向用户的应用程序后面。这种数字化体验的呈现方式让客户感觉不到自己在"填表"。优步通过捕获客户的信息知道他们从哪里到哪里，付款详细信息和司机评级。从 IT 的角度来看，感觉就像请求、退款和调查，但这并不是消费者描述其体验的方式。与许多其他行业相比，交通运输领域应用数字化改变了行业的面貌。

在银行业，仍然需要实体存在，客户仍在寻求社交互动和人际关系的保证。失去人际接触而变得如此的脱媒是危险的。

我看到的另一个选项是为高端奢侈品购买保留人际接触点，而不是日常商品类的服务。

"客户仍然希望高水平的个性化互动，让他们感到自己受到重视。区分技术与人之间的适当平衡是组织有效使用数字化服务取得成功的一个关键因素。"

作为一个涉及每一个行业的组织，我们看到企业数字化转型方式的变化是非常有趣的。一些组织的某种业务做得很好，那为什么不去办理这些服务，并把注意力放到对客户有意义的余下的 20% 业务上呢？像 Office 365 和 Microsoft Azure 这样的服务正在做 IT 部门多年来所做的工作；它们只是做得更好，并且成规模。在数字化服务领域有一个临界点，那时可以充分利用某些技术。就这类任务而言，我们逐渐变成为一个以任务为基础的经济体。

说数字化始终是最有效的选择，这是错误的。完全自动化的企业，效率可能不如未实现自动化的组织，我们需要对例外情况做出决定。关键是认识到，适合于组织的基础设施是技术、流程和人员的融合，它们体现了对于数字化真正意义的愿景和理解，而这种愿景与理解将推动一个组织成功实现其战略目标。

即使是创新者也必须创新

ServiceNow 不希望被视为一个"像素完美"的组织，你可以让产品看起来很棒，但如果它不能解决根本问题，那么就没有实现真正的目标。

我们评估客户群的需求，并将其分解为两个基本问题：
- 试图实现的目标是什么？
- 我们试图设计的结果是什么？

如果这个设计是从功能的角度出发的，那么你可以使它看起来很美观，但同时创建一个更精简的版本，以提供完美的直通的流程，然后通过自动化提高效率或与其他应用程序集成。美化一个问题是没有意义的,最好寻找一种方法来实现自助服务的自动化。在自助服务中,不创建所有的用户体验和用户界面设计工作,除非你可以为最终用户实现无缝的业务处理。

ServiceNow 推出的虚拟代理就是一个很好的例子。设计流程不仅围绕着能够回答问题,而且能够智能化的进行反馈和响应以增加价值,并帮助用户自己解决问题。这种设计意味着公司可以分析来自虚拟代理的数据,如果他们发现产品中存在问题,则可以自动提供更新。

克里斯评论说,在这个过程中,"我们的角色变得更像是服务的经纪人"。

"所有的东西都在这个平台上生长和呼吸、平台的知识和体验都很重要,在另一方面,如果将信息传递给另一个软件平台,例如人力资源信息系统(HRIS)平台,体验就变得很简单。这是一个为客户或用户提供一站式服务的商店。工作流与另一个平台集成,所有这些都自动生成,对后者体验的关注较少。

"无论你在日常生活的任何方面使用什么服务,都有一次使用该服务的体验,你并不真正关心在后台发生的事情,也不关心到达该点所涉及的流程。基本目标是为消费者提供一致的体验,使其能够完成工作而不必考虑可能正在或不在交互的下游系统。ServiceNow 正在构建越来越多的集成,我们已经更改了自己的业务参数,以便响应和反馈客户的需求。"

改变以满足客户的需求

过去,ServiceNow 每年发布两次更新。这种形式将保持不变,但作为其持续发展和创新的一部分,未来的更新将被划分为内容和代码。代码必须在更大的范围内完成所有常规的测试和开发;内容是一个工作流或一个与其他应用程序的集成,"非周期性"地通过用户和客户社区发布的概念。这些变更依赖于发行版本中已经签署的相同的基础代码,但使用平台将其配置它与其他对象互动。

ServiceNow 发现通过以这种方式管理变更,客户可以更快地采用它们,更多人可以更快地使用到新功能,而且是通过更多的配置而不是定制。他们改进了交付模式,以满足客户对变更速度、节奏和频率的需求,最终提供更好的体验和结果。

能够以这种方式变更的大部分是基于对开发与运维一体化(DevOps)的关注。

在 ServiceNow 使用敏捷团队

我们在全球拥有 100 多个 Scrum 团队,其中包括 10 个交付/开发部门。这些团队不断努力,以提出和发展新的想法。在结构上,他们每天都有指定的职责,在我们这里有现场可靠性工程师(SRE)。SRE 负责从基础设施到网络的端到端交付。因此,他们与支持、工程和开发团队有着紧密的联系,如果出现问题,可以立即进行故障排除。随着我们为客户进行创新并致力于产品一致性和发布交付,从代码到基础设施控制高度集中的中心将不断壮大。

我们从测试的角度引入了"左移"。在设计中可能存在大量的自动化,但在发布周期结束时,我们的团队正在将角色从已经构建的产品切换到尚未构建的产品。这使得我们能够对测试有一个完全独立的观点,在这个视图中,新的视角被用来对产品进行内部审核。最终的结果是减少缺陷、加快升级速度并最大限度地减少补丁。

一个尺寸适合所有

我们的客户是一个领域、行业和对我们产品的需求的网格,ServiceNow 平台必须支持所有的这些。客户希望使用某些方式、框架和方法，如 VeriSM、ITIL 或 IT4IT。我们提供了配置文件，说明平台的哪些组件与他们自己的组织结构保持一致，以及如何利用这些组织结构实现自己的内部流程。

这得益于一项新的 ServiceNow 计划，该计划旨在与客户共享用于测试的内部流程套件。这将有助于客户自己完成测试，并了解"开箱即用"选项何时可以提供他们需要的，以及何时需要定制。

数字化世界中的社区

ServiceNow 社区对于许多客户来说是非常成功和有价值的平台。该社区直接在平台上运行，每月收到用户 4500 个问题，有 16.5 万注册用户，70% 的问题在 6 小时或更短的时间内得到答复。它最初是在第三方平台上单独运行的，后来进行了内部迁移，确保公司的信息都保持一致，即所有的东西都能在平台上生存和发展。近年来，它取得了很大的发展，并与内部的 DevOps 团队完成了整合。

客户可以通过社区提出问题或报告行为。如果超出了预期的参数，ServiceNow 的 100 个 Scrum 团队的专业人员将被告知，可以立即围绕如何解决问题或回答问题进行沟通。

DevOps 团队使用产品的社区功能的识别缺陷，并将这些缺陷直接带入发布周期或冲刺阶段。这种将开发人员放在客户响应一线的主动方法有双重好处：

- 开发人员能够用自己的语言理解缺陷对客户的影响，并能分析问题可能在其他哪里产生负面影响。
- 打破了 ServiceNow 组织间的壁垒。客户可以很容易地访问公司，为实时反馈提供了非常有用的机制。

这种关注客户反馈、体验和产品背后人员的可访问性意味着问题和查询将得到及时处理。

对于所有关注技术和机器的人来说，这项社区服务完全符合个人和人工接触点的需求，是数字化时代商业的基本元素。它允许客户在 ServiceNow 与我们保持牢固的关系和信任，以获得持续的共同的成就，同时允许我们倾听并不断发展，以确保我们能够继续成为他们未来选择的平台。

26.3 Marval

唐·佩奇（Don Page）博士是英国 Marval 的服务管理战略总监。Marval 提供 IT 服务管理培训、咨询和软件工具，已获得 ITIL、ISO/IEC 20000 和 ISO/IEC 27001 认证。

市场变化

服务管理市场正处于一个发展和大肆宣传比以往任何时候都多的刺激的阶段。尽管该行业的许多领域正在向前发展，但其他领域仍在为全球经济衰退而持续存在的基本问题苦苦挣扎。

我非常希望看到 ITIL、ISO/IEC 20000 和 VeriSM 在架构和工作方式上的不断发展。我很乐意看到这些发展给 Marval 的客户和 ITSM 行业带来好处。

客户感兴趣的和最有趣的发展领域之一是人工智能和机器学习。我觉得这太棒了，而且 Marval 技术人员一直在持续评审。它可能在医疗保健等许多领域提供许多机会，但我并不期望真正的 ITSM 人工智能或机器学习很快就出现在这里。原因包括：
- 对大多数组织来说，成本太高；
- 与服务保持一致仍然是最佳选择，也是值得保留的选择；
- 拥有激情和良好培训的人，在未来几年里仍将是"杀手级应用程序"；
- 不要指望大肆宣传或聪明的营销能解决你的所有问题等。

对于我们的许多客户，Marval 提供了我所说的"小人工智能（Little AI）"，它只基于一些简单的元素，比如用户名、服务和请求的特征。这样，Marval MSM 会根据技能矩阵、经验评级和可用性自动将活动分配给最合适的技术资源、人员或团队。

MSM 还将提供有关用户的重要信息（例如资历级别、上次经验评分、通话记录、以前的交互和反馈以及按相关性排序的知识）。随着客户对自助服务的使用越来越多，"小人工智能"让我们能够更快地解决问题。

你认为服务管理将如何继续演进？

这个问题的前提是，大多数组织都已经发展成熟并准备接受服务管理，不幸的是，许多组织还不成熟，并且在人力、文化和有限预算的制约下苦苦挣扎。我们仍在努力解决最初的问题，多次变更技术平台，但同样要求的结果还没有完全实现。即使在今天，也需要一种推动了很多年的方法，例如无人驾驶汽车。

警告：与我交谈过的几位高级管理人员对自己和企业想要实现的目标以及必须使用的预算抱有不切实际的期望。

我最近采访过一位高级经理，他想用能歌善舞的人工智能来解决 ITSM 问题，以减少他的员工数量，而对员工的培训很少或根本没有，但他目前甚至连简单的客户事件记录都做不到！

27 现实案例:数字化优化——Hippo Digital/Kidz Klub Leeds

Kidz Klub Leeds 是一家总部位于英国的慈善机构,在利兹市的内城区和外城区开展工作。该慈善机构每学期为 2000 多名儿童提供服务,开展有趣的活动,帮助他们发掘对于自己和社区的积极愿望。

Hippo Digital(一家位于利兹市的设计机构)希望为当地社区提供支持。它认为,与其通过传统方法筹集善款进行慈善捐赠,不如利用内部用户研究人员和设计师以及更广泛的数字化社区来帮助慈善机构。与 Kidz Klub Leeds 领导层会面时,Kidz Klub Leeds 领导者的热情和远见与 Hippo Digital 产生了共鸣,他们选择合作,通过与孩子们一起工作来支持城市的发展。

本次访谈解释了 Hippo 如何使用数字化技术和实践支持 Kidz Klub Leeds。

27.1 要解决的问题

Kidz Klub Leeds[①] 依靠志愿者完成其使命。慈善机构现有的志愿者入职流程依赖于面对面的交流和文书工作,对行政人员和培训人员来说相当费时。研究人员和设计师等 30 名数字用户体验(UX)专家参加了一个设计冲刺/黑客日的活动,这些专家被分成多个设计冲刺队,由 Kidz Klub Leeds 的工作人员提供输入以及在慈善机构工作的真实体验和现有的流程。

27.2 设计冲刺准备

Hippo Digital 团队与 Kids Klub Leeds 团队进行了几次会前会议,以确定设计冲刺的重点,包括慈善机构的关键领域,以及为慈善机构带来最大价值和利益的改进机会。

当资源短缺或者有许多想法需要快速测试时,设计冲刺将有所帮助。因为 Kidz Klub 将大部分时间都花在帮助孩子上,主要挑战是缺乏时间来策划/变革。在这种情况下,放弃这些时间参加传统的 5 天设计冲刺是不可行的。对于 Kidz Klub 来说,Hippo Digital 不得不以不同的方式开展工作。

因为时间不够,为了确保那一天的顺利进行,我们做了一些准备,包括事先与慈善机构达

---

① http://www.kidzklubleeds.org.uk/.

成一致的用户旅程的开发和问题陈述。在一天的冲刺之前，这两个元素为立刻聚焦于对话奠定了基础。

筹备过程包括两个优先的关键领域。

1. 志愿者招募流程

- 机会——提升新的志愿者体验/参与度，简化申请流程，减少处理时间。

每个新的志愿者都必须填写一个包括两份个人品质推荐信的申请表。Kidz Klub Leeds 在线完成安全检查（还需要提供身份证件的直观证明），并通过电子邮件联系两位推荐人。任何申请信息或个人品质推荐信的延迟确认都会推迟志愿者的入职。

2. 志愿者入职培训

- 问题——供Kidz Klub培训师使用的繁复且耗时的后台人工流程。

支持入职培训的人工管理任务消耗了 Kidz Klub 培训师宝贵的时间和精力。减轻这一负担将使培训师能够专注于更有价值的活动，如面对面的培训。由于志愿者有多种培训途径，我们决定专注于设计冲刺的两个主要项目——"家访"和"大型聚会"。

双方讨论的另一个产出物是旅程地图，捕获了一个未来的 Kidz Klub 志愿者从对志愿服务感兴趣到加入慈善机构的路径。旅程地图解决了未来志愿者、Kidz Klub 管理人员（负责处理志愿服务文件）和 Kidz Klub 培训师（负责培训）在此过程中的一些痛点。

使用便利贴（Post-it®）创建旅程地图（见图98）。这个工件是为冲刺事件创建的，因为它允许不熟悉 Kidz Klub 的设计冲刺团队直观地了解潜在志愿者的旅程。一位 Kidz Klub 的高级官员向设计冲刺团队展示了这个旅程地图，并提供了时间轴相关的情境。设计冲刺团队需要这些信息来解决慈善机构的关键挑战/问题。

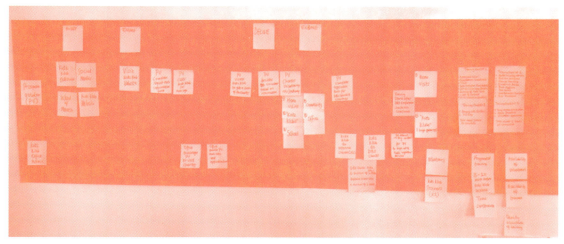

图98　便利贴旅程地图

最后，为了运作此事，根据所有注册人员的工作经验分配设计冲刺团队。这意味着每个设计冲刺团队是平衡的，都有用户研究员、设计师、业务分析师等。每个团队都有一个工作台，上面有记号笔、便利贴、白纸、包含两个 Kidz Klub 挑战的文档、角色模板、服务设计蓝图模板，每个团队至少有一台笔记本电脑进行辅助研究,包括对其他慈善机构如何应对 Kidz Klub 的挑战进行在线竞争对手分析。这些笔记本电脑还被用来创建应对这些挑战的数字原型。

27.3 设计冲刺社区方法

Kidz Klub 的成员与其他设计公司的志愿者一起举办了为期一天的设计冲刺,目的是发现一个问题,思考我们如何解决这个问题(从高层的角度),与来自 Kidz Klub 的主题专家一起验证解决方案并形成想法的原型,然后在现实世界中进行测试。

这一天,每阶段 45 分钟,每小时休息 10～15 分钟:

下午 1 点:成型

我们欢迎大家,并解释了活动的目的和议程。组建团队,确保每个团队的技能/团队中的角色和团队名称得到周知。这一阶段还包括帮助人们相互了解的破冰环节。

下午 2 点:了解问题

Kidz Klub Leeds 的成员浏览了用户旅程和问题陈述,允许团队提问,就解决现有问题的目标达成共识。团队被要求选择并专注于一个特定的问题。

下午 3 点:我们怎么办?

这些团队深入探索了如何创新和战略性地解决这些问题,各个团队创建了端到端的故事板,以了解"好"是什么样子。

下午 4 点:我们能快点做什么?

为了确保解决方案保持在两周内解决的范围内,我们要求团队专注于能够有策略地和快速交付的内容,提醒团队融合他们在上一阶段中的"我们怎么办"的想法,并确保能够从我们可以从战术上做什么转向更具战略性的视角,制定服务设计路线图。

下午 5 点:交付设计

我们要求团队使用团队中拥有的任何工具/技能(纸质模型、HTML 原型、代码/函数、开源软件等)来设计原型。

下午 6 点:调研

本阶段,各团队就他们的想法和解决方案提出问题,并征求房间里其他人的意见。此外,团队离开大楼与公众交谈,从潜在的真实用户那里获得反馈。

下午 7:15–7:45:展示和讲述准备工作

团队成员为其他团队、慈善机构的志愿者和工作人员准备了解决方案和原型的演示。每个小组选择表达自己的想法的方法。

下午 7:45–8:00:休息

参与者们休息了一会儿,准备发表自己的观点。

晚上 8:00–9:00：展示和讲述

来自 Kidz Klub Leeds 的 50 名志愿者被邀请观看各个团队的演讲，包括自填充表单、网站改进、在线培训门户网站，以及许多其他节省时间和创新的想法。志愿者们显然对数字化解决方案能够对未来慈善机构的运作产生实际影响感到兴奋。

27.4 与 Kidz Klub 的合作

Hippo Digital 目前正在与 Kidz Klub Leeds 合作，以实现在为期一天的设计冲刺中产生的一些想法。这件事对所有有关方来说都是成功的。数字化团队运用他们的技能来帮助慈善机构应对挑战，这对社会有好处，也有意义。慈善团队自认是技术恐惧症患者，而他们通过与数字专家合作克服了一些对于数字化的恐惧。

28 现实案例：数字化设计——Hippo Digital

28.1 Hippo Digital: 打造正确的东西

Hippo Digital 是一家总部位于英国利兹市的设计咨询公司，自成立以来，他们已成为向公共组织和私营组织提供大规模数字化转型项目的领先供应商。

Hippo Digital 有几个目标：
- 增加价值并为客户带来持久的利益；
- 确保用户成为从研究到设计和交付的一切工作的核心；
- 将"数字化优先"战略与"以人为本"的设计相结合，创造持久变革和积极影响。

28.2 什么是数字化设计？

提到数字化转型时，设计不仅仅是在设计工件，还是从战略到消费者体验到的结果的扩展（见第 8 章成果）。设计是多维度的，不仅仅是为了设计产品、服务或空间的特征，更是为用户体验提供了组织和结构，设计通过理解什么是重要的、什么是不重要的来支持用户做出的决定。设计可确保与产品或服务的互动是基于效率和效果的正面经验。好的设计反映了组织的策略和战略。更进一步，设计甚至可以体现哲学甚至意识形态。

设计要求了解情境，并且必须包含产品或服务的连贯性，而不仅仅是功能。设计战略定义将其转移到高级别用户旅程设计的服务总体愿景。通过开发用户故事，阐明满足用户需要和交付结果所需的功能。随着设计的推进，用户故事被完善、切片和细化。

这种方法保持了服务设计的一致性，而不会浪费时间来设计可能永远无法实现交付的元素。这也意味着需要立即与交付团队共享设计意图，且设计意图在交付之前对所有利益相关者可见并实用，这样可以降低设计沟通的障碍。

28.3 什么是设计思维？

全世界的公共组织和私营组织都面临着需要以较低的价格、更快的速度提供更好的服务的压力，应用"设计思维"可以提供一种在面对以上压力时能显著增加价值的方法。

设计思维的核心是那些需要或想要使用所提供的产品或服务的人，以及认识到这些产品或服务是如何相互作用和联系的。了解这些人有助于你尽可能快速、经济、高效地设计、构建和交付最大价值。将"以人为本"的方法与具有"数字化优先"思维的技术熟练的协作团队相结合，可以改变方式和结果。

要取得成功：

- **以人为本的设计**：以证据为基础、以用户为中心的服务交付将用户和服务运营人员置于服务创新的中心。它帮助设计和交付团队理解用户与服务交互的需求、行为和期望，以及服务的操作需求。以人为本是一个迭代和假设驱动的发现过程。
- **数字化优先战略**：是承认数字环境和用户期望在不断变化的服务转型理念和方法。它提供了一种通过"持续发现"流程和技术创新应用来评估战略、开发能力和支持活动的方法。

28.4 关于用户和满足他们的需求

大多数组织关心他们设计、构建和交付的内容以及他们在用户面前展示的内容，却不将用户需求放在他们工作的核心，从而导致设计和架构选择不当。这很常见，而代价可能很高。

这些组织中的"我们"可以是任何人，部长、高级职员、首席执行官、所有者、高级管理人员、决策者和交付团队，包括设计师、技术架构师、开发人员等，名单是列不完的。"我们"对交付至关重要，它包括支持、挑战和保证更广泛的利益相关者以及交付团队。

实际上，"我们"如何看待解决方案和设计并不重要。用户会尽一切努力来得到他们想要的结果。在设计思维中，我们把人称为用户，但他们可以是公民、管理者、患者、客户、索赔人。

重要的是这些用户在与你的产品或服务交互时所做的事情，而不是你期望他们做什么。我们经常听到"但是我们告诉他们该怎么做"之类的话。

理解这一点的一个很好的方法是考虑在每个公园、草地和树林中都可以看到的"期望之路"，这是一条穿过整洁的草坪到达目的地的小路，替代为了美观而设计的混凝土道路。在数字化设计中，用户将通过知道按什么按钮或者通过说什么联系到呼叫中心的座席来创建一个期望路径。他们心里明白，如果进入一个特定的捷径，他们将得到更快的响应。

> 🌐 **现实案例**
>
> 在英国公共部门的一次交付中，需要处理用户提供的 450 多万份医疗证据，以便他们能够获得财政支持。这是一个重大的运营挑战，因为证据处理的不够快，用户急于追踪付款和处理进程，从而导致出现瓶颈和超过 50 万次的重复工作。用户很快发现，如果他们采用面对面的方式，就可以确认证据已经被接收，这将加快进程。消费者做了他们需要做的和对他们有用的事情。而该种结果代价高昂，并延误了通过面对面方式所能获得的高价值互动。
>
> 对当前用户旅程进行分析，以确定痛点。用户希望信任该服务，希望知晓文档是否被收到并处理，引发了对于服务的重新设计，包括能够通过移动应用程序直接上传和提

交文档的能力。新的应用程序减轻了操作负担，减少了不必要的客流。用户研究必须是任何一个设计和交付中的嵌入式功能，而且必须是每个人都参与的团队运动。因此：
- 开始时，利用研究来了解问题、动机和行为，从而为思考提供信息；
- 在设计过程中，开发原型并验证假设（使用从用户处收集的信息并将其交给交付团队）。

28.5　什么是用户旅程？

如果理解了用户是设计思维的核心，那么无论你处于设计的哪个阶段，旅程映射都是最好的工具之一。用户旅程与流程、集成或数据流无关，尽管它们很重要，而且构建了整个服务蓝图（没有它就无法交付），但它们无法捕获用户旅程。

用户旅程图是将用户所经历过程的可视化。它构建了用户在与你的服务或产品交互时正在执行的操作的分步视图，而不是你希望他们执行的操作。它用于理解和解决客户需求和痛点，从原有的状态（或现在）开始，映射出实际发生的事情。它可以与用户和专家一起进行。这是一个很好的过程，可以在设计开始时与你的团队一起完成。在设计过程中，它将被迭代，识别用户角色的类型并验证所做的假设。

用户旅程有助于让你获得一些关键信息，识别任何旅程中让用户挫败、减速和困惑的元素。这些要点通常是用户退出、恼怒、抄起电话、打电话到办公室或决定不购买的原因，而这正是你想要集中精力的地方。当你理解了以上信息，用户旅程就将是获得整个团队和利益相关者的理解和共鸣的绝佳工具。

当你开始开发和证明解决方案时，改进后（或未来）的旅程提供了一个视图，可推动你的服务愿景、优先级和路线图。你可以根据需要尽快开发它，但是首先需要接受"用户旅程是基于假设的"这一点。当产品或服务在各个阶段中移动时，必须验证"当前"视图。它会随着进程而改变——需要了解的是你可能永远不需要构建整个旅程。

28.6　交付设计思维

将敏捷实践嵌入到设计思维中可以让你不断迭代、交付价值和学习。在真实用户面前获得东西的速度越快，你开始学习的速度就越快。

> **FUEL 框架**
>
> Hippo Digital 开发了一个简单的框架，支持所有级别的服务转型。FUEL 框架是一个设计思维的反馈循环，可确保对发现过程和需求验证有条不紊地进行。简单地说，FUEL 框架是：
> - 确定机会——从多个角度对机会进行高层次的探索。回答以下问题："用户是谁？""他们有什么问题？""目前的解决方案是什么？""用户将从建议的机会中获得什么价值？"

- 了解用户和选项——在勾勒机会时获得的理解的基础上，对用户及其特定需求进行更全面的探索，以及可选机会的详细研发。
- 设想可能的解决方案——最有希望的方案被开发成可测试的旅程和原型。在此阶段，定义最小可行产品（MVP），通过协同设计流程估算交付成本与预期的交付价值。
- 学习并验证发现——与目标用户一起测试可能的解决方案，并将反馈整合到设计中（甚至在需要时返回框架）。确定最小可行产品（MVP），验证机会价值，并确定预期的交付成本。

每个设计也需要是可访问的，并提供必要的帮助来支持用户。可访问性是整个团队的责任，包括设计、软件和标准、设备和用户操作情境。

28.7 设计技术

这些技术可以运用于整个服务开发过程，以帮助理解、验证和满足用户需求和组织目标：

- 电梯推销法/问题陈述——在团队和利益相关者中建立共同业务愿景的众多技术之一。
- 用户旅程地图——创建对用户体验、需求和旅程痛点的共同理解，以便确定优先级。这也使我们能够理解技术、策略、架构和数据，包括商业、传统、供应商和政策约束。
- 利益相关者地图——了解他们是谁，包括权力和影响力，以此作为参与优先级和识别法律和政策所有者的方法。
- 调研——基于其他政府和公共机构收集的研究结果，结合案头研究和背景调查，以一对一和共同设计研讨会的关键领域为重点。基于实验室的用户研究有助于探索原型。在适当的情况下，使用原型人物和角色来验证洞察力，塑造未来的旅程/解决方案选项，并确定用例的优先级。
- 服务原型设计——一个可将成功可视化、折扣选项和为建设服务而构建计划的强大方法。
- 设计冲刺/定制的黑客活动——协作和沉浸式事件和活动，以应对特定的设计挑战并形成共识。

28.8 关于团队

VeriSM 提供了一种专门为帮助组织在数字化服务领域取得成功而定制的服务管理方法。为了成功地进行服务设计，在交付过程中嵌入设计思维。这需要服务提供者和消费者之间的协作关系，并明确所提议的产品或服务的所有元素。

在 Hippo Digital，我们使用客户团队模型。团队支持产品所有者定义和细化利益相关者需求，并通过不断地探索将这些需求提供给交付和服务团队。作为一个团队，他们负责设计可测试的假设，然后确定最小可行产品（MVP）、建议的迭代和交付路线图。

在客户团队中，拥有多种技能的人员推动一种类似于 VeriSM 模型的协作方法。团队将改变以满足组织的需要（不要盲目地遵循所谓的"最佳实践"，这是关于建立一个在你的组织中能够运行的模型）。这一方法类似于 VeriSM 模型。

当利益相关者是策略专家、供应商、高级管理人员和资金持有人时，将推动服务的需求。他们既是用户，也可能是潜在的交付障碍。需要积极地管理他们，这样团队才能被授权交付服务。我们通常会安排接洽主管与交付团队一起管理这些关系。

客户团队包括高技能的角色，包括：

- 代表客户和用户的产品所有者/管理者；
- 服务和体验设计师，绘制交互过程、设计和构建原型；
- 推动基于证据的方法的研究人员和分析人员。

这些角色非常重要，因为他们确保交付团队拥有构建用户故事的管道，如图99所示。交付团队是构建、迭代、测试、部署和管理新产品时"魔力"发生的地方。

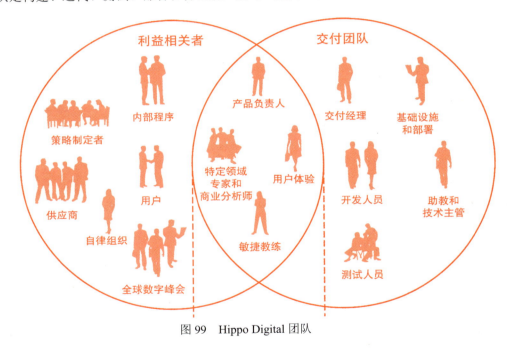

图99 Hippo Digital 团队

孤岛是不能被容忍的。各团队通力协作，分享研究的见解，为早期设计思维提供输入，并基于联合规划、适当的优先级和故事写作创建可行的技术解决方案。这些都是关键元素，因此，产品所有者可以有效地确定设计活动的优先级以避免技术债务，开发人员可以确定在研究会议中所提问题的解决方案。

28.9 工具

必须为团队提供所需的工具支持。这些工具将因服务或组织的不同而不同。最理想的情况是，团队应该被授权引入必要的工具或规程。无论团队的类型如何（面对面、虚拟或两者的组合），进度跟踪和可视化显示（例如，用户旅程、风险和依赖关系、阻碍因素、旅程）都是至关重要的。

这些工具需要随时可用，并支持协作工作和敏捷实践。

28.10 在整个组织中应用设计思维

Hippo Digital 支持设计思维在任何情况下都能提供帮助的观点。在追求这一理念之前，要明确自己的动机和承诺，提出（并回答）以下关键性问题。

- 我们 想这么做吗？
    - 高级管理层的支持以及改革的愿望绝对是至关重要的，必须对阻碍该计划成功的已知或潜在的障碍进行管理。缓解措施将来自当前的结构和团队，以证明这种方法的成功，并向客户交付价值。
- 我们掌握技能了吗？从哪里开始？
    - 我们掌握技能了吗？从哪里开始？

29 现实案例：自动化管理网格——Sollertis Convergence

在 VeriSM 第一次发布之后，作者团队被问及可以使用哪些工具来支持 VeriSM 方法。由于 VeriSM 是刚刚出现的，因此目前还没有特定的 VeriSM 工具，但是有一些工具集可以用来支持它。Sollertis Convergence 就是一个例子，本章和其中的屏幕截图提供了如何将管理网格集成到工具中的一些说明，还有其他可用的工具可用。毫无疑问的是，未来的某些工具中会有专门的 VeriSM 功能。本章仅提供一些插图，以帮助回答"VeriSM 在工具中是什么样子的？"。

当我们在 Sollertis Convergence 中考虑 VeriSM 管理网格时，我们必须了解和解释该网格在整个 VeriSM 模型中所代表的内容，并将其与支持或表示该概念的产品域相关联。在采用这种方法时，我们有可能看到管理网格在 Sollertis Convergence 关键领域中的解释。

29.1 什么是 Sollertis Convergence？

Sollertis Convergence 是一款采用与 VeriSM 相同的理念设计和创建的软件产品，也就是说，Convergence 是将最佳实践、框架和 Sollertis 知识产权融合到一个集成的、单一的整体系统中。它是组织秩序和一致性的启动器，提供了一系列可用于战略规划、业务关系管理、项目和组合管理以及服务管理的功能。它被设计为一个覆盖整个服务业务范围的统一的记录式和交互式系统。

它建立在"一个组织内发生的所有业务转型、运营工作和活动都必须与战略业务目标相关联"的基本原则之上。

虽然在许多组织和软件工具中，这种与战略和业务结果的联系是假定或推断的，但在 Convergence 中，它被置于设计的核心。它反映了西蒙·西内克（Simon Sinek）（2009 年）的"黄金圈"模型和相关的商业模式，即从"为什么"开始。Convergence 认为，组织方向的"为什么"和"如何"是定义业务价值的根本，它通过工具"价值框架"的不同模块来体现（见图 100）。

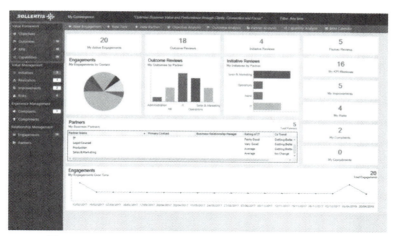

图 100　Sollertis Convergence 价值框架（来源：Sollertis）

29.2　成果和组织组合

在 Convergence 中，战略目标被置于价值框架层次结构的顶端。成果是战略目标的基础（或从战略目标中层层递进），符合 SMART（明确性、衡量性、可实现性、相关性、时限性）原则，代表了特定业务领域的目标。价值框架和组织组合的最后两个元素是关键绩效指标和能力。在这个结构中，成果是由组织能力来实现的（见图 101），能力代表组织的胜任力、资源、技能、流程、技术、商业行为等。

管理网格元素首先出现在能力区域中。

图 101　Sollertis Convergence 管理网格能力（来源：Sollertis）

29.3　当前状态的管理网格

当连接或对应成果时，能力是通过网格线对应的而非通用定义。因此，网格线构成了实现特定成果所需能力的独特需求。

图 102 显示了销售职能的成果（销售额增加），网格线表示了该成果所需的能力。注意，这些能力是通过网格类别和实现级别进一步定义的。实现级别表示手头的或需要的（取决于场景）元素数量。这一价值将在接下来的屏幕截图中以图形方式表示，可以使用各种选项和工具以不同的可视格式（管理网格、分析看板等）查看此数据关系。

图 103 显示，通过分析看板查看成果（订单平均价值增加），我们可以在其他相关数据点的情境中看到网格能力，包括业务绩效（KPI）、服务交付、项目接收、用户满意度指数（CSI）、关联服务和供应商等。

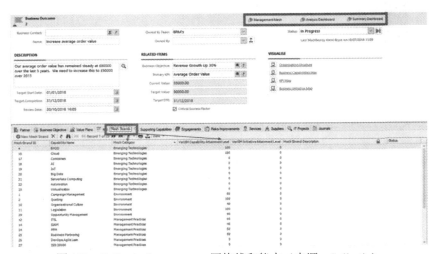

图 102　Sollertis Convergence 网格线和能力（来源：Sollertis）

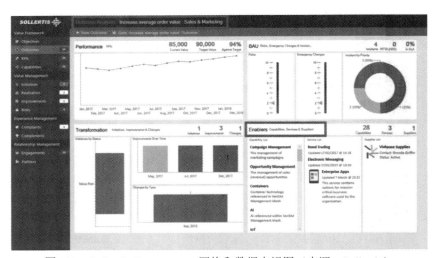

图 103　Sollertis Convergence 网格和数据点视图（来源：Sollertis）

当我们通过管理网格看板查看数据时，它直观地表达了实现成果的当前状态所需的能力。数据条的长度对应实现级别，同样代表数量（见图 104）。

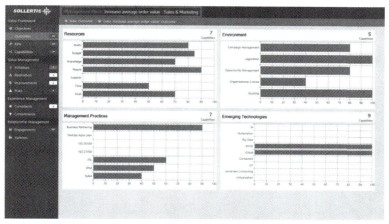

图 104　Sollertis Convergence 实现结果所需的能力（来源：Sollertis）

29.4　理念和转型的管理网格

借助强大的业务关系管理能力，通过方案处理进行项目导入（需求塑造）。需求塑造是指使用价格激励或成本调整等策略增加对产品或服务的购买（例如，销售价格、新产品发布等）。

利用 Convegence 流程，新方案在以下关键阶段取得进展：

- 构思；
- 价值计划；
- 变革计划；
- 商业论证；
- 批准；
- 实施；
- 价值监测。

一旦捕获了这个想法，方案就进入了价值计划阶段（见图 105）。在这一阶段，新方案与主要相关战略目标和相关（或主要利益）战略成果挂钩。

图 105　Sollertis Convergence 价值计划阶段（来源：Sollertis）

与相关战略成果挂钩后，可以自动创建方案的所有网格线。这些是根据成果（前面定义的）的网格线生成的。成果所需的默认能力价值也预先填充到方案网格线中。

有了网格线，就可以确定每个网格线中每种特定能力的具体需求，定义了能力需求后，我们就能从初始表单的顶端访问需求管理网格看板（见图106）。

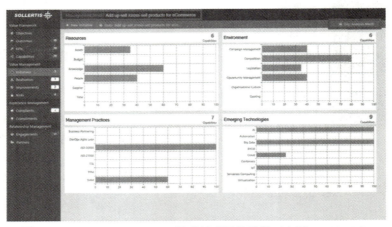

图 106　Sollertis Convergence 需求管理网格看板（来源：Sollertis）

需求管理网格看板的右上角是指向差距分析网格看板的链接。运行差距分析网格的结果，如图 107 所示。

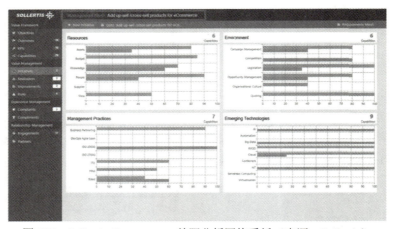

图 107　Sollertis Convergence 差距分析网格看板（来源：Sollertis）

这些图表告诉我们哪些能力（在网格线中定义）是到位的，不需要改变；哪些能力虽是到位的，但可能需要改变；哪些能力是我们没有的，需要开发。

29.5　链接到项目组合、项目和开发

随着方案进入实施阶段（在适当情况下通过商业论证和/或批准），我们就能够将网格线链接到项目组合、项目和开发工作（见图 108）。

我们可以通过每个网格线上的链接项目看到。

图 108　Sollertis Convergence 每个网格线的链接项目（来源：Sollertis）

随着项目和开发工作的完成和交付，业务关系管理能力将承担确保积极追求价值实现的责任，以确保达到所预期的计划的价值。

附录

附录 A　VeriSM 的准备工作

您如何知道组织是否做好了采用 VeriSM 的准备？HCL 的萨蒂亚·米斯拉（Satya Misra）提供了评估组织准备情况的步骤。

1. 启动会——了解业务战略和目标，确定关键的利益相关者、最终确定项目计划，以及预期和可交付成果。
2. 回顾当前的运营模式——回顾当前运营模式和所有相关文件，以便于对组织的能力有大概的了解。
3. 回顾基本情况——是否清楚消费者是谁？现任领导是否支持 VeriSM？员工是否有变革的动机，是否支持把组织视为服务提供者的观点？组织是否准备让所有的能力都参与其中？
4. 受影响的利益相关者访谈——在战略、战术和运营多个层面进行访谈，以详细了解当前状态和未来计划。
5. 分析可用的管理工具——评估现有管理工具和自主技术（如人工智能、认知智能、ITSM 流程和其他技术工具）的能力、功能和配置。
6. 整合评估结果——整合通过分析、评审文件、访谈和其他机制收集的所有信息。
7. 与 VeriSM 的模型进行比较——对照 VeriSM 组件（定义的企业治理、服务管理原则、管理网格元素和当前管理流程）评审当前的能力，以了解需要增加的内容。
8. 识别差距和机会——识别弥合现状和未来状态之间的具体差距和改进机会。
9. 生成评估报告——整合所有发现并生成正式评估报告、建议跟踪和解决方案路线图。
10. 展示评估结果——向利益相关者展示评估结果、建议和解决方案路线图，并获得认可。
11. 采用 VeriSM——启动一个正式的项目以执行商定的建议，启动组织变革管理计划，并安排和完成必要的培训。

从企业角度对管理网格的评估将是信息量最丰富的（步骤 7）。确保可全面了解所有的网格元素：资源、环境、新兴技术和先进技术。在"环境"方面，服务稳定器是至关重要的，因为它包括当前的运营流程、衡量和工具，以确保对这些元素的可用性、有效性和效率有一个准确的理解。

附录 B　FCH 案例研究

公司背景

FireCloud Health（FCH），由中西部地区卫生部更名而来，是一家市值40亿美元的综合医疗保健系统，15年前由两家竞争激烈的社区医院（一家营利性医院，一家非营利医院）合并而成。医院和配套设施是非营利性的，其他服务是营利性的。FCH位于美国中西部，目前具有如下特征：

- 2个一级创伤中心；
- 空中救护服务；
- 6家综合医院[急诊室、手术室、重症监护室（ICU）、渐进护理室（PCU）、产科、病理实验室等各种医院门诊的全面诊断服务]；
- 5家专科医院：儿童医院、心脏病护理医院、妇女保健中心、长期重症监护中心和康复中心；
- 15家农村危重病医院；
- 2 300张有执照的住院"病床"；
- 350个门诊部；
- 1 500名医生、500名医疗服务提供者[即提供医疗服务的任何人，通常由"付款人"直接报销（保险、医疗保险/医疗补助等政府计划）]；
- 70多万名计划成员（并不断增长）的健康保险计划；
- 20 000名员工和2 500名志愿者；
- 与一家私人资助的地区医学研究小组和一所主要由州立大学赞助的医学院合作。

FCH已经注意到了VeriSM方法，并正在应用这些概念来支持其数字化转型。作为治理活动的一部分，FCH以改善他们所服务的社区的健康状况为使命（目的和存在的理由）。此外，他们的愿景（他们所渴望的）是在2025年成为国家卫生领导者。战略启动器（促进战略执行以实现愿景的能力）和价值观如下。

- 战略启动器：
  - 人；
  - 批判性思维；
  - 创新；
  - 敏捷；

- 信息技术；
- 资金。
■ 价值观：
  - 卓越；
  - 诚信；
  - 爱；
  - 团队合作；
  - 尊重。

注意：列出的价值观将有助于定义服务管理原则。

这个复杂、精密和至关重要的医疗系统通过了医疗卫生机构认证联合委员会（JCAHO）的认证。然而，FCH 的一家医院有可能失去认证，将在未来 30 天内接受审计。此外，FCH（非盈利部分）维持穆迪公司投资者服务部（Moody's Investors Service）的 Aa3 信用评级和标准普尔（Standard&Poor）的 AA 评级。当以地区竞争为基准时，卫生计划中的医疗保险的健康保险费位列最低四分位区间。

为了实现医疗保健系统的愿景，组织的战略方向是确保所有服务（如医院功能、保险计划等）都得到精简，并能够安全和充分地利用这个启动器。目前有若干全系统的战略举措，包括：

- 继续满足2010年的患者保护与平价医疗法案（2018年未强调废除）中规定的可信赖医疗组织标准。
- 持续增长——FCH的成功使诊所和医院以及健康保险计划的使用率不断提高。因此，有机会将1~3家新医院合并到目前的组织中。
- 通过与各种公共和私营企业合作，将积极的健康计划扩展到社区（例如，所有年级的放学后计划、监狱保健、老年人和辅助生活计划等）。
- 升级电子病历（EMR）系统，以符合2009年的医疗信息技术促进经济和临床健康法（HITECH）中有意义的使用阶段1和2的要求。
- 升级他们的住院收入系统，以符合卫生和公共服务部（DHHS）最新一轮电子数据交换（EDI）标准（"ICD-10"），该标准源于1996年的《健康保险可携性和责任法案》（HIPPA）。
- 创建由首席合规官（CCO）领导的企业合规办公室，负责确保符合美国联邦法规、JCAHO要求和公司政策（如HIPPA、EMR、患者信息安全和企业信息安全）。

FCH 的结构如图 109 所示。

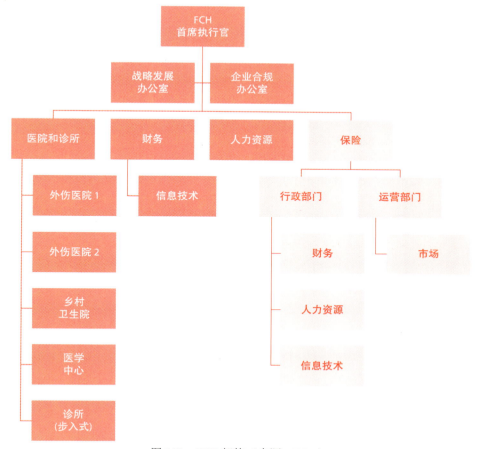

图 109　FCH 架构（来源：FCH）

战略发展办公室（OSD）

战略发展办公室确保公司战略反映在公司计划和部门计划中。为确保 FCH 在 2025 年之前仍能达到国家认可的卫生领导者的目标，战略发展办公室进行市场研究和竞争分析，制定年度目标和指标并每季度评估其实现情况。该办公室与首席执行官和股东密切合作，确保他们的愿景和价值观得到恰当反映，并监督所有战略举措。

组织能力

人力资源（HR）

人力资源部门是 FCH 的关键领域。各部门分别支持医疗和保险领域。每个小组使用不同的软件平台提供必要的知识、工具、培训（如入职培训、新技能培训）、行政服务（如跟踪假期/休假、轮班管理、绩效评估）、辅导、法律和管理咨询以及人才管理监督（如招聘、晋升、福利）。由于每个功能都独立运行，这两个人力资源组不共享任何功能或记录。当两个部门向 FCH 呈现统一视图时，人力资源能力之间唯一的交集是在入职流程中。

他们的主要职能是管理约 22 500 名工作人员和志愿者的日程安排，并确保每个人都有适当的培训和技能。强有力的培训和更新计划用于确保符合各种监管和认证要求。此外，在医疗方面，对电子病历系统升级有一个关键的培训计划。对所有志愿者进行持续培训，以确保所有志愿者能够完全接受 FCH 的价值观和流程。

财务

在 FCH 内，有两个独立的财务部门支持医疗和保险部门。首席财务官在医疗部门任职，与财务团队一起负责两个部门的绩效。计划和审计（内部和外部）由首席财务官和财务团队执行。日常财务活动包括每个部门内的月度合并报表。财务总监和医疗财务部门的团队负责编制 FCH 的合并财务报表以及战略预测活动。医疗部门的财务职能进一步细分为以下几个二级部门：应付账款、应收账款、采购、收款和报销。保险部门有类似的财务结构，但也管理保费支付和保单赔付索赔。集中的企业薪资组位于医疗部门。

薪资部与两个部门的人力资源部门密切合作，准确计算员工工作时间，设定工资或小时费率，管理休假和病假时间，确保遵守适当的税法及分发工资。由于这两个部门都受到严格监管，因此有严格的内部和外部审计程序来确保合规性。

目前，医疗信息技术（IT）部门直接向首席财务官报告。越来越多的对于重组并聘请首席信息官的呼声向整个组织传达一个信息：应由 IT 部门负责创新并开发适合当今数字化环境的解决方案。

营销

FCH 的营销部门非常活跃，内部和外部的营销活动都非常成功。这个部门造就了保险计划初步的成功以及在线患者能力支持和保险获客的成功。FCH 的持续增长显然取决于关键信息的创造性规划和交付。有一项计划将扩展当前的保险产品目录，并提供用于补充当前产品的专门的方案。

营销还依赖于 IT 团队通过提供必要的技术来传送他们的先进信息。FCH 依靠市场营销组织一场活动，以沟通和促进积极的医疗计划。

IT 部门

FCH 有两个主要的 IT 部门：一个在"公司"旗下，覆盖 CEO、HR、财务（包括 IT）部门；另一个在保险管理部，该部门也有自己的财务和人力资源部门。这两个 IT 部门和几家医院都有一个主数据中心。这个状况是在最初的合并过程中形成的，其管理理念是"持续运营——给他们想要的一切"。因此，应用程序和技术解决方案不受控的增长是常态。现在，通过严格和不灵活的公司政策，这种做法已经被制止，但其影响仍然存在——有 1500 多个不同的应用程序，其中一半以上是重复的应用程序实例。有多个系统可用于完成大多数临床任务。幸运的是，只有一个 ERP 解决方案，但几乎没有实现自动化。有几个处于不同成熟阶段的改进流程方案，包括业务和 IT。

广域网通过几个重叠的 SONET 环连接所有不同的医院和诊所。外围诊所和医生办公室使用多种连接方法连接到医院系统网络。战略领导层意识到冗余组织和数据中心带来的更高成本。整合/合并冗余的努力取得了喜忧参半的成功。

在任何数据中心，存储都不是问题。所有数据中心的存储体系结构和设备都是相同的。在所有系统之间，14 千兆字节的数据（并且正在快速增长）得到管理。

共有 12 个数据中心支持 FCH。这些数据中心都在 120 英里[①] 的范围内，一个新的数据中心正在建设中，位于两个主要创伤医院的中心位置。这个新的数据中心将取代 6 个外围的数据中心。为确保安全和合规监管要求的"员工职责分离"，每周仅允许两天对新数据中心进行物理访问，并且仅允许有限的 IT 运营员工访问。22 英里外的一个数据中心将是新数据中心的备份中心（仅限指定数据），此数据中心将作为新数据中心构建的一部分进行扩展。

打印架构已经过时，每天都有服务中断。打印服务的可用性平均为 93.2%。打印是一项关键服务，即使有"绿色"方案。虽然系统内的工作人员可以在线输入和/或访问任何必要的信息，但任何出院证明、患者病历副本等仍以书面形式提供给患者。

IT 服务管理

服务台是 FCH IT 部门众所周知的方面。有 16 名员工负责 7×24 的操作。在过去的两年里，打给服务台的电话数量增加了一倍，而服务台的支持人员却没有增加。呼叫等待时间和呼叫放弃率是不可接受的，客户满意度处于历史最低水平。自助服务门户已被部署，但取得的成功有限，客户没有充分利用它，也没有试图了解为什么会发生这种情况。

因为客户群和高管层要求按客户群提供准确的成本和账单，财务管理正受到越来越多的审查。目前，每个 IT 管理者都会手工估算每个业务线的成本，尽管这种做法在过去可能很有效，但当前的经济环境将不再容忍这种做法带来的不准确性。此外，由于客户必须为服务付费，他们还要求更好地报告使用情况和预期性能。不再容忍"鲁莽行事"或"摸着石头过河"式的管理或报告方式。

FCH 正在使用 4 个服务管理工具。这些工具支持多个基于 ITIL 的流程，并非所有工具都支持所有流程，也不是所有工具都共享信息。跨 FCH 部署的流程包括事件管理、事态管理、问题管理、变更管理、容量管理、供应商管理和配置管理。访问管理、请求履行、IT 服务连续性管理和知识管理在某些领域中使用，但是在整个组织之间缺乏协调或没有达成一致。

---

① 1 英里=1609.34 米。

附录 C 管理实践是如何演进的

本节将介绍随着工作方式的发展，管理实践如何从组织的一个领域"旅行"到另一个领域。第一部分介绍精益在制造业之外行业的应用，第二部分介绍企业团队如何采用"服务思维"来帮助管理其工作负载。

C.1 精益在制造业之外的应用

精益的出现

丰田家族在 1933 年创立丰田汽车公司（TMC）之前，长期活跃于日本工业，生产世界上最先进的手动和自动纺织机。他们制造了一些世界上最先进的织机，回顾过去，您可以看到精益的一些基本原则早在那时就已经出现了。

丰田生产系统在 TMC 发展了几十年，主要基于两个原则：准时化和自动化（Jidoka），不断努力减少浪费。这两个原则在织机制造时就已经出现了。准时化侧重于最大限度地减少库存，自动化侧重于完全正确的机器制造周期和流程。第二次世界大战后，TMC 不得不和日本其他地区一样进行自我重建，因此，以一种不需要在库存、新技术等方面进行大量投资的方式工作是至关重要的。为了 TMC 的生存，他们必须想出一种能缩短生产时间，减少缺陷和返工，减少库存和在制品的方法。他们知道他们的员工是生产方面最高效的专家，因此，在不懈地追求减少浪费的过程中，员工和管理者都会停止并防止工厂车间的缺陷，而不是像汽车业其他企业那样在最终装配时修复缺陷。TPS 中制定的其他原则是与大规模生产对立的"单件流"，基于看板而不是预测推动生产，以及工作单元中的多技能工人的原则，而不是分工。TPS 中的所有这些原则与通常的协调生产工作（特别是汽车行业）的常见方式都不相同。

TPS 已经演变成丰田模式，涵盖并超越了生产线关注点的学科和方式。并不是说改进的生产线仍然不是丰田模式的主要关注点，但 TMC 已经达到了 35 万多员工[1]的规模，这意味着管理和协作纪律也必须以精益的方式运作。战略部署、领导和管理以及产品开发和工程的程式化方法已经得到了发展。生产线改进的两个原则，以及 TMC 的其他改进原则，已被汽车业和其他行业所采用。尽管可能不是汽车行业的一员，但组织如果能够通过研究和寻求适应丰田长期生存和发展的原则，则可以学到很多东西。

---

[1] http://fortune.com/global500/toyota-motor/. 检索日期：2018年1月27日。

精益的应用已推广到其他领域（服务和IT）

20世纪90年代末，服务业（银行、保险、房地产管理等）开始在其价值流中应用精益原则。大多数公司取得了巨大的成功，很快就成了一种行之有效的方法。精益方法的采用主要集中在减少浪费、增加流量、在价值流环境中应用拉动和均衡，而很少涉及战略部署、文化和企业范围内原则的采用。精益是改善价值流的好方法，但是脱离了丰田和日本的发展背景，可能会对长期保持成果带来挑战。西方文化和日本文化有很大的不同，丰田的企业文化与其他组织的企业文化也有很大的不同。

很多时候，精益制造和精益服务/办公室的应用都将IT排除在范围之外。许多人认为它过于复杂，无法被纳入到新流程所展望的设计之中，因为在许多地方，IT的变革在过去和现在都花费很高，而且比精益项目（从开始到结束90天）的前置时间更长。然而，一旦有了初步的改进，就必须敢于将IT重新纳入范围。精益在制造和服务/办公室的成功应用正是许多大型工业组织在IT领域开始应用精益的原因。在许多地方，来自制造和服务/办公室的精益专家主导了这一应用。在一些地方是成功的，而在另一些地方是具有挑战性的。IT领域的精益与制造业和服务/办公室的精益原则完全相同，但在制造业环境中非常合适的一些精益方法和工具在IT情境中可能效率较低。

软件开发行业长期以来的工作方式与精益的基本原则没有什么不同。敏捷Scrum持续交付，以及后来的看板和开发运维一体化（DevOps）都相信赋予员工所有权，将交付分解为更小的可行产品，从错误中吸取教训，并减少代码发布和基础设施之间的相互依赖性。

玛丽（Mary）和汤姆·波彭迪克（Tom Poppendieck）在2007年出版的《精益软件开发管理之道》一书中定义了精益软件开发。在这本书中，他们定义了7条以上的精益软件开发原则，其中许多非常类似于最近的软件开发方法中的陈述和原则。精益软件开发的重点是如何将一种方法应用到开发领域，这种方法最初是为了不希望有错误和浪费，并且"拉动"还不是普遍的工作方式的流程而创建的。在开发领域，您开发的新功能或配置出现错误与传统的精益一样不受欢迎，但在创作过程中不可避免。然后，重点必须放在确保从所犯的错误中获得尽可能多的知识。有时会故意浪费，目的是推迟对特定设计的承诺。通常，拉动是启动工作的方式，因为大多数软件是在需要时开发的，因此不是由预测启动的。

在IT领域应用精益的另一个重要贡献者是大卫·安德森（David Anderson），他在2010年发表了他在软件开发内容中实现看板的观点。这本书中的方法和具体技术作为良好实践被广泛采纳。

对于理解精益如何在一般的IT情境中应用及其带来的价值，已经做出了一些有价值的贡献[①]。每个贡献都显示了IT组织的不同部分如何从应用精益中获益。有案例表明：

- 如何应用队列管理和自动化来改进服务台环境中的工作流程和质量；
- 如何使用均衡生产来调整运营部门的工作水平；
- 现场管理和映射能力如何与所需能力匹配，从而提高工作流程的水平。

---

① 有关其他资源，请参阅坎宁安（Cunningham）和琼斯（Jones）（2007年）《更方便、更简单、更快速》，加瓦米（Ghavami）（2008年）《精益、敏捷和六西格玛信息技术管理》，奥森（Orzen）和贝尔（Bell）（2011年）《精益IT》，普莱恩特（Plenert）（2012年）《信息技术精益管理原则》，威廉（William）和杜雷（Duray）（2013年）《使其精益》，贝尔（Bell）（2013年）《运作、成长或变革》。

众所周知，精益可以成功地应用于 IT 的大多数领域：软件开发、管理平台、IT 项目管理以及 IT 服务管理。

采用战略部署和文化等要素，以及在整个企业范围内采用这些原则，仍然不如采用工具和方法来改进具体的价值流。然而，这是肯定会发生的。

数字化情境中的精益

精益在业务、IT 的管理和集成中的应用仍在继续，因此，精益是 VeriSM 实践网格中的自然组成部分。

产品和服务的数字化以及对 IT 的普遍日益增长的依赖，意味着后台流程在被计算机"投入或执行"时可能变得更加不可见。

精益在数字化领域可以有如下应用。

- 改进 VeriSM 运营模式中的流程

精益最初是为了消除浪费，同时确保生产线的灵活性和迅速响应。在过去的几十年里，这些原则已应用于包括 IT 在内的许多不同的业务领域。在这方面，必须将 IT 视为促进组织生产并向消费者交付成果的领域之一。因此，与传统的运营模式相比，改进和集成所有有贡献领域运营模式的任务更为复杂，但更为重要，因为在传统的运营模式中，IT 部门通常认为自己与其他业务模式有所隔离。

随着 RPA（机器人过程自动化）、AI（人工智能）和 ML（机器学习）应用的增加，确保运营模式和流程得到改进并符合目的更为重要。在功能失调或过于复杂的流程中应用这些技术只会使它们更加失调和复杂化。一旦将它们"数字化"，就可能更难"看到"它们，更不用说分析和改变它们了。

- 组织的战略方针

精益最初也是作为一种确保客户价值为人所知并指导组织内所有活动的方法出现的。如今，消费者需求、新技术出现以及市场参与者和产品的变化比以往任何时候都要快，因此，必须知道发生了什么。随着丰田生产系统向丰田模式的演进，对这种方法的描述可以使这些原则应用得更广泛和更具战略性。

- 精益文化和领导力

组织的服务领域（法律、财务、人力资源、IT、设施管理等）通常具有无形性、复杂性和人员依赖性的特点。文化和领导力能保持标准化、高质量和结构化，关键在于检测并纠正错误和非最佳设置。精益提供了一种强大的持续改进文化，以消除浪费和流程障碍，提供员工自主权以及标准化，在需要时给予创作空间。

C.2　Kinetic IT 的企业服务管理

Kinetic IT 简介

Kinetic IT 是一家在澳大利亚注册并运营的 IT 管理服务公司，自 1995 年成立以来，在澳大利亚多个地区和行业取得了显著增长。通过专门的资源配置模式，我们让员工在澳大利亚各地的各种账户/网站上工作，为客户和最终用户提供 IT 和咨询服务。

我们与利益相关者参与负责人讨论了如何在 Kinetic IT 的整个组织中使用服务管理原则和流程，提供在不同组织能力之间共享管理实践的另一个范例。

现状

与任何大型组织一样，公司通过财务、人力资源、设施、薪资、通信、招聘等重要的企业服务为员工提供支持。利益相关者参与团队位于企业服务的中心位置，并随着公司历史不断演进。它实现的功能和提供的服务包括消费者调查、反馈管理、关系管理、企业活动组织、慈善管理、平面设计和品牌推广。

在这里，我定义了企业服务管理已经开始解决问题。支持交付团队的折中和不断增加的服务范围，使利益相关者参与团队成为其自身成功的受害者。公司的发展和高质量的交付成果促进了服务需求的增加。作为一个小型组织，人们会致电团队请求支持或帮助。现在，拥有超过 1000 名员工，其中许多都在客户现场，分布在全国多个时区，因此需要一种可访问和可扩展的参与方法。此外，随着服务需求的不断增加，需要一个对请求进行优先级排序和管理的系统。

例如，我们的平面设计专家拥有公认的技能，这些技能通常是客户经理所要求的，以协助编制年度报告和图表。首席执行官还要求协助编写演示文稿和财务报告。此外，平面设计师负责创建活动邀请和沟通模板。人们应该如何要求他的技能，我们如何优先考虑工作的紧迫性而不是重要性？除了口碑，人们怎么能知道如何获得这个宝贵的企业服务？作为管理者，我如何确保良好的资源管理？

另一个例子围绕着衡量客户满意度和管理日益增长的管理客户调查的需求。这是利益相关者参与团队的一项关键职能，该团队已开发了一套成熟的方法和一套工具 / 报告，以帮助跟踪、趋势化、影响战略和运营目标。随着组织在规模和提供的服务类型的增长，对调查数据的依赖度也越来越高。调查数量增加了，安排和确定优先次序变得更加复杂。建立企业高级管理人员请求服务并具体说明调查类型和调查对象的机制，将有望实现更具针对性和及时性的调查实施，从而获得更好的洞察力。

最后一个例子与活动有关。该组织因员工素质和客户活动在业界享有盛誉。然而，为提高公司和现场活动（如产品发布、研讨会、简报会）的质量而提出的额外支持的请求已导致团队不堪重负。确定所需的工作量和量化维持设定的高标准所需的资源是个关键问题。

思维服务

Kinetic IT 内部有强大的服务文化和关注聚焦。所有员工都通过言传身教被告知：他们应该在确认"客户""员工"和"公司"的需求时保持清晰和平衡。为此，所有员工至少都要接受 ITIL Foundation 以及我们针对 Kinetic IT 的服务管理方法的培训。这些学习以及他们"在工作中"积累的后续知识帮助利益相关者参与团队认识到，作为服务提供者，必须明确服务提供内容，量化与所提供服务相关的工作，并确保我们有办法销售和管理这些服务。"销售"并非金融交易，而是简单地承认，确保客户能够获得我们的服务是至关重要的。在管理方面，这意味着在整个团队中创建标准化的工作方法，并确保提供的服务既及时又符合质量要求，从而创造价值。

所采取的行动

我组织了一个团队规划日进行团队建设活动和定义我们的产品。以一名小学教师的经验，我知道引入新概念时能够与已知想法和概念联系起来相当重要。考虑到这一点，由于刚刚结束圣诞节，我就以度假计划作为此次规划的主题。我买了很多旅游杂志和相关资源，每个人都从中选择他们梦想去度假的地方。我们通过一个流程来计划这次旅行。具有讽刺意味的是，尽管地点千差万别，但仍有很多共同点，比如做预算和带谁一起。我设计了一个模板来帮助规划预算、交通、住宿、着装和娱乐。与选择的一系列度假地点一样，作为一个团队，我们提供广泛的企业支持服务。

为了帮助流程的下一阶段，我聘请了一位服务管理专家来帮助团队定义我们的服务，然后创建请求表单。我聘请了一位专家来学习她的专业知识，同时也使我能够参与这一过程。我们举办了一系列研讨会来定义服务，并提出了一个"服务轮"（见图110）。

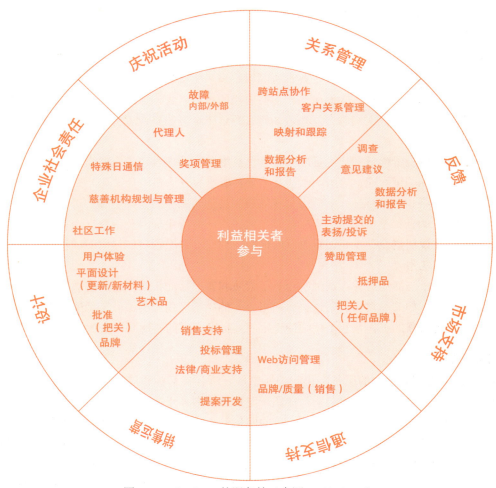

图110　Kinetic IT 的服务轮（来源：Kinetic IT）

下一步是确定我们希望人们如何请求服务，以及我们需要哪些信息来处理此请求（包括确定优先级和安排活动）。虽然在请求之间有一些共性是必要的，但也需要进行一些个性化设置以确保获取与这些请求相关的正确信息。这些请求表单最初是纸质的,并在多个用例中进行了试用。

在接下来的几周里,我们对纸质系统进行了一些实验,表格也进行了微调。然后,我们能够通过一系列小组和个人研讨会,与服务管理架构师和应用程序开发人员合作,绘制流程图,并开始创建在线请求系统和服务目录。我们还能够将知识库纳入我们的系统中。

我们现在正处于这样一个阶段:有功能完善的基于 Web 的服务请求系统,一些项目在我们不断增长的服务目录中(见图 111)。"软启动"已经发生,一旦一些错误得到纠正,我们将寻求通过正式的组织沟通渠道向高级管理团队和更大范围的员工宣传。我们在定义和记录其他服务时会使用一个"通用请求"表单,以适用于更广泛的请求。到目前为止,我们有一个较空的知识系统,用于实现出色的计划,比如涵盖与事件管理相关的许多常见问题解答,以及将其作为企业图像和文档(如企业风格指南)的存储库。

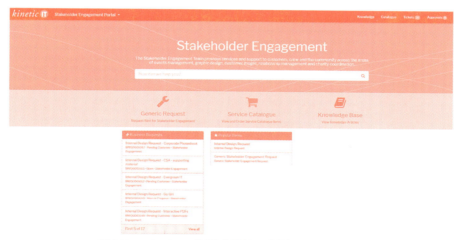

图 111　Kinetic IT 的请求系统(来源:Kinetic IT)

在这一过程中遇到了一些挑战,我要提醒那些即将踏上征程的人,应为整个数字化流程和首先针对哪些服务制订初步计划。了解旅程的大致目的地也很重要。在这个过程中,我们遇到了一些组织中具有挑战性的问题,例如内部收费和技术限制,使用知识库存储企业形象库。然而,我们与技术人员、架构师和工艺专家之间的密切合作关系和亲近关系确保了我们朝着共同目标努力,并对彼此负责。我的团队的投入和对资源的访问权,如上述提到的资源和平面设计师,也是迄今为止取得成功的关键因素。重要的是,我们仍在学习、改进和增加系统。

收益

作为一个团队,我们现在有综合活动列表,可以在团队会议中对这些活动进行可视化的展示、确定优先级并分配任务。我们通过基于 Web 的门户网站提供一致的参与方法,可供整个组织(甚至在网站及其网络上)的人员访问。我们有明确的提供服务的清单,以支持我们评审和宣传的业务。我们现在还可以报告可交付成果并为组织提供更一致的服务。

我们意识到,您需要管理所要提供的服务。因此,服务管理必须是所有部门的重点,因为我们都是服务提供者。如果现有的管理实践能够满足我们的需求,为什么要从一张白纸开始呢?

附录 D 管理实践信息

本附录概述了整个组织中的常见管理实践。管理模式和实践的数量之多确实令人目不暇接，本附录提供的是一些精选的管理模式与实践，经过审查后，它们将为 VeriSM 计划提供收益。表中所列内容并不是详尽无遗的，未包含部署这些管理实践的方法。

注：第一本书《数字化转型与创新管理—VeriSM 导论》提供了大量关于组织变革管理（OCM）、组织行为管理（OBM）以及多种渐进式管理实践的信息。而管理实践通常应用于信息技术，如敏捷、开发运维一体化（DevOps）、服务集成与管理（SIAM）、精益、左移、客户和用户体验（CX/UX）、持续交付，以及看板、约束理论、改进 Kata/Kaizen 和 SWOT 分析，此处不再复述。

注意："应用于"这一列反映了这些模型最适合或可以使用的区域。例如，马斯洛的需求层次结构是一个模型，可以被领导和管理层，或人力资源管理用来改善员工的互动和绩效。此外，营销和销售能力可以应用它来理解或利用这些概念来影响对组织产品或服务的使用。

D.1 管理实践

表 8 列了常用的管理实践，按模型名排序。

表 8 管理实践

模型（作者）	描述	何时使用	应用于
颠覆性创新 克里斯滕森， C. M. (Christensen, C. M.)	解释了管理良好、行业领先的企业在面临颠覆性技术时无法保持行业领先地位的原因。 两种类型的技术变化： • 维持（提高产品性能）； • 颠覆性 [颠覆（新市场）或重新定义表现（攻克利润最低且服务过度的客户）]。	• 用于了解不同价值网络为什么需要不同的管理决策（不同的消费者和竞争对手）； • 用来了解失败的原因（官僚主义，自负，计划不周，技能不足）； • 定义组织的能力。	• 创新与风险 • 战略管理 • 技术与运营
目标管理 德鲁克，P. (Drucker, P.)	管理者的首要任务是通过将公司目标转化为部门、小组和个人绩效指标来实现目标。 德鲁克周期：从战略计划依次到战术计划、部门目标、各个管理者、回顾和控制活动，再回到战略计划。这种方法使管理者能够专注于创新和新想法，而不是拘泥于日常活动。	用来： • 明确支持本组织各项措施的优先级； • 获得管理者与员工之间的一致意见（这将使员工更好地参与和做出承诺）。	• 创新与风险 • 技术与运营

续表 8

模型（作者）	描述	何时使用	应用于
5S 体系	5S 体系源于精益制造，专注于提高生产现场的效率、组织和标准化。5S 是准时制（JIT）生产的衍生品。5 个 S 分别是： • 整理（Seiri），清除垃圾和无关材料； • 整顿（Seiton），将所有东西放在适当的位置； • 清扫（Seiso），清理生产现场； • 标准化（Seiketsu），将如何保持清洁标准化； • 保持（Shitsuke），将5S融入文化，保持承诺。 此方法不仅能够为工厂车间带来收益，也同样适用于任何办公环境。	在需要提高效率和降低成本时使用。	• 领导力与管理 • 技术与运营 • 组织设计与开发
五大管理职能 法约尔，H. (Fayol, H.)	法约尔最出名的是他对组织内六项一般活动（技术、商业、财务、安全、会计、管理）的定义。鉴于管理信息的不足，进一步将管理定义为五种管理职能： 1. 计划； 2. 组织； 3. 指挥； 4. 协调； 5. 控制。 这五项职能侧重于管理层与员工之间的关系，以创造性地解决问题为目标。 注：这五项活动的基础是第六项——全面的管理职能。	用于通过从环境分析开始到结束对已实施解决方案的评估来解决问题。	• 领导力与管理 • 组织设计与开发
需求层次理论 马斯洛，A. (Maslow, A.)	人类的动机基于五种不同且不断升级的需求：生理、安全、归属感和爱、尊重和自我实现。当一种需求得到满足时，层次结构中的其他需求就会增强。该模型的局限性在于未考虑文化。在解释马斯洛的需求层次时要谨慎。记住，这些层级适用于每个人。	用来： • 提高员工满意度； • 了解消费者购买模式。	• 领导力和管理 • 营销 • 人力资源管理
领导梯队 德罗特，S. 诺埃尔，J. 和查兰，R. (Drotter, S., Noel, J. & Charan, R.)	这种模式的运作前提是管理层应该从内部培养和维持一批有技能、有准备的领导者。六个"通道"描述了在定义的阶段中需要发展的必要技能。 从自我管理的基本级别开始，分为以下几个阶段： • 管理他人； • 管理管理者； • 职能管理者； • 业务管理者； • 集团管理者； • 企业管理者。	• 用于在内部培养领导者，并了解组织中各个级别的领导和管理角色如何不同； • 促进继任计划和领导力发展。	• 领导力和管理 • 组织设计与管理 • 战略管理

续表 8

模型（作者）	描述	何时使用	应用于
团队发展阶段模型 塔克曼, B. (Tuckman, B.)	塔克曼（Tuckman）阶段可以用来确定影响团队发展的因素。这五个阶段是： • 组建期； • 激荡期； • 规范期； • 执行期； • 休整期。 该模型具有局限性，因为它是在考虑小团队的情况下开发的，而团队发展可能不是线性的。无论如何，该模型仍然是理解团队开发的开创性模型。	用于构建、管理和/或分析团队。	• 领导力和管理 • 组织设计与开发
X-Y 理论 麦格雷戈, D. (McGregor, D.)	基于马斯洛的需求层次理论，麦格雷戈提出了两种不同的、对比鲜明的管理者画像。理论 X 管理者（专制和集权）认为人们天生懒惰，不负责任，缺乏自律，只想要安全。理论 X 管理者有非常务实的风格。 理论 Y 型管理者（参与型）有相反的假设，他们相信人们以自己的工作为荣，并有原动力。管理者采用更分散的方法，鼓励管理者和员工之间的信任和协作。 了解这两种风格在当今的环境中的融合是最有效的。	运用这些激励和管理理论帮助组织发展。理解 X 与 Y 的"完全"部署代表了不切实际的极端。	• 领导力和管理 • 组织变更管理 • 人力资源管理
双因素激励理论 赫茨伯格, F., 毛瑟, B. 和谢尔曼, B. (Herzberg, F., Mausner, B. & Shyderman, B.)	要了解员工的积极性和满意度，可以使用一系列外部保健因素（公司政策、监督质量、工作条件、人际关系、薪水、地位、安全）防止产生不满，并产生更高的工作满意度和更高的激励水平的，内在的可被测量的激励因素（成就、认可、工作本身、责任、进步）。 最小化保健因素的影响并最大化激励因素的影响，以增加积极的工作态度。	用于制订激励计划或了解激励员工的因素。要成功地应用这一理论，首先要消除不满，然后帮助员工找到满意之处。	• 领导力和管理 • 人力资源管理
创新扩散理论 罗杰斯, E. M. (Rogers, E. M.)	该理论试图解释新想法或新产品在文化中传播的速度。 这一理论今天被称为"引爆点"（火候到了），它证实了区分客户群的重要性。 明确界定采用群体类型（如钟形曲线所示）——创新者、早期采用者、早期多数人、晚期多数人、落后者——可以采用营销策略来吸引各种类型并获得认可。 这种模式的前提是，如果产品/服务对创新者和早期采用者具有说服力，那么随着产品的吸引力向早期大多数人和其他人传播，它将获得成功。 这种模式的难点在于技术和颠覆性技术，因为消费者将根据自己的需求进行调整。这个模型超出的地方是理想的类型和百分比，可以用来创建重点明确的沟通计划。	了解产品对采用群体类型的吸引力，并策划沟通和/或营销以满足这些需求（例如，早期采用者是意见领袖，他们意识到变化，对新想法感到满意，可以用指导手册或实施步骤来吸引他们，没有必要说服这个团体去改变）。	• 营销 • 沟通 • 创新和风险

续表 8

模型（作者）	描述	何时使用	应用于
产品的五个层次 科特勒，P. (Kotler, P.)	产品的定义是指任何可以提供给市场以引起关注、获取或使用的东西，或是能够满足需要或想要的东西。因此，客户会基于需要或需求，根据他们对产品的感知价值选择产品。 只有价值相同或超过产品的感知价值，才会产生满足感。 此外，科特勒（Kotler）将营销重新定义为"个人和团体通过创造和交换产品和价值来获得他们需要和想要的东西的社会过程。" 产品的五个层次（从基础级别到未来计划）是： 1. 核心产品； 2. 实际产品； 3. 期望产品； 4. 附加产品； 5. 潜在产品。	需要从消费者视角了解产品或服务的价值时。 这些信息直接影响营销策略和活动。	• 营销和销售 • 技术和运营
变革公式 格雷切，D.，贝克哈德，R. 和哈里斯，R. (Gleicher, D., Beckhard, R., & Harris, R.)	为了让员工积极参与变革计划，必须有三个要素，这些要素组成一个公式，当所有因素都存在时，将克服变革的阻力。 三个要素包括： • 对当前形势状况的不满； • 对愿景的期望； • 迈向愿景的努力初步实现。 如果任何元素为零或接近零，则存在变革阻力。 变革公式：对现状不满的情绪 × 变革愿景 × 初步实践 > 变革阻力	用于克服变革的阻力。	• 组织变革管理 • 组织设计和开发
变革阶段 科特，J. (Kotter, J.)	科特在《领导变革》（1996）中描述了有助于变革的八个部署步骤。最初的八个步骤是线性的、有限的、连续的和刚性的。 意识到模型需要反映当前环境（变革速度、经济全球化、革命性变化、随机应变），科特发布了更新的模型（2014）。这个模型有八个加速器，它们更好地反映了非线性和复杂的环境（自组织网络、较小的可减少风险的多种方案等）。	在稳定、可预测和可重复的环境中进行变革时，使用 1996 年的模型。 当变革影响到可以被描述为复杂适应环境的环境时，使用 2014 年的模型。	• 组织变革管理 • 领导力和管理
双环学习 阿格里斯，C. 和尼斯，D.A. (Argyris, C. & Schön, D. A.)	当过去行动的反馈被用来质疑当前的基本假设时，就会出现双环学习（不考虑任何表面价值）。论点是，要发生变革，不仅需要完成变革，而且必须理解和接受变革背后的"原因"。 要使组织变革有效，高层管理者不能依赖于备忘录、命令和指令来改变行为。这只会导致抵抗、怀疑、逃避等。在双环学习技术中，"想当然"的心态被发现并解决问题的心态所取代。	通过沟通和反馈循环促进变革。	• 组织变革管理 • 创新和风险 • 组织设计和开发

续表 8

模型（作者）	描述	何时使用	应用于
力场分析法 勒温，K. (Lewin, K.)	力场分析的前提是，相反的力（驱动力和制约力）创造了一种平衡。要发生变革，必须加强驱动力（或削弱制约力）。 力场分析法着眼于支持和反对特定变革的力量，分析的结果是对决策的沟通和决策背后的推理。	了解变革或决策的压力和阻力。	• 组织变革管理
情境领导理论 赫塞，P. 和布兰查德，K. (Hersey, P. & Blanchard, K.)	情境领导是指领导风格的调整，以适应追随者的发展水平。领导者/管理者必须改变他们喜欢的风格，而不是跟随者适应领导者/管理者。 此模型根据追随者的能力和意愿定义四种类型的领导者： 1. 指挥（低能力/低意愿）； 2. 辅导（低能力/高意愿）； 3. 支持（高能力/低意愿）； 4. 授权（高能力/高意愿）。	• 用于解决因新计划或变革带来的员工阻力； • 用于管理多元化的员工队伍和/或在全球市场工作时。	• 组织变革管理 • 领导力和管理 • 人力资源管理
四大执行纪律(4DX) 麦克切斯尼，C.，科维，S. 和胡 玲 J. (McChesney, C., Covey, S., & Huling, J.)	4DX 并非一种理论，而是一组简单、可重复且经验证的活动，用于在日常地"一片忙乱"中执行战略优先的事项。4DX 专注于四项活动： 1. 什么是非常重要的； 2. 按首要的衡量指标行事； 3. 保持令人信服的计分卡； 4. 营造问责的氛围。 如果执行得当，可创造出一支在日常纷繁干扰中始终如一地出色表现的团队。	利用这些活动确保执行必要的活动，以完成战略计划或改善任何特定的情况。	• 组织变革管理 • 领导力和管理 • 战略管理
组织文化的三个层次 施恩，E. (Schein, E.)	施恩（Schein）将组织文化定义为"关于世界是怎样的，一群人如何分享和决定他们的认知、思想、情感以及公开行为程度的基本默认假设"。 因此，有三个层次： • 人工制品（表面，易于描述但难以理解）； • 所信奉的价值观（比表象更深一层，有意识的策略、目标、哲学）； • 基本假设和价值观（文化的核心或本质，难以辨别，因为它们存在于无意识层面）。	• 用于定义文化的三个层次（人工制品：我们所看到的；信仰与价值：他们所说的；基本假设：人们深信的）； • 提供对组织的领导力和管理的深刻理解，从而影响战略的制定和部署。	• 组织变革管理 • 组织设计和开发 • 人力资源管理

续表 8

模型（作者）	描述	何时使用	应用于
五种组织结构 明茨伯格, H. (Mintzberg, H.)	组织结构是"将劳动划分为不同的任务，然后在其中进行协调的方式的总和"。该模型提供了一个框架，用于分析与五种已定义的理想类型有关的组织结构： 1. 创业型； 2. 机械型（官僚主义的）； 3. 专业型； 4. 事业部型； 5. 创新型（灵活型）。 这不是一个"一劳永逸"的分析，理解组织随着时间的推移和权力的转移而变化；每一个都会影响结构。	用于回顾当前组织结构并确定最佳结构（基于组织策略、环境力和结构本身）。	• 组织设计和开发
五星模型 加尔布雷斯, J. R. (Galbraith, J. R.)	该模型强调战略驱动组织结构。五个相互关联的类别为组织设计提供了基础： 1. 策略； 2. 结构； 3. 流程； 4. 激励制度； 5. 人员。 这五个因素必在内部保持一致，才能实现有效的行为。	使用此模型可以克服任何结构设计的"缺点"。	• 组织设计和开发 • 信息技术
业务分析知识体系 (BABOK) 国际商业分析协会 (International Institute of Business Analysis)	第 14 章中引用的定义需求，包括需求生命周期管理、需求收集和需求分类。	使用此模型支持需求收集、管理和分类。	• 业务分析
五力模型 波特, M. (Porter, M.)	波特的五力不仅可以塑造任何行业，还可以决定一个组织的优势和劣势。该模型的主要用途是衡量竞争力、盈利能力和吸引力。 五力包括： • 同业竞争； • 行业新进入者的潜力； • 供应商的力量； • 客户的力量； • 替代品威胁。	用于了解五种力，从而使组织能够调整战略并更有效地使用资源。	• 战略管理

续表 8

模型（作者）	描述	何时使用	应用于
运营模式画布 坎贝尔, A., 古铁雷斯, M. 和兰斯洛特, M. (Campbell, A., Gutierrez, M. & Lancelott, M.)	运营模式是一种"视觉表现……显示组织的元素……这对于交付组织的价值主张以及这些元素如何组合以成功交付价值主张非常重要"。 运营模式使用简单的六个部分"画布"来描述和设计定义的策略和运营活动之间的联系。这六个部分是： • 管理体系； • 组织； • 信息； • 价值交付链； • 供应商； • 定位。 注意：运营模式画布链接到商业模式画布，该画布描述组织如何"创建、交付和捕获价值、交付什么价值以及交付给谁"。	需要对提供价值主张的组织元素有更高层面的理解。	• 战略管理 • 技术和运营
三种通用战略 波特, M. (Porter, M.)	产品/服务交付的三种战略（成本领先、差异化和聚焦）对于服务提供商如何展示其产品和服务至关重要。没有一种战略是"最好的"，选择哪一种，需要由时间和环境决定。例如，如果市场是由商品驱动的，战略应该集中在降低成本上。"专业"市场的战略重点是差异化，因为价格对消费者来说无关紧要。最后一个战略聚焦，是让服务提供商追求最低成本或将产品差异化，以进入细分市场。这三种通用战略是波特三阶段分析的一部分：五力、通用战略、价值链分析。	用于根据对组织有吸引力的点确定战略——盈利能力还是行业地位。	• 战略管理
价值链分析 波特, M. (Porter, M.)	明确为产品增值的主要、次要的支持活动，然后对这些活动进行分析，以降低成本、优化工作、消除浪费、提高盈利能力，或者增加产品差异化。	在以下情况使用： • 需要创造成本优势（明确并降低成本主要活动和支持活动）； • 需要创造竞争性差异化优势（明确为消费者创造最大价值的活动）。	• 战略管理 • 财务与会计 • 营销和销售 • 组织设计和开发

D.2 知识管理具体实践

当专家之间的知识差距缩小时，知识体系变得更加强大、高效和可持续。表 9 显示了已被证明在自适应知识管理方法中有实际应用的几种方法、措施和技术。

表9 知识管理实践

名称	类型	描述	所有权/链接
以知识为中心的服务	基于原则的方法	KCS是一种行之有效的方法,用于将知识的使用、验证、改进和创建集成到工作流中。	KCS方法是服务创新联盟的注册服务标志。 http://www.thekcsacademy.net/kcs/kcs-resources/
OBASHI方法论	框架和方法	OBASHI方法提供了一个框架和方法,用于捕获、说明业务环境中业务和信息技术(IT)、资产和资源之间的关系、依赖性和数据流,并为之建立模型。	OBASHI – http://obashi.co.uk
Cynefin	框架	Cynefin允许管理者从新的视角看问题,吸收复杂的概念,并解决现实世界中的问题和机会。使用Cynefin框架可以帮助高管层了解他们的处境,这样他们不仅可以做出更好的决策,还可以避免因其偏爱的管理风格而导致犯错。	http://cognitive-edge.com/videos/cynefin-framework-introduction/
知识咖啡馆	概念实践	知识咖啡馆坚持几个对话原则,有助于创造一个有利于开放对话和学习的轻松、非正式的环境。	戴维·格廷(David Gurteen) http://knowledge.cafe/knowledge-cafe-concept/
DIKW(数据、信息、知识、智慧)	模型	表示数据、信息、知识和智慧之间的结构和/或功能关系。通常,信息是用数据来定义的,知识是用信息来定义的,智慧是用知识来定义的。	https://en.wikipedia.org/wiki/DIKW_pyramid
乔哈里视窗	模型	在使用乔哈里视窗时存在一些自适应。 示例:战略被作为地图的坚实基础,指导领导者选择知识管理实践,为整体知识共享战略做出贡献。 盲区:前提是披露和发现在公司管理、规划、团队绩效等任何领域都可能影响组织和团队成功的未知信息。	https://en.wikipedia.org/wiki/Johari_window http://knowledgebird.com/a-model-for-knowledge-management-strategy/ http://gamestorming.com/the-blind-side/
知识生态系统	方法	知识生态系统的概念是一种知识管理方法,它主张通过改进协作的进化网络促进实体间知识交互的动态演变,以改进决策和创新。	https://en.wikipedia.org/wiki/Knowledge_ecosystem

D.3 转换技术

本部分提供了一些关于转换技术的附加信息,这些技术可用于支持商业创新闭圈,并帮助组织了解其当前状况以及如何应对。

持续改善活动

像持续改善这样的技术被用来帮助推动文化变革,而文化变革是数字化转型的重要组成部分。小幅度持续改进的概念在日语中被称为持续改善(Kaizen),在英语中被翻译为"改善(change for the better）"。实际上，持续改善意味着持续改进，让所有管理者和员工参与其中——每天为流程改进提供架构。

持续改善有两种类型：

- 日常持续改善——专注于每天进行小的改进，旨在使工作变得更好、更简单、更快或更愉快；
- 持续改善活动——处理更重要的问题，需要做更多的研究。

持续改善活动是密集（通常是短期的）和集中的改进项目，在这些项目中，员工为了集中的改进计划而停止常规工作，同时也要从经验中学习。改善团队是任何精益计划的重要组成部分，在精益计划中，参与改善活动或快速改进研讨会。

网络上最恰当的描述是"持续改善活动是可以带来改进的跨职能学习活动"。在高度集中的环境中，使用具有深厚和独特流程知识的跨职能团队来分析问题和流程，会产生显著的改进。

持续改善活动也可以作为一种面向行动的方法来系统地部署组织的战略。当它们与组织的总体战略方向相关联时，影响最大。

持续改善团队通常是由 5～10 人组成的跨职能小组，包括改善主管（所用方法的促进者或专家）和改善赞助者（同时担任发起人和推动者）。团队合作以实施对特定的价值流有意义的改进。

持续改善团队利用在价值流中工作的人们的创造力，独立于组织中的位置，以全新、客观的眼光看待当前的绩效和客户期望的价值，倾向于使用可视化观察和简单的数据收集工具来识别和消除流程中的浪费。

随着六西格玛的出现，使用 DMAIC（见图 112）已经变得很流行。六西格玛是一种自律的、数据驱动的方法，可以消除损害客户价值的可变性、缺陷和浪费，因此该技术在这种情况下似乎很有效。如果在持续改善活动中使用 DMAIC 循环，则需要进行扩展。在持续改善活动之后，需要延续改善过程中所做的改进，并且需要启动进一步的改进周期。

图 112　在持续改善活动中使用 DMAIC

证实所声称的成本节约是真实的，可能是未来持续改善活动的一个关键成功因素。与实际的现实结果同样重要的是，人们由于参与了持续改善活动而发展和成长为领导者的方式。

问卷、调查、访谈和焦点小组

为什么？因为，直接从客户那里收集数据或信息可以提供重要的洞察力。

"为什么不问问客户呢？"这似乎是一个显而易见的问题，但很少有组织能以一种有意义的、可重复的方式做到这一点，这种方式既能提供长期的洞察力，又能洞察客户在与公司打交道时经常经历的情绪状态。

从客户那里正式收集信息的三种常用方法：

- 问卷和调查；
- 访谈；
- 焦点小组。

其中最常见的似乎是客户满意度调查，这种调查在极少数情况下会产生有意义的结果（下文将对此进行更多介绍）。

大多数这类技术的最大问题是，人们认为这是一个简单的开发一个问题列表的流程。事实并非如此——提问充满了偏见、倾向性和群体思维等问题。尽管所有这些技术都是非常有用和有帮助的，但在设计这些工具的时候应该非常谨慎。如果可能的话，考虑让行为专家参与进来。

常见调查问题

> 以下是使用任何形式的提问技巧时需要避免的一些常见问题：
> - 答复的选项不足——答复范围不能涵盖所有情况，或存在混淆，易造成混乱；
> - 评分水平不一致——保持一种格式和一个方向，不要混合否定和肯定的回答（5分对一个答案是好的，但对另一个是坏的）；
> - 事先假设的知识或理解——通常认为别人会知道您在说什么，实际不是这样的。检查问题以确保它包括所有必需的信息，以便得到答复；
> - 引导性问题——如果问题表明了某个答复是不恰当的（例如，这个问题有多好？A. 优秀 B. 出色 C. 太棒了）；
> - 复合问题——诸如"和""或"这样的词很好地表明所问的问题实际上是两个问题。当调查中的问题数量有限时，通常会发生这种情况，迫使设计人员合并问题。答复难以解释，也无法提供有意义的数据；
> - 问题模棱两可或难以理解——例如，否定的措辞常常会混淆问题，如果您在一个问题中看到"不"这个词，您知道您不应使用该问题；
> - 不必要的问题——如果问题无法回答，则不应提出；
> - 与当前主题无关的问题——再次企图将调查形式用于其他目的会产生歧义，应予以避免；
> - 过多的开放式问题——有时开放式问题是有意提出的（例如在焦点小组期间），但通常应避免这样做；
> - 超长的调查和问卷——研究表明，调查时间越长，收集的信息就越没有帮助，受访者完成调查的可能性就越小，应简明扼要。

与 IT 方法相比，在商业中更常见的一种替代 / 补充方法是"神秘顾客"方法，提供了比"您感觉如何？"更全面的观点。虽然"你的感觉如何"调查的受众范围更广，但通常只有 3% 的受访者完成了调查，因此，他们不能代表典型的客户体验。调查结果往往会因动机、回复动机和以往经历而出现偏差。神秘顾客更能捕捉真实的体验，例如，沃尔特·迪士尼（Walt Disney）在他的主题公园里做卧底，倾听并与客户互动，以确定可能的改进。

KT 法（问题解决技巧方法）

查尔斯·凯普纳（Charles Kepner）和本杰明·特里戈（Benjamin Tregoe）开发了一种有用的问题分析方法，可用于正式调查更深层次的问题。他们定义了以下阶段：

- 定义问题；
- 从身份、地点、时间和规模方面描述问题；
- 确定可能的原因；
- 测试最可能的原因；
- 验证真实原因。

帕累托分析法

这是一种将最重要的潜在故障原因与更琐碎的问题区分开来的技术，图 113 是一个示例。

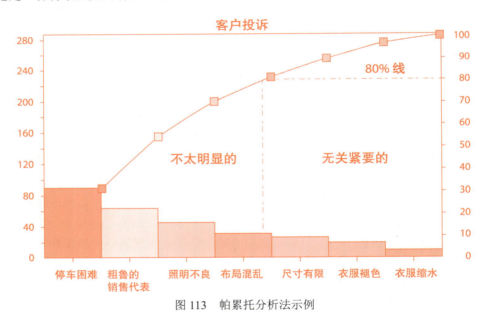

图 113　帕累托分析法示例

用来：

- 召开"创意生成"的会议——五或六个最可能的原因（但不要放弃其他原因）；
- 决定衡量其相对重要程度和收集数据的最佳方法；
- 按重要程度降序绘制数据图表；
- 使用柱状图来讨论调查结果的有效性以及如何解决相关问题，例如，"为什么从仓库生成提货单开始，客户遇到交付货物的延迟？"；

- 提货错误、缺货、寄错地址、零件供应被拒绝、交货地址被拒绝、退货、货物被承运商误放等；
- 减至——退货/错误物品、退货/残次品、退货/错误的地址、仓库中未发现的物品；
- 数据收集发现为客户纠正这些问题花费了多少时间；
- 帕累托图表明，造成延误最多的问题是发送的货物不正确，其次是货物不在仓库。

PDCA

> 如果要不断提高满足客户需求和期望的能力，必须专注于流程。了解（定义）您的流程并对其进行改进是无可替代的。
>
> ——W. E. 戴明（W.E.Deming）

图 114 展示了 PDCA 循环。

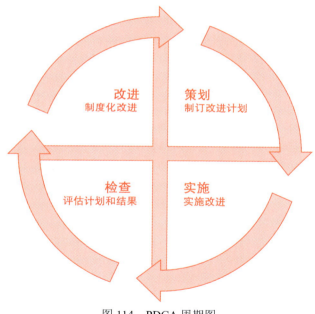

图 114　PDCA 周期图

改进计划（策划）：
- 确立成功的目标和措施；
- 进行差距分析；
- 识别并定义弥合差距的行动步骤；
- 定义确保弥合差距的措施。

实施改进措施（实施）：
- 制定一个项目来弥合已识别的差距；
- 实施改进；
- 建立运营流程。

监控、衡量和审查服务（检查）：
- 将实施的改进与计划阶段确定的成功衡量标准进行比较。

持续服务和服务管理流程改进（改进）：
- 如果在检查过程中发现差距，采取补救或纠正措施进行改正；
- 此外，在这一阶段还应评估原计划的有效性。

DMAIC

六西格玛最初于 20 世纪 80 年代在摩托罗拉公司开发，并在通用电气公司进一步发展，作为"用于消除损害客户价值和忠诚度的可变性、缺陷和浪费的自律的数据驱动方法"，被广泛应用于许多行业。

使用该方法有助于组织提高绩效，减少流程和产品缺陷，通常可提高利润、员工士气以及组织服务和产品的质量。

六西格玛经常被提到，它是精益的同义词，因为这两个概念有相当大的重叠。然而，这两种技术在方法和侧重点上存在明显差异。六西格玛注重消除差异，而精益注重一致性（流程）和消除浪费。

六西格玛技术之一是 DMAIC 问题解决方法，该方法通常用于精益 IT。

DMAIC 是一个缩写，代表：

- 定义（Define），澄清问题并根据需要进行分解，定义需求，设定靶向目标和任务目标；
- 测量（Measure），验证流程、细化问题、衡量投入、关键步骤和结果；
- 分析（Analyze），建立因果关系，找出关键的几个根本原因，验证假设；
- 改进（Improve），提出消除根本原因、测试解决方案、标准化解决方案和衡量结果的想法；
- 控制（Control），建立标准操作程序，沟通工作方式，保持绩效，并根据需要纠正问题。

附录 E 敏捷需求

E.1 敏捷需求概述

敏捷需求的收益

大多数组织在敏捷中面临的挑战是将其集成到战略业务交付周期中。敏捷方法和课程通常关注解决方案的"最后一英里"。参与需求收集、建模、设计和架构的人们生活在一个混乱、否定、甚至强烈抵制企业采用敏捷方法的世界中。

与通常参与需求收集和规范的传统角色相关的挑战是:业务需求(战略驱动且以某种形式的组合呈现)与开发人员在迭代或冲刺中所做的工作之间通常存在巨大的差距。

面对这种新方法,业务和系统分析师与架构师的挫败感往往非常明显:"他们看不到全局,无法构想得更为长远。更糟糕的是,他们没有进行控制"。可悲的现实是,在许多环境中,分析师和架构师的这些反对意见在某种程度上都是正确的。这些组织很可能会交付次优的收益,甚至经常失败,因为在敏捷环境中收集和设计需求既不被理解,也没有经过深思熟虑。

敏捷的需求定义方法通常更有效。

业务发起人、业务流程所有者和分析师常常会因为害怕遗漏重要内容而忙于定义详细的规范,结果导致规范过度。很多时候,这甚至可能使为项目融资而制定的预定义的商业论证无效。

相反,敏捷需求收集依赖于对客户、用户、产品所有者以及那些设计、开发和交付新的或变更的服务的人员的共同理解,这种共同理解通常会释放原本可能被忽略掉的隐藏的需求和收益。它还确保将重点放在实践和实用性或要解锁的价值上。将底层和实施细节留给开发团队是一种更有效的做法。实现这一点的能力是基于构建产品和服务时(以及在哪里)与用户的密切协作。此外,许多功能和技术需求通常只在"它发生的时候"得到充实,或者有时仅在迭代中定义,因此将注意力放在实践上。

敏捷需求收集的工作原理

第一级需求从业务组合中定义的战略业务需求开始(见图115)。这一步与传统方法的唯一区别是,支持产品组合中的条目的详细程度非常高,并且包含足够详细的内容,足以对其批准和纳入产品组合做出初步决定。

条目纳入产品组合时,所有权被分配给业务发起人,在大多数情况下,该发起人还将扮演产品所有者的角色。请记住,每个产品所有者都有一个产品待办事项列表。

这是架构师和分析师开始与产品所有者交互的点,以使产品组合中的条目更结合实际情况,从概念上，考虑依赖关系和相互依赖关系的同时，了解如何其将适应于架构环境。一旦理解了这一点，条目现在将成为程序的一部分（相互关联事务的产品待办事项列表）。在用户故事没有足够详细信息的情况下附加用例、传统需求或决策表等。在某些情况下，消费者可能需要更多文档，尤其是与出于流程合规性目的而被审核的组织打交道时。

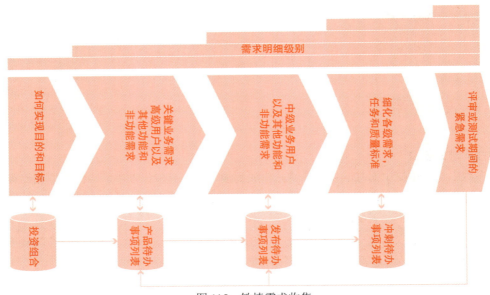

图 115　敏捷需求收集

注意：有些组织有一个"超级"产品待办事项列表，它代表"组织的唯一真理"。然而，人们坚信，将产品待办事项列表分解为上一个项目的传统做法，是一种更明智的方法。

在产品待办事项列表 / 程序级别中，确定利益相关者的身份，并将敏捷需求以故事（通常是叙事）的形式记录在产品待办事项列表中。此阶段的利益相关者不仅包括业务流程所有者和用户，还包括其他可能有助于定义技术和其他非功能性故事的人员（例如，技术、安全或支持故事）。

然后，产品负责人使用多种技术来确定故事的优先级，以便于将其分配给一个发布模式运行的"小项目"，或者只是简单的迭代或冲刺。创建亲和图来识别相似或相互依赖的故事可能是个好主意。系统分析也可能有助于在用户故事、定义治理 / 控制及技术需求的一些非功能故事之间建立依赖关系（因为业务部门通常认为这些故事不重要，但其他重要的用户故事可能依赖于它们）。在此级别，只要不试图定义有限需求，各种建模和原型技术也可能是有价值的。进行建模时，一定要让用户参与进来。这是应用于待办事项列表的第一级的整理任务。

创建治理结构是非常重要的，不同产品待办事项列表的产品所有者可以在其中进行交互，了解其他领域正在发生的事情，并确定依赖关系甚至重叠的领域。

在发布层面，对故事进行进一步的评估和分解（细分为故事的构成要素并验证其依赖关系），这很可能是冲刺的资源分配级别。这些资源可能反过来要求进一步充实业务、业务流程所有者和用户、架构师或技术所有者的故事。从这个级别上识别新的依赖项和需求是很常见的，因为需求已经添加到了发布待办事项列表中。发布的组成部分（可能的冲刺或迭代）也可能在这个阶段被识别出来。这是在待办事项列表中完成的第二级整理任务，也是第二次细化需求（或定义新需求）。

属于同一版本的迭代可以并行，并且经常有相互依赖的区域甚至重叠的区域。治理结构应构建有时被称为"Scrum 的 Scrum"（规模化的敏捷技术，用于整合多个 Scrum 团队，译者注）的治理结构，以确保所有活动迭代的可见性，其进度、问题、依赖关系以及一个迭代中可能的结果也许会影响另一个迭代。

在迭代层面，流程将类似于发布级别，只是颗粒度更细。强烈建议将用户和其他利益相关者的故事收录到特定迭代或从冲刺中。在定义最终验收标准（例如，捕获"完成"的定义）的冲刺规划过程中，将发生绝对最少的参与。处理详细的需求定义并整理待办事项列表是迭代或冲刺期间的最后一步。

迭代或发布完成后，可以通过两种方式对所有详细的需求进行质量验证：

- 需要的输出；
- 需要的成果。

评估这两个质量标准的能力都取决于用户故事的编写方式：

"作为一个角色，我希望能够进行活动/输出，以便获得成果/结果。"

应该保持并定期评估对于产出和成果度量的结果，因为它们通常可显示需求收集和定义方面可以改进的领域。

Mendix[①]（代码开发平台）为敏捷需求收集提供了一些有用的建议（我们提供了一些额外的输入）：

- 聚焦业务问题，而不是用户的预想解决方案——因为用户往往受到以前经验的限制，他们的预想解决方案不一定是做某事的最佳方式。（请注意，用户故事从不询问我们应该为您做什么，我们只询问您需要什么才能做到。）
- 根据用户故事而不是开发人员的专业划分工作——开发人员应该在每个冲刺阶段根据用户故事构建一个完整的功能块，而不是专注于特定的技术领域（数据库、UI等）。当开发人员专注于解决业务问题，而不是完成任务时，就会得到更好的软件和更满意的用户。（冲刺团队必须是跨职能的，并且能够交付一些有用的东西。）
- 提供每个冲刺的工作演示或原型——系统设计可以是抽象的。这就是为什么定期展示工作演示来验证需求和假设，以及讨论由于需求改变而进行的修改是至关重要的。等待的时间越长，潜在的断开连接的可能性就越大，您需要的修复的时间也就越多。（冲刺评审是获取之前未定义的最终需求的好地方，请确保这些需求被记录并添加到待办事项列表中。）
- 实施"步入式"时间来验证假设并与业务同步——无论需求多么精确，开发人员总会有疑问或需要澄清的地方。通过每天为他们提供与业务交互的机会，开发人员不会被迫做出导致返工的假设。（如果可能的话，让一些用户参加每日的站会，他们会很快告诉您是否做了错误的假设。）
- 与业务一起对复杂的业务规则和接口进行建模——让开发人员和业务用户坐在一起构建应用程序，有助于持续协作。每一方都有独特的视角，有助于确保解决方案无论是功能还是技术都是合理的。此外，任何问题都可以当场被识别出来，而不是直到数月

---

① https://www.mendix.com/blog/7-keys-deliver-better-applications-faster-effective-itbusiness-collaboration/.

之后应用程序被开发出来时。
- 与最终用户测试人员密切合作——传统的用户验收测试（UAT）是一个正式且耗时的流程：创建记录、策划发布等，最好在现场进行UAT评估。通过与最终用户测试团队紧密协作，开发人员可以立即识别和修复问题。这增强了错误修复流程，并确保更好的用户体验。（一些组织将UAT定义为一个迭代/冲刺，冲刺的成员是用户、测试人员和开发人员，他们可以动态地解决小问题。对用户来说，向开发人员展示问题所在也比试图记录问题容易得多。）
- 实施反馈循环以获取最终用户反馈——复杂的记录系统或电子表格会抑制用户的反馈。此外，用户很难解释他们正在做什么或预期会发生什么。应用内嵌的反馈循环使流程更简单，允许最终用户提交反馈，自动获取所有情境（用户、浏览器、表单等），并将其反馈给开发团队。

E.2 总体需求文档

创建基于精益/敏捷原则的总体需求文档时请考虑以下元素。改编自雷迪根（Radigan）的文章《产品需求，小型化的》[①]（*Product Requirements，Downsized*）。
- 项目细节；
- 参与者（产品/服务所有者、设计师、开发人员、消费者、利益相关者等）；
- 状态（完成目标、面临风险、延迟、取消、递延等）：
  - 发布日期；
- 目的和业务目标——每个目标的简洁陈述：
  - 产品/服务的目的是什么？
  - 实现什么业务目标？
- 情境和战略的契合——为项目提供情境：
  - 为什么要这样做？
  - 如何符合公司战略？
- 假设——记录任何假设：
- 业务；
- 用户；
- 技术；
- 用户故事：
  - 连接到"卡片"——确保每个故事都有优先级；
  - 用户交互和设计——每个用户故事/原型的潜在解决方案；
  - 连接到基于用户故事的迭代解决方案；
- 问题——下一次对话中需要回答的条目：
  - 什么没有发生，什么超出范围？

---

① 雷迪根，D.（Radigan, D.）（日期不详），产品需求文档，小型化的(互联网信息)，https://www.atlassian.com/agile/product-management/requirements [2018年4月]。

附录 F 战略性采购步骤

部署战略采购模型的活动 [总结并改编自 Engle[①]（2004）] 包括：
1. 确定具体的支出领域
a. 通常情况下，高管层的指令旨在降低成本或改进流程：
   i. 应该与公司的目标相匹配。
b. 必须有高管层的资助和支持。
2. 创建采购团队
a. 跨部门的参与（例如，财务、会计、工程、维护、运营、人力资源、税务、研发、IT、健康与安全、营销、销售等）并获得支持：
   i. 向管理者传达对日常工作的影响（获得支持）。
b. 制订团队战略和沟通计划：
   i. 形成有目标和目的的章程 / 使命宣言；
   ii. 实现目标的时间表；
   iii. 传播进度和更新的沟通计划——目的是使组织了解情况并维护项目的可信度。
3. 评估已指定支出范围内的当前支出
a. 买了什么？在哪里？什么价格？是否超支？是否重复劳动？
4. 供应市场评估
a. 谁提供什么？
b. 分发信息请求书（RFI），以收集供应商数据（质量保证计划、财务稳定性、服务能力、公司位置、客户评价、组织结构等）：
   i. 当前的供应商是谁？还有谁合适（在发送 RFI 之前面谈；看看本地的、区域的供应商等）？
5. 识别合适的供应商
a. 通过信息请求书开发供应商组合——确定在本地、区域、全球有潜力的，整个公司范围内发展的组织等；
b. 分发投标申请书（RFP）给在采购计划中看起来最有潜力能提供的供应商（RFP 包括定价和商业计划书）。
6. 开发"未来"状态（成本和绩效分析）
a. 开发商业论证，执行差距分析，计算财务信息，确定绩效指标：
   i. 总拥有成本（实际成本 = 购置成本 + 运营成本 + 维护成本 + 培训成本 + 仓储成本 −

---

① https://www.instituteforsupplymanagement.org/files/Pubs/Proceedings/FBEngel.pdf.

任何可回收价值）- 最高价值而非最低成本单位；

　　ii. 系统总成本 = 供应商成本 + 供应商利润 + 交互成本 + 买方成本 - 考虑与供应商基础开展业务的成本（组织与供应商之间的交互成本；为维护关系而产生的组织成本等）；

　　iii. 绩效指标——测量供应商和组织，包括：准时交付、维保问题、客户满意度、质量问题。

7. 基于三个组成部分开发和交流采购流程：

　a. 基于最佳价值选择供应商；

　b. 必须与供应商建立持续改进目标；

　c. 供应商的创新是节省大量资金的关键。

8. 基于价值协商和选择供应商：

　a. 可能与某些管理者产生争议，因为"受青睐"的供应商可能未进入列表内——沟通是关键，而采购过程中的证据至关重要。如果被迫增加供应商，最好在宣布最终的"候选名单"前进行。

　b. 现阶段要考虑的原则：

　　i. 长期协议——建立信任、良好的工作关系需要时间才能从改进的流程或创新中实现节省（参见上述 7b 和 c）；

　　ii. 必须在谈判中建立更高的信任度；

　　iii. 在谈判期间商定绩效指标；

　　iv 承诺。

　c. 产品、服务水平、价格、地理位置。

　d. 付款条件。

9. 采用新的供应结构，并使用供应商管理或 SIAM 原则进行管理：

　a. 维持采购团队，监督合同执行，有效发展和其他改进；

　b. 追踪结果，重新评估——记住 PDCA 中的价值。

附录 G 术语表

术语	定义
A3 problem solving A3 问题解决	由于纸张大小的限制，确保解决问题的团队将重点放在要点上（A3 页）。在整个改进或解决问题的过程中都会产生信息，并随着事件的进展精确地、简洁地记录在 A3 纸上。
Adaptive leader 适应性领导	通过实验学习和管理情境，培养观点的多样性以产生多种选择，以同理心领导，以自主性奖励成就，并为所有利益相关者寻求成功的解决方案。
Affinity mapping 亲和图法	一种分析工具，用于提供了大量的数据，但没有考虑到具体情况。根据逻辑联系、关系、依赖关系、主题或其他标准将想法或数据分类。
Autonomy 自主权	给员工权力去做他们想做的工作，他们想怎么做，什么时候做。在一个拥有员工自主权的组织中，关注的焦点是做什么（结果），而不是如何完成。一个自主的团队是一个自我管理的团队，很少或者没有经理的指导。当团队成员合作得很好时，他们可以利用彼此的优势，也可以弥补其他人的弱点。
Behavior 行为	任何可观察到的生物活动。因为这种类型的行为与环境相互作用（或在环境中操作），也被称为操作性行为。
Burke-Litwin model Burke-Litwin 模型	利用了 12 个变量（包括麦肯锡的 7 个变量），但假设外部环境（如市场、立法、竞争、经济）是组织变革的最有力的推动力。所有因素相互作用，其中一个因素的改变，都会影响其他因素。定义未来所需的业务能力和服务。
Business information plan 商业信息计划书	定义将来需要的业务能力和服务。
Business innovation circle (BIC) 商业创新环（BIC）	一种为使用不同的工具和技术留出空间的方法，这些工具和技术最好与公司、产品或服务保持一致，但定义了可测量的阶段关卡和时间线，以确保快速和有效的结果；基于精益和敏捷思维的快速产品和服务创新的方法，需要承诺、条件和确认。
Business model canvas 商业模式画布	用于开发新的（或记录现有）商业模型的战略管理和精益启动模板。与已经存在的竞争产品相比，画布模型使组织能够了解需求。另请参见运营模型画布。
Capability 能力	做某事所必需的能力，另请参见数字化能力和组织能力。
CAPEX 资本性支出	CAPEX，资本性支出是为了产生未来收益而产生的业务支出（即，收购使用寿命超过纳税年度的资产）。另请参阅运营支出。

续表

术语	定义
Case response 案例响应	从标准+案例模型来看，此响应表示未知或不熟悉的情况，即没有预定义的流程。案例需要由具备知识、技能和专业素质的人处理。案例管理可以最好地处理这些问题，由知识驱动，操作人员有权决定合适的方法、工具、程序和流程片段。 可以使用敏捷思维、集群和其他自适应动态方法。另请参阅标准响应。
Collaboration 协作	与某人合作生产某些东西的行动。
Collaborative approach 协同方法	一种涉及两个或多人或组织为特定目的协同工作的方法。
Competence, -ies 能力	一系列的相关能力、承诺、知识和技能，能够使一个人在工作或其他情况下采取有效的行动。
Consumer 消费者	提供产品和服务的需求，接收产品和服务，提供反馈并参与验证、审查和改进活动。
Culture 文化	通过成文和不成文规则、指导方针和实践的集合塑造组织中人的行为。
Customer 客户	消费者的一种，通常定义为为产品或服务付费或提供资金的角色。
Customer centric (customer centricity) 以客户为中心	在销售和售后节点创造积极的客户体验。以客户为中心的方法可以为企业增加价值，使其从不提供相同体验的竞争对手中脱颖而出。
Customer experience (CX) 客户体验（CX）	消费者与组织及其产品或服务之间的所有定性和定量互动。另请参阅用户体验（UX）和数字化体验（DX）。
Customer experience management (CEM) 客户体验管理（CEM）	设计和响应客户互动以实现或超出客户期望，从而提高客户满意度、忠诚度和得到客户拥护。
Customer journey map 客户旅程地图	用于服务设计、设计思维、用户体验设计和接触点管理的工具。它通常会引出更详细的设计，例如服务蓝图。
Cynefin framework Cynefin 框架	识别5个决策环境或领域：明显、繁杂、复杂、混沌、无序。该框架描述了哪种方法、技术或方式最可能适用于每个类别或领域。
Define 定义	VeriSM 模型的一部分；与产品或服务的设计有关的活动和支持的成果。
Design Thinking 设计思维	以人为中心的创新方法，来自设计师的工具包，整合了人的需要、技术的可能性以及商业成功的需求。
DevOps 开发运维一体化	文化理念、实践、开发和运维领域的工具的结合，提高了组织高速交付应用程序和服务的能力。
Digital awareness 数字意识	对技术创新及其应用保持好奇心和开放态度，以增加产品或服务的价值。
Digital capabilities 数字化能力	增强组织生产和维护数字化产品和服务的能力（数字文化？？） • 以消费者为中心和重点； • 专注于卓越运营； • 以数字化条件定义的总体战略； • 参与和推动组织的领导； • 支持新方法的治理模型和结构。

续表

术语	定义
Digital center of excellence 数字化卓越中心	评估商业机会并建立结合新兴技术和数字化能力的用例的讨论会。
Digital channel 数字通道	组织可以使用任何方式围绕其产品和服务与其消费者进行交互。
Digital experience (DX) 数字化体验（DX）	用户体验（UX）的别称。
Digital leader 数字化领导者	拥有领导者所期望的核心技能，但强调包括授权技巧在内的协作风格，愿意接受试验，并了解"快速试错"风险方法的人。
Digital mindset 数字化思维	一种"数字化优先"的思维，可提高所有服务利益相关者的价值。
Digital native 数字化原住民	使用技术，包括他们生活中各个方面的技术（包括社交和专业领域）成长起来的个人。
Digital optimization 数字化优化	组织如何使用创新技术来增强现有的产品和服务。
Digital organization 数字化组织	利用技术作为竞争优势创建或启用业务模式的组织；基于消费者需求和业务模式变化，对生态系统变化做出快速反应的组织。
Digital service 数字化服务	因技术进步而启用或只有技术进步才能提供的服务或产品。
Digital twin 数字孪生	物理环境中内容的数字复制品，可被操作以找到使用或管理该物理对象的不同方法；用于实验和学习以实现创新目的。
Digital transformation 数字化转型	从销售到市场营销、产品、服务和新的商业模式，与数字化技术在组织所有领域的应用相关的变化。
Digital use case 数字用例	请参阅用例。
Digitize / Digitalization 数字化	将物理产品或服务转变为数字化产品、服务和体验。
Disruptive innovation 颠覆性创新	制造可用并价格合理的产品。这种类型的创新需要资本，但会创造就业和增长，另见效率创新和持续创新。
DMAIC DMAIC	精益 IT 中经常使用的问题解决周期方法。首字母缩略词代表： • 定义：阐明问题并根据需求进行分解，明确需求，设定目标和目的； • 测量：验证流程，细化问题，衡量投入，关键步骤和结果； • 分析：建立因果关系，确定几个关键的根本原因，验证假设； • 改进：提出消除根本原因、测试解决方案、标准化解决方案和衡量结果的想法； • 控制：建立标准操作程序，沟通工作方式，保持绩效，并根据需要纠正问题。
EDM model EDM 模型	ISO/IEC 38500 的治理模型，侧重于评价、指导和监控活动。
Efficiency innovation 效率创新	帮助组织事半功倍。这种类型的创新可以使组织在不增加资本或现金流的情况下应对增长，但也会破坏就业机会，参见破坏性创新和持续创新。
Enterprise governance 企业治理	定义组织的使命和愿景，以及定义存在的目的，它通常是由执行层领导（董事会）所主导的。

续表

术语	定义
Fail fast strategy or approach 快速试错策略或方法	在敏捷增长思维方式中,"失败"被承认和接受(实验形式),是学习和改进的自然组成部分。
Fintech 金融科技	在金融市场中用于描述新技术和创新如何结合以提供金融服务,从而颠覆传统方法。
Flatter organization / flatter structure 扁平化组织 / 扁平结构	通过授权员工做出决策并为组织的成功负责,消除大多数的等级控制和相关的官僚。特点是更好的沟通、更大的民主和创新。
Framework 框架	原则和实践的结构。
Five Why's 五个为什么	找出问题的根本原因的有效方法。它开始于描述发生了什么事件,然后问"为什么会发生"。给出结果,然后进行另一轮"为什么发生"。通常在第五次迭代中,将找到一个或多个原因。
Gap analysis 差距分析	将当前状态与理想状态进行对比,确定差距,然后制订计划以克服这些差距。
Governance 治理	评价、指导和监控组织活动的基础系统。参见 EDM。
Governance structures 治理结构	沟通渠道和内部角色扮演者互动的机会。
Hackathon 骇客松	组织范围内的竞争,促使员工思考新的创新做事方式。
Heuristics 启发法	一种解决问题、学习或发现的实用方法,不保证最优或完美,但足以实现近期目标。
Holacracy 合弄制	扁平组织结构的另一个术语。
Hypothesis testing 假设检验	测试有关成果对消费者的价值的设想(假设),例如 A/B 测试。
Innovation space 创新空间	可在不影响组织其余部分(例如,沙箱或臭鼬工厂)的情况下执行计划或程序的隔离环境。
Innovator's dilemma 创新者的困境	组织为特定目的或需求设计产品或服务,然后添加有价值的功能,结果发现消费者只对原始功能感兴趣。另请参阅破坏性创新、持续创新、效率创新。
Information radiator 信息辐射体	通过手写、绘制、打印或电子显示的方式向利益相关者传达重要信息的任何公开且可见的手段。
Ishikawa (fishbone) diagram 石川图(鱼骨图)	记录因果情况的方法;有助于解决问题和改进。
Issue 问题	产品或服务未按约定执行(事件),或客户认为产品或服务未按约定执行。
Iterative requirement gathering 迭代需求收集	发现和确认消费者需求("什么",而不是"如何")。另请参阅用户故事。
Kaizen 持续改善	以小增量进行持续改进的概念,涉及每个人,管理者和员工都一样,提供用于改进的结构。

续表

术语	定义
Kepner-Tregoe KT 法（问题解决技巧 - 方法）	用于研究更深层次的问题的分析方法。步骤包括：定义问题；从身份、地点、时间和规模方面描述问题；测试可能的原因；验证真实原因。
Knowledge-centered service (KCS) 以知识为中心的服务（KCS）	一种通常由小型团队管理的知识管理方法，包括以下要素： • 战略框架（Strategic framework） • 沟通计划（Communication plan） • 衡量框架（Measurement framework） • 工作流或流程定义（Workflow or process definitions） • 内容标准（Content standard） • 采用路线图（Adoption roadmap） • 技术要求（Technology requirements）
Knowledge management 知识管理	捕获、开发、共享和有效地使用组织知识的过程。
Lean management cascade 精益管理级联	定义战略意图的级联，以确保组织中的每个人共同努力以实现组织设定的使命、价值观和愿景。
Lean start-up 精益启动	组织可以用来进行创新，并用于提出颠覆性创新的一种久经考验的方法。
Management Mesh 管理网格	组织如何整合其资源、环境、管理实践和新兴技术来创建和提供产品和服务。
Management practices 管理实践	可以应用于产品和服务创建的标准、框架和方法论。例如包括 ITIL，ISO/ IEC 20000, COBIT, SIAM, DevOps,Lean, Agile 等。
McKinsey 7S framework 麦肯锡 7S 框架	了解组织是为了实现其目标还是审查单个能力，团队或项目绩效不佳的技术。
Mission 使命	阐明组织存在的原因或组织的目的。
Nadler-Tushman model (Congruence model) Nadler-Tushman 模型（一致性模型）	研究整个组织如何协同工作。组织被视为由四个要素（人员、工作、结构和文化）组成的社会系统，将投入转化为产出。这四个要素之间的一致性越高，绩效越好。
Necessary but non-value adding (NNVA) 必要但非增值操作 (NNVA)	浪费但必要的操作，例如控制。另请参见增值（VA）。
Network effect 网络效应	当产品或服务获得价值时，就会有越来越多的人使用它。
Non-value adding (NVA) 非增值操作 (NVA)	浪费而应消除的操作，例如等待。另请参见增值（VA）。
Organizational capabilities 组织能力	使业务保持生存能力的功能。能力领域由人员、知识、流程组成，可以包括人力资源、财务、销售、市场、IT、制造、法律等。
Operating model canvas 运营模式画布	六部分用于描述和设计已定义的策略与运营活动之间的联系。六个部分分别是：管理系统、组织、信息、价值链、供应商和定位。运营模型画布链接到商业模型画布。另请参阅商业模型画布。
OPEX 营运资本	业务日常运作所需的支出（例如工资、水电、维护和修理）。另请参阅 CAPEX（资本性支出）。

续表

术语	定义
Opportunity portfolio 机会组合	一个简单的矩阵，根据能力和市场的不确定性映射机会。
Option space 选择空间	将战略投资视为财务选择的概念。
Organizational behavior management (OBM) 组织行为管理（OBM）	应用行为分析的子领域，是在组织环境中提高和改善个人和团队绩效的行之有效的科学方法。基于伯·弗·斯金纳（B.F. Skinner）等人的科学发现。
Organizational change management (OCM) 组织变革管理（OCM）	提供结构、准备和动力的实践，为人们提供接受和支持变革所需的教育。
Organizational culture profile (OCP) 组织文化剖面图（OCP）	基于七个不同组织文化维度的简介：创新、进取、以成果为导向、稳定、以人为本、以团队为导向和细节导向。
Organizational portfolio 组织组合	向服务提供者提供其价值主张，产品和服务的企业视图。
Outcome 成果	消费者与产品或服务进行交互的最终结果。
Output 产出	实际可交付成果。
Pareto analysis 帕雷托分析	将最重要的问题从烦琐的问题中分离的技术。该技术可用于决策，确定活动优先级或问题解决。
PDCA (Deming's Quality Circle) PDCA（戴明环）	基于"策划—实施—检查—改进"系列活动的改进循环。
PESTLE (or PESTEL) PESTLE	环境分析技术探索：政治、经济、社会、技术、环境、法律因素。
Platform business model map 平台业务模型图	帮助组织了解基于平台业务模型的动态，并可用于分析竞争对手的平台或为组织本身构思和设计平台模型。
Porter's 5 Forces 波特五力模型	探索行业竞争结构和经济环境的多个方面，包括买方和供应商的议价能力、新进入者的威胁、竞争对手以及替代产品的威胁。
Produce 生产	VeriSM 模型的一部分，描述了在变更控制管理下执行构建、测试和实施活动。
Product 产品	创造并提供给消费者的东西。另请参阅服务。
Provide 提供	VeriSM 模型的一部分；描述了产品或服务可供消费者使用，服务提供者执行持续维护和改进活动。
Quality 质量	产品或服务达到预期成果的程度；质量是单独定义的。
Request 需求	与消费者交互是一个问题，或者是对新功能或其他功能的要求。
Requirement 要求	需求描述问题（"什么"需要解决或处理），可以分为两类：功能性和非功能性。

续表

术语	定义
Respond 响应	VeriSM 模型的一部分；描述服务提供者对服务问题，消费者的询问和请求的反应。
Risk 风险	ISO 31000 定义为"不确定性对目标的影响"。
Run-grow-transform (RGT) 运营—成长—变革（RGT）	强调投资决策（投资到运营，发展或业务转型）是基于投资的预计业务价值，而不是将投资视为成本。
Service 服务	满足明确的消费者需求。另请参阅产品。
Service blueprint 服务蓝图	服务设计，其中包括主需求、设计解决方案、采购计划、构建说明和性能需求。
Service Integration and Management (SIAM) 服务集成与管理（SIAM）	定义一套用于管理、集成、治理和协调来自多个服务提供者的服务交付原则、实践和方法的管理方法。
Service management 服务管理	组织通过优质的产品和服务为消费者提供价值的管理方法。
Service management principles 服务管理原则	适用于所有产品和服务的高层次需求，为管理网格提供护栏。
SIPOC SIPOC 模型	关系图：标识供应商、输入、流程、输出和客户。
Six Sigma 六西格玛	一种严谨的数据驱动的方法，用于消除会破坏客户价值的可变性、缺陷和浪费。
Solution 解决方案	可实现预期的消费者成果的产品和/或服务的组合。
Source event 源事件	发生某些事件的根本原因。可被称为"问题"。
Stakeholder map 利益相关者地图	了解利益相关者之间的互动以及这些互动的重要性的工具。
Stakeholder value chain 利益相关者价值链	用于了解供应商、组织及其客户之间的动态和关系。
Standard response 标准响应	指预定义的响应，因其处理已知情况。使用标准化的流程（程序和脚本）来处理这种情况。可被建模。另请参阅案例响应。
Strategic sourcing 战略性采购	组织范围内的协作活动，利用所有功能的整合购买力从市场中的服务和服务提供者中寻求最大的价值。
Sustainable development 可持续发展	可以长期维持的经济发展；子孙后代的生态利用和自然资源的开发应与这些资源的维护和环境保护相适应。
Sustaining innovation 持续创新	以管理为重点，使优质产品变得更好（即更高的利润率和更高的市场份额）。另请参阅破坏性创新和效率创新。
SWOT analysis SWOT 分析	从内部（优势和劣势）和外部（机遇和威胁）的角度检查组织、项目或被提议的业务范围。

续表

术语	定义
Systems 系统	系统通常以两者方式描述： • 作为机制或互联网络的一部分协同工作的一组事物；复杂的整体或更具有操作性； • 一套原则或程序，根据这些原则或程序进行操作；有组织的方案或方法。
Systems of differentiation 微分系统	支持特殊公司流程或行业特定功能的应用程序。
Systems of engagement (SoE) 交互式系统 (SoE)	分散的 IT 组件，结合了诸如社交媒体和云之类的技术，以鼓励和实现对等交互。
Systems of innovation 创新系统	专门构建的新应用程序以满足新的业务需求或机会。
Systems of record (SoR) 记录式系统 (SoR)	信息存储和检索系统，可在包含多个数据生成点的 IT 环境中提供集中的、权威的数据元素源。
Tacit knowledge 隐性知识	已知但直到被质疑才意识到的知识。
Technical debt 技术债务	反映了在短期使用内易于实现的代码而不是应用最佳整体解决方案时出现的额外开发工作。
Technology business management (TBM) 技术业务管理 (TBM)	寻求驱动和衡量企业和消费者如何从技术服务中获取价值，并了解和影响这些价值链及其相应的需求行为。
T-shaped professional T 型人才	具有专业领域知识，以及其他组织能力通用知识的人员。
Total quality management (TQM) 全面质量管理 (TQM)	基于流程、产品、服务和组织文化的管理方法的改进，提升客户满意度实现长期成功。
Use case 用例	一种建模技术，通过视觉或解说描述用户如何与各种系统交互以实现特定目标的视角。
User 用户	一种消费者，通常定义为对使用的产品或服务几乎没有控制权。
User experience (UX) 用户体验 (UX)	与产品或服务进行交互的体验，重点是可用性和美观性（例如，用户界面、交互的触感、图形、内容、功能、易用性等）。 有时称为数字化体验（DX）。另请参阅客户体验。
User journey 用户旅程	用户完成任务的流程可视化。它构建了分布视图，不是用户预期要做什么，而是用户与服务或产品进行交互时实际做了什么。
User story 用户故事	在结构中捕获单个消费者需求：作为＜谁＞，我想＜什么＞，因此＜为什么＞。
Value 价值	消费者如何看待所提供的产品和服务（例如，"您的服务提供了巨大的价值。"）。
Value-adding (VA) 增值 (VA)	原材料的转换（数据也是一种原材料），并将其转换为客户将要支付的东西。另请参阅非增值（NVA）。
Value proposition 价值主张	服务提供者为满足消费者需求而创造价值（通过产品和服务）的表述。

续表

术语	定义
Value proposition canvas (VPC) 价值主张画布（VPC）	商业模型画布的一种形式。设计新的或变更的产品或服务时，了解产品和服务的价值主张至关重要。画布的目的是在开始设计产品和服务之前观察并了解客户及其需求。
Value stream 价值流	为消费者提供商品或服务所需的活动顺序，包括信息和材料的双重流动。大多数价值流是跨职能的；消费者对商品或服务的要求的转换流经组织内的许多职能部门。
Value stream mapping (VSM) 价值流映射 (VSM)	从消费者需求到实现消费者需求的价值产生的可视化展示。
Value-to-cost metric 价值成本指标	来自选择空间工具；将要建造或收购的资产的预测价值除以建造或购买该资产所需的支出的现值。另请参见波动率指标。
VeriSM™ 数字化服务管理	数字化时代的服务管理方法，侧重于价值驱动、持续发展、迅速响应和集成服务管理。
VeriSM™ model 数字化服务管理模型	可视化显示组织如何实现其战略并通过产品和服务为客户提供价值。
Vision 愿景	组织渴望成为什么的陈述。
Volatility metric 易变性指标	来自选择空间工具；在必须做出投资决策之前，会发生多少变化（波动性越小，决策时间越少；波动性越大，在做出最终决定之前管理期权的时间就越多）。另请参阅"价值成本"指标。
VUCA	用于更好地了解组织运作的环境（易变性、不确定性、复杂性和模糊性的世界）的方法，有助于制定应对挑战的框架。

附录 H　EXIN VeriSM 专业级认证考试大纲和样题及答案解析

Copyright© EXIN Holding B.V. and BCS，2020. All rights reserved.
EXIN® is a registered trademark.
VeriSM™ is a registered trademark of IFDC.
SIAM™ is a rerigstered trademark.

No part of this publication may be reproduced，stored，utilized or transmitted in any form or by any means，electronic，mechanical，or otherwise，without the prior written permission from EXIN.

1. 概述

VeriSM™ Professional （VERISMP.CH）

范围

VeriSM™ Professional 认证证明一个专业人士对下列知识的掌握情况：
- 数字世界；
- 数字化领导力与结构；
- 治理与战略；
- 应用VeriSM™模型。

总结

VeriSM™是面向数字时代的企业服务管理方法，专注于端到端的服务管理。VeriSM™模型允许各组织在正确的时间向消费者生产并交付正确的产品或服务，同时允许对业务类型、组织规模、业务优先级、组织文化甚至是单个项目或服务的性质进行定制和调整。

在 VeriSM™模型中，治理和服务管理原则是相对稳定的元素，只会随着组织需求的变化而变化。管理网格非常灵活，可根据产品和服务要求进行调整，例如融合新的管理实践或新的技术。四个阶段分别进行产品或服务定义、生产、提供和支持（定义、生产、提供和响应）。

VeriSM™ Professional 认证测试考生对在组织中应用 VeriSM™的了解及相关技能。通过认证的 VeriSM™专业人士能够清楚数字化转型对组织以及消费者和员工的影响。他们可以将战略方向转化为成功的运营环境。通过认证的 VeriSM™业人士已经证明了自己的能力，能够创建和使用基于组织的产品组合、原则和治理需求的管理网格。根据新要求创建或调整管理网格后，VeriSM™专业人士可以通过定义、生产、提供和响应四个阶段管理产品或服务。

背景

VeriSM™ Professional 认证是 VeriSM™认证项目的一部分。

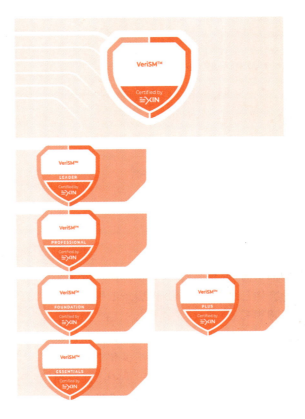

目标群体

VeriSM™ Professional 证书适合服务于特定组织的职业人士，此类组织有志于对产品和/或服务开发与交付进行数字化或进一步数字化。目标群体包括但不限于：

- 负责将战略转化为运营的各组织学科的专业人员、中层、基层经理；
- 参与通过企业价值链指导产品或服务的职业人士；
- 参与实施数字化转型计划的职业人士；
- 协助组织规划、构建和运行VeriSM™模型，以满足数字化转型目标的顾问和教练；
- 希望履行上述任何角色或职责的初级职业人士。

认证要求

- 为顺利通过VeriSM™ Professional考试；
- 通过自学或经认证的培训环节，完成VeriSM™ Professional实战作业的人员。

强烈建议通过完成 VeriSM™ Foundation 考试了解 VeriSM™。同时，强烈建议接受认证培训机构的培训。

考试细节

考试类型	单选题
题目数量	30
通过分数	65%（19/30 题）

续表

考试类型	单选题
开卷考试	在考试过程中可以参阅考试文献。机考时以附录形式提供这份文本。但笔试时考生须自行携带打印件参加考试。
注意	否
是否允许携带电子设备/辅助设备	否
考试时间	90 分钟

EXIN 的考试规则和规定适用于本次考试。

布鲁姆级别

VeriSM™ Professional 认证根据修订版布鲁姆教育目标分类，按布鲁姆 2 级、3 级和 4 级测试考生：

- 布鲁姆2级：理解——记忆（1级）之上的级别。理解表明考生能够理解呈现的内容，并能够评估如何将学习资料应用到实际的环境中。这类题目旨在证明考生能够整理、对比、说明并选择有关事实和想法的正确描述。
- 布鲁姆3级：应用——表明考生有能力在与学习环境不同的背景下使用所学信息。这类题目旨在证明考生能够以不同的方式或新的方式应用所掌握的知识、实例、方法和规则，在新的情况下解决问题。这类题目通常包含一个简短的场景。
- 布鲁姆4级：分析——表明考生有能力将所学信息拆分并加以理解。布鲁姆级别主要通过实践作业进行测试。实践作业是为了证明考生能够辨明动机或原因，做出推断并找到支持归纳的证据，从而检查并拆分信息。

培训

培训时长

本培训课程时长建议 21 小时。该时长包括学员实践作业、考试准备和短暂休息。该时长不包括家庭作业、备考的准备工作和午餐休息时间。

建议个人学习时间

60 小时，根据现有知识的掌握情况可能有所不同。

培训机构

您可通过 EXIN 官网 www.exin.com 查找该认证的授权培训机构。

2. 考试要求

考试要求详见考试说明。下表列出模块主题（考试要求）和副主题（考试明细）。

考试要求	考试规范	权重
1. 数字世界		**15%**
	1.1 数字世界中的概念	7.5%
	1.2 在数字环境中工作	7.5%
2. 数字化领导力与结构		**15%**
	2.1 数字化领导者	7.5%
	2.2 组织结构与文化	7.5%
3. 治理与战略		**20%**
	3.1 VeriSM ™模型中的治理和服务管理原则	20%
4. 应用 VeriSM ™模型		**50%**
	4.1 使用 VeriSM ™模型	30%
	4.2 在定义阶段制定解决方案	15%
	4.3 在生产、提供和响应阶段引导解决方案	5%
	合计	100%

考试规范

1. **数字世界**

    1.1 数字世界中的概念

    考生能够:

    1.1.1 定义 VeriSM™ 如何阐释数字实践、数字时代和数字组织。

    1.1.2 指出记录式系统（SoR）与交互式系统（SoE）之间的差异。

    1.1.3 利用 VeriSM™ 的"数字化"概念解释结果的重要性及结果如何制作（价值流图）。

    1.2 在数字环境中工作

    考生能够:

    1.2.1 定义三种数字化转型方法。

    1.2.2 识别成功的数字化转型计划的特征。

    1.2.3 根据组织要求确认数字化转型方案。

2. **数字化领导力与结构**

    2.1 数字化领导者

    考生能够:

    2.1.1 概述数字化领导力特征、数字技能和数字感知。

    2.1.2 识别数字计划的可持续性。

    2.2 组织结构与文化

    考生能够:

    2.2.1 区分传统的组织层次结构和不断变化的组织层次结构。

2.2.2 发展各项组织能力间的协作。
2.2.3 说明知识管理如何促进数字化转型。
2.2.4 识别哪些行为有助于以消费者为中心的方针。

3. 治理与战略

   3.1 VeriSM ™模型中的治理和服务管理原则

   考生能够：

   3.1.1 执行 EDM（评价、指导、监控）活动，以将数字化转型战略转化为运营。
   3.1.2 确保遵循服务管理原则。

4. 应用 VeriSM ™模型

   4.1 使用 VeriSM ™模型

   考生能够：

   4.1.1 应用 VeriSM ™模型阐释新型或改进的产品或服务。
   4.1.2 在管理网格中捕获当前状态。
   4.1.3 识别支持新型或改进的产品或服务的资源、环境、管理实践和技术。
   4.1.4 在管理网格中捕获理想状态。

   4.2 在定义阶段制定解决方案

   考生能够：

   4.2.1 区分传统和迭代需求收集技术（用户故事；卡片、会话、确认）。
   4.2.2 分析当前状态和理想状态之间的差距。
   4.2.3 提出反映组织战略和消费者需求的采购政策。

   4.3 在生产、提供和响应阶段引导解决方案

   考生能够：

   4.3.1 分析生产、提供和响应活动，以符合组织战略和消费者需求。

3. 考试术语表

本章节包含了考生应熟知的术语和缩写。

请注意单独学习术语并不能满足考试要求。学员必须了解其概念，并且能够举例说明。

英文	中文
autonomy	自主权
behavior	行为
Burke-Litwin model	Burke-Litwin 模型
business information plan	商业信息计划
business model canvas	商业模式画布
capability	能力
CAPEX	资本性支出
case response	案例响应

续表

英文	中文
collaboration	协作
collaborative approach	协同论方法
competence, competencies	技能
consumer	消费者
consumer centric (consumer centricity)	以消费者为中心
culture	文化
customer experience (CX)	消费者体验（CX）
customer experience management (CEM)	消费者体验管理（CEM）
Define	定义
design thinking	设计思维
DevOps	DevOps
digital awareness	数字感知
digital capabilities	数字化能力
digital center of excellence	数字化卓越中心
digital channel	数字通道
digital experience (DX)	数字化体验（DX）
digital leader	数字化领导者
digital mindset	数字化思维
digital native	数字原住民
digital optimization	数字化优化
digital organization	数字化组织
digital service	数字化服务
digital transformation	数字化转型
digital twin	数字孪生
digital use case	数字用例
digitize / digitalization	数字化
disruptive innovation	颠覆性创新
EDM model	EDM 模型
efficiency innovation	效率创新
enterprise governance	企业治理
fail fast strategy or approach	快速试错策略或方法
flatter organization / flatter structure	扁平化组织 / 扁平结构
framework	框架
gap analysis	差距分析
governance	治理
governance structures	治理结构
hackathon	骇客松
heuristics	启发法
holacracy	合弄制

英文	中文
hypothesis testing	假设检验
information radiator	信息辐射体
innovation space	创新空间
issue	问题
iterative requirement gathering	迭代需求收集
journey map	旅行地图
Kaizen	持续改善
knowledge management	知识管理
knowledge-centered service (KCS)	以知识为中心的服务（KCS）
Lean management cascade	精益管理级联
Management Mesh	管理网格
management practices	管理实践
McKinsey 7S framework	麦肯锡 7S 框架
mission	使命
Nadler-Tushman model (congruence model)	Nadler-Tushman 模型（一致性模型）
necessary but non-value adding (NNVA)	必要但非增值（NNVA）
network effect	网络效应
non-value adding (NVA)	非增值（NVA）
operating model canvas	运营模型画布
OPEX	营运资本
opportunity portfolio	机会组合
Option space	选择空间
organizational behavior management (OBM)	组织行为管理（OBM）
organizational capabilities	组织能力
organizational change management (OCM)	组织变更管理（OCM）
organizational culture profile (OCP)	组织文化概况（OCP）
organizational portfolio	组织组合
outcome	成果
output	产出 / 输出
Pareto analysis	帕雷托分析
PDCA (Deming's Quality Circle)	PDCA（戴明环）
PESTLE (or PESTEL)	PESTEL / 环境分析模型，包括政治因素 (Political)、经济因素 (Economic)、社会因素 (Social)、技术要素 (Technological)、环境因素 (Environmental) 和法律因素 (Legal)
Porter's 5 Forces	波特五力模型
Produce	生产
product	产品
Provide	提供
quality	质量

续表

英文	中文
request	请求
requirement	要求
Respond	响应
risk	风险
Run-grow-transform (RGT)	运行—增长—变革（RGT）
service	服务
service blueprint	服务蓝图
Service Integration and Management (SIAM™)	服务集成与管理（SIAM™）
service management	服务管理
service management principles	服务管理原则
SIPOC	SIPOC 模型
solution	解决方案
source event	源事件
stakeholder map	利益相关者地图
stakeholder value chain	利益相关者价值链
standard response	标准响应
strategic sourcing	战略性采购
sustainable development	可持续发展
sustaining innovation	持续创新
SWOT analysis	SWOT 分析
systems	系统
systems of differentiation	微分系统
systems of engagement (SoE)	交互式系统（SoE）
systems of innovation	创新系统
systems of record (SoR)	记录式系统（SoR）
tacit knowledge	隐性知识
technical debt	技术债
technology business management (TBM)	技术业务管理（TBM）
total quality management (TQM)	全面质量管理（TQM）
T-shaped professional	T 型人才
use case	用例
user	用户
user experience (UX)	用户体验（UX）
user journey	用户旅程
user story	用户故事
value	价值
value proposition	价值主张
value stream	价值流
Value Stream Mapping (VSM)	价值流图（VSM）
value-adding (VA)	增值（VA）

续表

英文	中文
value-to-cost metric	成本计量
VeriSM™	VeriSM™
VeriSM™ model	VeriSM™模型
vision	愿景
volatility metric	易变性度量

4. 文献

考试文献教材

以下文献包含了考试要求掌握的知识。

A. Claire Agutter，Suzanne D. Van Hove，Johann Botha
VeriSM™: Unwrapped and Applied – Part A（第 11～298 页）
Van Haren Publishing：2018 年 10 月
ISBN： 978 94 018 0335 9（复印件）
ISBN： 978 94 018 0334 2（电子版）

可选教材

A. Claire Agutter，Suzanne D. Van Hove，Johann Botha
VeriSM™: Unwrapped and Applied – Part B（第 299～458 页）
Van Haren Publishing：2018 年 10 月
ISBN： 978 94 018 0335 9（复印件）
ISBN： 978 94 018 0334 2（电子版）

备注

可选教材仅作为参考和深度学习使用。可在与主要考试教材同类的书中找到其他教材，但不需要进行学习。

教材考点分布矩阵

考试要求	考试规范	教材参考章节
1. 数字世界		
	1.1 数字世界中的概念	
	1.1.1 定义 VeriSM™如何阐释数字实践、数字时代和数字组织。	A：第 2.1、2.2、3.1 节
	1.1.2 指出记录式系统（SoR）与交互式系统（SoE）之间的差异。	A：第 3.2 节

续表

考试要求	考试规范	教材参考章节
	1.1.3 利用 VeriSM™ 的"数字化"概念解释结果的重要性及结果如何制作（价值流图）。	A：第 8 章
	1.2 在数字环境中工作	
	1.2.1 定义三种数字化转型方法。	A：第 3.4、3.5、3.6 节
	1.2.2 识别成功的数字化转型计划的特征。	A：第 3.7 节
	1.2.3 根据组织要求确认数字化转型方案。	A：第 3.8 节
2. 数字化领导力与结构		
	2.1 数字化领导者	
	2.1.1 概述数字化领导力特征、数字技能和数字感知。	A：第 4.1、4.2、4.3 节
	2.1.2 识别数字计划的可持续性。	A：第 4.8 节
	2.2 组织结构与文化	
	2.2.1 区分传统的组织层次结构和不断变化的组织层次结构。	A：第 5.1、5.2、5.3、5.4 节
	2.2.2 发展各项组织能力间的协作。	A：第 6 章
	2.2.3 说明知识管理如何促进数字化转型。	A：第 7 章
	2.2.4 识别哪些行为有助于以消费者为中心的方针。	A：第 3.9 节
3. 治理与战略		
	3.1 VeriSM™ 模型中的治理和服务管理原则	
	3.1.1 执行 EDM（评价、指导、监控）活动，以将数字化转型战略转化为运营。	A：第 10.4、10.5、10.6 节
	3.1.2 确保遵循服务管理原则。	A：第 10.2、10.3 节
4. 应用 VeriSM™ 模型		
	4.1 使用 VeriSM™ 模型	
	4.1.1 应用 VeriSM™ 模型阐释新型或改进的产品或服务。	A：第 11.1、11.2 节
	4.1.2 在管理网格中捕获当前状态。	A：第 12 章
	4.1.3 识别支持新型或改进的产品或服务的资源、环境、管理实践和技术。	A：第 12 章、14.5 节
	4.1.4 在管理网格中捕获理想状态。	A：第 12 章
	4.2 在定义阶段制定解决方案	
	4.2.1 区分传统和迭代需求收集技术（用户故事；卡片、会话、确认）。	A：第 14.1、14.2、14.3 节
	4.2.2 分析当前状态和理想状态之间的差距。	A：第 15 章
	4.2.3 提出反映组织战略和消费者需求的采购政策。	A：第 16 章
	4.3 在生产、提供和响应阶段引导解决方案	
	4.3.1 分析生产、提供和响应活动，以符合组织战略和消费者需求。	A：第 17 章

Copyright© EXIN Holding B.V. and BCS，2020. All rights reserved.
EXIN® is a registered trademark.
VeriSM™ is a registered trademark of IFDC.
SIAM™ is a rerigstered trademark.

No part of this publication may be reproduced，stored，utilized or transmitted in any form or by any means，electronic，mechanical，or otherwise，without the prior written permission from EXIN.

考试说明

本试卷是 VeriSM™ Professional（VERISMP.CH）模拟考试。EXIN 考试准则适用于该考试。

本试卷由 30 道单项选择题组成。每道选择题有多个选项，但这些选项中只有一个是正确答案。

本试卷的总分是 30 分。每道题的分数是 1 分。您需要获得 19 分或以上通过考试。

考试时间为 90 分钟。

在该考试过程中您可以参考考试文献教材。

祝您好运！

考试样卷

1. 数字时代代表着根本性的社会经济和行为转变。每个组织对"数字时代"的看法各有不同。
关于数字化转型，所有组织都需要考虑什么？
   A. 敏捷和精益实践如何用于应对商业化社会
   B. 自带设备（BYOD）如何可以降低总拥有成本（TCO）
   C. 组织如何需要理解和利用知识和数据
   D. 互联网的发展如何影响存储数据的安全性

2. 某保险公司想要更清楚地确定他们的消费者结果。他们想了解消费者的期望并确定如何才能做得更好。
价值流图（VSM）如何帮助他们？
   A. VSM 比较当前状态与理想状态，确定两者之间的差距，并识别提供理想结果所需的可交付成果和服务。
   B. VSM 无视组织和部门界限，而是呈现跨部门活动，显示各流程步骤的信息流和物料流。
   C. 通过研究消费者如何确定价值并审核各项能力，VSM 输出帮助定义实现组织目标所需的角色和责任。
   D. VSM 提供了一种严格的数据驱动方法，消除会破坏消费者价值的变异、缺陷和浪费。

3. 某汽车制造厂在与供应商打交道时严重依赖其打印服务：
当一批零部件到货后，将打印供应商发票并贴到货物上；
在仓库检查货物，零部件上会贴上条形码，并录入库存系统。
但是，打印服务已经过时，时不时出现故障。通过允许供应商访问员工使用的在线资源，从而自行生成条形码，仓库经理想要以此减少浪费。
以上描述的是哪种数字化转型方法？
   A. 以客户为导向和着眼于未来相结合的方法
   B. 运营和以客户为导向相结合的方法
   C. 运营方法
   D. 着眼于未来的方法

4. 真正的数字化转型涉及关键能力的培养和成熟，否则，就不可能通过持续转型取得持续的竞争优势。

某大型零售银行正在编制数字化转型的变革计划。该银行的战略推动因素包括人员、批判性思维、创新、敏捷性、信息技术和资金。其中缺少一项重要能力：以消费者为中心。

缺少这项战略能力将给银行带来什么直接风险？
A．创建的服务价值降低
B．销售额和市场份额下降
C．提供质量差的服务
D．缺少消费者和员工的信任

5. 某经理具备出众的技术知识和对新发展的见解。他领导着一支提供内部服务的团队，由于他的技术经验最高深，经常由他接手解决团队的问题。他领导的团队表现不及预期。

该经理需要提高什么才能帮助团队提升绩效？
A．沟通技巧和与团队成员建立牢固关系的能力
B．数字感知和理解所涉及技术详情的能力
C．按优先顺序安排内部服务数字化项目的能力
D．为各级员工提供自主权和自我管理空间的能力

6. 某团队存在协作困难，但个人表现出色。团队成员并不总是在同一时间和同一地点工作，他们抱怨其他团队成员发送了太多电子邮件。为了使战略计划成功，他们需要开始更有效地协作。

哪一项是增强这个团队协作的最佳方式？
A．创造更积极的工作环境，并强制采取面对面会议
B．安装协作工具以支持团队的互动
C．通过规定团队如何协作提高协作行为
D．邀请团队提供反馈意见，并要求他们改变其日常惯例

7. 某小型付费社交媒体应用程序公司的董事会表示，希望加强以消费者为中心方针，从而实现长期增长。他们的主要商业模式是允许个人应用内付费去除广告。

即使消费者购买了无广告版本的应用程序，通过迎合广告主的需求，为微妙的广告创造机会，销售部看到了不错的增长机会。这样将创造整体的额外收入来源，据销售部称，由于广告非常微妙，不会对用户体验产生负面影响。

实施微妙的广告是否符合董事会所确定的方针？
A．是的，因为广告主也是有价值的客户，可以使公司扩大客户群。
B．是的，因为微妙的广告将增加利润，实现增长是董事会的重要优先事项。
C．不是，因为以消费者为中心的公司应只提供非营利性服务。
D．不是，因为这欺骗了购买应用程序无广告版本的消费者。

8. 某电影院正处于数字化转型之中。他们不再拥有自己的投影仪，而是转而租赁基于 LED 的投影服务并按小时付费。一些员工已经熟悉新系统。首席执行官建议仅让熟悉新系统的员工操作新型投影仪。

这是个好主意吗？

A．是的，因为这样员工有机会以各自角色成长，同时更快、更省钱地达到业务目标。

B．是的，因为这样将为企业创造最大的价值，并可以通过减少劳动力最大限度地降低成本。

C．不是，因为所有员工都需要能够使用新系统，并应该允许他们单独尝试（边干边学）。

D．不是，因为知识只有在共享并促使别人做好工作时才能帮助数字化转型。

9. 某国际咨询机构进行了 PESTEL（政治、经济、社会、技术、环境和法律）分析，以了解影响其业务的外部因素。识别了几种新兴的和流行的技术实践，有益于他们的服务管理能力和成熟度。

这种情况发生在哪个 EDM 活动？

A．评价（Evaluate）

B．指导（Direct）

C．管理（Manage）

D．监控（Monitor）

10. 一家销售海报和相框的大型公司认识到自己需要跟上竞争的步伐。他们正在研究附加服务如何增强其现有产品。他们决定利用内部利益相关者的意见进行 SWOT 分析，以证实自己的选择。

哪一项是 SWOT 分析结果的主要风险？

A．无法获得有关其市场和竞争对手的基准信息

B．有关其市场的基准信息已过时，因此具有误导性

C．参与分析的利益相关者受偏见和主观意见影响

D．参与分析的利益相关者不代表整个组织

11. 烘焙厂 EatNow 为面包师生产冷冻产品。面包师可以在烘焙厂的商店内完成产品。烘焙厂正在寻求扩张。他们想与一家竞争对手合并。现有消费者提供了稳定的收入来源，并预留了大量资金。

在有兴趣合并的竞争对手中，有一家同样是烘焙厂 WeBake。由于位置偏僻，WeBake 的业绩不佳，因此，他们不得不选择与竞争对手合并或者卖掉工厂。WeBake 拥有一家大型面包厂，可以帮助 EatNow 提高产量，从而在未来 10 年紧跟需求增长。

但是，如果 EatNow 现在增加产量，不确定是否可以吸引新顾客购买冷冻产品。此外，如果 EatNow 完全转移到 WeBake 工厂，可能增加冷冻产品的运输成本。不过，尽管存在以上潜在问题，但 EatNow 管理层还是决定合并，并与 WeBake 进行谈判。

EatNow 与 WeBake 合并表明什么？

A．风险承受能力高
B．风险承受能力低
C．缺少风险分析
D．缺少风险策略

12. 某小型云服务提供商想要发展自己的业务。该公司有较好机会吸引一个新的大客户。但是，该客户要求系统中具有自助服务功能，方便他们每月调整服务需求。这个机会在两个星期后到期。

云服务提供商已制定变更管理程序。这些程序是根据组织的服务管理原则而制定。服务管理原则基于组织的高稳定性要求，风险承受能力偏低。

如果变更引起问题，部署将自动还原到服务的最后稳定状态。团队难以将高度期望的功能引入到服务。引入新功能时，服务不断恢复到最后稳定状态。一个团队成员建议绕过此变更管理程序，并手动调整生产环境以将功能强制引入系统，以便可以及时搭上新客户。

在这种情况下应该提出什么建议？
A．永久性绕过程序，以支持这些机会并作为一个组织存续。
B．暂时性绕过程序，但将其记录在已知错误数据库中，这样大家都可以知道此异常。
C．不绕过程序，但确认服务管理原则是否允许该功能是启用的状态。
D．不绕过程序，并告知客户无法按照要求实现功能。

13. 某大型组织成立了一个工作组，绘制组织中最重要的价值流图。这些价值流将用于创建组织组合，从而帮助组织专注于即将进行的合并中的重要事项。

为确保组织组合在合并后成功实施，必须采取什么措施？
A．（1）定义被合并组织的关键绩效指标（KPI）。
　　（2）要求合并公司执行价值流图。
　　（3）将所有价值流整合到组织组合中。
　　（4）集体讨论可能的治理策略。
B．（1）识别两家公司和合并后组织在战略上的差异。
　　（2）绘制合并前后的价值流图。
　　（3）识别支持新策略和价值流所需的资源和能力。
　　（4）定义跟踪过渡和合并后组织策略整合的 KPI。
C．（1）整合两个组织组合。
　　（2）集体讨论合并后可能的新服务。
　　（3）合并期间，监控关于新服务的想法。
　　（4）合并完成后，定期评价新想法。
D．（1）监控两个组织的现有 KPI。
　　（2）集体讨论合并后的新价值流。
　　（3）使合并公司能够设置自己的价值流。
　　（4）确定合并后组织的策略。

14. 某新的网上商城允许消费者网上买卖商品。价值流图显示了当前可用的服务，这是一项允许消费者创建广告的简单服务。网上商城正在开发让消费者广告脱颖而出的方法，但是管理层不确定哪种方法对消费者有用。

其中一名团队成员要求分配时间来开发一项功能，该特性将允许消费者在一天内其广告显得比别人的广告大。

这一服务是否符合组织的价值主张？

A. 不是，因为新功能不会直接提升当前可用的服务。
B. 不是，因为管理层尚不清楚扩展服务的方式。
C. 是的，因为团队成员的所有倡议都应该支持，以保证士气。
D. 是的，因为该功能恰好契合拟定的组织组合扩展。

15. 某市政当局的打印服务已过时，无法正常运行。针对服务改进，提出了几项建议，从技术更新到创新的信息传递方法。

在 VeriSM ™模型中应如何处理改进？

A. 所有改进建议应评估对服务的影响。此后，或通过返回批准活动，或者根据组织组合进行评估。
B. 所有建议都需要确认是否符合当地法律法规。获得批准后，创建服务的团队负责实施改进内容。
C. 应完成一项评估，考虑所建议改进的影响，并找出打印服务未按预期运行的原因。应建立一个项目解决这个原因并提出改进意见。
D. 任何小幅改进都可以由 IT 能力通过变更管理流程直接处理。但是，重大改进需要有商业案例并得到消费者和组织领导的认可。

16. 某铁路公司想要推出一项新服务，以预测延误并通知乘客。

一旦服务实施，铁路公司希望评估服务的使用情况以及其他一些未用到的关键绩效指标（KPI），确认新服务的影响。此外，他们希望通过这个新项目进一步完善其 DevOps 工作方式，从单个试点发展到标准工作方式。

管理网格如下所示：

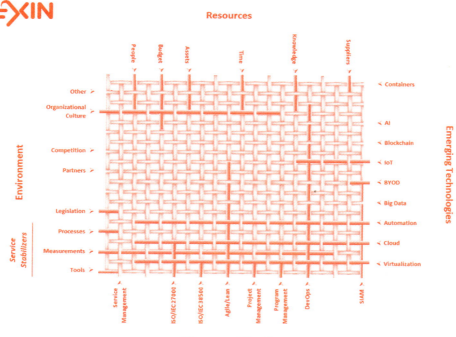

以上是什么类型的视图？

A．组织网格（Organizational mesh）

B．理想状态网格（Desired state mesh）

C．差距分析（Gap analysis）

D．当前状态网格（Current state mesh）

17. 某高校批准了一项交互式招生计划的开发。一旦学生加入该计划，即可访问一款在线软件应用程序，该软件可以监控学生的学习情况和课程。该应用程序支持笔记本电脑、平板电脑、智能手机。评估下列关于开发管理网格组织视图以支持此新举措的各项计划。

哪项计划遵循 VeriSM ™指南？

A．（1）收集资产、供应商和预算信息，因为计划所需的一切可能已经可用。
（2）评估此活动的法规或立法控制机制以及适当的运营流程和工作。
（3）掌握当前的管理实践。
（4）关注可用的数字技术。

B．（1）确定现有技术和架构，确保此项目中生成的大量数据可以处理并用于分析用途。
（2）转向当前的管理实践。
（3）确定相关的法规控制机制。
（4）确定此计划每个阶段的预算。

C．（1）采访采购人员和具有 IT 能力的人员，以了解资源和可用技术。
（2）IT 人员应确定企业管理实践。
（3）询问人力资源部和法律部以发现现行法规要求。

(4) 人力资源部应确认组织文化是否需要改变。
D. (1) 记录高校的技术能力，因为应用程序将成为与消费者交互的界面，所以必须兼具功能性和创新性。
(2) 掌握人员（特别是应用程序开发人员）能力信息。
(3) 在图中绘制当前的管理实践。
(4) 确认立法要求。

18. 某画廊过去一年运营非常成功。他们拥有在私人服务器上运行的网站，但开销非常大。为了满足消费者的需求，他们需要在任何时间容纳更多的访客，这超出了当前网站的 IT 架构。IT 经理建议将网站代管移交给云提供商。
在这种情况下提建议之前应做什么？
A. (1) 向管理层寻求流程外包指导。
(2) 编写云服务提供商招标书进行竞价。
(3) 雇用新员工支持新技术。
B. (1) 询问其他同行专业人士会提供什么建议。
(2) 在转变为云端之前，寻找升级当前服务器的方法。
(3) 进行云供应和升级服务器之间的成本分析。
C. (1) 查看价值流图和组织组合。
(2) 评估画廊工作人员是否能够使用基于云的内容管理系统。
(3) 查看管理网格，以确定将服务迁移到云端是否合适。
D. (1) 研究云技术，直到对这一议题充分熟悉。
(2) 研究云服务提供商的报价方案。
(3) 创建一个包含云服务的新价值流图。

19. 某外部顾问受邀助力多学科团队的会议。该团队的目标是在考虑和选择构建管理网格的实践和技术时就首选方法达成一致意见。财务部门表示，只要所选实践或技术有可靠的商业案例，就可以提供足够的投资预算。开发部门表示，他们希望改变工作方式，加强自我指导。运营部门表示，该团队在风险最小化方面做得很好，让所有技术选择保有回旋余地。管理层表示，与新的管理方法相比，他们更喜欢技术解决方案。
在创建管理网格时，哪一项是选择适当管理实践和技术的最佳方法？
A. 采用以技术为本的方法，因为这种方法可以很好地应对业务挑战并推动支持数字化转型工作所需的技术。
B. 选择最新的管理实践，因为其他组织已验证其成功，最终最新管理实践将影响团队的协作和行为。
C. 进行要求分析，因为此分析考虑了能力和预期结果，在选择管理实践时提供了多种选择。
D. 选择最先进的技术，因为财务管理可以确保成本控制在投资预算之内，并且采用该技术可以最大限度地降低相关风险。

20. 某银行希望客户在未来几个月内从打印的银行对账单改用可下载的对账单。新服务要成功需满足以下高要求：

必须更新 IT 架构以支持数字化转型；

客户需要可以随时查阅对账单；

必须确保隐私；

必须开发一个移动应用程序以支持数字化转型。

哪一项最有效支持这项新服务？

A．这种数字化转型需要改变 IT 架构。银行应研究公共云服务，确保不超时。

B．这种数字化转型需要评估当前的可能性。之后，要实现成功所缺失的元素可以被确定并给予支持。

C．这种数字化转型需要提高数据安全性。银行应聘请一家安全专业公司研究安全措施。

D．这种数字化转型需要对 IT 开发进行彻底的改变。因此，银行应从目前的工作方式转向 DevOps 工作方式。

21. 旅行社 TravAg 想要扩大自己的业务。他们有能力预留大量投资资本。他们的宗旨是成为顶尖的旅行社。为了实现这一目标，他们确定了四项战略计划：

（1）创建一个移动应用程序以方便消费者预订。

（2）通过包括青少年团体旅游，使目标人群多样化。

（3）与规模更小的竞争对手合并以获取市场份额。

（4）允许消费者进行自助预订。

在创建当前状态管理网格时，TravAg 必须评估当前可用资源。

哪个问题有助于识别当前可用资源？

A．这四项战略计划是否符合组织需求？

B．我们员工的技术水平怎么样？

C．市场中有哪些竞争产品和服务？

D．哪项战略计划将为消费者带来最大价值？

22. 某网游公司想要转型，开发可在所有设备（包括所有移动设备）上运行的游戏。他们想转变成 DevOps 工作方式，这需要同时转变组织文化。为了获得成功，他们需要扩大利用云技术和虚拟化技术。为此，他们需要做好新技术预算，并聘请专人确保在数字化转型期间的平稳过渡。

哪个管理网格显示了该公司的理想状态？

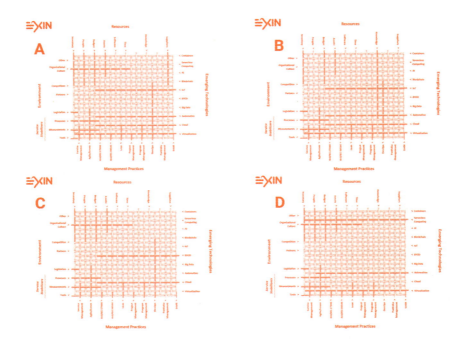

23. 某顾问有自己的网上育儿咨询服务。家长可以通过网站上的表格咨询任何问题。她给家长提供电子邮件发送的培训课程或一系列个性化视频聊天。

她创建了以下理想状态管理网格。哪个数字化转型故事与该管理网格最契合？

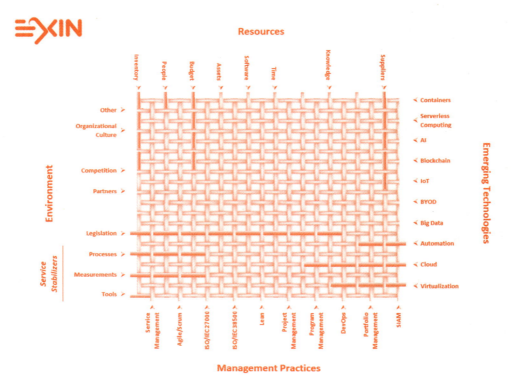

A. 顾问采用 DevOps 工作方式，想要进行网站开发和云技术方面的自我培训。她希望借此实现新的工作方式，不必雇人为其业务增加价值。她自己独立完成所有工作。

B. 顾问转变为网上培训，从而轻松地个性化和扩展网上培训业务。为此，她将开始处理数据。因此，她必须遵守《通用数据保护条例》（GDPR）。她想请一个网站开发人员帮忙创建。

C. 顾问雇用了另一名顾问以扩大业务。该顾问将采取网上办公，所以她必须要有培训投入。新顾问想用自己的笔记本电脑和手机办公。此外，顾问正在从另一家咨询服务公司购买新的培训内容。

D. 顾问与另一家公司合并，所以公司文化必须改变。这家新公司位于国外，采取精益工作方式。顾问将不得不接受一些培训以适应新公司的需要，她还为此预留了一些预算和时间。

24. 1-2-Web 公司允许人们购买简单的网站模板，构建自己的网站。他们不代管网站，只提供网站的 html 或 php 模板。客户可以选择现有的模板，也可以请求定制模板。

一位客户对新的定制提出了明确的要求。模板应适配移动设备以及所有操作系统。模板的构建应与客户现有网站的风格一致，从而实现无缝改造。预定义数量的角色应可以访问网站的内容管理系统。

1-2-Web 收到了关于开发新网站模板的完整要求列表。

以上属于哪种类型的要求收集？

A. 定制要求收集（Customized requirement gathering）
B. 迭代需求收集（Iterative requirement gathering）
C. 模板要求收集（Template requirement gathering）
D. 传统要求收集（Traditional requirement gathering）

25. 某重型机械制造商想通过实施技术监控和预测所制造机械的维护需求，特别是物联网（IoT）和大数据。这对他们是一个重大的战略变化。为了分析当前状态和理想状态之间的差距，他们想先着眼于外部环境的影响。

哪种模型最适合进行差距分析？

A. 麦肯锡 7S 框架（McKinsey 7S framework）
B. Burke-Litwin 模型（Burke-Litwin model）
C. Nadler-Tushman 模型（Nadler-Tushman model）
D. SWOT 分析（SWOT analysis）

26. 一家向小企业提供贷款的国际银行很早就开始采用数字化服务。如今他们想要扩展市场，需要理顺一系列 IT 产品。分析包括冗余的 IT 组织和数据中心。整合或合并冗余的工作成败参半。高层得出结论，有必要采用不同的方法，为的是使包括数据中心在内的未来 IT 供应与银行的战略发展相匹配，高层希望通过采用 Burke-Litwin 模型能够更好地应对变化。

针对上述场景采用 Burke-Litwin 模型时，银行下一步应怎么做？

A．更好地了解银行倡导的信仰、行为和价值观
B．更好地了解在银行内部IT团队中有效的个人绩效标准
C．更好地了解银行IT团队内部的关系和职责
D．更好地了解银行倡导的组织系统和程序

27．一家提供数字钱包的公司允许消费者通过应用程序相互付款。在创业阶段，公司部署了重复的应用程序和技术解决方案。这种做法现已停止，但是遗留了一些问题。首席执行官希望制定一项确定采购决策实践的采购政策，以合理安排服务和管理非受控增长。
怎么做才能使采购政策与组织策略相一致？
A．（1）制定将在签订协议时指导员工行为和行动的采购政策。
（2）基于战略目标和服务管理原则确定采购预期。
（3）概述挑选和决策流程。
（4）必要时确保合规标准、法律和治理要求。
B．（1）创建一份涵盖采购方法的正式文档，包括规范制定和价值分析。
（2）包括法律和治理要求。
（3）实施合同管理流程，以确保合同满足企业需求。
（4）根据服务管理原则制作关于采购的规则手册。
C．（1）制定运营政策和采购计划。
（2）概述规范制定、价值分析和谈判的职责和活动。
（3）每次考虑新服务或更改服务时，创建重新制订计划的流程。
（4）每次更改服务时重新制定政策，以契合业务需求。
D．（1）制定详细说明采购方针程序的采购政策。
（2）根据战略目标制定采购期望。
（3）概述挑选和决策流程。
（4）在每次更改时，允许首席执行官自行决定重新制定政策，以契合业务需求。

28．某公司制定了以下采购政策：
只要达到或超过消费者的需求，就以最低的成本取得所有物资、设备和服务。选择的公司必须具有更强的可持续性或社会责任感，以履行本公司的企业社会责任承诺。
决策过程基于供应商的能力、产能和历史业绩。
他们正在寻找新的云服务提供商，以快速支持对服务的自定义更改。
根据采购政策，公司应选择哪份投标？
A．供应商A：
- 价格最高
- 提供过去10年的业绩数据
- 拥有卓越的业绩记录
- 支持全球多个小型低机会社区
B．供应商B：

- 价格第二高
- 支持评价最高
- 过去 10 年的市场领导者，尽管最近几个月的业绩存在问题
- 正在接受投资兵器工业与奴役的调查

C. 供应商 C：
- 价格第二低
- 经营 5 年
- 没有业绩数据，客户评论看起来像是买的评论
- 通过了 ISO 9001 认证，但已过期

D. 供应商 D：
- 价格最低
- 新供应商，但第一个客户非常满意
- 请求的订购时间和交付时间最长
- 拥有可持续发展绿色环保标志

29. 一家提供新拼车应用程序的公司制定了以下组织策略：在 3 年内，我们希望拼车市场份额至少达到 50%，消费者服务平均评价至少达到 4 星。

当前，消费者不断投诉计费流程。此外，竞争对手在各自的网站上创建新服务，使消费者能够在网上分享拼车体验的评论。

开发团队想先着手网站工作，认为这个项目比较小。

这是一个明智的选择吗？

A．是的。必须紧跟竞争对手的行动以保持市场份额。
B．是的。团队认为网站是一个小项目，所以将附加最大价值。
C．不是。首先计费流程应符合消费者的期望。
D．不是。团队应一分为二，以便他们可以同时解决两个问题。

30. 某市场调研公司希望在 15 年内成为市场调研领域的国际领导者。公司的战略将重点放在增长上。管理层正在准备与某个国外竞争对手有望达成的合并。

同时，总部发现了以下影响"生产"阶段的问题：

（1）在遵守新的数据保护法规方面出现差距。

（2）数据采集系统需要重大升级保持竞争力。由于企业全面开展测试，最近一次巨额竞标失败了。

（3）管理层不清楚明年的预算。

（4）许多研究人员接受了新软件的培训，结果错过最后期限。

令人高兴的是，公司获得了一家大型政府机构的 5 星好评，他们还答应下一次大规模调研继续与公司合作。客户满意度达到历史新高。

当前的生产环境是否支持组织战略？

A．不是，因为测试升级和使用新系统会严重影响生产能力。

B．不是，因为没有及时遵守新数据保护法规。
C．是的，因为客户满意度较高，政府将再次与他们合作。
D．是的，因为合并准备工作可以确保"生产"阶段与战略相符。．

答案解析

1. 数字时代代表着根本性的社会经济和行为转变。每个组织对"数字时代"的看法各有不同。关于数字化转型，所有组织都需要考虑什么？
   A．错误。组织不应该只考虑特定的实践（例如敏捷或精益），因为还有很多其他实践可供选择（而且实践总是在不断变化）。选项更多的是关于"如何"的考虑，而这需要在管理网格中涉及。
   B．错误。技术不断在变化，与一个组织有关系的（例如 BYOD）可能与其他组织毫无关系。同时，只关注 TCO 会缩小数字时代的普遍考虑因素和关注范围。
   C．正确。这是数字化转型的考虑因素之一（适用于所有组织，不论采用何种技术或实践）。（文献：A，第 2.2 节）
   D．错误。技术（如互联网）不断在变化，与一个组织有关系的可能与其他组织毫无关系。同时，只关注安全性会缩小数字时代的普遍考虑因素和关注范围。

2. 某保险公司想要更清楚地确定他们的消费者结果。他们想了解消费者的期望并确定如何才能做得更好。
   价值流图（VSM）如何帮助他们？
   A．错误。VSM 展示了如何创造价值，而不是如何确定差距和可交付成果。
   B．正确。VSM 方法最重要的价值在于，通过评估从消费者需求到实现的价值创造方式，完全无视组织和部门界限。（文献：A，第 8.3.1 节）
   C．错误。VSM 显示了如何创造价值，而不是如何确定角色和责任。
   D．错误。这是六西格玛（Six Sigma）和利益相关者分析图的定义。

3. 某汽车制造厂在与供应商打交道时严重依赖其打印服务：
   当一批零部件到货后，将打印供应商发票并贴到货物上；
   在仓库检查货物，零部件上会贴上条形码，并录入库存系统。
   但是，打印服务已经过时，时不时出现故障。通过允许供应商访问员工使用的在线资源，从而自行生成条形码，仓库经理想要以此减少浪费。
   以上描述的是哪种数字化转型方法？
   A．错误。数字化以供应商为导向，而不是以客户为导向，因此不需要根本性创新或中断业务。
   B．错误。数字化以供应商为导向，而不是以客户为导向。
   C．正确。这种情况需要采用运营方法，目的是将供应商的流程数字化。（文献：A，第 3 章）
   D．错误。不需要根本性创新或中断业务（着眼于未来的方法）。

4. 真正的数字化转型涉及关键能力的培养和成熟,否则,就不可能通过持续转型取得持续的竞争优势。

某大型零售银行正在编制数字化转型的变革计划。该银行的战略推动因素包括人员、批判性思维、创新、敏捷性、信息技术和资金。其中缺少一项重要能力:以消费者为中心。

缺少这项战略能力将给银行带来什么直接风险?

A. 正确。不以消费者为中心,就无法在考虑消费者价值观念的情况下设计和交付服务。这是缺少以消费者为中心的能力的结果。(文献:A,第 3.7 节,图 14)

B. 错误。这是缺少战略创新能力的结果。当然,销售额和市场份额下降可能是不以消费者为中心的(间接)最终后果,但这不是直接后果。

C. 错误。这是缺少卓越运营能力的结果。

D. 错误。这是缺少领导力和治理能力的结果。

5. 某经理具备出众的技术知识和对新发展的见解。他领导着一支提供内部服务的团队,由于他的技术经验最高深,经常由他接手解决团队的问题。他领导的团队表现不及预期。

该经理需要提高什么才能帮助团队提升绩效?

A. 错误。这种场景并不表示经理特别需要发展这些技能。

B. 错误。经理已经具备了这些技能,不需要提升。

C. 错误。内部服务数字化很重要,按优先顺序安排项目的能力同样如此。但是,这不能解决团队中缺乏自主权的情况,这个才是场景中问题之所在。

D. 正确。这是一项重要技能,特别适用于组织结构不再过于层级分明的数字时代。经理未给予团队充分自主权。(文献:A,第 4.3 节)

6. 某团队存在协作困难,但个人表现出色。团队成员并不总是在同一时间和同一地点工作,他们抱怨其他团队成员发送了太多电子邮件。为了使战略计划成功,他们需要开始更有效地协作。

哪一项是增强这个团队协作的最佳方式?

A. 错误。创造积极的工作环境是必要条件,但不是充分条件。强迫团队进入办公室并不会创造更积极的环境。另外,还需要比电子邮件更有效、高效的协作工具。

B. 正确。协作工具提供或便于文档协作,增进情感交流,简化所有信息和对话,切实帮助该团队开始合作。在这一场景中,远程的良好沟通尤为重要。团队面对面无法顺畅协作。(文献:A,第 6.6 节)

C. 错误。只是告诉团队开始协作或规定他们应该做什么,是不可能增强协作的。

D. 错误。在这个场景中不需要改变日常惯例。尽管邀请团队提供反馈意见可能会有所帮助,但协作工具更可能让团队受益。

7. 某小型付费社交媒体应用程序公司的董事会表示,希望加强以消费者为中心方针,从而实现长期增长。他们的主要商业模式是允许个人应用内付费去除广告。

即使消费者购买了无广告版本的应用程序,通过迎合广告主的需求,为微妙的广告创造机会，销售部看到了不错的增长机会。这样将创造整体的额外收入来源，据销售部称，由于广告非常微妙，不会对用户体验产生负面影响。

实施微妙的广告是否符合董事会所确定的方针？

A．错误。尽管广告主的确也是客户，但应用程序的最主要业务来自应用内付费去除广告。欺骗最重要的客户必定造成公司声誉败坏，最终无法生存。

B．错误。以客户为中心的企业永远不会为了短期利益增长而承担流失客户的长期风险。

C．错误。一些非营利性公司可能是以消费者为中心的企业。但是，以消费者为中心的企业不一定非盈利。

D．正确。以消费者为中心的企业应重点关注长期。主要收入来源是购买无广告版本的消费者。欺骗他们会最终适得其反。（文献：A，第 3.9 节）

8. 某电影院正处于数字化转型之中。他们不再拥有自己的投影仪，而是转而租赁基于 LED 的投影服务并按小时付费。一些员工已经熟悉新系统。首席执行官建议仅让熟悉新系统的员工操作新型投影仪。

这是个好主意吗？

A．错误。政策不应基于员工个人如何在业务中成长。

B．错误。减少劳动力不是目标，可能不可行。这种场景没有迹象表明这是更可取的主意。

C．错误。尽管确保所有员工都会用新系统可能是明智的，但没有必要让他们自学。他们可以向其他员工学习，而其他员工应分享自己的知识。

D．正确。为促成数字化转型，必须实施一项知识管理政策，使所有员工都可以获得学会新系统所需的信息，并在需要时可以寻求帮助。（文献：A，第 7 章）

9. 某国际咨询机构进行了 PESTEL（政治、经济、社会、技术、环境和法律）分析，以了解影响其业务的外部因素。识别了几种新兴的和流行的技术实践，有益于他们的服务管理能力和成熟度。

这种情况发生在哪个 EDM 活动？

A．正确。PESTEL 分析是对影响企业的外部因素的评估。在评价阶段，可以确定新兴的实施以使企业受益。（文献：A，第 10.5 节和第 10.6 节）

B．错误。指导阶段将定义策略和政策。同样，服务管理原则也是在此阶段形成的。

C．错误。管理不是 EDM 模型中的元素。所有 EDM 活动中都有进行管理。

D．错误。监控可确保始终与目的、目标、政策和计划保持一致。

10. 一家销售海报和相框的大型公司认识到自己需要跟上竞争的步伐。他们正在研究附加服务如何增强其现有产品。他们决定利用内部利益相关者的意见进行 SWOT 分析，以证实自己的选择。

哪一项是 SWOT 分析结果的主要风险？

A．错误。这在进行 SWOT 分析时可能会是一个问题，但是可以通过邀请具有相应知识的参与者解决该问题。

B. 错误。这在进行 SWOT 分析时可能会是一个问题，但是可以通过邀请具有相应知识的参与者解决该问题。
C. 正确。参与者可能会按自己的意愿看待组织，因此存在结论错误的风险。（文献：A，第 10.6.2 节）
D. 错误。参与者不必代表组织，但他们必须了解组织及其产品和服务、市场和竞争对手。

11. 烘焙厂 EatNow 为面包师生产冷冻产品。面包师可以在烘焙厂的商店内完成产品。烘焙厂正在寻求扩张。他们想与一家竞争对手合并。现有消费者提供了稳定的收入来源，并预留了大量资金。

在有兴趣合并的竞争对手中，有一家同样是烘焙厂 WeBake。由于位置偏僻，WeBake 的业绩不佳。因此，他们不得不选择与竞争对手合并或者卖掉工厂。WeBake 拥有一家大型面包厂，可以帮助 EatNow 提高产量，从而在未来 10 年紧跟需求增长。

但是，如果 EatNow 现在增加产量，不确定是否可以吸引新顾客购买冷冻产品。此外，如果 EatNow 完全转移到 WeBake 工厂，可能增加冷冻产品的运输成本。不过，尽管存在以上潜在问题，但 EatNow 管理层还是决定合并，并与 WeBake 进行谈判。

EatNow 与 WeBake 合并表明什么？

A. 正确。已有确定的风险，例如增加了运输成本和新消费者的不安全感。目前，没有适当的风险缓解措施。赞成合并表明了风险承受能力高。（文献：A，第 10.6.1 节）
B. 错误。EatNow 面临一些严重的风险，但在这个场景中未得到缓解，因此风险承受能力较高。
C. 错误。已经进行了一些风险分析，因为在此场景中已经确定了增加运输成本和新消费者不安全感的风险。
D. 错误。这指的是风险管理策略，而不是风险策略。合并并不表明缺少任何类型的策略，只表明风险承受能力。根据风险承受能力的高低，承担风险可以是堪比避免或减轻风险的稳健策略。

12. 某小型云服务提供商想要发展自己的业务。该公司有较好机会吸引一个新的大客户。但是，该客户要求系统中具有自助服务功能，方便他们每月调整服务需求。这个机会在两个星期后到期。

云服务提供商已制定变更管理程序。这些程序是根据组织的服务管理原则而制定。服务管理原则基于组织的高稳定性要求，风险承受能力偏低。

如果变更引起问题，部署将自动还原到服务的最后稳定状态。团队难以将高度期望的功能引入到服务。引入新功能时，服务不断恢复到最后稳定状态。一个团队成员建议绕过此变更管理程序，并手动调整生产环境以将功能强制引入系统，以便可以及时搭上新客户。

在这种情况下应该提出什么建议？

A. 错误。该解决方案将永久绕过基于服务管理原则建立的变更管理程序。
B. 错误。该解决方案将绕过基于服务管理原则建立的变更管理程序。如果稳定性是关键且公司不愿意冒险，那么这不算是建议。

C. 正确。在不绕过服务管理原则的情况下，给解决方案保有余地是明智的。（文献：A，第 10.3 节）

D. 错误。这样就没法得到把握此次机会的解决方案。

13. 某大型组织成立了一个工作组，绘制组织中最重要的价值流图。这些价值流将用于创建组织组合，从而帮助组织专注于即将进行的合并中的重要事项。

为确保组织组合在合并后成功实施，必须采取什么措施？

A. 错误。在不清楚价值流的情况下确定 KPI 并非好的开端。尽管要求合并公司执行价值流图可能有助于合并，但信息不足以让管理层制定治理策略。仅集体讨论可能的治理策略是不够的，需要有数据和分析。

B. 正确。这种方法可确保对当前状态做到适当评估，为即将进行的合并提供意见。该方法还可以确定适当的治理程序，从而为组织组合奠定坚实的基础。（文献：A，第 10.2 节和第 10.3 节）

C. 错误。这两个组合可能不适合新策略。尽管这种方法可以支持创造力，但不能确保组织组合得到健康发展。此外，这不能确保合并成功。

D. 错误。仅监督现有 KPI 可能不适用于组织组合。设定适当的 KPI 进行监督非常重要。集体讨论新价值流可能会有用，但并不能直接帮助合并后实施组织组合。策略应已经制定。

14. 某新的网上商城允许消费者网上买卖商品。价值流图显示了当前可用的服务，这是一项允许消费者创建广告的简单服务。网上商城正在开发让消费者广告脱颖而出的方法，但是管理层不确定哪种方法对消费者有用。

其中一名团队成员要求分配时间来开发一项功能，该特性将允许消费者在一天内其广告显得比别人的广告大。

这一服务是否符合组织的价值主张？

A. 错误。尽管新功能不能提升当前可用的服务，但非常契合组织组合。新功能可以直接弹出广告，将有助于消费者销售商品。

B. 错误。尽管尚不清楚新服务，但这是一个契合组织组合的好主意。

C. 错误。不应通过实施功能保证士气。新功能应适合组织组合。

D. 正确。开发时应考虑符合价值主张的功能。（文献：A，第 10.2 节和第 10.3 节）

15. 某市政当局的打印服务已过时，无法正常运行。针对服务改进，提出了几项建议，从技术更新到创新的信息传递方法。

在 VeriSM ™模型中应如何处理改进？

A. 正确。改进应按组织分类，然后按照文档化的流程进行处理。VeriSM ™指出，小幅改进可在批准阶段重新进入系统，而重大改进必须从组织组合开始。在考虑企业治理、服务管理原则和已交付的服务时，应该这样做。（文献：A，第 11 章，图 52）

B. 错误。合规只是评估改进时必须涉及的一个考虑因素。在 VeriSM ™中，合规是批准活动的一部分。需要从组织组合的角度考虑重大改进，确保行动在企业治理和服务管理原则所设定的界限内。

C. 错误。并非所有的改进都需要采取所述的强有力的发现与评估行动，因为这样将会浪费资源。对改进进行分类（小幅、重大……），然后遵循组织定义的改进路径：小幅改进可在批准阶段重新进入系统，而重大改进必须从组织组合开始。在考虑企业治理、服务管理原则和已交付的服务时进行这一步。

D. 错误。这个观点太狭隘。必须考虑组织组合，确保任何改进都在企业治理和服务管理原则的范围之内。

16. 某铁路公司想要推出一项新服务，以预测延误并通知乘客。

一旦服务实施，铁路公司希望评估服务的使用情况以及其他一些未用到的关键绩效指标（KPI），确认新服务的影响。此外，他们希望通过这个新项目进一步完善其 DevOps 工作方式，从单个试点发展到标准工作方式。

管理网格如下所示：

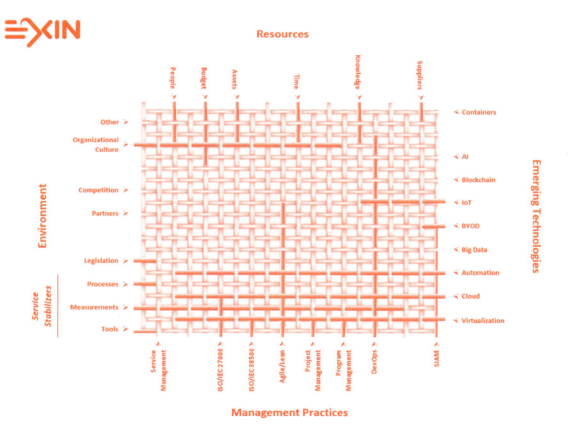

以上是什么类型的视图？

A. 错误。组织网格将反映当前情况。从场景中可以明显看出，此场景试用了 DevOps。

所示网格中 DevOps 和 Measurements 的长条线清楚表明这是理想状态网格。由于仅显示单条线，因此不可能是差距分析。

B. 正确。这是理想状态网格。DevOps 和 Measurements 中的长条线与场景相符。由于仅显示一条单色线，因此不可能是差距分析。（文献：A，第 12.2 节）

C. 错误。由于仅显示单色线，因此不可能是差距分析。

D. 错误。从场景中可以明显看出，此场景试用了 DevOps。所示网格中 DevOps 和 Measurements 的长条线清楚表明这是理想状态网格，因为不反映当前情况。由于仅显示单色线，因此不可能是差距分析。

17. 某高校批准了一项交互式招生计划的开发。一旦学生加入该计划，即可访问一款在线软件应用程序，该软件可以监控学生的学习情况和课程。该应用程序支持笔记本电脑、平板电脑、智能手机。评估下列关于开发管理网格组织视图以支持此新举措的各项计划。

哪项计划遵循 VeriSM ™指南？

A. 正确。此计划按建议逆时针开发管理网格：资源、环境、管理实践和新兴技术。（文献：A，第 12 章）

B. 错误。该计划涉及所有网格要素的元素，但未遵循建议的逆时针方向，因此存在方法不平衡的风险。

C. 错误。该计划涉及网格所有四边的元素，但未遵循建议的逆时针方向发现。

D. 错误。该计划的功能重点不包括网格的所有方面。该计划未遵循建议的逆时针方向发现。

18. 某画廊过去一年运营非常成功。他们拥有在私人服务器上运行的网站，开销非常大。为了满足消费者的需求，他们需要在任何时间容纳更多的访客，这超出了当前网站的 IT 架构。IT 经理建议将网站代管移交给云提供商。

在这种情况下提建议之前应做什么？

A. 错误。向管理层寻求指导可能是明智的。但是，在这个阶段，编写招标书和雇用新员工过于激进。尽管在决定采用云技术进行数字化转型之后会采取以上行动，但首先要确定使用云技术是否适合组织。

B. 错误。成本分析可能会有所帮助，但是还不足以形成是否转变的合理建议。而且还有可能浪费时间，因为云供应几乎总是可以降低成本。在目前情况下，向其他专业人士寻求帮助可能只会造成困惑。首先必须确定使用云技术是否适合组织。

C. 正确。查看价值流图和组织组合将提供必要信息，决定将服务迁移到云端是否符合准则。评估公司员工是否能够使用内容管理系统也有助于做出决定。管理网格将帮助大致了解需要更改哪些内容才能达到合并云服务的理想状态，从而更容易提供建议。（文献：A，第 12 章）

D. 错误。提供建议之前不必成为云技术专家。此外，画廊将不会提供云服务，因此不应将其纳入价值流图。

19. 某外部顾问受邀助力多学科团队的会议。该团队的目标是在考虑和选择构建管理网格的实践和技术时就首选方法达成一致意见。财务部门表示，只要所选实践或技术有可靠的商业案例，就可以提供足够的投资预算。开发部门表示，他们希望改变工作方式，加强自我指导。运营部门表示，该团队在风险最小化方面做得很好，让所有技术选择保有回旋余地。管理层表示，与新的管理方法相比，他们更喜欢技术解决方案。

在创建管理网格时，哪一项是选择适当管理实践和技术的最佳方法？

A．错误。采用技术至上的方法通常会导致目光短浅。另外，很容易选择错误或不合适的技术，这错误的代价对组织而言可能过于大。投资技术从来都不是毫无风险，而且很少（如有）有某项技术完全适合业务需求。

B．错误。最新的管理实践不能保证在任何组织中都能取得成功。管理实践的选择取决于各种情况和随时间变化的竞争因素，而是否成功取决于组织如何采用和调整这种管理实践。

C．正确。通过要求分析，可以探索管理网格的各个方面，找出在选择有助于产生预期结果的管理实践之前需要解决的差距。（文献：A，第 14.5.1 节）

D．错误。一个追求进步的组织应认识到，新兴技术的使用必须基于对组织经营战略的理解，然后找到促成经营战略的最适合技术，而不仅仅是基于是否有可供支出的预算。

20. 某银行希望客户在未来几个月内从打印的银行对账单改用可下载的对账单。新服务要成功需满足以下高要求：

必须更新 IT 架构以支持数字化转型；

客户需要可以随时查阅对账单；

必须确保隐私；

必须开发一个移动应用程序以支持数字化转型。

哪一项最有效支持这项新服务？

A．错误。尽管云服务可能对银行有用，但不必转向云才能加快转型速度。另外，公共云在确保数据隐私方面带来了许多困难。尽管可能需要更改架构，但没有迹象表明这是银行当时最佳的解决方案。

B．正确。这满足了评估与要求有关因素的需求。确定差距后，在有益的场合利用支持实践中的元素。此外，银行应意识到新的或更改的实践对行为的影响。（文献：A，第 14.5 节）

C．错误。尽管数据确实需要安全，但尚不清楚是否必须提高数据安全性。此外，聘请银行外部的员工不太可能提高数据安全性，反而会使安全性和隐私保护复杂化。

D．错误。严格地说，改用新实践不是解决方案，而是浪费。同时改变所有开发实践并不能帮助改进。场景中未明显表明 DevOps 实践将最有利于银行。

21. 旅行社 TravAg 想要扩大自己的业务。他们有能力预留大量投资资本。他们的宗旨是成为顶尖的旅行社。为了实现这一目标，他们确定了四项战略计划：

（1）创建一个移动应用程序以方便消费者预订。

（2）通过包括青少年团体旅游，使目标人群多样化。
（3）与规模更小的竞争对手合并以获取市场份额。
（4）允许消费者进行自助预订。

在创建当前状态管理网格时，TravAg 必须评估当前可用资源。

哪个问题有助于识别当前可用资源？

A．错误。这是一个询问现用的管理实践的问题。
B．正确。针对当前状态管理网格，必须识别现有员工的技术水平。（文献：A，第 12.3 节）
C．错误。尽管这个问题很重要，但这只是对管理网格环境视角的评估，而不是对资源的评估。
D．错误。尽管这个问题很重要，但是无法帮助识别资源，而这是创建当前状态管理网格的一环。

22．某网游公司想要转型，开发可在所有设备（包括所有移动设备）上运行的游戏。他们想转变成 DevOps 工作方式，这需要同时转变组织文化。为了获得成功，他们需要扩大利用云技术和虚拟化技术。为此，他们需要做好新技术预算，并聘请专人确保在数字化转型期间的平稳过渡。

哪个管理网格显示了该公司的理想状态？

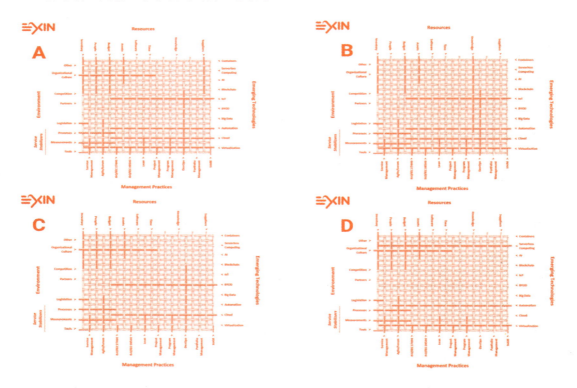

A．正确。DevOps 支持自动化，Cloud 支持虚拟化；所有要求都在网格中。供应商使用云技术后会受影响。重点是发展组织文化以及增加人员和预算的短条线。（文献：A，第 12、13、14 章）

B. 错误。知识可能是网格的组成部分。但是，缺失了一些对此场景重要的项目，例如组织文化、人员和供应商（使用云技术的后果）。

C. 错误。缺失了一些对此场景重要的项目，例如虚拟化和供应商（使用云技术的后果）。

D. 错误。缺失了一些对此场景重要的项目，例如云、供应商（使用云技术的后果）和 DevOps（新的必需管理实践）。

23. 某顾问有自己的网上育儿咨询服务。家长可以通过网站上的表格咨询任何问题。她给家长提供电子邮件发送的培训课程或一系列个性化视频聊天。

她创建了以下理想状态管理网格。哪个数字化转型故事与该管理网格最契合？

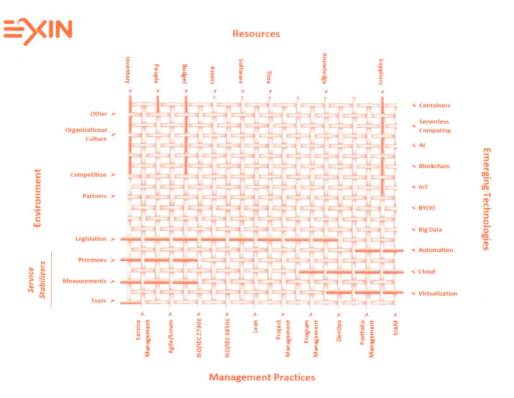

A. 错误。DevOps 不在管理网格中，而供应商在管理网格中，因此这个故事不契合。

B. 正确。这个故事契合管理网格的所有元素。（文献：A，第 12、13、14 节）

C. 错误。这个故事要契合，必须将自带设备（BYOD）添加到管理网格中。此外，法规长条线没有解释。

D. 错误。这个故事需要一条精益线，但却缺失了。此外，这个故事没有解释法规长条线。

24. 1-2-Web 公司允许人们购买简单的网站模板，构建自己的网站。他们不代管网站，只提供网站的 html 或 php 模板。客户可以选择现有的模板，也可以请求定制模板。

一位客户对新的定制提出了明确的要求。模板应适配移动设备以及所有操作系统。模板的构建应与客户现有网站的风格一致，从而实现无缝改造。预定义数量的角色应可以访问网站的内容管理系统。

1-2-Web 收到了关于开发新网站模板的完整要求列表。

以上属于哪种类型的要求收集？

A. 错误。这是一个正在开发的定制模板，但是所描述的要求收集方法毫无定制可言；这是传统的要求收集，即提前交付预先定义的要求。

B. 错误。客户只需交出预定义的要求列表即可。并不存在任何迭代。

C. 错误。正在开发的产品是模板，但是所描述的要求收集方法（即提前交付预先定义的要求）是传统的要求收集方法。

D. 正确。客户对要求有清晰的认识，他们可以从此着手。（文献：A，第 14.3 节）

25. 某重型机械制造商想通过实施技术监控和预测所制造机械的维护需求，特别是物联网（IoT）和大数据。这对于他们是一个重大的战略变化。为了分析当前状态和理想状态之间的差距，他们想先着眼于外部环境的影响。

哪种模型最适合进行差距分析？

A. 错误。评估外部因素时，麦肯锡 7S 框架并不是最适合的框架。Burke-Litwin 模型关注外部因素。

B. 正确。Burke-Litwin 模型关注外部因素。（文献 A：第 15.3.2 节）

C. 错误。作为将输入转化为输出的社会系统，组织的四个要素分别为人员、结构、文化和工作。Nadler-Tushman 模型的这四个基本要素是内部的。Burke-Litwin 模型关注外部因素。

D. 错误。外部因素只是 SWOT 分析的一种输入，其还考虑了内部因素。Burke-Litwin 模型关注外部因素。

26. 一家向小企业提供贷款的国际银行很早就开始采用数字化服务。如今他们想要扩展市场，需要理顺一系列 IT 产品。分析包括冗余的 IT 组织和数据中心。整合或合并冗余的工作成败参半。高层得出结论，有必要采用不同的方法，为的是使包括数据中心在内的未来 IT 供应与银行的战略发展相匹配。高层希望通过采用 Burke-Litwin 模型能够更好地应对变化。

针对上述场景采用 Burke-Litwin 模型时，银行下一步应怎么做？

A. 正确。Burke-Litwin 模型提出了一种自上而下的方法，因为变化的驱动力始于外部因素。战略使命是由扩张驱动的，也是对现行法律和法规要求的应对。外部因素与 Burke-Litwin 模型中的转型元素直接相关。因此，外部因素（驱动变化）很可能直接影响银行倡导的组织文化（信仰、行为和价值观）。这方面需要与领导力、使命和战略结合在一起加深理解。（文献：A，第 15.3.2 节）

B. 错误。鉴于先前的理顺、合并和整合举措收效甚微，高管无疑会对银行 IT 人员的绩效感到担忧。因此，银行实在会很想从此处着手。作为银行整体变革的一环，需要分析个人绩效和个人因素，而这个应稍后进行。Burke-Litwin 模型建议首先进行更高级别的分析，尤其是在开展重大转型活动时。

C. 错误。了解银行的关系和职责很重要，因为这种方法考虑了 IT 团队中可能失败的交易要素。如果采用组织方法，则这种分析可能会更有效。它会与各项系统、程序和管理实践一起影响银行的运营效率。因此，只有在首先考虑更广泛的环境因素时，才需要进行分析。

D. 错误。对系统和程序的运作方式进行分析是必不可少的，可以证明哪些在银行有效、哪些无效。系统和程序连同结构和管理实践，共同影响整个组织的运营效率。但是，作为第一步，它不会考虑任何有关银行变革影响的证据。

27. 一家提供数字钱包的公司允许消费者通过应用程序相互付款。在创业阶段，公司部署了重复的应用程序和技术解决方案。这种做法现已停止，但是遗留了一些问题。首席执行官希望制定一项确定采购决策实践的采购政策，以合理安排服务和管理非受控增长。

怎么做才能使采购政策与组织策略相一致？

A. 正确。与采购政策的范围和目的有关的所有细节都是正确的。此外，还涉及公司面临的具体采购挑战，以及首席执行官希望重新制定一项确定采购决策原则和实践的采购政策，以合理安排服务和管理非受控增长，同时仍然反映组织策略和消费者需求。（文献：A，第 16.3 节）

B. 错误。采购政策提供了在一套相关政策中定义的行为规范，相关政策涵盖了采购服务方法的各项元素和服务提供商。同时，采购政策应基于服务管理原则。但是，采购政策将不会用于指导规范制定、价值分析、供应商研究等活动，因为此详细信息将包含在采购计划而非采购政策中。采购政策还必须由单个人（负责人）所有，因此团队所有权的建议是不正确的。此外，如无必要，最好不要基于每次组织变更不断更改政策。政策提供了高级规则，支持应重新设计以应对变化的流程。这个答案比较笼统，没有切实反映题干要求，即解决当前面临的挑战以及首席执行官的担忧。

C. 错误。这些要素与采购政策无关，而与更广泛的采购计划有关。政策中应提供详细的采购活动的建议也是错误的。政策是引导组织方向的一种手段，不需要不断演变。相反，流程和程序应定期检查，以响应不断变化的需求。

D. 错误。采购政策确实将制定，以提供引导和总体指导以及采购预期。但是，政策中不适合有详细的程序。在政策中确定低级细节（如挑选和决策流程）也是不可接受的。政策应涵盖法律和治理原则。另外，不适合让首席执行官级别的人拥有和管理这项政策。

28. 某公司制定了以下采购政策：

只要达到或超过消费者的需求，就以最低的成本取得所有物资、设备和服务。选择的公司必须具有更强的可持续性或社会责任感，以履行本公司的企业社会责任承诺。

决策过程基于供应商的能力、产能和历史业绩。

他们正在寻找新的云服务提供商，以快速支持对服务的自定义更改。

根据采购政策，公司应选择哪个投标？

A. 正确。即使该供应商的价格最高，也与采购政策最相符。选这份将确保业绩并符合企业社会责任准则。（文献：A，第 16 章）

B. 错误。最近的业绩令人担忧，而且该供应商不符合采购政策中所述的企业社会责任准则。

C. 错误。这家供应商的业绩尚不清楚；通过 ISO 认证这项佳绩未能维持，令人担忧；没有令人信服的社会责任或可持续发展故事可以让人选择这家供应商。因此，这家供应商不符合所述的采购政策。

D. 错误。尽管这家供应商价格低，但订购时间长，交货时间长，又缺少业绩数据，以上表明该供应商将无法快速支持自定义更改，而这是满足消费者需求的要求。

29. 一家提供新拼车应用程序的公司制定了以下组织策略：在 3 年内，我们希望拼车市场份额至少达到 50%，消费者服务平均评价至少达到 4 星。

当前，消费者不断投诉计费流程。此外，竞争对手在各自的网站上创建新服务，使消费者能够在网上分享拼车体验的评论。

开发团队想先着手网站工作，认为这个项目比较小。

这是一个明智的选择吗？

A. 错误。尽管这一说法是正确的，但不应忽略消费者投诉，而应先予以解决。

B. 错误。即使网站是较小的项目，也应先解决最大的问题，为企业创造最大价值。

C. 正确。用户不断投诉，这种情况很可能导致客户流失（进而导致市场份额流失）和消费者服务评价下跌，说明对投诉的重视程度不高。这符合组织策略。（文献：A，第 17 章）

D. 错误。拆分开发团队从来都不明智。最好只专注于一件事，一半时间用于交付。拆分一支运作良好的开发团队也是不明智的。

30. 某市场调研公司希望在 15 年内成为市场调研领域的国际领导者。公司的战略将重点放在增长上。管理层正在准备与某个国外竞争对手有望达成的合并。

同时，总部发现了以下影响"生产"阶段的问题：

（1）在遵守新的数据保护法规方面出现差距。

（2）数据采集系统需要重大升级保持竞争力。由于企业全面开展测试，最近一次巨额竞标失败了。

（3）管理层不清楚明年的预算。

（4）许多研究人员接受了新软件的培训，结果错过最后期限。

令人高兴的是，公司获得了一家大型政府机构的 5 星好评，他们还答应下一次大规模调研继续与公司合作。客户满意度达到历史新高。

当前的生产环境是否支持组织战略？

A. 正确。测试和升级不应像现在这样影响生产能力。主要的弊端是投标失败和错过最后期限。这不支持增长的战略目标。这可能表明变更控制和相关的管理流程或支持工具未按预期水平运行并需要修正。（文献：A，第 17.1 节）

B. 错误。并没有说实现未按时完成，只是还未完成。这是个问题，但更大的问题是投标失败，以及没有按时完成新系统测试和实现。

C. 错误。客户满意度较高可能是件好事，但并不能解决投标失败以及未按时完成新系统测试和实现的问题，这意味着无法支持企业的增长策略。

D. 错误。尽管合并准备工作确实保证进入"生产"阶段，但不能自动保证。在准备合并时，"生产"阶段始终与战略相符。在本例中，投标失败以及错过最后期限意味着无法支持企业的增长策略。

试题评分

如下表格为本套样题的正确答案，供参考使用。

问题	答案	问题	答案
1	C	16	B
2	B	17	A
3	C	18	C
4	A	19	C
5	D	20	B
6	B	21	B
7	D	22	A
8	D	23	B
9	A	24	D
10	C	25	B
11	A	26	A
12	C	27	A
13	B	28	A
14	D	29	C
15	A	30	A

Driving Professional Growth

联系 EXIN　www.exin.com